매산집

이 책은 2016·2018년도 정부(교육부)의 재원으로 한국고전번역원의 지원을 받아 수행된 '권역별거점연구소협동번역사업'의 결과물임.

This work was supported by Institute for the Translation of Korean Classics-Grant funded by the Korean Government.

한국고전번역원 한국문집번역총서 / 성신여자대학교 고전연구소·(사)해동경사연구소

매산집 12

梅山集

홍직필 지음
洪直弼

신상후 옮김
김성은
이정은

일러두기

1. 이 책의 번역 대본은 한국고전번역원에서 간행한 한국문집총간 295·296집에 실린 《매산집(梅山集)》으로 하였다. 번역 대본의 원문 텍스트와 원문 이미지는 한국고전종합DB(http://db.itkc.or.kr)에서 확인할 수 있다.
2. 내용이 간단한 역주는 간주(間註)로, 긴 역주는 각주(脚註)로 처리하였다.
3. 한자는 필요한 경우 이해를 돕기 위하여 넣었으며, 운문(韻文)은 원문을 병기하였다.
4. 맞춤법과 띄어쓰기는 한글 맞춤법과 표준어 규정을 따랐다.
5. 이 책에서 사용한 부호는 다음과 같다.
   ( ) : 번역문과 음이 같은 한자를 묶는다.
   〔 〕 : 번역문과 뜻은 같으나 음이 다른 한자를 묶는다.
   " " : 대화 등의 인용문을 묶는다.
   ' ' : " " 안의 재인용 또는 강조 문구를 묶는다.
   「 」 : ' ' 안의 재인용을 묶는다.
   『 』 : 「 」 안의 재인용을 묶는다.
   《 》 : 책명 및 각주의 전거(典據)를 묶는다.
   〈 〉 : 책의 편명 및 운문·산문의 제목을 묶는다.

차례

매산집 제33권

신도비神道碑

매산집 제34권

신도비神道碑

비碑

매산집

제32권

애사 哀辭

신도비 神道碑

애사哀辭

화천 이공[1]에 대한 애사 병서

華泉李公哀辭 幷序

옛날 기자(箕子)가 오복(五福)의 조목을 서술할 적에 유호덕(攸好德)이 그 중의 하나를 차지하였고,[2] 공자 또한 말씀하시기를 "대덕(大德)

1 화천 이공 : 이채(李采, 1745～1820)로, 자는 계량(季亮), 호는 화천, 시호는 문경(文敬), 본관은 우봉(牛峯)이며, 도암(陶菴) 이재(李縡)의 손자이다. 1774년(영조50) 사마시에 합격하고 이듬해 휘령전 참봉(徽寧殿參奉)에 제수되었다. 그 뒤 사헌부・호조・형조의 벼슬을 거쳐 돈녕부 주부를 지냈다. 음죽 현감(陰竹縣監)이 되었을 때 잘못된 형 집행으로 벼슬에서 물러나 귀향하여 과업을 폐하고 가업을 계승하는 데 힘썼다. 1790년(정조14) 홍릉 영(弘陵令)에 기용, 지례 현감(知禮縣監)・선산 부사(善山府使), 상주(尙州)・충주(忠州)의 목사를 지내고 1800년(정조24) 익위사 위솔이 되었다. 황주 목사(黃州牧使)를 거쳐 좌부승지・우부승지 등을 역임하였고, 호조 참판에 제수되었으나 나아가지 않았다. 1865년(고종2)에 좌찬성에 추증되었다. 문집에 《화천집》이 있다.

2 기자(箕子)가……차지하였고 : 오복은 기자의 홍범구주(洪範九疇) 중의 하나로, 홍범구주는 주나라 무왕(武王)이 은나라를 이기고 기자를 방문하여 천도(天道)를 묻자 기자가 대답한 아홉 가지 법인바, 곧 오행(五行), 오사(五事), 팔정(八政), 오기(五紀), 황극(皇極), 삼덕(三德), 계의(稽疑), 서징(庶徵), 오복(五福)・육극(六極)이다. 오복은 수(壽)・부(富)・강녕(康寧)・유호덕(攸好德)・고종명(考終命)인데, 유

은 반드시 그 지위를 얻고 반드시 그 녹(祿)을 얻고 반드시 그 명성을 얻고 반드시 그 수명을 얻는다."라고 하셨으니,[3] 두 성인(聖人)의 가르침을 가지고 참고해보면 '덕을 좋아함'이 오복에 나열됨이 당연한 것이다. 또 지위와 녹과 명성과 수명에 대해서 모두 "반드시 얻는다"라고 해서 마치 좌계(左契)를 잡고서 하늘에게 보답을 요구하듯이 하였으니, 그렇다면 성인이 오복을 권면하는 요점[4]이 또 오로지 이 유호덕에 있는 것이다. 비록 음양의 기(氣)가 변화함에 서로 추동하고 뒤섞여서 하늘과 사람의 사이를 측량할 수가 없으나,[5] 진실로 덕을 좋아하는 실제가 있는 사람이면 북돋아주고 이루어주는 이치가 분명하게 드러나지 않은 적이 없으니, 성인이 어찌 나를 속이시겠는가. 지금 '참으로 덕을 좋아해서 하늘이 그에게 안부(安富)와 존영(尊榮)과 수구(壽耈)와 영종(令終)[6]의 큰 복을 주어서 유호덕 하나를 차지하고서 나머지

호덕은 '덕을 좋아함'의 뜻으로, 채침(蔡沈)의 주(註)에는 "유호덕은 도를 즐거워하는 것이다.〔攸好德者, 樂其道也.〕"라고 하였다. 《書經集傳 周書 洪範》

3 공자……하셨으니 : 이 말은 《중용》에 보이는바, 공자가 순 임금에 대해 평한 말이다.

4 오복을 권면하는 요점 : 원문은 '향용지요(嚮用之要)'인바, '향용'은 기자가 홍범구주를 진달할 때 오복에 대해서 "다음 아홉 번째는 향함을 오복으로써 함이다.〔次九曰嚮用五福.〕"라고 한 데에서 온 말이다. 채침(蔡沈)의 주(註)에 이를 해설하여 "오복을 '향(嚮)'이라 한 것은 권면하기 위한 것이다.〔五福曰嚮, 所以勸也.〕"라고 하였다.

5 음양의……없으나 : 하늘이 선한 사람에게는 항상 복을 주고 악한 사람에게는 항상 화를 주어서 그 보응이 일정하여 어긋남이 없다면 하늘과 사람의 사이를 안다고 할 수 있겠지만, 천지의 기운이 운용·변화함에 착종되고 뒤섞여서 하늘의 화복이 일정하지 않으므로 하늘과 사람의 사이를 측량할 수 없다고 한 것이다.

6 영종(令終) : '마침을 잘함'의 의미로, 좋은 명성을 남기고 편안히 죽는 것을 이르는바, 오복의 '고종명'과 같다. 《詩經 大雅 旣醉》

넷을 소유함'을 나는 화천(華泉) 어른 이공(李公)에게서 보았노라.

내 여러 번 공을 한천(寒泉)에서 배알하였는데, 좌우에 도서가 질서 정연한 가운데 검은 관과 흰 옷으로 그 안에서 깨끗하고 편안하게 계시니, 덕스러운 모습의 성대함이 공경할만하고 좋아할만하였다. 난고(蘭皐)에 집터를 잡으시어 다행히 나와 가까운 이웃이 되어서 서로 찾아다니니 이에 아침저녁으로 모시고자 했던 소원을 이룰 수 있게 되어서 덕스런 모습을 뵘이 더욱 가깝게 되었다. 도암(陶菴)[7] 선생이 올바른 학문을 제창하고 천명하여 강상(綱常)을 부식(扶植)해서 사문(斯文)과 세교(世敎)에 길이 훌륭한 명성이 있었는데, 공이 능히 그 서업(緖業)을 이어서 가학에 젖어들고 전수받은 것을 익힘에 한결같이 문정공(文正公 이재(李縡))을 전형으로 삼았다. 매번 문정공 당시의 일을 언급하게 되면 밤새도록 하도 재미있게 말씀하셔서 사람들이 마치 황홀하게 천식암(泉食菴)[8] 가운데서 참된 가르침을 직접 받는 것처럼 느꼈으니, 공이 기른 바를 또한 알 수 있다.

공은 큰 키에 옥(玉)이 서있는 듯한 수려한 자태를 지녔으며 풍의(風儀)가 닦여지고 정돈되었으며 눈빛이 형형해서 정채(精彩)가 크게 발하였다. 그러면서도 천성이 화락하고 공손해서 가슴속이 활짝 열려 겉과 속이 다름이 없었다. 그래서 몸으로는 괴이한 행실을 하지 않고 입으로는 과격한 의론을 말하지 않았으며, 명망이 높음을 내세워 스스

7 도암(陶菴) : 이재(李縡, 1680~1746)로, 자는 희경(熙卿), 호는 도암·한천(寒泉), 시호는 문정(文正), 본관은 우봉이며, 이채의 조부이다.

8 천식암(泉食菴) : 도암 이재가 강학하던 장소이다. 이채의 《화천집》에 "나의 조부 문정공 도암 선생이 만년에 고향 용인에 우거하면서 사방으로 유학(遊學)하는 선비들과 한천의 천식암에서 도를 강론하셨다."라고 보인다. 《華川集 卷13 學生金公墓碣銘》

로 높은 채 한 적 또한 없었다. 젊어서는 공명(功名)으로 자부하였으나 중년이 못 되어 과거공부를 그만두고 한천 가에서 책을 읽으니 조정과 민간에서 모두 그 풍모를 상상하고 흠모하였다. 주군(州郡)을 차례로 맡았을 적에는 매번 고을의 자제들을 모아 강학을 하고 한가로운 날에 향음주례(鄕飮酒禮)를 행하여 찬란하게 문옹(文翁)의 교화[9]가 있었다. 공은 음직의 벼슬길에 행적을 감추어서 경륜을 다 펴지는 못하였으나 부임하는 곳마다 기록할 만한 훌륭한 공적이 있었으니, 이는 바로 가슴 속의 경륜이 성대하게 규모가 있었으나 오직 맡은 곳에서만 행하고 천하에 다 시행하지 못하였던 것[10]이다. 애석하다!

내가 일찍이 청하기를 "동강(東岡)[11]의 뜻을 지킬 수 없습니까?"라고 하자, 공이 말하기를 "예전에 내 아들과 조카들이 모두 어려서 문호를 부탁할만한 자가 없었고 또 우리 할아버지의 훌륭한 말씀이 날로 매몰

9 문옹(文翁)의 교화 : 문옹은 한나라 때의 사람으로, 경제(景帝) 말에 촉군 태수(蜀郡太守)가 되었다. 촉 땅은 외지고 비루하여 오랑캐의 풍속이 있었으나, 문옹이 성도(成都) 시중(市中)에 학관(學官)을 세워 교육을 진흥시킴으로써 촉 땅의 문풍이 크게 변하였다고 한다. 《漢書 卷89 文翁傳》

10 오직 맡은……것 : 이채가 소유한 정사의 재능과 규모를 한 고을에서만 시행하고 온 천하에 시행하지 못했음을 말한다. 이 말은 한유(韓愈)의 〈송육흡주시서(送陸歙州詩序)〉에 보이는바, 한유는 육군(陸君)이 흡주 자사가 되어 나가는 것을 사람들이 슬퍼하는 이유에 대하여 "육군의 도가 조정에서 행해지면 천하가 그 은혜를 바라게 되고 한 고을을 맡으면 오직 거기에서만 행하고 천하에 다 시행하지 못하기 때문이다.〔陸君之道, 行乎朝廷, 則天下望其賜, 刺一州, 則專而不能咸.〕"라고 설명하였다.

11 동강(東岡) : 동쪽 산비탈이라는 말로, 벼슬에 나가지 않고 물러나 있는 은거지를 뜻한다. 후한(後漢)의 주섭(周燮)이 벼슬길에 나아가지 않자 그의 종족이 말하기를 "선세(先世)로부터 훈총(勳寵)이 줄을 이었는데 그대만 어찌 유독 동쪽 산비탈〔東岡〕을 지키는가?"라고 한 데에서 유래하였다. 《後漢書 卷53 周燮列傳》

되어가니, 내가 이 때문에 근심하여 부득이 출사한 것이네."라고 하였다. 공이 한 번 출사함에 도암 선생을 게건(揭虔)할 장소가 마련되고 유편을 상재하게 되었으니,[12] 우리 도의 다행함이 어찌 끝이 있겠는가. 그렇다면 공이 당구(堂構)[13]를 자임하여 녹사(祿仕)를 억지로 힘쓴 것이 어찌 이유 없이 그렇게 한 것이겠는가.

공은 늙어서도 학문을 좋아하여 밤마다 사서(四書)를 외웠고, 문장을 지을 적에 의리에 근거해서 겉모습을 아름답게 꾸미는 일에 힘쓰는 것을 좋아하지 않았다. 그래서 항상 몸을 한묵(翰墨)의 밖에 둔 것처럼 하였다.

한천(寒泉)은 바로 도암 선생의 옛 은거지이니, 공은 〈귀거래사(歸去來辭)〉를 부르며 이곳으로 돌아오자마자 곧 벼슬하지 않으려는 처음의 뜻을 이루고서 한가롭고 태연하게 그대로 몸을 마치려하였다. 그런데 만년에 두 아드님이 모두 귀하게 되어서 조정의 관직에 매여 있는지라[14] 공이 서울 집으로 나아가 봉양을 받았지만 이는 공의 본래 뜻이

12 도암……되었으니 : 이재의 문집은 문인 간의 갈등으로 이재 사후에 바로 간행되지 못하다가 이채에 의해 1778년(정조2) 편찬 작업이 재개되고, 1802년(순조2) 한천서원이 편액을 받은 후 이채가 문집의 간행을 추진하여 이듬해 원집 50권 25책이 간행되었다. 자세한 내용은 한국문집총간 194집에 수록된 《도암집》의 해제 참조.

13 당구(堂構) : '긍당긍구(肯堂肯構)'의 준말로, 집터를 닦고 건물을 세운다는 뜻인바, 가업(家業)을 이어받아 발전시키는 것을 말한다. 《서경(書經)》 〈주서(周書) 대고(大誥)〉에 "아버지가 집을 지으려 하여 이미 설계까지 끝냈거늘, 그 자손이 집의 터도 만들려고 하지 않는데 하물며 집을 구축하려 하겠는가.〔若考作室, 旣底法, 厥子乃不肯堂, 矧肯構?〕"라고 한 말에서 유래하였다.

14 두……있는지라 : 이채의 장남은 이광문(李光文, 1778~1838)으로, 자는 경박(景博), 호는 소화(小華), 시호는 문간(文簡)이다. 1807(순조7)년 식년문과에 별과로 급제

아니었다. 마침내 경진년(1820, 순조20) 10월 13일에 난고의 정침에서 고종명(考終命)을 하니, 향년이 76세이다.

네 아드님과 네 따님을 두고 내외의 손자와 증손이 총 수십 명이어서 복록의 완전함이 동시대에 비견할 사람이 드물었다. 사람들은 모두 지금의 곽 분양(郭汾陽)[15]이라고 말하나, 나는 "아니다. 곽 분양이 이 분만 못하다. 곽 분양은 부귀하고 현달하고 영화롭고 장수하여 죽었으니, 진실로 인사(人事)의 극치이다. 그러나 좌복(左腹)에 곤액을 당하여 근심하고 두려워하면서 일생을 마쳤으니,[16] 어찌 정신을 기르고 본

하여 이채의 별세 전까지 승정원・홍문관・예문관・춘추관의 여러 관직을 역임하였다. 차남은 이휘정(李輝正, 1760～?)으로, 초명은 광정(光正), 자는 경복(景服), 시호는 문정(文貞)이며, 백부 이화(李禾)의 양자가 되었다. 1813년(순조13) 증광별시문과에 병과로 급제한 뒤 이채의 별세 전까지 검열・정언 등을 역임하였다.

15 곽 분양 : 당(唐)나라 곽자의(郭子儀)를 말하는데, 안사(安史)의 난을 평정한 뒤에 분양왕(汾陽王)에 봉해졌기 때문에 이렇게 부르는 것이다. 생전에 부귀영화를 누렸는데 특히 8인의 아들과 7인의 사위가 모두 귀현(貴顯)하게 되었고 손자는 수십 인이나 되어 얼굴도 다 알지 못했으므로 문안을 올리면 그저 턱만 끄덕일 뿐이었다고 한다. 《新唐書 卷137 郭子儀列傳》

16 좌복(左腹)에……마쳤으니 : 좌복은 '은미하고 사벽(邪辟)한 곳'으로, 간사한 마음으로 윗사람에게 결탁하는 소인을 비유하는 말이다. 《周易 明夷卦 六四》 곽자의(郭子儀)가 소인들에게 여러 번 참소를 받아 곤액을 당하였기 때문에 이렇게 말한 것이다. 당시 환관 어조은(魚朝恩)과 정원진(程元振)이 곽자의를 미워하여 여러 차례 모함하였는데, 숙종(肅宗) 건원(乾元) 2년(759)에는 어조은의 모함으로 인해 병권을 박탈당하였고, 보응(寶應) 원년(762)에는 정원진의 참소에 부담을 느껴 곽자의 스스로 표문을 올려 부원수와 절도사에서 해임해줄 것을 청하고 경사에 머물기도 하였다. 《新唐書 卷137 郭子儀列傳》 임종에 가까웠을 때 곽자의가 간신(奸臣) 노기(盧杞)를 경계한 일화도 있다. 곽자의가 병이 심해지자 백관들이 문병을 왔는데 그때는 시첩을 물리치지 않다가, 간신(奸臣) 노기(盧杞)가 왔을 때에는 시첩을 내보내고 안석에 기대어 그를

성을 함양해서 한가로이 유유자적하며 당세의 책망에 초연했던 공과 같겠는가. 공은 풍류가 돈독하여 남의 선을 말하기 좋아하고 남의 허물을 말하기 부끄러워하였다. 이 때문에 원망과 미움을 받지 않았던 것이다. 또 태평성대에 살았기에 평소의 본분을 편안히 여겨서 평탄하든 험하든 이에 장애되지 않고 가슴속의 영화와 치욕을 마치 피부 밖에 있는 것처럼 여겼으니, 이 어찌 24번이나 성적 고과를 했던 중서령(中書令)[17]과 비교할 수 있는 것이겠는가."라고 말한다.

말세에서는 곤궁함과 영달함을 가지고 사람을 판단하여 혹 공이 과거급제하지 못한 것을 가지고 공을 곤궁한 자라고 여기기도 한다. 그러나 포의(布衣)로서 이경(貳卿)에 올랐으니,[18] 영달하지 않았다고 할 수 없다. 자신만 영달했을 뿐 아니요, 또 아들을 영달하게 해서 두 아드님의 효성스러운 봉양을 입었으니, 이에 판여(板輿)[19]를 인도해

맞으니, 가인들이 괴이하여 여겨 그 이유를 묻자 곽자의가 "저 사람은 외모는 누추하고 마음은 음험한데, 좌우에서 그를 보면 반드시 웃을 것이니, 훗날 저 사람이 권력을 잡는다면 내 일족은 한 사람도 살아남지 못할 것이다.〔彼外陋內險, 左右見, 必笑, 使後得權, 吾族無類矣.〕"라고 했다고 한다. 《新唐書 卷223下 姦臣列傳》

17 24번이나……중서령(中書令) : 곽자의(郭子儀)가 중서령의 직을 매우 오랫동안 맡았던 관계로, 그가 관리(官吏)들의 성적을 고과한 것이 24번에 이르렀으므로 이렇게 말한 것이다. 《新唐書 卷137 郭子儀列傳》

18 포의(布衣)로서 이경(貳卿)에 올랐으니 : 포의는 '위대포의(韋帶布衣)'라고도 하는바, 가죽으로 만든 띠와 베로 만든 옷을 의미하는 것으로, 이는 벼슬하기 전에 입는 차림인데, 흔히 벼슬하지 않은 선비를 가리키는 말로 쓰인다. 여기에서는 이채가 과거급제하지 않고 음직으로 출신하였기 때문에 이렇게 말한 것이다. 이경은 아경(亞卿)과 같은 말로 보통 육조(六曹)의 참판을 이르는데, 이채는 호조 참판에 제수된 바 있다.

19 판여(板輿) : 방석을 깐 푹신한 가마인데, 주로 관리들이 임지(任地)에 있으면서 부모를 맞이해올 때 쓰는 가마를 가리키는 말로 쓰인다. 진(晉)나라 반악(潘岳)이 장안

와서 봉양하고 솥을 벌여놓고 먹어서[20] 비록 봉록을 먹지 않고 집에서 밥을 먹었으나 몸을 편안히 하는 도구가 넉넉하지 않음이 없었다. 귀함과 아들이 많은 것을 오복에서는 말하지 않았으나[21] 공은 이미 한 몸에 오복을 구비하고서 또 이 두 가지를 겸하였으니, 이는 참으로 "하늘에서 도와주어서 길하여 이롭지 않음이 없다."[22]는 것이다. 《시경(詩經)》에 이르기를 "공손하고 화락한 군자여! 복록으로 그를 편안하게 하도다.〔豈弟君子 福履綏之〕"라고 하였고,[23] 《주역(周易)》에 이르기를 "행한 것을 보고서 길흉을 상고하되 그 주선함이 완벽하면 크게 길할 것이다.〔視履考祥 其旋 元吉〕"라고 하였는데,[24] 공이 실로 이것을 소유하였

영(長安令)으로 옮겼다가 박사(博士)로 제수되자 벼슬을 버리고 〈한거부(閑居賦)〉를 지었는데, 그 부에 "태부인을 마침내 판여에 모시고 가벼운 수레에 올라, 멀리는 왕기를 구경하고 가까이는 집의 동산을 돌았다.〔太夫人乃御板輿, 升輕軒, 遠覽王畿, 近周家園.〕"라고 하였다. 《晉書 卷55 潘岳列傳》

20 솥을 벌여놓고 먹어서 : 부귀한 집에서 성찬을 차려놓고 먹는 광경을 비유한 말이다. 《孔子家語 卷2 致思》

21 귀함과……않았으나 : 요 임금이 화(華) 땅을 순행할 때에 그 지역을 지키는 봉인(封人)이 요 임금을 위하여 '수(壽)'와 '부귀(富貴)'와 '아들이 많음〔多男子〕'의 세 가지를 축원했다고 한다. 《莊子 天地》 오복은 수(壽)·부(富)·강녕(康寧)·유호덕(攸好德)·고종명(考終命)이어서 귀(貴)와 다남자(多男子)는 오복에 해당되지 않는다. 《書經 周書 洪範》

22 하늘에서……없다 : 《주역(周易)》 〈대유괘(大有卦) 상구(上九)〉의 말인데, 공자가 이를 해설하기를 "하늘이 돕는 것은 순(順)함이요, 사람이 돕는 것은 성신(誠信)이니, 성신을 행하여 순함을 생각하고 또 현자를 높이기 때문에 하늘에서 도와주어서 길하여 이롭지 않음이 없는 것이다."라고 하였다. 《周易 繫辭傳上》

23 시경(詩經)에……하였고 : 《시경》 〈주남(周南) 규목(樛木)〉을 인용한 것으로 보이는데, 〈규목〉의 원 글은 다음과 같다. "즐거운 군자여, 복록으로 그를 편안하게 하도다.〔樂只君子, 福履綏之.〕"

다. 나는 공의 지우(知遇)를 받았는지라 항상 나를 '젊은 친구〔少友〕'라 고 불러 주셨으니, 지금 상여 줄 잡는 일을 돕는 것을 의리상 사양할 수가 없다. 사(辭)는 다음과 같다.

바람이 나부끼고 눈이 날리니　飄風兮雱雪
내와 언덕이 아득히 멀어 이 길이 어느 때나 끝이 날까　川原渺兮何極
빈소를 열어서 구름수레를 정돈하니　玄殯啓兮雲駕飭
밝은 해가 그늘에 가려지고 여러 새들도 통곡하네　白日陰兮群鳥哭
길이 멀고멀어 어려움이 많으니[25]　路曼曼而多艱兮
상여에 올리고서 머뭇거리네　登輴車兮迍邅
전욱이 권력을 담당할 때를 당하니[26]　紛顓頊之當權兮
매서운 추위가 혹독하여 솜이 꺾일 지경이네　寒威嚴而折綿
두꺼운 얼음은 층층이 얼고　玄氷兮稜稜
붉은 명정(銘旌)은 펄럭이는구나　丹旐兮翩翩
병산이여 우뚝히 높고　屛之山兮嵯峨
병수여 깨끗하도다　屛之水兮淸漣

24 주역(周易)에……하였는데 : 《주역》 〈이괘(履卦) 상구(上九)〉의 말인바, 사람의 길흉은 그 사람이 어떤 행실을 했느냐에 달려 있다는 의미이다.

25 길이……많으니 : 이우(李埦)가 지은 이채의 묘표(墓表)에 따르면, 이채는 충주 족자동(簇子洞) 남향의 언덕에 장사 지냈다고 한다. 《華川集 卷16 附錄 墓表》

26 전욱이……당하니 : 전욱은 겨울을 주관하는 신(神)이다. 《禮記 月令》 이채가 10월 13일에 별세하였고 보통 빈소를 차린 지 3개월 만에 장례를 지내므로 이때는 한겨울에 해당했을 것이다.

상서로운 구름이 모이고 상서로운 아지랑이 짙으며 祥雲凝兮瑞靄濃
여러 산은 공수하고 여러 흐르는 물은 조회하듯 모이네 列峀拱兮衆流朝
이 명당은 바람이 멎고 기운이 모여 길러지는 곳이니 風息滅兮氣鍾毓
하늘이 아껴둔 바이고 신명이 감춰두었던 곳이네 天所慳兮神所韜
환공문[27]의 오래된 탑이 있었는데 幻空門之遺塔兮
여기다가 수장의 터를 잡아서 유택으로 만들었네 筮壽藏爲眞宅
배위의 체백을 이 언덕에 의탁하니 托配體于斯邱兮
자손[28]에게 길함과 좋음을 모아주네 萃吉善于式穀
마치 문서를 잡고서 보상을 요구하듯이 하여 若執券以責償兮
그 상서로움을 무궁한 후세에 이어가도다 延厥祥於無疆
가성에 그 오른쪽을 비워두었으니 旣虛右于佳城兮
끝내 한 무덤에 묻혀서 진실로 좋도다[29] 終同穴而允臧
장례하는 달과 날이 좋아 순함을 도우니 日月良而助順兮
그 흙으로 돌아가 장례를 모셨네 復厥土而克襄

27 환공문(幻空門) : 불가를 가리킨다. 불가에서는 일체를 실체성이 없는 가유(假有)로 보아 환공으로 여기기 때문에 이렇게 말한 것이다.

28 자손 : 원문의 '식곡(式穀)'은 《시경》 〈소아(小雅) 소완(小宛)〉의 "네 아들을 잘 가르쳐서, 선(善)을 써서 너와 똑같게 하라.〔敎誨爾子, 式穀似之.〕"라는 말에서 유래한 것이다.

29 가성에……좋도다 : 가성은 묘소를 비유한 말이다. 이우(李㙔)가 지은 이채의 묘표(墓表)에 따르면, 이채를 부인의 묘에 합장하였다고 한다. 이채의 부인은 이채가 충주 목사를 맡고 있던 1798년(정조22)에 별세하였다. 《華川集 卷16 附錄 墓表》

동향의 물색이 완연하니 宛桐鄕之物色兮
부석으로 다시 임한 듯하네[30] 儼再臨于鳧舃
부들채찍의 은혜[31]를 칭송하니 頌蒲鞭之遺愛兮
백성들이 상여와 삽을 바라보며 오열하네 望旛翣而嗚咽
혼이 차마 잊지 못하여 이곳에 있으니 魂熲熲而在斯兮

30 동향의……듯하네 : 동향(桐鄕)은 지방 수령이 선정(善政)을 베풀어 백성들이 사후에도 사모하는 정이 남아 있는 향리를 이르는바, 중국 안휘성(安徽省) 동성현(桐城縣) 북쪽에 있었다. 서한(西漢) 선제(宣帝) 때의 명신인 주읍(朱邑)이 젊었을 때 동향의 사법과 조세를 담당한 벼슬인 색부(嗇夫)로 있으면서 선정을 베풀어 동향의 백성들이 그를 사랑하였는데, 동향을 떠나고 한참 뒤 병으로 죽을 무렵 아들에게 자신을 동향에 장례지낼 것을 부탁하며 "동향의 백성들이 나를 사랑하였으니, 내가 죽거든 동향에 묻어 다오. 후세의 자손들이 동향의 백성들만 못할 것이다." 하였다. 아들이 유언대로 동향에 장례하였는데, 과연 그곳 백성들이 모두 와서 무덤을 높이고 사당을 세워 세시(歲時)에 제사지냈다고 한다.《漢書 卷89 循吏傳 朱邑》 부석은 '오리 신발'이라는 말로, 신선들이 신는 신발인데, 여기에서는 지방 수령의 행차의 뜻으로 쓰인 것이다. 이 말은 《후한서(後漢書)》〈방술열전상(方術列傳上) 왕교전(王喬傳)〉에 "왕교는 하동(河東) 사람인데 현종(顯宗) 때 섭현 영(葉縣令)이 되었다. 왕교는 신술(神術)이 있어서 매달 삭망(朔望)에 대(臺)에 나와 조회하였다. 황제가 그가 자주 오는데도 수레가 보이지 않는 것을 괴이하게 여겨 태사(太史)로 하여금 몰래 엿보게 하니, 태사가 그가 올 때에는 두 마리의 오리가 동남쪽에서 날아온다고 하였다. 이에 오리가 오는 것을 보고 그물을 펴서 잡으니, 단지 신발 한 짝만 있었다. 상방(尙方)에 명하여 자세히 살펴보게 하니 전에 상서원(尙書院)의 관속들에게 하사한 신발이었다."라고 한 데서 온 말이다. 이채의 장지가 충주인데 이채가 충주 목사를 지낸 적이 있기 때문에 이렇게 말한 것이다.

31 부들채찍의 은혜 : 관후한 정사를 베풀어 백성을 인애로 대해준 은혜를 말한다. 부들채찍은 때려도 아프지 않도록 부들 가지로 만든 채찍인데, 후한(後漢) 유관(劉寬)이 남양 태수(南陽太守)로 있을 적에 관리와 백성들이 혹 과실을 범하더라도 형벌 대신 부들채찍으로 다스려서 스스로 부끄러움을 느끼게 하여 감화시킨 고사가 있다.《後漢書 卷25 劉寬列傳》

옛 부임지로 나아가나 새로운 듯하네	卽乎故而如新
산악의 귀신이 축하하고 숲의 신령이 부복하니	嶽祇賀兮林魅伏
온갖 복록이 비등하여 냇물처럼 모이네	騰百祿兮川臻
살아서는 순히 하늘을 섬기고 죽어서는 편안하니	惟存順與歿寧兮
공이 읊고 본받은 것은 〈서명〉이었다네[32]	公誦法者西銘
밝게 빛나서 영종을 하니	羌昭朗而令終兮
검은 구름타고 하늘나라로 올라가네	乘玄雲而上征
천지의 조화와 한 무리가 되니	與造化而爲徒兮
하늘은 지극히 공활하고 땅은 깊고 아득하네	極寥廓而崢嶸
형체가 아득하여 점점 멀어지니	形穆穆而浸遠兮
나는 이제 어떻게 본받을 수 있을까	緊余將焉所程
한천에 파놓은 깨끗한 우물이여	渫寒泉之洌井兮
누가 나를 위해 먹어주겠는가[33]	孰爲我而食之

32 살아서는……서명이었다네 : 〈서명〉은 송(宋)나라 장재(張載)의 저작으로, 거기에 "살아서는 내 하늘을 순히 섬기고 죽어서는 내 편안하다.〔存吾順事, 沒吾寧也.〕"라고 하였다.

33 한천에……먹어주겠는가 : 뛰어난 재주와 덕을 소유하였으나 당대에 제대로 쓰이지 못함을 애석히 여긴 말로, 이채가 비록 여러 관직을 역임하고 호조 참판에까지 올랐으나 과거에 급제하지 못하고 음직으로 출신하였기 때문에 가슴속의 경륜을 충분히 펼치지 못했으므로 이렇게 말한 것이다. 이 말은《주역》〈정괘(井卦) 구오(九五)〉에 "우물이 깨끗하여 시원한 샘물을 먹는다.〔井洌寒泉食.〕"라고 한 것과 〈정괘(井卦) 구삼(九三)〉에 "우물이 깨끗한데도 먹어주지 아니하여 내 마음에 슬퍼함이 된다.〔井渫不食, 爲我心惻.〕"라고 한 것을 종합하여 인용한 것인데, 여기에서 말한 '한천'은 위 효사(爻辭)에서 말한 '시원한 샘물'이라는 의미와 이채가 은거했던 용인의 지명을 이중으로 지칭한 것이다.

난고의 향기가 풂김이여 襲蘭皐之馨香兮

난초 향기 오래도록 성대하게 이어져 이지러지지 않으리 長菲菲兮不虧

노성한 분의 전형을 생각하니 想老成之典型兮

나의 통곡함은 나의 사사로움 때문만은 아니라오 哭非專以吾私

백마가 현려에 가지 못하니[34] 阻白馬於玄廬兮

마음에 응어리가 져서 슬픔을 더하노라 中結軫而增悲

평소에 나를 알아주고 돌아봐주심에 감사하여 感夙素之知顧兮

짧은 글에 내 깊은 슬픔을 펴노라 敷深哀於短辭

34 백마가……못하니 : 현려는 무덤의 별칭으로, 백마를 타고 장지에 가지 못한다는 말이다. 백마의 고사는 후한(後漢)의 범식(范式)과 장소(張劭)의 고사로, 두 사람은 매우 절친한 사이였는데, 장소가 죽은 뒤에 범식의 꿈에 나타나서 자신이 아무 날에 죽어서 아무 날에 장례하여 저승으로 간다고 알려주니, 범식은 잠에서 깨어 슬퍼하며 눈물을 흘리고는 급히 달려갔으나 제때에 도착하지 못하였고, 장소의 상여는 이미 발인하여 장지에 도착하였다. 이에 사람들이 널을 묻으려고 하였는데 움직이지 않았고, 시간이 지나 범식이 백마에 소거(素車)를 타고 울부짖으며 달려와서 상여를 두드리며 "길을 떠나게, 원백이여. 생사의 길이 달라졌으니, 영결을 하세나.〔行矣元伯! 死生路異, 永從此辭.〕"라고 하고서 줄을 잡고서 끌자 그제서야 상여가 움직였다고 한다. 원백은 장소의 자이다.《後漢書 卷81 獨行列傳 范式》

조생 낙서 구희 에 대한 애사

趙生洛瑞 龜熙 哀辭

나는 고(故) 기성 소윤(箕城少尹) 조유장(趙孺章)[35] 공과 여러 대 동안 통가(通家)의 정의(情誼)가 있었는데, 유장이 단명의 액운을 만나 임소에서 순직해서 노친의 봉양을 끝까지 하지 못하였다. 내가 이 때문에 비통한 마음이 들어 애도의 시기가 지났는데도 슬퍼하였으니, 다만 산양(山陽)에서 피리소리를 들은 감회[36]일 뿐만이 아니었다.

유장은 네 아들을 두었는데 모두 능히 부친을 닮아서 그 가정에 걸맞았다. 막내아들인 낙서 조구희는 타고난 자품이 순수하고 아름다워서 온화하고 담박하고 공손하여 그 깨끗함이 아주 철저해서 한 점의 더러운 티끌도 없었다. 사람들은 혹 그가 지나치게 온유한 것을 나쁘게

35 고(故) 기성 소윤(箕城少尹) 조유장(趙孺章) : 조병헌(趙秉憲, 1790~1844)으로 유장은 그의 자이고 본관은 양주(楊州)이다. 1825년(순조25) 식년 생원시에 합격하고 음보(蔭補)로 출사하였으며 평양 서윤(平壤庶尹)을 맡고 있을 적에 임소에서 별세하였다. 기성은 평양의 별칭으로, 기자(箕子)가 도읍했던 곳이라 하여 이렇게 부르는 것이다. 《매산집》 권3에 〈곡하며 조유장의 상여를 보내다〔哭送趙孺章靈輀〕〉라는 제목의 시가 실려 있다.

36 산양(山陽)에서……감회 : 진(晉)나라 상수(向秀)가 〈사구부(思舊賦)〉를 지은 고사를 차용하여 말한 것이다. 산양은 지금의 중국 하남성(河南省) 수무현(修武縣)으로, 죽림칠현(竹林七賢)에 꼽히는 혜강(嵇康)과 상수와 여안(呂安) 등이 같이 살던 곳이다. 혜강과 여안이 죽은 뒤에 상수가 옛날에 살았던 산양을 지나가는데, 이웃집에서 부는 구슬픈 피리소리가 들려오자, 죽은 벗들이 그리워 눈물을 흘리며 〈사구부〉를 지었다고 한다. 《晉書 卷49 向秀列傳》

여겼으나, 마음이 견고하고 강하며 가정에서의 행실이 순수하고 돈독해서 함부로 할 수 없는 점이 있었다. 항상 부친을 일찍 여읜 것을 지극한 애통으로 여겨서 할아버지와 자모에게 기쁨을 극진히 하는 효를 행하였고[37] 계부와 여러 형들에게 공경을 지극히 하였으며, 집을 다스리기를 너그러움으로 하고 사람을 대하기를 후덕함으로 하니, 빈객과 노복들이 모두 그를 마음속에 두어서 복종하지 않는 이가 없었다. 평소에는 말을 빨리 하거나 얼굴빛을 급히 바꾸는 일이 없어서 기뻐함과 노여움을 거의 나타내지 않았고, 매우 삼가고 공손해서 그를 만나보면 공경할만하고 가까이하면 사랑할만하였다.

외물에 얽매이지 않고 습속에 빠지지 않아서, 번성함과 화려함, 음악과 여색을 일체 마음속에 받아들이지 않고, 오직 방 안에 꼿꼿이 앉아서 전적(典籍)을 탐구하고 한묵(翰墨)에서 유희하였다. 공령(功令 과거 공부)에는 그리 힘을 쏟지 않았으나 능히 육체(六體)[38]를 알아서 작가(作家)의 규범에 유념하였다. 또 고사(古史)와 국사를 좋아해서 왕왕 이에 대해 말하여 의논할 적에는 그 의론이 매우 뛰어나서 들을만하였으니, 유고(遺稿) 몇 권이 남아있다. 서화(書畫)와 전주(篆籒)에 벽(癖)이 있어서 묘한 깨달음과 뛰어난 기예가 있었으나 항상 안으로 숨기고 밖으로 드러내지 않아서 마치 능하지 못한 사람인양 하였다.

37 할아버지와……행하였고 : 할아버지와 어머니를 잘 봉양해서 그분들로 하여금 기쁨을 극진하게 느끼실 수 있도록 하였다는 말이다. 《예기(禮記)》 〈단궁 하(檀弓下)〉에 "콩을 먹고 물을 마시더라도 어버이의 기쁨을 극진히 하면 이를 효라고 한다.〔啜菽飮水, 盡其歡, 斯之謂孝.〕"라는 공자의 말이 보인다.

38 육체(六體) : 문과 과거에 시험 보이는 여섯 가지 문체로, 과문육체(科文六體)라고도 하는바, 곧 시(詩)・부(賦)・표(表)・책(策)・의(疑)・의(義)이다.

그래서 사람들이 아는 이가 적었다. 만약 이 사람에게 수명을 빌려주어서 군자의 대도(大道)를 들어 그 뜻과 사업을 확충하고 천명하게 했더라면 옛날에 이른바 '삼불후(三不朽)'[39]란 것에 대하여 그가 어떤 경지에 도달하게 되었을 지를 내 아노라.

아! 세교가 쇠함에 상례(喪禮)가 먼저 무너져서 상중에 종을 친다는 비난[40]을 받지 않는 자가 별로 없는데, 낙서는 약관시절 거상할 적에 예법을 엄격히 해서 때로 어머니를 뵙는 경우가 아니면 중문(中門)에 들어가지 않았으며[41] 춥거나 덥다고 하여 삼으로 만든 질(絰)과 점괴(苫塊)[42]를 버려두지 않았다. 그렇게 피눈물을 흘리며 삼년상을 마쳐서

39 삼불후(三不朽) : 영원토록 썩지 않고 전해지는 세 가지로, 덕(德)을 이루고, 공(功)을 세우고, 훌륭한 말을 남기는 것을 말한다. 《春秋左氏傳 襄公 24年》

40 상중에……비난 : 상중에 음악을 연주하여 비난을 받음을 말하는바, 《춘추좌씨전(春秋左氏傳)》 양공(襄公) 29년에 보이는 손임보(孫林父)와 계찰(季札)의 고사를 원용한 것이다. 위(衛)나라 대부 손임보는 헌공(獻公)을 축출하고 상공(殤公)을 세웠는데 12년 뒤 헌공이 복위를 도모하여 손씨를 공격하고 이기자 손임보가 채읍(采邑)인 척읍(戚邑)을 근거지로 해서 위나라를 배반하고 진(晉)나라로 간 일이 있었다. 3년 뒤 오(吳)나라 공자 계찰이 위나라에서 진나라로 갈 적에 척읍에서 유숙하려 하였는데, 손임보가 종을 치며 음악을 연주하는 것을 듣고는 "괴의하도다. 내 듣건대 다툼을 일으키고도 덕이 없으면 반드시 주륙을 당한다고 한다. 부자(夫子)는 임금에게 죄를 얻고서 이곳에 있으니, 두려워해도 부족한데 어떻게 음악을 연주한단 말인가? 부자가 여기에 있는 것은 마치 제비가 장막 위에 둥지를 지은 것과 같고, 또 임금의 관(棺)이 빈소에 있는데, 어떻게 음악을 연주할 수 있단 말인가?" 하고서 유숙하지 않고 떠났다. 위나라 헌공(獻公)을 아직 장사지내지 않았기 때문에 이렇게 말한 것이다. 손임보는 이 말을 듣고 종신토록 음악을 듣지 않았다고 한다. 《春秋左氏傳 襄公 14年, 26年, 29年》

41 중문(中門)에 들어가지 않았으며 : 중문은 집의 안채와 바깥채 사이를 통하는 문으로, 거상 중에 남자가 부인이 기거하는 안채에 출입하지 않는 것을 이른다.

42 점괴(苫塊) : 짚으로 만든 거적자리와 흙 베개라는 말로, 부모 상중에 자식이 사용

몸이 훼손되고 수척하여 거의 온전하지 못하게 되니 이 때문에 기이한 병에 걸려 이러한 불행에 이르렀다. 그러니 이 사람에 대해 '효에 죽었다'고 하더라도 가능할 것이다.

아! 안연(顔淵)같이 인(仁)한 이도 단명하였고 도척(盜蹠)처럼 포악한 이도 장수하였으니, 이것이 옛사람이 강개하여 크게 한숨 쉬며 늙은 하늘에게 힐문했던 이유이다.[43] 죽은 표범 가죽은 진실로 미련하게 움직이는 개나 쥐와 서로 바꿀 수 없으니, 사람들이 비록 바꾸고자 하나 나는 그 바꿈을 인정하지 않는다. 낙서의 여러 형이 나에게 상여줄잡는 일을 도와서 그의 행적의 한두 가지를 말해줄 것을 청하니, 내 일찍이 조유장이 어질면서 장수하지 못함을 애통해하였는데 또 그의 훌륭한 아들의 죽음에 곡하니, 큰 조화(造化)가 피폐해져서 하늘의 보답이 이치에 어긋남이 마침내 이와 같다. 곧바로 하늘에 묻고 영혼을 불러오고 싶지만 될 수가 없다. 어찌 한 마디 말로 그 돌아감을 전송하

하는 것이다. 《儀禮 旣夕禮》

43 안연(顔淵)같이……이유이다 : 도척은 춘추 시대 인물로, 9천 명의 졸개를 거느리고 천하에 횡행하면서 포악한 행동을 일삼고 도적질을 하며 부녀자를 약탈하는 등 악행을 저질렀는데 그럼에도 천수를 누렸다고 한다. 안연(顔淵)은 공자의 수제자 안회(顔回)로, 덕행과 학문에 뛰어났으나 30대 초반의 나이로 요절했다고 한다. 사마천(司馬遷)은 《사기(史記)》 〈백이열전(伯夷列傳)〉에서 이에 대해 다음과 같이 말하였다. "70명의 유명한 제자 가운데 중니(仲尼)께서 안연만을 들어 학문을 좋아했다고 하였으나, 안연은 집이 가난하여 자주 굶어 겨와 술지게미도 배불리 먹지 못하다가 끝내 요절하였으니, 하늘이 선인(善人)에게 보답함이 어떠한가? 그런데 도척은 날마다 죄 없는 사람을 죽여서 사람의 간(肝)을 먹고 흉악한 행실을 자행하여 수천 명의 도적 떼를 거느리고 천하에 횡행하였는데도 끝내 장수하다가 죽었으니, 이 도척은 무슨 덕을 따른 것인가? 이는 천도(天道)가 맞지 않는 것 가운데 더욱 분명하고 밖에 드러난 것이다.……참으로 이른바 '천도'란 것이 있는 것인가? 없는 것인가?"

지 않을 수 있겠는가. 사(辭)는 다음과 같다.

아름다운 선비 하나 있었으니 有美一士兮
천성이 단정하고 선량하였네 天賦端良
난초와 혜초 같은 자질이요 蘭蕙其質兮
얼음과 옥 같은 심장이었네[44] 氷玉其腸
이 내면의 아름다움을 소유하고서 有此內美兮
패옥과 장식이 크게 드러났네 佩飾孔章
온화하고 공손하게 자친을 받드니 婉怡承慈兮
화기가 집안에 가득하였네 和氣充堂
효도와 공경이 천성에 타고 났으니 孝悌天植兮
어버이 상에 거상을 잘 하였네 善居親喪
어두운 데서 일하지 않겠다고 맹세하여[45] 矢不服闇兮

44 얼음과……심장이었네 : 마음이 고결했음을 말한다. 얼음과 옥은 본래 매화의 맑고 고결한 자태를 묘사한 말로, 당(唐)나라 왕창령(王昌齡)이 지은 〈부용루송신점(芙蓉樓送辛漸)〉에 "낙양의 친구가 만약 묻거든 한 조각 빙심이 옥호에 있다고 하게나.〔洛陽親友如相問, 一片氷心在玉壺.〕"라고 보인다.

45 어두운……맹세하여 : '어두운 데서 일함〔服闇〕'은 《예기》 〈곡례 상(曲禮上)〉에 "효자가 어두운 데에서 일하지 않으며 위태로운 곳에 오르지 않음은 어버이를 욕되게 할까 두려워해서이다.〔孝子不服闇, 不登危, 懼辱親也.〕"라고 보인다. 이 경문의 소(疏)에 "어두운 데에서 일하지 않음은 어두운 가운데에서 일을 행하지 않는 것이니, 첫째는 갑자기 비상한 일이 있을까 해서이고, 둘째는 남의 혐의를 받을까 염려해서이다. 그러므로 효자가 경계하는 것이다.〔不服闇者, 不行事於暗中, 一則爲卒有非常, 二則主物嫌. 故孝子戒之.〕"라고 하였다. '남의 혐의를 받을까 염려한다.'는 것은 주로 부부간의 교접을 지칭한 것인바, 옛날 상주는 부부관계를 가장 죄악으로 여겼으므로 후세에는 '복암'을 주로 부부관계를 가리키는 뜻으로 해석하였다.

큰 예법을 보존하였다오 用存大防

어린 아이처럼 울고 어린 아이처럼 통곡하니 孺泣嬰哭兮

구구하고 황황하였네[46] 瞿瞿皇皇

이런 근심이 쌓여서 병을 이루어 積憂成病兮

끝내 몸을 훼상함에 이르렀네 竟底毁傷

재기를 안에 간직하여 才氣內蘊兮

칼끝을 드러내지 않았네 不露鋒鋩

고요히 거처하면서 기예에 노니니 靜居游藝兮

한묵의 마당이었네 翰墨之場

만일 그 뜻과 사업을 끝까지 하였다면 苟究志業兮

어찌 훌륭하지 않았겠는가 何用不臧

마땅히 신의 도움을 받아야 했는데 宜蒙神祐兮

어이하여 해쳐서 망하게 하였는고 胡椓而亡

아름다운 무지개가 잠시 걷히니 彩虹俄收兮

푸른 하늘 아득하고 아득하네 晴空茫茫

신묘한 망아지가 좁은 틈을 빨리 지나가버리듯[47] 神駒過隙兮

46 구구(瞿瞿)하고 황황(皇皇)하였네 : '구구'는 무엇을 찾는 듯이 눈을 빨리 돌려 보는 모양으로, 부모를 찾아도 찾을 수 없어 이러한 모습이 되는 것이다. '황황'은 불안해하고 방황하는 모양이다. 《예기(禮記)》 〈단궁 상(檀弓上)〉에 "부모가 처음 죽었을 때에는 충충(充充)하여 막다른 골목에 이른 듯이 하며, 빈소하고 나서는 구구하여 찾아도 찾지 못하는 듯이 하며, 장례하고 나서는 황황하여 다시 살아오시기를 바라도 오지 않는 것처럼 하며, 소상을 지내고는 세월의 빠름을 서글퍼하고, 대상을 지내고서는 쓸쓸해한다.〔始死, 充充, 如有窮. 既殯, 瞿瞿, 如有求而弗得. 既葬, 皇皇, 如有望而弗至. 練而慨然. 祥而廓然.〕"라고 하였다.

47 신묘한……지나가버리듯 : 매우 급하고 빠름을 비유한 말로, 보통 상기(喪期)가

전사를 이미 잊었네[48] 傳舍已忘

사씨(謝氏)의 뜰에서는 옥수(玉樹)가 부러지고[49] 謝庭隕樹兮

위씨(衛氏)의 집에서는 동량(棟梁)이 꺾였네[50] 衛室摧樑

온 세상이 거짓되고 미련한데 擧世詬頑兮

그대만 홀로 재앙에 걸렸도다 子獨罹殃

충직하였는데도 원통하게 되었으니 蹇蹇煩冤兮

명운이 좋지 못했네 時命不祥

팔십 노모가 단맛을 나눠 주었는데[51] 八耋分甘兮

빨리 지나가버림을 가리킬 때 쓴다. 《예기(禮記)》 〈삼년문(三年問)〉에 "삼년상이 25개월에 끝남은 마치 사마(駟馬)가 좁은 틈을 지나가는 것처럼 빠르다.〔三年之喪二十五月而畢, 若駟之過隙.〕"라고 한 데서 온 말이다.

48 전사를 이미 잊었네 : 전사는 여관으로, 여기서는 인간세상을 가리키는바, 삶은 잠시 나그네로 붙어 있는 것이고 죽음은 참세계로 돌아가는 것이라고 여기기 때문에 이런 비유를 쓰는 것이다.

49 사씨(謝氏)의……부러지고 : 사씨는 진(晉)나라 사안(謝安)을 가리키고, 옥수는 옥처럼 아름다운 나무로 훌륭한 자제를 비유한 말이다. 사안이 여러 자제들에게 "왜 사람들은 모두 자기의 자제가 출중하기를 바라는가?" 하고 묻자, 아무도 대답하지 못하고 있었는데, 조카 사현(謝玄)이 "이것은 비유하면 지란(芝蘭)과 옥수가 자기 집 정원에서 자라나기를 바라는 것과 같습니다.〔譬如芝蘭玉樹, 欲使其生於階庭耳.〕"라고 하였다고 한다. 《晉書 卷79 謝安傳》

50 위씨(衛氏)의……꺾였네 : 서진(西晉)의 위개(衛玠, 286~312)는 어려서부터 풍의가 아름답고 언론이 통창하여 명망이 있었는바, 그가 악광(樂廣)의 사위가 되자 배숙도(裴叔道)가 "장인은 얼음처럼 맑고 사위는 옥돌처럼 윤이 난다.〔婦公氷淸, 女壻玉潤.〕"라고 평할 정도였다. 그러나 27세의 젊은 나이로 사망하였는데, 이에 사곤(謝鯤)은 통곡을 하면서 "동량이 꺾이니 나도 모르게 슬퍼진다.〔棟梁折矣, 不覺哀耳.〕"라고 하였다. 《晉書 卷36 衛玠列傳》

51 단맛을 나눠 주었는데 : 자식에 대한 어머니의 사랑을 뜻하는 말로, 《효경원신계

가슴속에 있던 옥[52]이 부서져 버렸네　碎抱中璋
학발 노모가 문에 의지하고 상여를 바라봄이여　鶴髮倚門兮
훤초[53]가 서리를 맞았도다　萱草含霜
슬프고 슬프다 낮에 곡하는 분[54]이여　哀哀晝哭兮
하늘의 해가 빛을 잃었네　天日無光
상여가 동문으로 나가니　出自東門兮
그대를 데리고 묘소로 돌아가네　將子歸藏
나부끼는 바람이 불어오니　飄風發發兮
붉은 명정이 바람에 날리네　丹旐飛揚
쓸쓸한 백양목이여　白楊蕭蕭兮
푸른 소나무가 옆에 있도다　青松在旁
내와 언덕이 아득하고 아득하니　川原浩渺兮
혼이 어디로 가는고　魂往何方

(孝經援神契)》에 "어머니는 자식에 대하여, 정성을 다하여 기르되, 마른자리는 자식을 앉히고 진자리는 자신이 앉으며, 적은 것은 스스로 사양하고 단맛은 나누어 준다.〔母之於子也, 鞠養殷勤, 推燥居濕, 絶少分甘.〕"라고 한 것을 원용한 것이다.

52 옥 : 원문의 '장(璋)'은 아들을 상징하는 말로, 《시경(詩經)》 〈소아(小雅) 사간(斯干)〉에 "이에 남자를 낳아서 평상 위에 재우며, 긴 치마를 입히며 구슬을 갖고 놀게 한다.〔乃生男子, 載寢之牀, 載衣之裳, 載弄之璋.〕"라고 한 데서 온 말이다.

53 훤초(萱草) : 어머니를 상징하는 말로, 《시경(詩經)》 〈위풍(衛風) 백혜(伯兮)〉에 "어떻게 하면 훤초를 얻어 이것을 북당에 심을까?〔焉得諼草, 言樹之背?〕"라고 한 데서 온 말인바, 옛 제도에 북당은 부녀자가 거처하던 곳인데, 뒤에 전하여 '훤초'는 모친을 가리키는 말이 되고 '훤당(萱堂)은 모친의 거처를 가리키는 말이 되었다.

54 낮에 곡하는 분 : 고인의 아내를 가리킨다. 《예기》 〈방기(坊記)〉에 "과부는 밤에 곡하지 않는다.〔寡婦不夜哭.〕"라고 하였다.

어머니 계신 집을 돌아보며 연연해하니 顧戀庭闈兮
상여가 머뭇거리고 가지 못하는구나 靈輀徊徨
쓸쓸한 별이 하늘에 걸려있고 殘星麗昊兮
외로운 학이 언덕에서 우네 孤鶴叫岡
평소에 그대를 찾아보나 求子平素兮
빈집이 조용하네 闃寂虛廂
여러 책이 책 상자에 버려져있고 群書抛篋兮
쌓인 먼지가 책상에 앉아있네 凝塵棲床
한 점 혈육도 없어서 欠一塊肉兮
책의 향기를 이어갈 수가 없으니 用續書香
그 자취가 씻은 듯 사라져 其跡如掃兮
바람 앞의 촛불이 크게 흔들리네 風燭太忙
장례하는 달과 날이 돌아옴이여 日月回薄兮
장작불[55]이 아득하고 아득하네 薪火芒芒
내 어쩌겠는가 吾其奈何兮
눈물만 흘릴 뿐이네 有淚浪浪
한순간이 곧 만고의 시간이니 一瞥萬古兮
누가 장수한 팽조(彭祖)이고 누가 요절한 상자(殤子)인가[56]

55 장작불 : 죽음을 비유한 말이다. 《법화경(法華經)》에 "부처께서 이날 밤에 열반하여 장작이 다 타고 불이 꺼지듯 하였다.〔佛此夜滅度, 如薪盡火滅.〕"라고 한 데서 온 말이다.

56 한순간이……상자(殤子)인가 : 팽조는 800세를 살았다고 전해지는 사람이고, 상자는 성년이 되기 전에 죽은 자를 이른다. 이 말은 경계가 없는 도의 관점에서 보면 한순간이 곧 만고의 시간이어서 장수와 요절이 구분될 수 없다는 뜻인바, 《장자(莊子)》

	孰彭孰殤
사는 것은 임시로 붙어있는 것이고 죽음은 진짜이니	生寄死眞兮
갈팡질팡 방황하지 말지어다	其勿倀倀
아, 훌륭한 명성이여	嗚呼令名兮
길이 보존되리라	其存也長
이 애사를 가지고 그대의 형들을 위로하니	持慰乃兄兮
향기로움 영원히 이어가리라	永挹芬芳

〈제물론(齊物論)〉에 "상자보다 장수한 이가 없고 팽조보다 요절한 이가 없으니, 천지가 나와 함께 생겨나고 만물이 나와 일체이다.〔莫壽乎殤子, 而彭祖爲夭. 天地與我竝生, 而萬物與我爲.〕"라고 한 말을 원용한 것이다.

윤명직 자부인[57]에 대한 애사 병서

尹明直慈夫人哀辭 幷序

내가 일찍이 고질병이 걸려서 교제를 그만두고 교유를 끊어버리고는 항상 입을 막고서 자수(自守)하며 지냈었는데, 하루는 나를 종남산(終南山)[58] 아래로 찾아와서 상견례를 행할 것을 청하는 자가 있었다. 그를 상석에 맞이하니, 검은 관에 흰 옷으로 새가 날개를 편 듯 단정한 모습으로 걸어 나왔다. 서로 읍하고 앉으니, 그 모습은 후중하면서도 공손하고 얼굴빛은 온후하면서도 화평하고 말은 느리면서도 법도에 맞았으며, 그가 원하는 바는 안자(顏子)처럼 되기를 바라서 공자를 배우는 것이었다. 그의 이름과 성을 물어보니, 바로 명직 윤광연(尹光演)이었다. 명직은 내가 학문이 부족해서 대답해줄 말이 없다는 것을

57 윤명직 자부인 : 자부인은 모친을 가리킨다. 윤명직은 윤광연(尹光演, 1778~1838)으로, 호는 탄재(坦齋), 본관은 파평(坡平)이고 명직은 그의 자이다. 그의 아내는 여성 유학자 정일당강씨(精一堂姜氏, 1772~1832)로, 문집에 《정일당유고(精一堂遺稿)》가 있다. 윤광연의 집안은 매우 가난하였으나 아내의 권유와 내조에 힘입어 과거공부를 하지 않고 학문에 전념하였으며, 강재(剛齋) 송치규(宋穉圭, 1759~1838)를 사사하고 당대 노론 핵심 인사들과 두루 교유하였다. 윤명직의 모친은 생원 전여충(全汝忠)의 따님으로, 호는 지일당(只一堂), 본관은 천안(天安)이다. 시문에 능했다고 하며 《정일당유고》에 〈존경하는 시어머니 지일당의 시에 삼가 차운하다〔敬次尊姑只一堂韻〕〉라는 제목의 시와 지일당의 원시(原詩)가 실려 있다.

58 종남산(終南山) : 남산을 말한다. 종남산은 본래 당(唐)나라의 도성인 장안(長安)의 남쪽에 있는 산의 이름인데, 후세에는 도성의 남쪽에 있는 산을 모두 종남산이라 불렀는바, 한양의 남산 역시 종남산이라고 칭하였다.

구애하지 않고 자주 나의 방에 찾아왔으며 혹은 편지를 보내 경례(經禮)의 의심스러운 뜻을 논란하였는데 그의 지식과 견해가 두루 통달하였는지라 내 일찍이 그를 두려워하고[59] 그에게 양보하였다. 지금 세속의 학문은 고질이 되었으니, 명성과 이익을 좇는 성시(城市) 속에 앉아있으면서 능히 몸을 지키고 뜻을 구하며 맛이 없는 공부에 맛들이기를 명직처럼 하는 자가 별로 없다.

명직은 타고난 재분(才分)이 진실로 아름답고 당세의 선비들을 두루 사귀어서 스승의 도움 또한 풍부하였다. 그러나 어머니의 몸으로 하는 가르침[60]과 일을 만날 때마다의 가르침[61]을 받지 않았다면 또한 쉽게

59 그를 두려워하고 : 윤광연의 학문에의 조예가 더욱 깊어질 것이기 때문에 두려워할 만한 것이다. 이 말은 《논어》 〈자한(子罕)〉의 "후생이 두려워할 만하니, 후생의 장래가 나의 지금만 못할 줄을 어찌 알겠는가.〔後生可畏, 焉知來者之不如今也?〕"라는 공자의 말에서 온 것이다.

60 몸으로 하는 가르침 : 말로 하지 않고 행실로 보여주는 가르침으로, 이 말은 전한(前漢)시대 유향(劉向)의 《열녀전(烈女傳)》에, 노(魯)나라의 현모 모사(母師)를 평하면서 "모사는 능히 몸으로써 가르쳤다.〔母師能以身教.〕"라고 한 말을 원용한 것이다. 모사는 아홉 아들을 둔 과부였는데, 납일(臘日)에 제사를 마치고 친정에 다녀오다가 예상보다 일찍 돌아오자 아들과 며느리들이 술자리를 치울 겨를이 없을 것을 염려해서 여문(閭門) 밖에 머물다가 늦게 들어갔다고 한다.

61 일을……가르침 : 당 태종(唐太宗)의 고사를 원용한 것이다. 당 태종이 진왕(晉王) 이치(李治)를 황태자로 삼은 뒤로는 일을 만날 때마다 그를 가르쳐서, 태자가 밥을 먹을 때에는 "네가 농사의 어려움을 알면 항상 이 밥을 먹을 수 있다." 하고, 말을 탈 때에는 "네가 말의 수고로움을 알아서 말의 힘을 다 소모시키지 않으면 항상 말을 탈 수 있다." 하고, 배를 탈 때에는 "물은 배를 실어주는 것이지만 배를 뒤엎기도 하니, 백성은 물과 같고 임금은 배와 같다." 하고, 나무 아래에서 쉴 때에는 "나무는 먹줄을 따르면 바르게 되고 임금은 간언을 따르면 성군이 된다."라고 하였다고 한다. 《通鑑節要 卷37 太宗皇帝下 17年》

여기에 이르지 못했을 것이다. 명직은 일찍 부친을 여의어서 엄한 가르침을 잃었다. 그런데도 능히 이와 같으니 짐작컨대 그 어머니가 반드시 어진 어머니일 것인바, 이 분은 아들을 잘 가르친 분일 것이다. 기사년(1809, 순조9) 9월에 명직이 그 어머니 대석인(大碩人)[62]을 잃고 유사를 적어서 나에게 보여주고 뇌문(誄文)을 요구하였다. 이에 그 규범(閨範)의 자세함을 알게 되었는데 과연 어진 어머니였다.

석인은 부모를 섬길 적에 효성을 다하였고 시집와서는 이것을 옮겨 시부모를 섬길 적에 더욱 공경을 지극히 하였다. 집이 평소 가난해서 숙수(菽水)[63]조차 넉넉하게 공양하지 못했으나 일찍이 자기 힘을 다하지 않은 적이 없었으며, 남편을 섬길 적에 그 정성과 한결같음을 지극히 하였다. 항상 날마다 닭이 울면 일어나서 방과 마루를 깨끗이 청소하고 집안사람들에게 명하여 각자 자기 일을 맡아 하게 하였으며 비단을 짜고 실을 꼬는 일을 부지런히 하였다. 경사(經史)의 대의(大義)를 통달하여 때로 옛 도서를 보아서 밤이 깊어서야 취침하곤 하였다. 아들을 사랑하여 은혜에 돈독하였으나 또한 반드시 의로운 방도로 가르쳐서[64] 아들이 밥을 먹고 말을 할 수 있게 되었을 때부터 항상 무릎에

62 대석인(大碩人) : 어머니에 대한 미칭으로, 석인은 송대(宋代) 부인들에게 내린 봉호(封號)인데, 후에 부인에 대한 존칭으로 사용되었다. 이 말은 《시경(詩經)》 〈위풍(衛風) 석인(碩人)〉에서 온 것인바, 이 시는 위(衛)나라로 시집오던 장강(莊姜)의 훌륭한 모습과 성대한 예의(禮儀)를 읊은 시이다.

63 숙수(菽水) : 콩죽과 맹물이란 뜻으로 보잘것없는 거친 음식으로 부모를 공양함을 이른다. 《禮記 檀弓下》

64 의로운 방도로 가르쳐서 : 《춘추좌씨전(春秋左氏傳)》 은공(隱公) 3년 조에 보이는 말로, 위(衛)나라 장공(莊公)의 아들 주우(州吁)가 오만방자하게 굴자, 현대부(賢

앉혀놓고 격언과 지론으로 타일러서 이것들이 아들의 귀에 가득하고 배에 가득 차게 하였으며, 아들이 장성함에 미쳐서는 더욱 부지런히 가르치되 엄격함을 겸하였다. 명직이 손님맞이하기를 좋아하였는데 명직을 찾아오는 손님이 있으면 석인은 기꺼이 음식을 마련하여 머리카락을 잘라 음식을 접대하는 풍도[65]가 있었으니, 이는 명직으로 하여금 벗에게서 유익함을 취하고 벗을 통해 덕을 돕게 하고자 해서였다. 아! 지극하다! 이 때문에 명직을 낳은 것일 것이다. 규문의 행실은 아름다움을 감추고 나타내지 않아서 사람들이 징험할 수가 없는데, 이 분은 명직 같은 아들을 두었고 또 책에 쓰기를 이와 같이 하였으니, 그렇다면 누가 명직에 대해 그 어머니를 사사롭게 칭찬했다고 말하겠는가.

아! 선철들이 말씀하기를 "동자들의 포학함을 금하는 것은 스승과 벗의 경계가 보모와 계집종의 지휘만 못하고, 일반인들의 싸움을 그침은 요순(堯舜)의 도가 과처(寡妻)의 회유(誨諭)만 못하다."[66]라고 하였으니, 보모·계집종과 과처도 오히려 그러한데 하물며 자모에게 있어서이겠는가. 또 더구나 자모 중의 어진 자에게 있어서이겠는가. 명직은

大夫) 석작(石碏)이 장공에게 충간하기를, "신은 듣자오니 자식을 사랑하되 의로운 방법으로 가르쳐서 잘못된 곳으로 빠지지 않게 해야 한다고 하였습니다.〔臣聞愛子教之以義方, 弗納於邪.〕"라고 하였다. 이 말은 《소학(小學)》 〈계고(稽古)〉에도 실려 있다.

65 머리카락을……풍도 : 가난한 살림에도 극진하게 손님을 대접함을 이른다. 진(晉)나라 도간(陶侃)은 집이 몹시 가난하였는데, 어느 날 손님이 갑자기 찾아와서 접대할 음식이 마땅치 않자, 도간의 어머니가 자신의 머리카락을 잘라 술과 안주를 마련하여 대접하였다고 한다. 《晉書 卷66 陶侃列傳》

66 동자들의……못하다 : 이 말은 《안씨가훈(顏氏家訓)》 〈서치(序致)〉에 보인다.

어린 나이에 학문에 뜻을 두어 삼가고 단속하여 스스로 지켰으니, 그가 전수받은 바가 있음을 내 알겠노라.

부인의 부드러운 성품은 사랑에 치우치기가 쉽다. 그러므로 어머니는 기르기는 잘 하나 가르치지는 못하는데, 석인은 어머니의 인자함에 아버지의 엄함을 겸하였으니, 석인이 아들의 학문이 이루어지고 명예가 높아지는 것을 보지 못한 것이 애석하구나! 만일 명직이 선(善)을 행함이 가장 즐거운 일이라는 것을 알고서 학문에 더욱 힘쓴다면 석인에게 좋은 명예를 끼침이 무궁할 것이다. 그러니 명직은 힘쓸지어다! 사(辭)는 다음과 같다.

아름다운 사람 하나 있으니	有美一人兮
약산의 위에 산다네	藥山之巓
몸을 닦고 학문을 힘씀이여	禔躬勉學兮
어머니의 어짊 덕분이었네	以母之賢
백주의 슬픔[67]이여	柏舟之悲兮
어머니로서 아버지를 겸하였네	母以兼父
아이에게 엄부가 없으니	兒無嚴天兮
어머니가 아니면 누구를 의지하겠는가	非母何怙
의로운 방도로써 가르치니	教以義方兮

67 백주의 슬픔 : 남편과 사별한 슬픔을 말한다. '백주(柏舟)'는 《시경(詩經)》〈용풍(鄘風)〉의 편명인데, 모서(毛序)에 따르면, 이 시는 위(衛)나라 세자 공백(共伯)이 일찍 죽자 그 아내 공강(共姜)이 절개를 지키고 있었는데 친정 부모들이 다시 시집보내려 하므로 공강이 이 시를 지어 거절한 것이라고 한다.

낳아주신 분을 욕되게 할까 두려워하였네[68] 恐其忝生
위기지학(爲己之學)을 하여서 學以爲己兮
성현을 법으로 삼았네 賢聖是程
공손히 어머니 가르침을 받들어서 恭承內訓兮
규구를 순히 따랐네 循蹈矩矱
오두막집 작은 문을 항상 닫고서 衡門長掩兮
글 읽는 소리가 집에 가득하였네 書聲盈屋
술지게미와 겨도 배불리 먹지 못하여 糟糠不厭兮
밥 짓는 불이 자주 끊어졌네 烟火屢空
그러나 뜻으로 어머니의 뜻을 봉양하여[69] 以志養志兮
즐거움이 넘쳐났네 樂則融融
누가 종과 솥을 가지고서 誰將鍾鼎兮
이 즐거움에 당하랴 用當斯樂
온천하의 일 중에 擧天下事兮
이와 바꿀만한 것이 없도다 無可與易
아들의 학문이 일취월장하니 子學就將兮

68 낳아주신……두려워하였네 : 《시경(詩經)》 〈소아(小雅) 소완(小宛)〉에 "일찍 자리에서 일어나고 밤늦게 잠자리에 들며 노력하여 너를 낳아 준 부모를 욕되게 하지 말라.〔夙興祖寐, 毋忝爾所生.〕"라고 한 말을 원용한 것이다.

69 뜻으로……봉양하여 : 부모의 뜻을 헤아려 잘 모셨다는 말로, 증자(曾子)가 아버지 증석(曾晳)을 봉양할 적에 반드시 술과 고기를 밥상에 올렸으며, 상을 치울 때 증석이 "남은 것이 있느냐?"고 물으면 반드시 "있습니다." 하고, 계속해서 "누구에게 주시겠습니까?"라고 여쭈었는데, 맹자가 이러한 증자의 효에 대해 '뜻을 봉양한 것〔養志〕'이라고 하였다. 《孟子 離婁上》

이것을 지극한 영화로 여겼네	曰爲至榮
닦은 것은 내면이니	所修者內兮
실제를 돈독히 하고 이름을 버렸네	敦實遺名
어이하여 백세를 살지 못해서	曷不百齡兮
아들의 덕이 이루어지는 것을 보지 못하는가	見子成德
조문하는 자들이 눈물을 줄줄 흘리니	吊者漣如兮
사람들이 이 때문에 슬퍼하는 것이라네	人爲斯惻
하지만 이승과 저승은 이치가 똑같으니	幽明一理兮
통하지 않는다고 말하지 말라	勿謂不通
자모의 가르침을 입어서	被服慈教兮
그 몸을 게을리 하지 않았으니	不惰厥躬
그대의 마음 변치 말지어다	無貳爾心兮
어머니 영혼이 강림해 계신다네	母氏臨止
경황(驚惶)할 때나 위급한 때에도	造次顚沛兮
천지[70]를 잊지 말라	不忘天只
학문이 이루어지기를 기다려서	待到學成兮
장차 입신하고 양명하리라	將立而揚
이미 별세했다고 여기지 말라	不以旣沒兮
더욱 밝고 분명하게 드러난다네	彌顯而章
수척한 상주[71]에게 말해주노니	爲語欒欒兮

70 천지(天只) : 어머니의 별칭인바, 《시경(詩經)》 〈용풍(鄘風) 백주(柏舟)〉에 "어머니는 하늘이신데, 이처럼 사람마음 몰라주시나.〔母也天只, 不諒人只.〕"라고 한 데에서 온 말이다.

슬픔을 억제하여 스스로 힘쓰라	抑哀自强
혼이 돌아오실 것이니	魂兮歸來兮
길이 슬퍼하지는 말지어다	宜無永傷

71 수척한 상주 : '난난(欒欒)'은 수척한 모습을 가리키는 말로, 특히 부모의 상에 슬퍼하여 수척한 모습을 가리킬 때 쓰는 말인바, 《시경》 〈회풍(檜風) 소관(素冠)〉의 "행여 흰 관을 쓴 극인의 수척함을 볼 수 있을까.〔庶見素冠兮, 棘人欒欒兮?〕"라는 구절에서 온 말이다.

신도비 神道碑

증 호조 참판 부호 백공[72] 신도비명 병서○경자(1840, 헌종6)
贈戶曹參判鳧湖白公神道碑銘 幷序○庚子

순조 재위 11년(1811) 겨울에 토적이 서쪽 변방에서 일어나니,[73] 이때 부호(鳧湖) 백경한(白慶翰) 공이 포의(布衣)로서 대의를 선양하여 역적을 토벌하려 하다가 그들에게 사로 잡혀서 굽히지 않고 죽었다. 적이 평정된 뒤에 도신(道臣)이 이 사실을 보고하니, 조정에서 명을 내

72 부호 백공 : 백경한(白慶翰, 1761～1812)으로, 자는 자점(子漸), 호는 부호(鳧湖), 본관은 수원(水原)이다. 홍경래의 난이 일어나자 의병을 모아 관군과 함께 난을 진압하려 하였으나 실패하여 반란군에 체포되었다. 갖은 고문에도 끝내 투항하지 않다가 이듬해 1월에 피살되었다. 난이 평정된 다음해인 1813년 정주성(定州城) 남쪽에 단을 쌓아 그를 포함한 일곱 명의 의사(義士)를 제사하고 순절을 기리는 비를 세웠으며, 정주의 인사들이 오봉산(五鳳山) 아래에 사당을 세워 이 일곱 의사들을 제향하였는데, 1824년 이 사당에 사액할 것을 요청하는 박영현(朴榮顯)의 상소를 계기로 '표절(表節)'이라고 사액되었다. 1812년 호조 참판에 추증되었으며, 문집에 《부호집》이 있다.

73 토적이……일어나니 : 1811년 관서지방에 큰 흉년이 들어 민심이 흉흉해지자, 홍경래(洪景來, 1780～1812) 등이 조선 시대에 계속되어 온 서북인의 차별에 대한 울분을 격동시켜 반란을 일으켰다. 이 난은 1811년 음력 12월 18일에 가산(嘉山) 군청을 습격하여 점령한 것을 시작으로 이듬해 음력 4월 19일 반란군이 토벌될 때까지 4개월간 지속되었다.

려 가선대부(嘉善大夫)와 호조 참판을 추증하고, 그 마을에 정려문을 세우기를 '충신지문(忠臣之門)'이라 하였으며, 또 그 어린 아들을 녹용(錄用)할 것을 명하니, 듣는 자들이 감탄하고 눈물을 흘렸다.

아! 우리나라가 태평한 지 200년이 됨에 백성들이 병난(兵難)을 알지 못하였다. 황지(潢池)의 작은 경계[74]로부터 시작해 그 위엄이 나라와 대적해서[75] 열흘이 못 되어 도의 절반이 함락되니, 혹은 항복하고 혹은 도망하여 여기에 죽은 자는 오직 정 충렬(鄭忠烈)[76] 한 분뿐이었다. 조정과 민간이 크게 요동하고 경사(京師)는 계엄(戒嚴)을 하니

74 황지(潢池)의 작은 경계 : 반란군이 일어나 소요를 일으키는 것을 말하는데, 여기서는 홍경래의 난을 가리킨 것이다. '황지'는 물이 고여 만들어진 작은 못으로, 이 말은 전한(前漢) 선제(宣帝) 때에 발해(渤海) 지방에 민란이 일어나자, 공수(龔遂)를 발해 태수로 임명하여 도둑을 토벌하게 하였는데, 공수가 그 민란에 대해 설명하면서 "바닷가는 멀리 떨어져 있어서 성스러운 교화가 미치지 않는 탓에 백성들이 굶주림과 추위에 떨고 있는데도 관리들이 돌보아 주지 않습니다. 그러므로 폐하의 적자(赤子)들로 하여금 폐하의 군사를 훔쳐서 황지 안에서 희롱하게 한 것입니다.〔其民困于飢寒, 而吏不恤, 故使陛下赤子盜弄陛下之兵于潢池中耳.〕"라고 말했던 데서 유래하였다. 《漢書 卷89 循吏傳 龔遂》

75 그……대적해서 : 반란군의 위엄이 나라의 위엄과 대적함을 말한다. 이 말은 후한(後漢) 광무제(光武帝)가 장수 오한(吳漢)을 두고 평하며 "오공은 사람의 의지를 분발하게 하니, 그 위엄이 마치 한 사람으로서 나라와 대적하는 듯하다.〔吳公差彊人意, 隱若一敵國矣.〕"라고 한 데서 원용한 것이다.

76 정 충렬(鄭忠烈) : 정시(鄭蓍, 1768~1811)로, 자는 백우(伯友), 호는 덕원(德園), 본관은 청주, 시호는 충렬(忠烈)이다. 1799년 무과에 급제하고, 1811년에 가산 군수(嘉山郡守)가 되었는데 이 해에 홍경래의 난이 일어나 관아에 폭도들이 들이닥쳐 재물과 관인(官印)을 내놓으라고 협박하자, 그들의 대역무함을 꾸짖다가 부친과 함께 살해당하였다. 그의 묘지명이 본집에 실려 있다. 《梅山集 卷38 贈吏曹參判蒼坡鄭公墓誌銘》

참으로 위태롭고 위태로웠다. 공은 한 보루를 지키는 책임도 맡은 것이 없었는데 여항에서 일어나서 충절을 잡고서 흉포한 칼날 아래에 목숨을 바치면서도 후회하지 않았으니, 이로써 구차히 살아남으려 했던 왕신(王臣)들의 마음을 부끄럽게 하고 막 일어나려는 적도들의 기운을 꺾을 수가 있었던바, 1년이 되지 못하여 요망한 기운을 깨끗이 청소했던 것은 바로 공이 한 번 죽은 데에 힘입은 것이었다. 그러니 이는 이른바 '적을 꾸짖는 혀가 백만의 정예병보다 강하다'는 것일 것이다. 이와 같은 자는 그 죽음이 태산(泰山)보다 무거움이 있는 것이다.

공은 자가 자점(子漸)이니, 그 선조는 수원 사람이다. 신라의 대상(大相) 백우경(白宇經)이 시조가 되는데, 인주 부사(仁州府使) 휘 역(繹)에 이르러서 정주(定州)로 이사해서 관서 지방의 큰 문벌이 되었다. 증조는 휘가 채후(采後)이고, 조부는 휘가 일영(日永)이고, 선고는 휘가 선양(善養)이니, 유학으로 집안을 이어왔다. 선비(先妣) 해주 노씨(海州盧氏)는 노현진(盧玄軫)의 따님인데, 영조 신사년(영조37, 1761)에 공을 낳았다.

공은 타고난 자품이 매우 특이하였는데, 처사 최경림(崔敬林)을 따라 배우면서 뜻을 가다듬고 학문을 쌓으며 선철들의 명절(名節)을 흠모해서 책을 읽다가 살신성인(殺身成仁)한 경우에 이르면 번번이 강개하여 눈물을 흘렸으며, 공순하고 신실하여 자신의 어짊과 지혜를 내세워 남보다 앞서고자 하지 않았다. 그러나 의리를 보고서 용감히 행하는 일에 있어서는 마치 여울물이 골짝으로 세차게 흘러들어가는 것과 같아서 사람들이 그 뜻을 빼앗지 못하였다.

이때에 역적이 일어났다는 말을 듣고 통곡하며 말하기를 "난역(亂逆)이 우리 주(州)에서 나왔으니 내 무슨 면목으로 하늘과 땅 사이에

서겠는가."라 하고는, 동지들을 규합해 이끌어서 건장하고 용맹한 사람들을 모집하여 거짓 군수를 주벌하려 하였는데, 결행하기 전에 적의 세력이 크게 확장되었다. 공은 민심이 거기에 빠져서 역(逆)과 순(順)을 구별하지 못할까 염려하여 반드시 자신이 선창하여 한 도의 사기를 진작하고자 하였다. 그래서 그 깃발에 '신안충의군(新安忠義軍)'[77]이라고 쓰고 이것을 가져다가 절도영(節度營)에 보내고 은밀히 적의 실정을 보고하였다. 또 절도영에 청하기를 '급히 기병을 출동시켜 샛길을 따라 곧바로 정주성(定州城)으로 쳐들어가서 적들로 하여금 머리와 꼬리가 서로 구원하지 못하게 하면 일고(一鼓)에 적의 괴수를 사로잡을 수 있으니, 부디 여러 의사(義士)들과 약속해서 그들을 향도(嚮導)로 삼으십시오.'라고 하였다. 그리고는 마침내 그에 대한 방략을 나누어 주어서 안에서 기습하고 밖에서 맞이할 계책으로 삼았다. 이어서 원근에 격문을 돌려 기개와 의리로써 서로 감동시키니, 사람들이 평소 모두 공을 중히 여겼으므로 이에 향응(響應)하지 않는 자가 없었다. 그러나 유독 절도사가 이를 의심해서 병력을 일부러 출동시키지 않았다.

처음에 정주 목사가 성을 버리고 도망하고 적도들이 거짓 군수를 세우고서 읍의 자제들을 선발하여 군관을 삼았을 적에 공의 이름 또한 거기에 기록해 넣으니 공이 그 직첩을 찢어버렸다. 그러다가 괴수 홍경래가 성을 점거하고서 공이 불일간에 거의(擧義)할 것을 알아채어 급

77 신안충의군(新安忠義軍) : 노주(老洲) 오희상(吳熙常)이 지은 백경한의 행장에 의하면, 신안은 백경한이 거주하던 마을의 이름이었다고 한다. 《老洲集 卷20 贈戶曹參判白公行狀》

히 군대를 보내 엄습하여 포위하니, 공은 면치 못할 것을 알고는 의관을 정제하고서 가묘에 사직하고 여러 아우들과 이별하기를 "나는 끝났지만 너희들은 반드시 힘을 다하여 나의 뜻을 이어 가거라."라고 하였다. 적에게 붙잡히자 적이 군대와 호위병을 성대하게 진열하고서 공을 회유하고 협박하니, 공은 분노하여 꾸짖기를 "내 너를 죽여서 너의 고기를 먹고 너의 가죽에서 자지 못하는 것이 한스러우니, 어찌하여 속히 나를 죽이지 않는가? 나는 죽어도 너에게 굽히지 않겠다."라고 하였다. 적은 공에게 성대한 명성이 있음을 알고는 반드시 산 채로 항복받고자 하여 그대로 옥에 가두고서 날마다 참혹한 형벌을 시행하기를 수십 일을 하였다. 그러나 공은 끝내 굽히지 않고, 은밀히 자기를 지키는 병졸을 시켜서 성 안 사람을 회유하여 관군의 내응을 도모하게 하였는데, 병졸이 그 계획을 누설하니 적이 크게 분노하여 공을 죽이려 하였다. 공이 크게 고함치며 말하기를 "내가 죽으면 죽을 뿐이지만 응당 충성스런 영혼이 되어서 반드시 너희 개와 쥐 같은 무리를 하나도 남기지 않고 섬멸하겠다."라고 하였는데, 그 목소리가 아주 드높고 열렬하였으므로 여러 적들이 서로 돌아보고는 얼굴이 흙빛이 되었다. 마침내 살해를 당하니, 바로 임신년(1812, 순조12) 정월 16일이었다.

다음날에 첩자가 성을 넘어가서 이 사실을 매우 자세하게 말하였다. 그리고 3개월 만에 관군이 정주성을 함락하자, 공의 여러 아들들이 성 안에 들어가서 공의 시신을 찾았으나 찾지 못하고는 가산군(嘉山郡) 송창산(宋倉山)에 있는 부인 묘 오른쪽 자좌(子坐)에 나아가서 공의 옷과 신을 가지고 장례하였다. 다음 해 계유년(1813, 순조13)에 정주성 남쪽에 단을 쌓아서 공과 충절을 세운 여섯 의사[78]를 제사하고 또 비를 세워서 이를 기록하였으며, 정주의 인사들이 오봉산(五鳳山)

아래에 사당을 세워서 여섯 의사와 함께 제향하였는데, 조정에서 이 사당에 사액하기를 '표절(表節)'이라고 하였다. 이로써 표창하고 위무하여 높이 보답함이 구비되게 되었다.

공은 천성이 효성스러워서 집안일을 맡아 부지런히 수행함에 자기 자신을 돌보지 않았으며 집이 가난함에도 뜻을 봉양함[79]에 빠뜨림이 없었다. 추원(追遠)[80]의 제사에 더욱 삼가서 새벽이면 반드시 사당에 배알하고 매년 가을에 곡식이 익으면 제수를 먼저 준비해둔 뒤에 식구를 계산하여 양식을 배정하였다. 또 여러 아우들과 함께 밥을 지어 먹어서 아우들이 모이지 않으면 음식을 먹지 않았으며 형제들끼리 단란하게 지낸다는 이유로 서로 간에 절절시시(切切偲偲)함[81]를 폐하지

78 여섯 의사 : 홍경래의 난 때에 순직한 가산 군수 정시(鄭蓍)를 비롯하여, 한호운(韓浩運)·허항(許沆)·임지환(林之煥)·제경욱(諸景彧)·김대택(金大宅) 등인바, 이들에 대한 전(傳)이 본집 권51에 실려 있으며, 한호운의 묘지명 역시 본집 권42에 실려 있다.《梅山集 卷51 贈統制使諸公傳, 卷42 贈禮曹參判韓公墓誌銘》

79 뜻을 봉양함 : 자세한 내용은 39쪽 주69 참조.

80 추원(追遠) : 먼 조상을 추모함을 말한다.《논어집주(論語集註)》〈학이(學而)〉에 증자(曾子)가 "종(終)을 신중히 행하고 먼 조상을 추모하면 백성들의 덕이 돈후한 데로 돌아갈 것이다.〔愼終追遠, 民德歸厚矣.〕"라고 하였는데, 이에 대한 주자의 주(註)에 "신종(愼終)이란 초상에 그 예(禮)를 다하는 것이요, 추원이란 제사(祭祀)에 그 정성을 다하는 것이다."라고 하였다.

81 절절시시(切切偲偲)함 : 간절하고 자상하게 권면하는 것으로, 백경한의 형제들이 화락하게 잘 지냈을 뿐만 아니라 붕우 간에 해주듯이 서로 간절하게 권면하였으므로 이렇게 말한 것이다. 이 말은 자로(子路)가 어떠해야 선비라고 할 수 있는지를 묻자, 공자(孔子)가 답하기를, "간절하고 자상하게 권면하며 화락하면 선비라고 할 수 있다. 붕우 간에는 간절하고 자상하게 권면하고, 형제간에는 화락해야 한다.〔切切偲偲, 怡怡如也, 可謂士矣. 朋友切切偲偲, 兄弟怡怡.〕"라고 한 데서 온 말이다.

않았다. 이 때문에 자제들이 수행이 깨끗하다고 소문이 났다. 만년에 부호(鳧湖)에 거주하면서는 《주례(周禮)》와 《논어(論語)》를 연역하여 가르쳐서 시골 글방에서 가르침을 베풀었고 또 가난한자를 물자로 도왔다. 그래서 어진 사람과 어리석은 사람 모두에게 환심을 얻었다. 이러한 사례들은 공이 스스로 수행한 실제가 집안과 나라에 도달한 것들이다.

아! 공은 일찍이 인의도덕(仁義道德)의 설을 들어서 다만 알 뿐만이 아니요 또한 진실로 실천하였다. 처음에는 의리를 선양하고 끝내는 의리에 죽어서 의리가 있는 곳에 자신의 진수를 만들어내었으니, 여기서 학문의 공력이 큼을 볼 수 있다. 이것이 어찌 하루아침에 갑자기 취할 수 있는 것이겠는가. 바로 이른바 '안에서 나온 것은 정(貞)에 부합하고 밖에 행한 것은 의(義)를 꿰뚫는다.'[82]는 것일 것이다. 노주(老洲) 오희상(吳熙常) 공이 백공의 행장을 지으면서 말하기를 "독실하게 믿으면서도 학문을 좋아하고 죽음으로 지키면서도 도(道)를 잘하였으니,[83] 이 말을 가지고 공이 어떤 사람인지 탐구한다면 공이 공이 된 이유를 알 것이다."라고 하였는데, 군자들이 이 말을 진리를 아는 말이라고 하였다.

부인 백천 조씨(白川趙氏)는 조몽전(趙夢鸇)의 따님인데 곤범(閫範)을 모두 구비하였다. 세 아들을 낳으니, 전 현감 종륜(宗倫)과 종검

82 안에서……꿰뚫는다 : 이 말은 당(唐)나라 유종원(柳宗元)의 〈당고특진증개부의동삼사양주대도독남부군휴양묘비(唐故特進贈開府儀同三司揚州大都督南府君睢陽廟碑)〉에 보인다.

83 독실하게……잘하였으니 : 이 말은 《논어》 〈태백(泰伯)〉에 보인다.

(宗儉)과 문과로 벼슬하여 좌랑을 맡고 있는 종전(宗佺)이다. 종륜의 아들은 시술(時述)·시달(時達)·시탁(時逴)이고, 여서(女婿)는 김지무(金持懋)이다. 종검의 아들은 시현(時絢)이고, 종전의 아들은 시연(時連)이다.

공의 아우 백경해(白慶楷)[84]가 몸을 지키고 학문을 좋아하니 사람들은 이난(二難)[85]이라고 일컬었다. 신미년(1811, 순조11) 전란 때에 본도의 아사(亞使)[86]로 관찰영(觀察營)에 달려가자 묘당이 "이미 훌륭한 형이 있으니 그 아우를 장려해야 한다."라고 아뢰어서 특별히 태천 현감(泰川縣監)에 제수되었었는데, 뒤에 한성부 좌윤에 이르렀다. 좌윤이 일찍이 공의 묘지명을 청하므로 내 염치를 무릅쓰고 응하였었는데, 또 다시 생석(牲石)[87]에 명문을 지을 것을 청하니, 한 사람이 신도비명

84 백경해(白慶楷) : 1765(영조41)~1842(헌종8). 자는 성익, 호는 수와(守窩), 본관은 수원(水原)이다. 1786년(정조10) 정시문과에 병과로 급제하였고, 운산 군수(雲山郡守), 태천 현감(泰川縣監), 사헌부 장령, 동지중추부사, 한성부 좌윤 등을 역임하였다. 문집에 《수와집(守窩集)》이 있으며, 본집 권17에 왕복 편지가 실려 있고, 본권 아래의 〈좌윤 백공 신도비명(左尹白公神道碑銘)〉은 바로 백경해의 신도비명이다.

85 이난(二難) : 난형난제(難兄難弟)와 같은 말로, 덕행과 학문이 뛰어난 형제를 가리켜 이난이라고 한다. 후한(後漢) 때 진식(陳寔)의 여섯 아들 가운데 진기(陳紀)와 진심(陳諶)이 가장 덕행이 뛰어났는데, 하루는 진기의 아들 진군(陳群)과 진심의 아들 진충(陳忠)이 각기 자기 아버지가 낫다고 다투다가 조부에게 묻자, 진식이 "원방은 형 되기 어렵고 계방은 아우 되기 어렵다.〔元方難爲兄, 季方難爲弟.〕"라고 한 데에서 온 말이다. 원방은 진기의 자이고, 계방은 진심의 자이다. 《世說新語 德行第一》

86 본도의 아사(亞使) : 백경해는 1811년 8월에 평안 도사(平安都事)에 제수되었다. 《承政院日記 純祖 11年 8月 11日》

87 생석(牲石) : 신도비를 말한다. 옛날에는 제사에 쓸 희생을 신도비에 묶어 놨었기 때문에 이렇게 칭한 것이다.

과 묘지명을 함께 저술하는 것은 사체를 중하게 하는 것이 아니라는 이유로 내가 간곡히 사양하였으나 간청이 더욱 간절해지므로 끝내 사양할 수가 없었다. 마침내 다음과 같이 명문을 짓는다.

수많은 인생이	衆萬之生
각각 하늘이 부여하는 것을 받았으니	各受天賦
그 부여 받은 것은 무엇인가	厥賦維何
사람의 마음과 사람의 길이었네	人心人路
그 길을 따르지 않고 그 마음 찾지 않아서	弗由弗求
이를 온전히 하는 이가 드물었네[88]	尠克其全
원하는 바와 싫어하는 바를	所欲所惡
잃지 않는 이가 어진 사람이니[89]	勿喪者賢

88 그 부여……드물었네 : '사람의 마음'은 인(仁)한 마음이고, '사람의 길'은 일을 행할 때에 따라야 하는 마땅함으로서의 의(義)인데, 이것이 천부적인 것임에도 불구하고 사람들이 인한 마음을 잃어버리고서 찾지 않고, 마땅함의 길〔義〕을 버리고서 따르지 않으므로 그 천부적으로 본유한 인심(人心)과 인로(人路)를 온전히 보존하고 따르는 이가 드물다는 말이다. 이 말은 《맹자》 〈고자 상(告子上)〉의 "인은 사람의 마음이요, 의는 사람의 길이다. 그 길을 버리고 따르지 않으며 그 마음을 잃어버리고 찾을 줄을 모르니, 애처롭다.〔仁, 人心也, 義, 人路也. 舍其路而不由, 放其心而不知求, 哀哉!〕"라는 말에 의거한 것이다.

89 원하는……사람이니 : 사생취의(捨生取義)하는 병이(秉彝)의 양심을 잃지 않는 사람이 어진 사람이라는 말이다. 사람들이 가장 원하는 것은 삶이고 가장 싫어하는 것은 죽음임에도 불구하고 사생취의할 수 있는 것은, 의(義)를 삶보다 더 원하고 불의(不義) 죽음보다 더 싫어하기 때문인바, 이렇듯 사생취의할 수 있게 하는 마음은 사람의 천부적 양심, 구체적으로는 수오지심(羞惡之心)이다. 이 말은 《맹자》 〈고자 상(告子上)〉의 "삶도 내가 원하는 바이지만 원하는 바가 삶보다 심한 것이 있기 때문에 삶을

아름다운 백공이여 有美白公
만부 중의 어진 사람이었네 萬夫之良
집안에서 정사를 하니 爲政于家
효도하고 우애함이 하늘의 상도(常道)였네[90] 孝友天常
성철들을 외고 본받아서 誦法聖哲
일찍이 스스로 스승을 얻었네 早自得師
날마다 복습한 것은 日用服習
사물의 법칙과 사람의 병이(秉彝)였네[91] 物則民彝
산림에 몸을 숨기고서 晦身巇巖
영재를 기르기를 좋아하였네 樂育才英

구차히 얻으려고 하지 않으며, 죽음도 내가 싫어하는 바이지만 싫어하는 바가 죽음보다 심한 것이 있기 때문에 환난을 피하지 않는 경우가 있는 것이다.……이 때문에 살 수 있는데도 살 수 있는 방법을 쓰지 않는 경우가 있고, 이 때문에 화를 피할 수 있는데도 하지 않는 경우가 있는 것이다. 이러므로 원하는 바가 삶보다 심한 것이 있고 싫어하는 바가 죽음보다 심한 것이 있으니, 다만 현자만이 이러한 마음을 가지고 있는 것이 아니라 사람마다 다 가지고 있건마는 현자는 능히 이것을 잃지 않을 뿐이다."라는 말에 의거한 것이다.

90 집안에서……상도(常道)였네 : 혹자가 공자에게 "왜 정사를 하지 않느냐?"고 묻자, 공자가 《서경》 〈주서(周書) 군진(君陳)〉의 "효도하고 형제간에 우애하여 정사에 베푼다.〔惟孝, 友于兄弟, 施於有政.〕"라고 한 것을 인용하고서 "이 또한 정사를 하는 것이니, 어찌 지위에 있어야만 정사를 하는 것이 되겠는가.〔是亦爲政, 奚其爲爲政?〕"라고 답하였는바, 이 공자의 말을 원용한 것이다. 《論語 爲政》

91 사물의……병이(秉彝)였네 : 병이는 사람이 하늘로부터 부여받은 떳떳한 본성을 말한다. 사물의 법칙과 사람의 병이는 《시경(詩經)》 〈대아(大雅) 증민(烝民)〉의 "하늘이 백성을 내시니 사물이 있는 곳에 법칙이 있도다. 백성이 지닌 본성은 이 아름다운 덕을 좋아하도다.〔天生蒸民, 有物有則. 民之秉彝, 好是懿德.〕"라는 말에서 온 것이다.

무엇으로 그들을 가르쳤는가	何以裁之
사교[92]와 육행[93]이었네	四教六行
근본이 보존되니	本之則存
한 지방의 표준이 되었네	標準一方
추부에서 경계를 고함[94]이	萑苻告警
마침 이 고을에 있었는데	適在是鄉
미친바람과 거센 불꽃이	狂猋劫炎
천리에 피를 흐르게 하였네	千里流血
눈물을 뿌리며 격문을 쓰니	灑淚草檄
의지와 기개가 격렬하였네	志氣激烈
의병을 모아서	誓鳩義旅
창궐하는 적을 막겠다고 맹세했는데	以遏猖獗
힘이 다하여 사로잡혔으나	力窮就執
오히려 그 말을 높이 하였네	猶抗其舌

92 사교(四教) : 글을 배움〔文〕, 행실을 닦음〔行〕, 충(忠)과 신(信)을 마음에 보존하게 함, 이 네 가지로 가르치는 것을 말하는바, 《논어》〈술이(述而)〉에 "공자께서는 4가지로써 가르치셨으니, 문・행・충・신이었다.〔子以四教, 文行忠信.〕"라고 한 데서 온 말이다.

93 육행(六行) : 《주례(周禮)》〈지관(地官) 대사도(大司徒)〉에 나오는 여섯 가지 행실로, '부모를 잘 섬김〔孝〕', '형제간에 우애함〔友〕', '구족 간에 화목함〔睦〕', '외척 간에 화목함〔婣〕', '붕우 간에 신뢰함〔任〕', '힘들고 가난한 이를 진휼함〔恤〕'이다. 《周禮注疏 卷10 地官 大司徒》

94 추부(萑苻)에서 경계를 고함 : 도적이 일어나 소요를 일으킨 것을 말하는데 여기서는 홍경래의 난을 가리킨 것이다. 추부는 춘추시대 정(鄭)나라에 있었던 늪지대 이름으로 도적들이 많이 모여 살았던 곳이다. 《春秋左氏傳 昭公20年》

규벽은 부서질 수 있지만	圭璧可碎
견고하고 바른 지조는 이지러질 수 없네	堅貞靡缺
공을 핍박하기를 범과 같이 하자	縛公如虎
적을 꾸짖기를 개와 같다고 하였네	罵賊如狗
다섯 가지 혹독한 형벌이 몸에 두루 가해지며	五毒遍體
위엄으로 협박하고 이익으로 회유하였으나	威怵利誘
백 번 죽어도 변치 않아서	百死不變
그 지킴을 강하게 하였네	强矯其守
웅장(熊掌)과 어물(魚物)에 대한 취사선택[95]은	熊魚取舍
본디 공이 평소에 하던 것이었지	自公平生
천지의 중간에	天地中間
우리 큰 대경[96]을 세우니	立我大經
엄숙하고 엄숙함이 서리와 눈 같고	肅肅霜雪
밝고 밝음이 해와 별 같네	晶晶日星
중승이 여귀(厲鬼)가 되겠다는 것[97]은	中丞爲癘

95 웅장(熊掌)과……취사선택 : 사생취의의 선택을 말하는 것으로, 《맹자》〈고자 상(告子上)〉에 "어물도 내가 원하는 바요 웅장도 내가 원하는 바이지만, 이 두 가지를 겸하여 얻을 수 없다면 어물을 버리고 웅장을 취하겠다. 삶도 내가 원하는 바요 의(義)도 내가 원하는 바이지만, 이 두 가지를 겸하여 얻을 수 없다면 삶을 버리고 의를 취하겠다.〔魚我所欲也, 熊掌亦我所欲也, 二者不可得兼, 舍魚而取熊掌者也; 生亦我所欲也, 義亦我所欲也, 二者不可得兼, 舍生而取義者也.〕"라고 한 데에서 온 말이다.

96 대경(大經) : 크고 떳떳한 도리를 이른다. 《중용》에, "오직 천하에 지극히 성실한 분이어야 천하의 대경을 경륜할 수 있다.〔唯天下至誠, 爲能經綸天下之大經.〕"라고 하였는데, 주자가 "대경이란 다섯 가지의 인륜이다.〔大經者, 五品之人倫.〕"라고 해설하였다. 《中庸章句》

바로 공이 맹세한 말이었네	卽公矢言
규룡을 타고서 참창(欃槍)[98]을 쓸어 달라고	鞭虯掃欃
위로 하늘 궁궐에 하소연을 하니	上訴天闇
하늘이 요망한 이의 허리와 난신의 목을	妖腰亂領
벼락으로 깨뜨려버렸네	霹靂宵砉
그리하여 이들을 영원히 소탕하니	永底廓清
이는 공이 국가에 보답한 것이라오	是公報國
왕이 내린 조서와 붉은 정려문이	紫誥丹旌
가문에 찬란하게 빛나네	炳烺門闌
높이는 사당 또한 있으니	亦越崇祠
오봉산의 사당과 달천의 단[99]이었네	鳳廟㺚壇
영광스런 하사가 구비되니	寵錫所備
왕의 도가 이로써 빛났네	王猷以光

97 중승이……것 : 중승은 당(唐)나라 어사중승 장순(張巡)이다. 안녹산(安祿山)의 난 때 장순이 수양성(睢陽城)을 지키고 있었는데, 수양성이 오랜 시간 적에게 포위되어 식량이 다 떨어지고 장병이 병들어 더 이상 가망이 없자, 서쪽을 향해 재배하고서 말하기를 "신은 힘이 다하여 성을 온전히 지킬 수 없습니다. 살아서 이미 폐하께 보답하지 못했으니, 죽어서 마땅히 여귀가 되어 적을 죽이겠습니다."라고 하였다고 한다. '여귀'는 죽어서 돌아갈 곳 없는 떠돌이 귀신을 말한다. 《通鑑節要 卷42 唐紀 肅宗》

98 참창(欃槍) : 혜성의 이름인데 병화(兵禍)를 주관하는 별로 간주되었는바, 전하여 사악하고 흉포한 사람을 가리키는 말로 쓰이기도 한다.

99 달천의 단(壇) : 노주(老洲) 오희상(吳熙常)이 지은 백경한의 행장에 의하면, 백경한이 별세한 다음 해인 1813년에 순조가 정주 동쪽 달천가에 단을 쌓고 매년 적을 평정한 날에 백경한과 여섯 의사를 제사하라고 명하였다고 한다. 《老洲集 卷20 贈戶曹參判白公行狀》

높고 높은 송창산에는 崔崔宋山

공의 옷과 관이 묻혀 있으니 衣冠攸藏

누가 예가 아니라 말하는가 孰云非禮

영혼이 의탁한 곳이라네 精爽所托

신도에 명문을 새겨서 勒銘神道

천년에 명성을 드리우네 垂聲千曆

관서의 모든 사람들은 凡厥西人

순과 역의 구분에 어둡지 말지어다 毋迷順逆

만일 내 말을 믿지 않거든 如我不信

이 높은 비석을 보라 視此穹石

내 다만 공을 밝게 드러낼 뿐만이 아니요 非直昭公

이로써 인극[100]을 붙드노라 用扶人極

100 인극(人極) : 인간의 윤리·도덕에 있어서 최고의 표준 혹은 최고의 원리를 이르는 말로, 주돈이(周敦頤)의 〈태극도설(太極圖說)〉에, "성인은 중·정·인·의로써 정하되, 정을 주장하여 인극을 세운다.〔聖人定之以中正仁義, 而主靜立人極.〕"라고 보인다.

송애 박공[101] 신도비명 병서○계묘년(1843, 헌종9)

松厓朴公神道碑銘 幷序○癸卯

율곡(栗谷) 이 선생(李先生)이 해산(海山)의 남쪽에 터를 잡아 거처하면서[102] 강학과 가르침을 크게 베푸실 적에 박여룡(朴汝龍) 공이 맨 먼저 수업을 청하였다. 선생은 공이 지혜롭고 총명하다 하여 성리(性理)의 여러 책을 가지고 권하였는데, 이에 공이 더욱 스스로 감격하고 분발해서 의심나는 일이 있으면 반드시 질문하고 들음이 있으면 반드시 기록하였으며, 몸을 삼감과 집을 다스림, 선조를 제향함과 사람을 접대함에 있어 한결같이 선생이 만들어 놓은 법을 따랐다. 선생이 일찍이 석담구곡(石潭九曲)을 얻어 은병(隱屛)에 집을 짓고 장수(藏修)하니,[103] 공은 선생 가까이서 직접 훈도 받기 위해 송애(松厓)[104]에 집

101 송애 박공 : 박여룡(朴汝龍, 1541~1611)으로, 자는 순경(舜卿), 호는 송애(松厓), 본관은 면천(沔川), 시호는 문온(文溫)이다. 율곡(栗谷) 이이(李珥)에게 수학하였으며, 1610년(광해군2)에 스승의 문집을 간행하였다. 방현서원(傍賢書院)에 제향되었으며, 여러 차례 추증되어 이조 판서에 이르렀다. 문집에 《송애집》이 있다.

102 해산(海山)의……거처하면서 : 이이는 1576년(선조9) 황해도 해주(海州) 석담(石潭)에 청계당(聽溪堂)을 지었으며, 이곳에서 강학할 적에 초학자를 가르치기 위하여 《격몽요결(擊蒙要訣)》을 편찬하기도 하였다.

103 선생이……장수(藏修)하니 : 은병은 고산(高山) 석담의 아홉 구비 중의 다섯 번째 굽이이다. 이이는 석담의 아홉 굽이에 '석담구곡'이라고 이름붙이고, 1578년(선조11) 구곡 중에 가장 경치가 좋은 은병에 정사를 지어 거처를 마련하였으며, 주희(朱熹)의 〈무이구곡가(武夷九曲歌)〉를 본떠서 〈고산구곡가(高山九曲歌)〉를 짓기도 하였는바, 구곡은 제1곡은 관암(冠巖), 제2곡은 화암(花巖), 제3곡은 취병(翠屛), 제4곡은

터를 정하고 '송애'로 자호(自號)하였다.

계유년(1573, 선조6)에 생원시와 진사시 두 시험에 모두 합격하였는데, 선생이 전형(銓衡)을 맡고 계시면서 공을 천거하여 후릉 참봉(厚陵參奉)으로 삼았다.[105] 선생이 이때 화석정(花石亭)에 계셨는데, 공에게 편지를 보내기를 "낮은 벼슬을 위하여 산수와 이별하는 것은 진실로 그대가 원하는 바가 아닌 줄 알지만 숙직하면서 왕래하면 계속 만날 수 있을 것이다."[106]라고 하였다. 무인년(1578, 선조11)에 은병정사(隱屛精舍)가 완성되니, 목재를 찾아 모으고 기와를 굽는 것을 처음부터 끝까지 마련한 것은 공의 힘이었다. 선생이 또 주자(朱子)의 사당을 창건하려고 하다가 이루지 못한 채 왕의 소명에 달려가게 되었는데, 그러면서 공에게 이 계획을 맡겨 공으로 하여금 일을 끝마치게 하였다.

송애(松崖), 제5곡은 은병(隱屛), 제6곡은 조협(釣峽), 제7곡은 풍암(楓巖), 8곡은 금탄(琴灘), 제9곡은 문산(文山)이다. 《栗谷全書 卷2 高山九曲歌》 '장수'는 학업을 항상 마음에 두고 익히는 것을 말하는바, 《예기(禮記)》 〈학기(學記)〉에 "군자는 학문할 적에 장하고 수하고 유하고 식한다.〔君子之於學也, 藏焉, 修焉, 息焉, 遊焉.〕"라고 한 데서 온 말인데, '장(藏)'을 공영달(孔穎達)은 '학업을 마음에 항상 품고 있음〔心常懷抱學業〕'으로 해석하였다. 《禮記注疏 卷36 學記》

104 송애(松厓) : 석담의 아홉 굽이 중 네 번째 구비이다.

105 후릉……삼았다 : 후릉은 정종(定宗)과 정안왕후(定安王后)의 쌍릉으로 황해도 개풍군에 있다. 박여룡은 1581년(선조14) 후릉 참봉에 제수되었다. 《松崖集 卷3 年譜》

106 숙직하면서……것이다 : 개풍의 후릉과 파주의 화석정이 가깝기 때문에 이렇게 말한 것이다. 상와(常窩) 이민보(李敏輔)가 지은 박여룡의 행장에는 이 내용이 다음과 같이 기록되어 있다. "선생이 공에게 편지를 보내기를 '낮은 벼슬을 위하여 산수와 작별하는 것은 진실로 그대가 원하는 바가 아닌 줄 알지만, 후릉을 왕래할 적에 계속해서 만날 수 있을 것이므로 이렇게 천거한 것이다.'라고 하였으니, 이는 선생이 간혹 화석정에 머물었기 때문이다." 《松崖集 卷4 行狀》

이렇듯 선생이 공에게 위임한 바는 여러 제자들 중에 감히 공보다 앞선 이가 없었다.

갑신년(1584, 선조17)에 선생이 별세하자 공은 심상(心喪)을 3년 동안 하였다. 병술년(1586, 선조19)에 처음으로 사당을 건립하여 주자와 정암(靜菴 조광조(趙光祖))·퇴계(退溪 이황(李滉)) 두 현자를 제사해서 선생의 유지(遺志)를 성취하고는 이어서 선생을 배향하니, 이른바 '소현서원(紹賢書院)'[107]이라는 곳이다.

공이 일찍이 꿈을 꾸었는데 선생이 《대학(大學)》의 뜻을 책에다 써서 주니, 공은 슬픈 마음을 스스로 이기지 못하고서 선생이 지은 〈은병정사약속(隱屛精舍約束)〉[108]을 손수 써서 정사에 걸고 선생의 유집(遺集)을 간행하였다. 또 마침내 동문의 여러 공들을 인도해서 계(禊)를 닦고 약속을 세워서 매년 봄·가을에 젊은이와 어른을 모아서 강학하였으며, 남은 재물을 잘 저축하여 선생의 제사를 도왔는데 지금 수백 년에 이르도록 폐지되지 않고 있다. 이러한 것들은 공이 스승 문하에서 부지런히 노력했던 그 시말의 대략이다.

공은 자가 순경(舜卿)이고 면천(沔川) 사람이니, 고려 대승상(大丞相) 득의(得宜)를 시조로 삼는다. 휘 술희(述熙)가 면천군(沔川君)에 봉해지니, 이로부터 문무관이 대를 이었다. 휘 담(湛)에 이르러 본조(本朝)에 들어와서 벼슬이 공조 전서(工曹典書)에 이르렀는데, 외직으

107 소현서원(紹賢書院) : 이곳의 본래 이름은 은병정사였는데, 1610년(광해군2) 박여룡이 상소하여 사액을 청하였고 이에 '소현서원'으로 사액되었다.

108 은병정사약속(隱屛精舍約束) : 서원의 제생들에게 당부한 규약으로, 《율곡전서》 권15에 실려 있다.

로 나가 황해 감사(黃海監司)가 되어 해주(海州)의 입암(立巖)의 땅을 살펴보았다. 자손들이 이로 인하여 이곳에 거주하였는바, 이분이 공의 5대조이시다. 증조는 벽동 군수(碧潼郡守)를 지낸 휘 거신(居信)이고, 조부는 부사정(副司正)인 휘 문선(文善)이고, 선고는 부호군(副護軍)인 휘 수의(守義)인데 호조 참의(戶曹參議)에 추증되었으니, 공이 호성(扈聖)한 공로 때문이다. 참의공이 평창 이씨(平昌李氏)에게 장가드니, 이 분은 참의에 추증된 이윤화(李允華)의 따님으로, 가정(嘉靖) 신축년(1541, 중종36) 12월 15일에 공을 낳았다.

공은 성동(成童)이 되기 전에 내외(內外)의 상을 거듭 만났다.[109] 부모님의 병으로 인해 근심이 지극해지자, 하늘에 울부짖으며 울고 기도해서 자신의 몸으로 대신 죽기를 원하였다. 시묘살이를 하면서 삼년상을 마치고 예를 지키기를 매우 엄격히 하였으며, 형과 형수를 섬기기를 부모와 같이 하였다. 상기가 끝난 뒤에는 스스로 분발하여 독서에 힘써서 지방의 선생을 따라 배우며 말하기를 "사람으로서 배우지 않으면 어떻게 제대로 된 사람이 될 수 있겠는가." 하고는 항상 공부의 기준을 세워서 위기지학(爲己之學)에 전심하였다. 하루는 《맹자(孟子)》를 읽고 탄식하기를 "맹자가 아니었다면 사람들은 아마도 금수가 되었을 것이다."라 하고는 더욱 채찍질을 하여 스스로를 다잡았다. 집이 몹시 가난해서 냉수와 미음을 마시며 요기할 지경에 이르렀으나 공부를 거두지 않았다. 또 서예에 재주가 있었으나 종이를 장만할

109 공은……만났다 : 박여룡은 12세이던 1552년 5월에 부친상을 당하고, 그 이듬해 7월 모친상을 당하였다. 《松崖集 卷3 年譜》 성동은 15세 이상의 나이를 말한다. 《禮記 內則》

수가 없어서 청판(廳板)과 나뭇잎에다 글씨 쓰는 연습을 하여 손가락 살이 터지고 상하기까지 하였으니, 논하는 자들이 말하기를 "공의 서법(書法)이 문학(文學)에 의해 가려졌다."라고 하였다.

평소 새벽에 일어나 사당에 알현하고 격일로 율곡 선생의 사당에 배알하였으며, 물러가 서재에 머물면서 단정히 손을 모으고 무릎 꿇고 앉아서 덕을 진전하고 업을 닦는 일에 매진하였다. 상례와 제례는 《격몽요결(擊蒙要訣)》을 보고 따랐으며, 종족들에게 인자하여 급한 일과 어려운 일에 달려가기를 물이 흘러가듯이 하였고, 노비를 어거할 때에는 은혜를 먼저하고 위엄을 뒤에 하였다. 비록 스승의 도로 자임하지는 않았으나 후인들을 유도하고 이끌어서 명성을 이룬 바가 많으니, 한 고을의 준걸한 선비들이 여기에 힘입어서 학자의 지취를 잃지 않았다.

용사(龍蛇)의 전란[110]에 임금의 수레가 서쪽으로 파천하자 공은 통곡하고는 의병을 모집해서 500인을 얻어 조광현(趙光玹)[111] 공과 함께 하루에 이틀 길을 가고 근왕(勤王)[112]해서 행재소에 달려가 문안하니, 충성심을 떨치고 나라를 보호한 것이 이와 같았다. 뒤에 사옹원 직장

110 용사(龍蛇)의 전란 : 임진왜란을 가리킨다. 용사는 용의 해인 임진(壬辰)년과 뱀의 해인 이듬해 계사(癸巳)년을 합하여 칭한 것으로, 지지(地支)에서 진(辰)은 용(龍), 사(巳)는 사(蛇)를 말한다.

111 조광현(趙光玹) : 1553~?. 자는 계진(季珍), 호는 금탄(琴灘), 본관은 풍양(豊壤)이다. 이이의 문하에서 수학하였으며, 임진왜란 때 의병을 일으키고 선조를 의주까지 호종하여 원종공신 1등의 훈록을 받았다. 소현서원(紹賢書院)에 배향되었으며 문집에 《금탄유고》가 있다.

112 근왕(勤王) : 왕사(王事)에 진력한다는 뜻으로, 대체로 의병을 일으켜 왕실을 구원하는 것을 가리켜 근왕이라 한다.

(司饔院直長)에서 사포서 별제(司圃署別提)·선공감(繕工監)·군자감 판관(軍資監判官)으로 승진하고, 동부 현감(同福縣監)에서 청양 현감(靑陽縣監)으로 바꾸어 제수되었는데, 정사는 공평하고 일은 간략히 하여 애쓰지 않고도 잘 다스려졌다. 얼마 안 되어 그만두고 돌아왔다. 뒤에 호조 좌랑(戶曹佐郎)과 평시서 영(平市署令)에 제수되었으며 공조 정랑(工曹正郎)으로 사직하고 고향으로 돌아왔다.

신해년(1611, 광해군3) 7월 10일에 본가에서 고종명(考終命)을 하니 향년이 71세이다. 해주(海州)의 서쪽 율지방(栗枝坊) 간좌(艮坐)에 장례하였다. 배위(配位) 청풍 김씨(淸風金氏)는 김덕온(金德溫)의 따님인데, 규문의 범절을 지극히 구비하였다. 무신년(1608, 선조41)에 별세하였으며, 오른쪽에 부묘하였다. 아들 영(榮)과 영의 아들 승렬(承烈)은 모두 요절하였고, 승렬의 아우 성렬(成烈)은 진사(進士)인데, 그의 후손들이 번성하여 이루 다 기록할 수 없을 정도이다.

아! 우리 조선은 중종과 명종 이후로 여러 현철들이 연이어 일어나서 늠름하게 찬란한 풍도를 향하였으나, 인문(人文)이 아직도 통창하지 못한 바가 있었는데, 율곡 선생이 나옴에 이르러서 비로소 황폐한 것을 완전히 개간하고 누추한 것을 남김없이 개척하여 도덕과 문장, 진퇴와 행장(行藏)이 순수하게 모두 중정(中正)에서 나오게 되었으니, 이 때문에 율곡이 우리나라의 공자(孔子)가 되신 것이다. 공은 가장 먼저 율곡 선생에게 구의(摳衣)[113]해서 자공(子貢)이 듣지 못했던 것을

113 구의(摳衣) : 앞으로 나아갈 때 넘어지지 않게 옷자락을 걷어잡는다는 말로, 《예기(禮記)》 〈곡례 상(曲禮上)〉의 "당(堂)에 오를 적에 옷자락을 걷어잡고 모퉁이를 따라 나아가고 앉아서는 반드시 대답하는 것을 삼간다.〔摳衣趨隅, 必愼唯諾.〕"라는 말에

얻어 듣고,[114] 음·양이 착종(錯綜)하는 변화와 심·성이 이합(離合)하는 오묘함에 대하여 그 정밀한 이론과 깊은 내용을 발명해서 선생의 인정을 입었다. 또 사계(沙溪) 김 문원공(金文元公 김장생(金長生)), 중봉(重峯) 조 문열공(趙文烈公 조헌(趙憲))과 함께 삼석(三席)[115]에서 우뚝이 솟아서 서로 학문을 닦고 가르쳐서 그 덕업(德業)을 이루었으니, 율곡 선생이 심법(心法)을 전수하신 참됨을 보면 공이 공이 되는 이유를 또한 알 수 있을 것이다.

아, 훌륭하다! 우계(牛溪) 성 문간공(成文簡公 성혼(成渾))은 공이 학문을 좋아하여 날로 새로워지기를 그치지 않는다고 자주 칭찬하였고, 중봉은 공의 자를 부르며 말하기를 "순경(舜卿)이 뜻을 가다듬어 학문을 돈독히 한다."라고 하였고, 우암(尤菴) 송 문정공(宋文正公 송시열(宋時烈))은 "송애는 학문의 조예가 바름을 얻었으니, 참으로 호걸한 선비이다."라고 하였다. 노봉(老峯) 민 문충공(閔文忠公 민정중(閔鼎重))은 공의 묘갈명(墓碣銘)을 쓰기를 "스스로 분발하여 학문을 해서 도가 있는 분에게 찾아왔도다. 그 재주가 벼슬할 만하였으니 정사에 종사함에 무슨 어려움이 있었겠는가."라고 하였고, 미호(渼湖) 김 문경공(金

서 온 것인데, 여기에서는 공손하게 스승에게 나아감의 뜻으로 쓴 것이다.

114 자공(子貢)이……듣고 : 성(性)과 천도(天道)에 대해서 들었음을 말한다. 《논어(論語)》 〈공야장(公冶長)〉에 자공(子貢)이 말하기를, "부자의 문장은 얻어 들을 수 있으나, 부자께서 성과 천도를 말씀하시는 것은 얻어 들을 수 없다.〔夫子之文章, 可得而聞也, 夫子之言性與天道, 不可得而聞也.〕"라고 하였다.

115 삼석(三席) : 스승을 모시고 앉는 자리를 말한다. 《예기(禮記)》 〈문왕세자(文王世子)〉에 "대사성을 모시고 앉은 자는 거리가 세 자리를 띄울 정도이면 질문할 수 있다.〔侍坐於大司成者, 遠近間三席, 可以問.〕"라고 한 데서 온 말이다.

文敬公 김원행(金元行))은 공의 유허(遺墟)를 방문하고 감탄하기를 "석담(石潭)의 물이 넘실넘실 흐르는데, 송애(松厓)가 곁에 있도다. 올바른 학문과 높은 풍도를 백세 뒤라도 잊을 수 있겠는가."라고 하였다. 지촌(芝村) 이 문간공(李文簡公)이 해주 목사가 되었을 적에 공의 사당을 소현서원 옆에 세우려고 하였는데,[116] 사당이 완성되자 이름을 '방현사(傍賢祠)'라 하고 조두(俎豆)를 올려서 제향하였다. 공이 처음 원종(原從)의 공훈으로 승정원 좌승지에 추증되었었는데, 뒤에 여러 번 추증되어 이조 판서 겸 지의금부사·성균관 좨주·시강원 찬선·오위도총부 도총관에 이르렀고 '문온(文溫)'이라는 시호를 하사받았다. 그러니 조정에서 공을 표창하고 높인 것과 여러 현인들이 밝히고 찬양한 것이 성대하다고 이를 만한 것이다. 그러나 만일 공이 군주와 스승을 위해서 자기 직분을 다하지 않았다면 또한 어떻게 이것을 이룰 수 있었겠는가.

공의 후손 박치환(朴致煥)이 생석(牲石 신도비)을 세울 것을 도모할 적에 나에게 찾아와서 명문을 청하니, 불초한 내가 공의 풍도와 의리를 칭송해온 지가 매우 오래되었는지라 감히 사양하지 못하고 병을 무릅쓰고서 서문을 짓고 명문을 다음과 같이 붙인다.

진실로 문덕이 있으신 문성[117]이여 允文文成

116 지촌(芝村)……하였는데 : 지촌 이 문간공은 이희조(1655~1724)이다. 이희조는 1699년(숙종25) 해주 목사가 되어 석담구곡을 찾아 가공암(架空庵)을 중건하고 요금정(瑤琴亭)을 창설하였다. 《송애집》 〈연보〉에 따르면, 이희조가 해주 목사가 되었을 때 공이 학문의 조예가 깊어 사문에 공이 있는 것을 훌륭하게 여겨 여러 선비들과 창도하여 석담서원 옆에 공의 사당을 세울 것을 모의하였으나 금세 체직되어 계획을 이루지 못했다고 한다.

대동에서 도학을 창도하셨네	倡道大東
개척하고 넓혀서	展拓開豁
여러 학자의 종사(宗師)가 되셨네	爲群儒宗
첫 번째로 함장[118]을 섬기니	首事函丈
바로 송애옹이었다네	有松厓翁
성과 천도를 얻어 들음에	與聞性道
마치 종을 치면 종소리가 울리듯이 답하였네	如應撞鍾
분발하고 초일하여	願言奔軼
선생의 행실 따르기를 원하였네	步趍是從
선생을 위하여 주선하기를	爲之先後
단목공[119]과 같이 하였네	如端木公
임진왜란 소식을 듣고 눈물 뿌리고는	聞難灑泣
스스로 외로운 충성 바치기로 하였네	自許孤忠
의병을 창도하여 이끌고서	倡義提兵
용만(龍灣 의주)의 행궁으로 달려갔네	從于灣宮
생명이 있는 모든 사람들	凡厥有生
누군들 군주와 스승이 없겠는가	孰無君師
그러나 자기 직분을 다하기를	鮮能盡分

117 문성 : 율곡 이이의 시호이다.

118 함장 : 한 길〔丈〕을 용납할 수 있는 공간으로 스승과 강론하는 자리를 가리키는데, 전하여 스승을 일컫는 말이 되었다. 《禮記 曲禮上》

119 단목공(端木公) : 공자의 제자 자공(子貢)을 가리키는바, 단목은 자공의 성(姓)이다.

공처럼 한 분은 드물다오	如公之爲
벼슬에서 물러나 초복[120]을 이루어서	退遂初服
모든 일에 법도를 따랐네	左矩右規
마을에서는 그 덕을 실컷 들었고	里飽厥德
고을에서는 그 글을 외웠네	鄕誦其辭
일체로 함께 제사하니	一體同祀
바로 방현의 사당이었네	傍賢之祠
유풍과 여운이	遺風餘韻
오랜 시간 흘러도 쇠하지 않네	曠世不衰
품계를 높여주고 시호를 내리니	崇秩易名
성조에서 내려주신 것이라네	聖朝攸貤
영광스런 은총이 찬란하니	龍光炳烺
신도(神道)에 광채를 더하는구나	泉隧增輝
바른 덕의 상징은	貞德之符
백세토록 어긋나지 않으니	百世不違
후손들이 번창함은	後昆蕃昌
하늘의 보답이라네	卽天報施
가정의 산[121]에	柯亭之山
빛나는 정기가 무성한데	光氣葳蕤

120 초복(初服) : 벼슬하기 이전에 입는 옷으로, 조복(朝服)과 상대되는 말이다. 곧 벼슬을 하지 않으려는 뜻을 의미한다.

121 가정(柯亭)의 산 : 박여룡은 1611년(광해군3) 9월 해주 서쪽 율지방(栗枝坊) 가정리(柯亭里) 간좌(艮坐)의 언덕에 장사지냈다. 《松崖集 卷3 年譜》

공이 몸을 온전히 하여 돌아갔으니[122] 繄公全歸
넋을 영원히 편안하게 함이 여기에 있네 永寧在玆
못과 언덕이 비록 바뀌더라도 淵丘雖易
부디 묘가 밭으로 변해 밭가는 일 없게 하라 尙無畊菑
내가 비석에 글을 올려서 我薦石章
세상에 밝히고 후세에게 남겨주니 以昭以貽
공 때문이 아니요 匪公之以
문성공을 생각한 것이라오 文成之思

122 몸을……돌아갔으니 : 몸을 잘 보존하여 훌륭한 명성을 남기고 생을 마침을 말한다. 증자(曾子)의 제자인 악정자춘(樂正子春)이 "부모가 자식을 온전히 낳아주셨으니 자식이 몸을 온전히 하여 돌아가야 효도라고 이를 수 있으니, 몸을 훼손하지 않고 몸을 욕되게 하지 않으면 몸을 온전히 했다고 이를 수 있다.〔父母全而生之, 子全而歸之, 可謂孝矣. 不虧其體, 不辱其身, 可謂全矣.〕"라고 한 데서 온 말이다. 《禮記 祭義》

좌윤 백공[123] 신도비명 병서○갑진년(1844, 헌종10)
左尹白公神道碑銘 幷序○甲辰

우리 순조 11년(1811) 겨울에 유적(流賊) 홍경래(洪景來) 등이 관서(關西)에서 군대를 일으켜서 청천강(淸川江) 이북의 8개의 군(郡)[124]을 연달아 함락시키니, 이 당시에는 국가가 수백 년 동안 태평하여 사람들이 병란을 알지 못했으므로 모두 두려워하며 정신을 차리지 못하여 얼굴이 흙빛이 되었다. 그리하여 봉강(封疆)을 지키는 수령들이 인수(印符)를 내바치고 역적의 조정에서 머리를 조아리니, 청천강 이북지방이 휩쓸리듯 모두 적의 소굴이 되었다. 백경해(白慶楷) 공은 이때 본도(本道)의 도사(都事)로서 정주(定州)의 집에 머물고 있었는데, 난리가 났다는 말을 듣고 정주읍에 이르니 성문이 닫혀 있었다. 공이 문을 두드리고 수령을 만나보자 수령이 두려워 겁을 먹고서 어찌해야 할지를 모르고 있었다. 공이 공조(功曹) 김이대(金履大)를 불러 타이르기를 "네가 이미 부유하고 또 오랫동안 공조를 맡았으니, 만일 의사(義士) 십 여 명을 모집해서 최이륜(崔爾崙) 등 78명의 역적을

123 좌윤 백공 : 백경해(白慶楷, 1765~1842)로, 자는 성익, 호는 수와(守窩), 본관은 수원(水原)이다. 1786년(정조10) 정시문과에 병과로 급제하였고, 평안 도사(平安都事), 운산 군수(雲山郡守), 태천 현감(泰川縣監), 사헌부 장령, 동지중추부사, 한성부 좌윤 등을 역임하였다. 문집에 《수와집(守窩集)》이 있으며, 본집 권17에 왕복 편지가 실려 있다.

124 청천강(淸川江)……군(郡) : 가산(嘉山), 박천(博川), 태천(泰川), 곽산(郭山), 정주(定州), 선천(宣川), 철산(鐵山), 용천(龍川)의 8개의 군이다.

급히 참수해서 목을 매달고 호령하면 이 성을 지킬 수 있을 것이다. 나는 아사(亞使)이니, 마땅히 성을 지키는 주인이 되겠다." 하고는 '순(順)과 역(逆)의 구분'으로써 경계하였으나, 이때 한 고을이 적에게 호응하였으므로 어떤 계책도 쓸 수 없었다. 도보로 집에 돌아와서 백씨(伯氏)[125]에게 의병을 창도하여 역적을 토벌할 것을 권유하고 인수를 품고서 평양성으로 달려갔다.

그런데 도백(道伯 평안도 관찰사)은 '공이 난리를 듣고 거기에 달려가지 않았다'는 내용으로 조정에 밀계(密啓)를 올리고, 공을 보고는 의심해서 인수를 빼앗기까지 하였다. 이때 조정에서는 특별히 공을 운산 군수(雲山郡守)에 제수하였는데, 공은 도백이 올린 밀계(密啓)를 이유로 감영에서 대죄(待罪)할 것을 청하였다. 그러나 도백이 억지로 부임하게 하니, 공은 밤낮으로 길을 가서 읍에 부임하였다. 전 군수가 이미 철옹산성(鐵瓮山城 평안도 영변(寧邊)의 약산(藥山)에 있는 산성)으로 가서 산성을 지키고 있었는데, 공 또한 산성 아래에 이르니, 영변 군수(寧邊郡守)도 접견을 허락하지 않았다. 이때 운산의 전 군수가 연임하자 공은 영변의 인사들과 더불어 의병을 규합하였다. 소모사(召募使) 신홍주(申鴻周)가 새로 영변에 부임하니, 신홍주는 평소 공의 명성을 흠모하고 있었기에 공으로 하여금 소모장(召募將)을 임시로 맡게 하였다. 공이 검을 짚고 순행하여 군사와 백성들에게 윗사람을 친애하고 관장(官長)를 위해 죽는 의리[126]를 가지고 깨우쳐 주었다.

125 백씨(伯氏) : 백경한(白慶翰, 1761~1812)으로, 자는 자점(子漸), 호는 부호(鳧湖), 본관은 수원(水原)이다. 자세한 내용은 42쪽 주72 참조.

126 윗사람을……의리 : 이 내용은 《맹자》 〈양혜왕 하(梁惠王下)〉에 "임금께서 인정

그러다 큰 병진(兵陣)에 이르러 백씨가 충절을 세우고 죽었다는 말을 들었다. 처음 백씨가 집에 있으면서 의병을 일으켰을 때 안으로는 적의 군대를 습격하고 밖으로는 임금의 군대를 맞이할 계책을 세워서 부서(部署)가 이미 정해졌었는데, 일이 누설되는 바람에 백씨가 붙잡혔다. 적이 온갖 방법으로 백씨를 회유하고 협박하였으나 끝내 굽히지 않다가 마침내 죽임을 당하였다. 공은 집안과 나라를 통념해서 울부짖고 가슴을 쳐서 숨이 끊어지려 하였고, 힘써 대진(大陣)을 도와서 역적을 토벌하여 수복할 것을 기약하였다. 그러다가 성(城)이 격파되자 공은 옷과 신을 가지고 백씨를 장례하고 종신토록 정주성에 들어가지 않았다. 조정에서는 이미 공의 백씨에게 아경(亞卿)을 추증하고[127] 마을에 정려문을 세우고 백씨의 아들을 녹용(錄用)하였으며 또 "훌륭한 형이 있었으니, 아우를 장려해야 한다."라고 해서 공을 특별히 태천현감(泰川縣監)에 제수하였다. 이것이 공이 난리를 당하여 스스로 수립했던 일의 대략이다.

공은 자가 성익(聖翊)이니, 그 선조는 수원(水原) 사람이다. 신라(新羅)의 대상(大相) 휘 우경(宇經)을 시조로 삼는다. 인주 부사(仁州府使)인 휘 역(繹)이 처음으로 정주(定州)에 살았다. 증조 휘 채후(采後)와 조부 휘 일영(日永)과 선고 휘 선양(善養)은 대대로 유학(儒學)을 전하였다. 선비(先妣) 해주 노씨(海州盧氏)는 노현진(盧玄軫)의 따

을 행하시면 이 백성들이 윗사람을 친애해서 관장을 위해 죽을 것입니다.〔君行仁政, 斯民, 親其上, 死其長矣.〕"라고 보인다.

127 아경(亞卿)을 추증하고 : 아경은 보통 육조(六曹)의 참판을 이르는바, 백경한은 1812년 호조 참판에 추증되었다.

님이니, 영조 을유년(1765)에 공을 낳았다.

공은 병오년(1786, 정조10)에 명경과(明經科)에 급제하였고, 무신년(1788, 정조12)에 성균관 학유에 배정되고, 이어서 여러 번 승정원 주서를 섭행하였다. 기유년(1789, 정조13)에 성균관 전적으로 승진하여 즉시 예조 좌랑으로 옮겼다. 처음 공이 주서로 있을 적에 상(上)은 공의 문장과 필법이 신속(神速)하다 하여 자주 칭찬해서 특별한 은혜를 내리기까지 하였다. 공조 정랑 겸 춘추관 기주관으로 옮겼고, 다음해에는 예조 낭청에 제수되었는데, 사은숙배하는 날에 명을 받아 공조 낭청 겸춘추로 바뀌고, 병조 좌랑으로 옮겼다. 갑인년(1794, 정조18)에 다시 예조 낭청에 제수되고, 갑자년(1804, 순조4)에 호조 정랑으로 옮겼다가 외직으로 나가 유곡 찰방(幽谷察訪)이 되었다. 경오년(1810, 순조10)에 조경묘 영(肇慶廟令)에 제수되고, 신미년(1811)에 평안 도사(平安都事)로 옮겼다.

이때 관서 지역에 크게 흉년이 드니, 도백(道伯)이 도내의 사정과 및 급선무를 공에게 묻자, 공은 "상원군(祥原郡)과 곽산군(郭山郡)에 토적(土賊)이 이미 일어나서 형세가 장차 토붕와해(土崩瓦解)[128]하게 될 것입니다."라 하고는 또 말하기를 "예전에 없던 이런 흉년을 만났으니 모름지기 예전에 없던 조처가 있어야 비로소 진정하여 편안할 수 있습니다."라고 하였다. 그러나 도백이 그 말을 따르지 못하였다. 난리가 평정되자 도백이 공에게 사과하기를 "공에게 선견지명의 말씀이

128 토붕와해(土崩瓦解) : 흙이 무너지고 기왓장이 깨지듯이 일이 완전히 망가져서 수습할 수 없는 지경을 말하는데, 민심이 이반되어 민란이 일어나 나라가 혼란해짐을 의미한다.

있었는데, 내가 도리어 그것을 의심하였으니, 부끄럽고 후회되는 마음이 그지없다."라고 하였다.

태천 고을은 병란을 겪은 지 얼마 되지 않은지라 백성과 고을이 모두 피폐하고 무너졌는데, 공은 한마음으로 직책을 수행해서 세금을 견감해주고 진휼하고 구제하기를 마치 불타는 사람의 불을 꺼주고 물에 빠진 사람을 건져주듯이 급급하게 하였으며, 글을 지어 한 지방을 효유(曉諭)해서 병란의 폐해 뒤에 이를 변역할 방법을 도모하니, 난을 피해 도망했던 사람들이 다시 돌아오고 상처받은 사람들이 소생하게 되었다. 도백이 고과할 때에도 "백성들이 마침내 편안하게 되었다."고 칭찬하였으나, 암행어사에게 억울하게 잘못된 비평을 받아서 길주(吉州)에 유배되었다가 다음해에 용서를 받았다. 병자년(1816, 순조16)에 사헌부 장령에 제수되었으며, 정축년(1817)에 군자감 정에 제수되었다.

무인년(1818, 순조18)에 이르러서 한림(翰林)과 겸사(兼史)가 서로 따지는 일이 있어서 이 소식이 상(上)의 귀에까지 들어갔는데, 대신(臺臣)이 상소하여 공이 이들을 권하고 부추겨 여기에 이르렀다고 해서 법률에 의거하여 함창(咸昌)에 유배하게 하였다. 그러나 상은 충신의 아우라 하여 특별히 석방하였다.[129]

129 한림(翰林)과……석방하였다 : 한림이 겸사에 대하여 승정원에 근무하면서 담배를 피우고 변소에 가는 것을 준례대로 하지 못하게 하는 분부를 내리자 겸사 이형주(李衡柱)가 이를 한림에게 따지다가 분에 못 이겨 아무런 보고 없이 조퇴해버렸다. 이에 승정원이 이형주를 의금부로 잡아다 처리할 것을 계청하여 이형주가 수감되었는데, 이형주가 관서지방 출신이었기에 관서지방 출신의 관리들이 이를 서북인에 대한 차별로 받아들여 공분하였고 이형주와 거취를 같이 하기로 중론을 정하였다. 그런데 관서 출신

기묘년(1819)에 장연 현감(長連縣監)에 제수되니, 정사하기를 태천에 있을 때와 똑같이 하여 스승을 세우고 학문을 권장해서 의리를 강론하고 염치를 장려하였다. 신사년(1821)에 장령(掌令)으로 옮기고, 정해년(1827)에 종부시 정(宗簿寺正)에 제수되었는데, 《선보(璿譜 왕실의 족보)》를 보간(補刊)한 공로로 인하여 통정대부(通政大夫)의 품계에 올랐으며, 첨지중추부사(僉知中樞府事)와 돈녕부 도정(敦寧府都正)에 제수되었다. 병신년(1836, 헌종2)에 둘째 아들이 시종관이 된 은혜를 미루어서 가선대부(嘉善大夫)로 승진하고 또 승진하여 도총부 부총관(都摠府副摠管), 동지중추부사(同知中樞府事), 한성부 좌윤에 제수되었으나 모두 나아가지 않았다. 임인년(1842, 헌종8) 9월 30일에 별세하여 정주(定州)의 독장산(獨將山) 술좌(戌坐)에 장례하였다.

배위(配位) 파평 윤씨(坡平尹氏)는 통덕랑(通德郎) 윤득서(尹得瑞)의 따님인데, 태어나기는 공보다 3년이 앞서고 별세는 공보다 33년 먼저였다. 부인의 도리를 공경히 집행하여 규문의 법도를 이루었는바, 장지는 공의 묘와 같은 기슭에 있다. 2남 3녀를 낳아서 키웠는데, 아들

인 공조 좌랑 김지태(金持泰)가 승정원에서 한림에게 큰소리로 따지는 등 일이 점점 격렬해지더니, 결국 겸사가 모두 자리를 비우게 되는 지경에 이르게 되었다. 이에 이와 관련된 모든 이들을 잡아다 처리하였는데 그 판결에 모두 감죄해 풀어주고 준례대로 직임을 수행하도록 하였다. 그런데 3일 후 사헌부 장령 김염(金鐮)이 상소하기를 '이들을 감죄해준 것은 완악함을 징계하는 정사에 위배되니 이형주 등 겸사 4인을 찬배(竄配)하고, 이런 일이 있도록 조장하고 다른 서북 출신 관리들을 시켜 직임을 수행하지 않게 부추긴 백경해·정종현(鄭宗顯)·김지태 3인은 의금부로 잡아다 조사해서 갑절로 더한 형벌을 내려야 한다.'고 하였다. 이에 의금부에서는 백경해를 경상도 함창에 정배하라고 판결하였으나, 순조는 백경한의 아우라는 이유를 들어 백경해를 용서해주라고 명하였다. 《承政院日記 純祖 18年 7月 3日, 8月 12日》《守窩集 卷8 宦海懲毖》

은 종렬(宗烈)과 지평(持平)인 종걸(宗杰)이고, 딸은 탁정호(卓廷虎), 홍찬효(洪纘孝), 홍치균(洪致均)과 혼인하였다. 시홍(時珙), 시황(時璜), 시용(時瑢), 시형(時珩), 김상언(金尙彦)의 아내와 탁경헌(卓景憲)의 아내는 종렬의 소생이고, 시훈(時塤)은 종걸의 소생이다. 탁정호의 여서(女婿)는 김상호(金尙昊)이고, 홍치균의 아들 홍윤서(洪倫叙)와 시황의 1남은 모두 어리다.

공은 효성과 우애를 천부적으로 타고나서 부모상에 거할 적에 슬퍼하며 몸을 훼손해서 거의 생명을 보전하지 못할 지경이었으며, 70세가 지나서도 오히려 손을 씻고 머리를 감고 제사를 받들어서 한겨울 물이 얼었다하여 폐하지 않았는데, 중풍으로 마비되는 병을 앓자 반드시 띠를 묶고 치재(致齋)하여 촛불을 밝히고 밤을 새웠다. 백씨(伯氏)를 섬기기를 아버지와 스승 같이 하였는데, 백씨가 죽자 공은 제문을 지어 사당에 고유하고 정주성 남쪽에서 초혼(招魂)하여 상례를 치렀으며, 종신토록 서글픈 마음을 품어서 말이 형님에게 미치면 번번이 눈물을 흘렸다. 사람을 대할 적에 반드시 온화하고 공손하였으며, 남에게 한 가지 선행이 있으면 그를 추천하고 장려해서 인(仁)을 행함에 흥기하게 하였으며, 남의 옳지 못한 일을 보면 말소리와 얼굴빛을 장엄하게 하니 그 사람이 부끄러워하고 감복해서 왕왕 감화되기도 하였다.

일찍이 주자(朱子)의 남강군(南康軍) 유제(遺制)를 따라서 자신의 거주지 부호(凫湖)에 사창(社倉)[130]을 세우니, 한 지방이 이에 힘입어

130 사창(社倉) : 사창은 기근이 들었을 때 빈민을 구제하기 위하여 설립한 곡식 저장 시설로, 주희(朱熹)가 건녕부(建寧府) 숭안현(崇安縣) 오부리(五夫里)에 설립하여 운영하였는데 1181년 8월에 절동 제거(浙東制擧)에 임명된 뒤에 사창법을 실시해야 한다

생명을 온전히 보존하였다. 또 율곡(栗谷)의 향약[131]을 시행하여 목사와 수령들이 따르게 하였다.

공은 두 조정의 특별한 대우를 받아서 일찍이 국가를 위하여 한 번 죽기를 원해서 상소문 수만 자를 썼는데, 그 내용이 옛날을 원용하고 지금을 증명해서 시폐(時弊)에 절실하였다. 그러나 사헌부 직함을 받을 때마다 외직에 나가 있어서 곧바로 체직되었으므로 끝내 임금에게 올리지 못하니, 공에게 평생의 한이 되었다. 공은 비록 젊은 나이에 과거에 급제하였으나 학문을 좋아하기를 목마른 사람이 물을 구하듯이 하여 여러 경전을 온역(溫繹 배운 것을 반복하고 복습하여 깊이 연구함)하여 자신의 말인 듯이 암송하였고, 더욱 낙민(洛閩)[132]의 여러 책에 힘을 써서 평소 손에서 책을 놓지 않았으며, 《중용》과 《대학》 두 권은 순장하도록 명하기까지 하였다.

닭이 울면 일어나서 세수하고 빗질하고는 가묘(家廟)에 배알하고 옷깃을 여미고서 무릎 꿇고 앉아서 몸이 아무리 피곤하더라도 몸을

는 의견을 황제에게 아뢰어, 전국에 확대하여 시행하라는 조서(詔書)가 내렸다. 《朱子大全 卷13 辛丑延和奏箚4》《朱子年譜 卷2》

131 율곡(栗谷)의 향약 : 향약은 마을의 자치 규약인데 그 모체는 북송 때 여씨 문중에서 만든 〈여씨향약(呂氏鄕約)〉이다. 율곡 이이(李珥)는 1577년(선조10) 해주(海州)에 거주하면서 〈해주향약〉을 만들어 실시하였는데, 〈여씨향약〉의 4강령, 즉 덕업상권(德業相勸), 과실상규(過失相規), 예속상교(禮俗相交), 환난상휼(患難相恤)을 그대로 채택하여 그 대체는 다르지 않지만, 세세하게 절목을 만들고 범례와 회집독약법(會集讀約法)을 추가하는 등 그 내용을 더욱 세밀하게 하였다. 〈해주향약〉은 《율곡전서》 권16에 실려 있다.

132 낙민(洛閩) : 정호(程顥)와 정이(程頤)가 살았던 낙양(洛陽)과 주희(朱熹)가 살았던 민중(閩中)을 합칭한 말로, 곧 정주학(程朱學)을 의미한다.

기울이지 않았으며, 노쇠해졌을 때에도 오히려 둥근 목침〔圓枕〕[133]을 만들어서 스스로를 경계하였다. 집안을 다스림에 법도가 있어서 굳이 목소리와 기운을 허비하지 않았으나, 윗사람과 아랫사람들이 가르침을 잘 따라서 집안이 마치 정돈된 조정 같았다.

공은 타고난 자품이 도(道)에 가깝고 또 백씨(伯氏)와 더불어 덕업(德業)을 가지고 절절시시(切切偲偲)[134]하였는데, 백씨가 이미 나라를 위해 목숨을 바쳐 뜻을 이루었고, 공 또한 수립한 것이 우뚝하여 '그 형에 그 아우'라는 것에 부끄러움이 없다.

공은 불초를 가장 좋아하였고 불초 또한 공을 지기(知己)로 인정하였는데, 공의 큰아드님이 희생을 묶어 놓는 비의 명문[135]을 부탁하니 공의 명문을 지을 자가 나 말고 누구이겠는가. 마침내 병을 무릅쓰고 명문을 짓는다. 명문은 다음과 같다.

충신의 아우가　　忠臣之弟

133 둥근 목침〔圓枕〕: 둥근 나무를 가지고 만든 베개로, 경침(警枕)이라고도 하는 바, 베개의 모양이 안정적이지 않아서 깊이 잠들지 못하도록 하는 것이다. 《자치통감(資治通鑑)》 권270 〈후량기 오(後粱記五) 균왕 중(均王中)〉에 "전류(錢鏐)는 젊어서부터 군중에 있으면서 밤에 잠을 잔 적이 없었다. 극도로 피곤하면 둥근 나무로 만든 작은 베개를 가져다 베거나 혹 큰 방울을 베어서 깊이 잠들면 곧 기울어져 잠이 깼으니, 이것을 '경계하는 베개'라고 하였다.〔鏐自少在軍中, 夜未嘗寐. 倦極則就圓木小枕, 或枕大鈴, 寐熟輒欹而寤, 名曰警枕.〕"라고 보인다.

134 절절시시(切切偲偲): 간절하고 자상하게 권면하는 것을 말한다. 자세한 내용은 47쪽 주81 참조.

135 희생을……명문: 신도비명을 말한다. 옛날에는 제사에 쓸 희생을 신도비에 묶어 놨었기 때문에 이렇게 말한 것이다.

또 충신이니	又是忠臣
살고 죽은 것은 비록 다르나	生死雖殊
그 충심은 똑같았네	其心則均
인을 이루고 의를 취함[136]은	成仁取義
바로 공의 가훈이었네	緊公家訓
가훈이 될 뿐만이 아니라	非惟訓之
형제가 함께 충절에 죽기로 맹세하였네	矢與偕殣
난리가 났다는 말을 듣고 통곡하고는	聞亂痛哭
검을 짚고 달려가 문안하였네	杖劍奔問
칼날과 화살촉을 친히 무릅쓰고	親冒鋒鏑
여러 군을 효유하였으며	曉諭列郡
주도하여 의병을 일으키니	倡起義旅
원근에서 일제히 분발하였네	遠邇齊奮
창자의 피는 끓는 듯하였으나	腔血如沸
신체의 피부는 얼어터졌네	體膚凍皸
적을 섬멸할 것을 맹세하니	誓滅讎賊
이는 사적인 애통이요 공적인 분노였네[137]	私痛公憤
백성의 뜻이 정해지지 못해서	民志靡定
역과 순을 분별하지 못하니	罔辨逆順

136 인을……취함 : 자신의 몸을 죽여 인을 이루고〔殺身成仁〕, 삶을 버리고 의를 취함〔捨生取義〕을 말한다. 《論語 衛靈公》《孟子 告子上》

137 이는……분노였네 : 형 백경한의 죽음에 애통해하는 것이므로 '사적'이라 한 것이고, 나라를 배반한 반란군에 분노하는 것이므로 '공적'이라 한 것이다.

공의 형제가 아니었다면	微公伯仲
누가 표준을 세웠겠는가	疇建程準
이 공의 이 마음을	此公此心
누가 감히 견줄 수 있겠는가	孰敢比并
공은 사람됨은	蓋公爲人
분수에 매우 밝았으니	分數極明
평생 강학한 것이	平生所講
땅의 의와 하늘의 경이었네[138]	地義天經
소리와 기운이 감응하여[139]	聲氣攸感
혼미한 풍속을 일깨워 각성시켰네	迷俗喚醒
타고난 자품 진실로 귀하고	天資良貴
학문한 힘 또한 컸다네	學力爲京
먼저 그 큰 것을 세웠으니[140]	先立其大
어찌 선하지 않았겠는가	何用不臧

138 땅의……경이었네 : 천지간의 변할 수 없는 도리로서 예(禮)를 말하는바, 《춘추좌씨전(春秋左氏傳)》 소공(昭公) 25년에 "무릇 예는 하늘의 경이요, 땅의 의이다.〔夫禮, 天之經也, 地之義也.〕"라고 하였다.

139 소리와 기운이 감응하여 : 공의 뜻에 같은 뜻으로 감응한 사람들이 있었음을 말한 것이다. 이 말은 《주역(周易)》 〈건괘(乾卦)〉에 "같은 소리는 서로 응하고, 같은 기운은 서로 구한다.〔同聲相應, 同氣相求.〕"라고 한 데서 온 말이다.

140 먼저……세웠으니 : 심지를 먼저 세웠음을 말하는바, 이 말은 맹자가 대인과 소인의 차이를 설명하면서, "먼저 그 큰 것을 세운다면 그 작은 것이 능히 빼앗지 못할 것이니, 이것이 대인이 되는 이유일 뿐이다〔先立乎其大者, 則其小者不能奪也, 此爲大人而已矣.〕"라고 한 데에 보인다. 여기에서 큰 것은 심지(心志)를 가리키고 작은 것은 이목(耳目)을 가리킨다. 《孟子 告子上》

하늘이 덕 있고 선한 자에게 보답해서	天報德善
복록이 무궁하네	福祿無疆
힘쓸지어다 관서지방의 인사들이여	勖哉西士
공을 외고 본받아서 잊지 말지어다	誦法勿忘
우뚝한 저 독악산에	嵂彼獨岳
새로 생긴 봉분이 마치 당과 같네[141]	新封若堂
공의 훌륭한 명성을	惟其令名
돌 비석에 분명히 기재하니	昭載石章
이후 천백 년이 흐르도록	後千百祀
영원히 무덤을 손상하지 말지어다	其永無傷

141 새로……같네 : 이 말은 《예기(禮記)》 〈단궁 상(檀弓上)〉에 자하(子夏)가 말하기를 "옛날에 공자가 말씀하시기를 '나는 봉분이 당(堂)과 같은 것을 보았으며……도끼〔斧〕와 같은 것을 보았으니, 나는 도끼처럼 하는 것을 따르겠다.'라고 하셨다.〔昔者, 夫子言之曰: 吾見封之若堂者矣……見若斧者矣. 從若斧者焉.〕"라고 한 것을 원용한 것인바, 정현(鄭玄)의 주석에 따르면 '당과 같음'은 네 모퉁이가 있으면서 높은 형태를 말한다고 한다. 《禮記注疏 檀弓上》

지중추부사 개석헌 이공[142] 신도비명 병서○기유년(1849, 헌종15)

知中樞介石軒李公神道碑銘 幷序○己酉

우리 정조대왕께서 몸소 기영(祈永)의 교화[143]를 행하고 몸소 구조(耇造)의 덕[144]을 내리게 해서 인서록(人瑞錄)[145]을 편성(編成)하여 위로 전궁(殿宮)[146]의 보령(寶齡)을 축원하였다. 을묘년(1795, 정조19) 봄

142 개석헌 이공 : 이홍직(李弘稷, 1705~1796)으로, 자는 계장(季長), 호는 개석헌, 본관은 함평(咸平)이다. 1723년(경종3)에 사마시에 합격하고, 1735년(영조 11) 식년 문과에 급제하였으며, 청암 찰방(靑巖察訪)·예조와 병조의 낭관·전의 현감(全義縣監)·사헌부 장령·사간원 장령·영광 군수(靈光郡守)·군자감 정·사복시 정·개성 경력(開城經歷)·사간원 헌납·서천 군수(舒川郡守)·사간원 사간 등을 역임하였으며, 1792년(정조16) 지중추부사에 임명되고 품계가 자헌대부에 올랐다.

143 기영(祈永)의 교화 : 기영은 '기천영명(祈天永命)'의 준말로, 천명이 영원하도록 즉 국가의 운세가 영원하도록 하늘에 기원한다는 뜻이다. 이 말은, 주(周)나라가 수도를 낙읍(洛邑)으로 옮기고 성왕(成王)이 새로운 정치를 시작할 때에 소공(召公)이 성왕에게 아뢰기를 "왕께서 덕으로 다스리는 것이 하늘의 영원한 명을 기원하는 것입니다.〔王其德之用, 祈天永命.〕"라고 한 데서 온 말이다. 《書經 周書 召誥》

144 구조(耇造)의 덕 : 노성(老成)한 사람의 덕을 말한다. 이 말은, 주공(周公)이 소공(召公)에게 "그대와 같은 노성한 사람의 덕이 백성에게 내려지지 않는다면 우리는 우는 봉황새 소리를 듣지 못할 것이다.〔耇造德不降, 我則鳴鳥不聞.〕"라고 한 데서 온 말이다. 《書經 周書 君奭》

145 인서록(人瑞錄) : 인서는 인사(人事)의 상서로, 덕행이 있으면서 나이가 많은 사람을 일컫는 말이다. 정조는 1795년(정조19) 혜경궁(惠慶宮) 홍씨(洪氏, 1735~1815)의 회갑연을 맞이하여 이를 축하하기 위해 전국의 노인들에게 잔치를 베풀고 상을 내렸으며 이를 기록하여 《어정인서록(御定人瑞錄)》을 간행하였다.

에, 새로 입격한 생원·진사의 명단을 궁궐에서 발표하고 대과·소과의 회방(回榜)[147]이 된 노인들에게 명하여 지팡이를 짚고 조정에 나오게 해서 품계를 올려주고 영광과 은총을 내려주었다. 이 때에 개석헌 이공이 경종 계묘년(1723, 경종3) 진사와 영조 을묘년(1735, 영조11) 대과에 급제한 분으로서 성지(聖旨)에 응하여 대궐에 나와 영수각(靈壽閣)[148]으로 나아가 삼성(三聖)[149]의 옥첩(玉牒)을 봉심(奉審)하였는데 머리에 잠화(簪花)를 꽂고 악대의 인도를 받았으며 안거(安車)를 타고서 고향에 돌아갔으니, 지금까지도 서울과 호남의 선비들이 모두 이 성대한 일을 전술하고 있다. 그러나 혹 공의 남다른 충정과 정직한 절개가 벼슬살이하던 초기에 이미 드러나서 '개석(介石)'[150]이라 자호한 것이 실로 시종의 대체로 따져볼 때 허황된 것이 아님을 알지 못하니, 그렇다면 지금 돌에 새겨 덕을 기리는 글을 씀에 마땅히 먼저 말해야 할 바가 있는 것이다.

공은 휘 홍직(弘稷)이고 자가 계장(季章)이니, 함평 이씨(咸平李氏)는 함평부원군(咸平府院君) 휘 언(彦)을 시조로 삼는다. 조선조의 무

146 전궁(殿宮) : 대왕대비인 정순왕후(貞純王后, 1745~1805)와 혜경궁 홍씨를 가리켜 말한 것이다.

147 회방(回榜) : 과거에 급제한 지 만 60년이 된 것을 말한다.

148 영수각(靈壽閣) : 기로소 안에 있는 누각 이름으로 어첩을 보관하던 곳인데, 1719년(숙종45)에 완성되었다. 공경(公卿)으로서 나이가 70이 된 자는 영수각(靈壽閣)에다 화상을 걸도록 하였다.

149 삼성(三聖) : 숙종, 경종, 영조를 가리킨다.

150 개석(介石) : 지조가 돌처럼 확고한 것으로, 《주역(周易)》 〈예괘(豫卦) 육이(六二)〉에 "육이는 절개가 돌과 같아 하루를 마치지 않고 떠나가니, 정(貞)하고 길(吉)하다.〔六二, 介于石, 不終日, 貞吉.〕"라고 보인다.

오사화(戊午士禍)에 현감 휘 습(熠)이 점필재(佔畢齋 김종직(金宗直))를 사사(師事)한 일에 연좌되어 벼슬에 나아가지 못했다. 7대를 전하여 휘 시우(時佑)에 이르러서 상소를 올려 광해군의 폐모론(廢母論)을 배척하였고, 병자년(1636, 인조14)과 정묘년(1637)의 호란에 의병을 일으켜 병난에 달려갔었는데, 뒤에 임금이 내리는 사령장(辭令狀)에 오랑캐의 연호를 썼다 하여 음직에 취임하지 않고는 자손들에게 "숭정(崇禎)의 연호를 쓰는 것을 본 사람은 과거에 응시하지 말라."고 훈계하였으니, 이 분이 실로 공의 고조이시다. 증조는 휘 원명(元明)이고 조고는 휘 대순(大純)인바, 모두 선친의 유훈을 따라 자정(自靖)[151]하였는데, 뒤에 각각 좌승지와 이조 참판에 추증되었다.

선고 휘 준림(俊林)은 진사로 윤지술(尹志述) 공 등과 명릉(明陵)의 지석(誌石)을 고칠 것을 청하였는데,[152] 윤공이 화를 당하자 같은 죄를 짓고서 홀로 벌을 면하는 것은 수치라 하여 인의(引義)해서 관적(官籍)

151 자정(自靖) : 각자 의리상 마땅하게 처신하여 스스로를 편안하게 한다는 뜻으로, 여기서는 벼슬에 나아가지 않고 지조를 지켰다는 뜻이다. 《서경》〈상서(商書) 미자(微子)〉에, 은(殷)나라 태사 기자(箕子)가 주(紂)의 서모형(庶母兄)인 미자에게 "스스로 분의에 편안하게 하여 각자 스스로 그 뜻이 선왕(先王)에게 전달되면 됩니다. 저는 떠나가 은둔하는 것을 고려하고 있지 않습니다.〔自靖, 人自獻于先王, 我不顧行遯.〕"라고 한 데서 유래한 말이다.

152 윤지술(尹志述)……청하였는데 : 명릉은 숙종의 능이다. 1720년(경종 즉위년) 성균관 장의(成均館掌議) 윤지술이 권당(捲堂)을 하고 나서 올린 소회(所懷)에서, 숙종의 묘지문에 희빈(禧嬪) 장씨(張氏)가 사사(賜死)된 일과 숙종이 회니시비(懷尼是非)에 대해 판정을 내린 이른바 병신처분(丙申處分)에 대해 명확히 기록하여 보충하기를 청하였는데, 노론의 두둔으로 처벌을 받지 않다가 소론의 반발이 거세짐에 따라 결국 사형을 당하였다. 《承政院日記 景宗 卽位年 9月 7日》《景宗實錄 1年 12月 16日》

에서 이름을 도려내었다. 뒤에 정경(正卿)에 추증되었으니, 이는 모두 공의 귀함 때문이었다. 선비(先妣) 무송 윤씨(茂松尹氏)는 진사 윤핵(尹翮)의 따님이다.

공은 숙종 31년 을유년(1705) 10월 20일에 태어났으니, 선친의 꿈에 한 위인이 스스로 면앙정(俛仰亭) 송순(宋純)이라고 칭하면서 두 옥권(玉圈)을 주며 말하기를 "아들을 낳아서 이것을 주면 명수(命數)가 나와 같을 것이다."라고 하였는데, 뒤에 과연 그 말이 맞았다.[153] 공은 7세에 능히 글을 지었고, 11세에 어머니 상을 당했을 적에 예를 집행하기를 어른처럼 하였다. 19세에 회시(會試)에 응시하였는데 방목(榜目)이 나오기를 기다리지 않고 돌아오다가 노중에서 방목에 자기 이름이 있음을 보았으나 전혀 기뻐하는 기색이 없었다. 같은 여관에서 유숙한 한 읍재(邑宰)가 이것을 보고는 원대한 기국이라고 감탄하였다. 도중에 서울로 돌아가 시험에 응했으나 흉도(凶徒)들이 공의 선친이 경자년(1720, 경종즉위년)에 관적에서 이름을 지운 일을 가지고 저지하므로 알성시(謁聖試)를 치르지 못하고 돌아왔다.

계축년(1733, 영조9)에 선친의 상을 당하였고, 을묘년(1735) 가을에 전강(殿講)에 올라 급제하였는데, 글의 뜻을 말함에 이치가 뛰어나다는 이유로 성상의 정중(鄭重)한 칭찬을 받았다. 그러나 전시(殿試)에 응하여 국자감(國子監 성균관)에 분속되니, 이는 분관(分館)을 주관하는 자가 감정을 품고서 공을 내쳤기 때문이었다. 가주서(假注書)로 《대학연의(大學衍義)》와 《주자어류(朱子語類)》를 진강(進講)하여 여러 번 성상의 장려하는 말씀을 입었다.

153 뒤에……맞았다 : 송순(1493~1582)의 향년은 90세이다.

무오년(1738)에 청암 찰방(靑巖察訪)에 제수되니, 이는 인사 행정관이 당시 의논을 따라서 공을 국자감 직함으로 승륙(陞六)[154]시키고자 한 것으로, 좋은 뜻이 아니었다. 뒤에 새로 부임한 사또가 선친과의 혐의가 있었으므로 병으로 사직하자 아래에서 아뢰어 파직되었는데, 김재로(金在魯) 공이 연석에서 진달하여 승문원으로 조용(調用)하여 전적으로 승륙(陞六)되어 예조와 병조 좌랑을 역임하였다.

상이 연석(筵席)에 임하여 특별히 하문하시기를 "늙은 어버이를 둔 사람이 700리 먼 길을 와서 벼슬하는 것은 정리(情理)와 처지 상 편안하기 어려우니, 어찌하여 근기(近畿)로 이사하지 않는가?"라고 하였다. 이날 정주(政注)할 적에 상이 하문하시기를 "전의읍(全義邑)은 병폐가 없는가? 비록 잔약한 고을이나 어버이 봉양에 편리한 땅이 될 만하다."라고 하셨다. 공이 물러나오자 전의 현감(全義縣監)으로 부임하라는 성상의 은혜로운 비점이 내려져있었다.[155] 공은 부임지로 가서

154 승륙(陞六) : 출륙(出六)이라고도 하는바, 7품 이하의 벼슬아치가 참상(參上)인 6품에 오르는 것이다. 6품 이상 정3품 당하관까지의 관직을 참직(參職) 또는 참상직(參上職)이라 하고 7품 이하는 참하직이라고 하는데, 참상직은 조회에 참여할 수 있는 등 참하직과 대우상 큰 차이가 있어 6품에 오르는 것에 대하여 특별히 이렇게 말하는 것이다.

155 상이 경연에……내려져있었다 : 강재(剛齋) 송치규(宋穉圭)가 지은 이홍직의 행장을 참조하면, 1741년 이홍직이 겸춘추로 진강하였는데 강이 끝나고 상이 "너의 집은 함평이니, 서울과의 거리가 얼마나 되며 노친이 계시는가?"라고 물었고 이홍직이 "거리는 700리이고, 편모(偏母)가 있습니다."라고 대답하자, 상이 어째서 이사하지 않느냐고 물으니, 이홍직이 "이런 생각이 있긴 하지만 가세 때문에 그리하지 못하고 있습니다."라고 답하였다. 이날 개정(開政)할 적에 상이 "정망(政望)을 보니 이홍직을 전의 현감에 부망으로 의망하였다. 이 읍은 병폐가 없는가?"라고 물었고, 승지 조명리(趙明履)가 "이 읍은 호중(湖中)의 잔약한 고을이나 큰 병폐는 없습니다."라고 하니, 상이 "읍이

청렴함과 근면함으로 정사를 하고 전의현 안에다가 집 하나를 사서 어버이를 모시고 이사하니, 늙은 어버이를 모시고서 부임지 가까이로 옮기라는 예전 성상의 하교가 있었기 때문이었다.

계해년(1743, 영조19)에 재생도사(災眚都事)로 경상우도(慶尙右道)의 재손(災損)을 두루 살펴서 견감(蠲減)의 은혜가 백성들에게 고루 미치게 하였다. 갑자년(1744)에 경상우도에서 시험을 관장하고 곧바로 충청 도사(忠淸都事) 겸 해운 판관(海運判官)에 제수되었는데, 조운(漕運)하는 곡식을 싣는 것을 감독해서 관리들이 농간을 부리지 못하게 하였다.

병인년(1746, 영조22)에 정언에 제수되어 논계(論啓)한 것이 많았다. 이때 문경공(文敬公) 박필주(朴弼周)가 수차(袖箚)를 올려서 성상의 무함을 변론하자,[156] 한쪽 사람들이 그를 시기하여 공격해서 도성

비록 잔약하나 봉양에 편할 것이다."라 하고 전의 현감으로 부임하라는 낙점을 내렸다. 《剛齋集 卷12 介石軒李公行狀》

156 문경공(文敬公)……변론하자 : 1746년에 여호(黎湖) 박필주(朴弼周)가 수차를 올려 신임사화를 일으켰거나 동조했던 사람들을 엄하게 벌하여서 충(忠)과 역(逆)의 구분을 분명히 하고 영조 즉위의 정당성을 다시 천명해야 함을 주장한 일을 말한다. 신임사화는 신축년(1721, 경종1)과 임인년(1722)의 두 해에 걸쳐 일어난 대대적인 인명살상을 가리킨 것으로, 경종은 남인(南人) 역관의 딸인 장 희빈(張禧嬪) 소생으로서 남인에 동정적이던 소론의 보호를 받아왔는데, 경종이 왕으로 즉위하게 되자 경종의 세자 책봉을 반대했던 노론은 위기를 느끼고 경종의 병약함과 후사(後嗣)가 없음을 이유로 연잉군(延礽君)의 세제(世弟) 책봉을 추진하여 이를 관철시키고, 나아가 대리청정(代理聽政)까지 추진하였다. 이에 소론 김일경(金一鏡) 등 7인이 신축년에 소(疏)를 올려, 왕세제였던 연잉군이 대리청정을 하는 데에 찬성했던 노론 사대신 김창집(金昌集), 이건명(李健命), 이이명(李頤命), 조태채(趙泰采)를 처벌할 것을 청하였다. 이를 계기로 사대신을 비롯하여 노론 측의 주요 인사들이 조정에서 쫓겨나 유배되는

밖으로 나가게 하니,[157] 공론이 놀라고 분노하였다. 진신(搢紳)들의 상소가 올라가자 성상의 노여움이 크게 진동해서 소두(疏頭) 윤양래(尹陽來) 공 이하 83인을 일시에 잡아 가두게 하였다.[158] 이때 공이 장령에 제수되었는데, 공은 삼사(三司)가 핑계를 대며 피해서 토복(討復 토죄하고 복수함)하는 의리가 부족하다 여기고는 여러 동료를 골라서 동시에 대청(臺廳)에 나아가 입시하여 이광좌(李光佐)와 조태억(趙泰億)[159]의

사건이 일어났는데, 그 이듬해인 임인년에 김일경이 목호룡(睦虎龍)을 사주하여 "노론 명문자제들이 이른바 '삼급수(三急手)'를 써서 경종을 암살하려 하였다."고 고변하여 임인옥사(壬寅獄事)를 일으켰다. 결국 사대신은 사사(賜死)되었으며, 수많은 노론 인사들이 극형에 처해졌다. 박필주는, "이 일로 인하여 복주된 자가 김일경과 목호룡 등 몇 명에 불과할 뿐 그 나머지는 모두 관대하게 처리하여서 간혹 상공의 품계를 차지하고 있는 자도 있으니, 이래서는 국시가 정해지지 못할 것"이라는 취지로 수차를 올렸다. 《英祖實錄 22年 5月 24日, 27日》《黎湖集 卷7 袖箚-五月-, 自劾疏-五月-》

157 한쪽……하니 : '한쪽 사람들'은 소론을 가리킨다. 우의정 조현명(趙顯命)은 소를 올려 박필주의 의견에 반대하고 신임사화의 주도자 중 한 사람이었던 조태구(趙泰耉)를 비호하였으며, 영성군(靈城君) 박문수(朴文秀)는 소를 올려 박필주의 수차에 대해 비판하고 그를 엄하게 처분할 것을 청하였다. 이에 박필주는 숭례문 밖에서 대명(待命)하였다. 《英祖實錄 22年 5月 29日, 6月 3日》《承政院日記 英祖22年 6月 4日》

158 소두(疏頭)……가두었다 : 1746년 6월 3일에 지중추부사 윤양래가 조관빈(趙觀彬)과 민응수(閔應洙) 등을 포함한 60여명과 함께 연명(聯名)하여 박필주의 소차를 옹호하는 내용의 상소를 올리자, 상이 엄한 하교를 내리고 해부(該府)로 하여금 조처하게 하였다. 연명자가 실록에는 60여명으로 기록되어 있고, 홍직필이 쓴 박필주의 행장에는 57명으로 되어 있다. 《英祖實錄 22年 6月 3日, 4日》《梅山集 卷48 左贊成諡文敬黎湖朴先生行狀》

159 이광좌(李光佐)와 조태억(趙泰億) : 두 사람은 모두 소론 온건파에 속하는 인물들인데, 세제 연잉군의 대리청정을 반대하였음에도 불구하고 영조의 탕평책에 힘입어 영조 즉위 후에 각각 영의정, 우의정에 발탁되기도 하였다. 조태억은 1728년(영조4) 좌의정으로 재직하던 중 병사하였고, 이광좌는 1740년(영조16) 영의정으로 재직하던

관직을 추탈할 것을 청하는 계사를 읽으니, 성상의 노여움이 거듭 진동해서 심지어는 "신하의 절개가 없어서 임금을 임금으로 여기지 않는다."는 하교가 있기까지 하였다. 공이 일어났다가 엎드려서 아뢰기를,

"성상의 하교가 엄준하시니, 신 등은 마땅히 이 자리에서 죽어야 합니다. 그러나 저희들이 내세우는 의리는 진실로 군부를 위하고 난신적자를 토죄하려는 데에서 나온 것이니, 우레와 천둥 같은 위엄으로 꺾고 억제할 수 있는 바가 아닙니다. 더구나 '사구(沙邱)' 두 글자[160]는 감히 다시 거론하지 못할 말이니, 신이 어찌 승상의 마음이 슬프시다는 것을 모르겠습니까. 그러나 이 무리들이 역적이 되는 이유는 바로 여기에 있습니다. 그래서 그들을 논죄하면서 이 글자를 끼워 넣을 수밖에 없었으니, 원래의 상소[161]를 만약 윤허해주신다면 이러한 말은 자연히 없어질 것입니다."

중 삼사의 합계로 탄핵을 받자 울분 끝에 단식하다가 죽었다.

160 사구(沙邱) 두 글자 : 당시 삼사에서 합계할 적에 조태억의 관작을 추탈할 것을 청하며 언급한 말로, 1722년(경종2) 9월 21일에 임인 옥사를 마무리하면서 김일경이 지은 〈토역반교문(討逆頒敎文)〉을 반포하였는데, 그 글에 영조가 경종을 시해하려 하였음을 비유적으로 표현하는 말들이 있었고 사구도 그 중의 하나였는바, 삼사의 합계에서는 조태억이 이 사구라는 말을 삭제하도록 지시한 것을 보면 조태억이 김일경의 글을 감정(勘定)했음이 분명하므로 조태억을 용서할 수 없다고 주장하였다. 《英祖實錄 23年 8月 16日》 사구는 진 시황(秦始皇)이 병들어 죽은 곳으로, 이곳에서 시황제가 죽자 환관 조고(趙高)가 승상 이사(李斯)와 짜고서 거짓으로 조서를 꾸며 시황제의 장남 부소(扶蘇)을 자결하게 만들고 막내아들 호해(胡奚)를 2세 황제로 삼아 마음대로 조종하였다. 《通鑑節要 卷3 後秦記 始皇帝下》 김일경의 글에서는 이 말로써 '신하가 술수로 형인 경종을 죽이고 아우 영조를 즉위시키려 하였다'는 의미를 나타내려 했던 듯하다.

161 원래의 상소 : 이 합계가 있기 1년 전에, 같은 내용으로 조태억의 관작을 추탈할 것을 청한 삼사의 합계를 말한다. 《英祖實錄 22年 9月 2日》

하였다. 상이 이르기를,

"이광좌가 과연 잘못한 점이 많다. 작년 겨울 네 글자를 하교할 적에 삼사에서 도로 거두어들이기를 청하지 않았는데, 어찌 감히 이런 계사를 가지고 들어오는가."

하니, 공이 아뢰기를,

"신이 시골집에 있어 성교(聖敎)가 어떠한지를 미처 듣지 못했습니다."

라고 하였다. 상이 이르기를,

"내 일찍이 '사제로 돌아가려 한다.〔歸臥私第〕' 라고 하교하였노라."

하니, 공이 아뢰기를,

"이광좌 등의 처분이 얼마나 큰일이기에 이처럼 감히 들을 수 없는 하교가 있단 말입니까. 당시 대각(臺閣)에서 도로 거두어들이기를 청하지 않은 것은 진실로 매우 놀랍습니다. 하교하신 네 글자를 삼가 바라건대 즉시 도로 거두어주소서."

라고 하였다. 이때에 여러 대관들은 차례로 인피(引避)하고 물러갔으나, 공은 홀로 남아서 인기(人紀 인륜의 기강)와 관계되는 지극히 중한 이유를 강력히 말하고 이어서 자신을 체차하여 사적인 분수를 편안히 할 수 있게 해주시기를 청하니, 상께서 "아뢴 대로 하라."고 비답을 내렸다.

우의정 민응수(閔應洙) 공과 부제학(副提學) 윤심형(尹心衡) 공이 한 분은 상소를 올리고 한 분은 차자를 올려서, 파직하라는 명령을 도로 거둘 것을 청하였다. 그리하여 11월에 영광 군수(靈光郡守)에 제수되었다. 공은 영광이 고향 함평과 30리 거리여서 비방을 부르기가 쉽다 하여 공정함을 지키고 받드니, 아전들이 두려워하고 백성들이 은혜롭게 여겼는데, 얼마 지나지 않아 인끈을 풀고 돌아왔다.

신미년(1751, 영조27) 겨울에 세자가 대리청정을 하고 있었는데, 헌납(獻納)으로 상경하여 조영국(趙榮國)이 멋대로 큰 의논을 정지시킨 것에 대하여 논죄하였다. 세자가 명령하기를 "지난번에도 이처럼 편당하는 마음으로 성상의 마음을 번거롭게 만들어서 내 마음이 황송하고 두려워했었는데, 오늘날 감히 또 이와 같이 하니, 이홍직을 체차하도록 하라."라고 하였다. 상이 상소의 내용에 대해 하문하여 들으시고는 전교하시기를 "이홍직의 말은 아름답지 못하니, 편당하려는 마음이 이미 탄로 났다. 남을 배척하면서 '편당한다.'라고 하였으니, '춘치자명(春雉自鳴)'[162]이라고 할 만하다. 원량(元良)[163]이 다행히 그 마음을 알고서 엄하게 배척해서 먼저 체직했다."라고 하였다. 이에 한쪽 사람들이 서로 글을 올려서 죄줄 것을 청하였는데, 정언(正言) 김시묵(金時默) 공이 상소를 올려서 죄를 면해줄 것을 청하였다.

계유년(1753, 영조29)에 서용되어 군자감 정(軍資監正)에 제수되었다. 갑술년(1754)에 개성(開城) 지역에 큰 기근이 들자, 상이 특별히 공을 개성부 경력(開城府經歷)에 제수하니, 공은 봉급을 털어 백성들을 진휼하고 구제하여 백성들이 이에 힘입어 살게 되었다. 개성부에 허류전(虛留錢)[164]이 매우 많았는데, 개성 유수(開城留守) 윤급(尹汲)

162 춘치자명(春雉自鳴) : 봄 꿩이 제 스스로 운다는 말로, 남이 모르는 죄를 제 스스로 드러낸다는 뜻의 우리나라 속담이다.

163 원량(元良) : 세자를 의미하는 말로, 《예기》 〈문왕세자(文王世子)〉에 "한 사람 원량이 있으면 만국이 이로써 안정되니, 세자를 말한다.〔一有元良, 萬國以貞, 世子之謂也.〕"라고 한 데서 온 말이다. 여기서는 사도세자를 가리켜 말한 것이다.

164 허류전(虛留錢): 허위 장부상에 남아 있는 돈을 의미하는 것으로 실제로는 없는

공이 군율로 봉납(捧納)을 독촉하니 경내의 사람들이 두려워하여 3일 동안 감히 밥을 짓지 못했다. 이에 공이 강력히 청하기를 '기한을 넉넉하게 물려주면 수량에 맞게 거두는 것을 내가 대신 담당하겠다.'고 하였다. 풍속을 인도할 적에 《소학(小學)》과 《격몽요결(擊蒙要訣)》[165]로써 하고 향약(鄕約)을 설치하여 행하여서 백성의 풍속이 크게 변하였다.

병자년(1756, 영조32)에 계비(繼妣) 이 부인(李夫人)의 상을 만나서 상례를 지키기를 예보다 더하였다.

기묘년(1759, 영조35)에 헌납에 제수되니, 이때 상이 격노하는 일이 있어 심지어는 "산림의 폐해가 홍수와 맹수보다 심하다."라고 말씀하시자, 공이 상소해서 김양행(金亮行) 공과 송명흠(宋明欽) 공을 신구(伸救)하였다.[166]

병술년(1766, 영조42)에 정주 목사(定州牧使)에 제수되었는데, 상관과 불화하여 스스로 체직되기를 도모하였다. 무자년(1768)에 서천

돈이다.

165 격몽요결(擊蒙要訣) : 1577년(선조10)에 이이(李珥)가 부제학을 사퇴하고 3월에 파주(坡州) 율곡(栗谷)에 돌아왔다가, 10월에 해주(海州) 석담(石潭)으로 가서 은병정사(隱屛精舍)를 짓고 제자를 가르칠 때에 지은 책으로, 학자들에게 도학(道學)의 입문을 제시한 책이다. 입지(立志)·혁구습(革舊習)·지신(持身)·독서(讀書)·사친(事親)·상제(喪制)·제례(祭禮)·거가(居家)·접인(接人)·처세(處世)의 10장으로 구성되어 있다. '격몽'은 몽매한 것을 물리친다는 뜻이다.

166 공이……신구(伸救)하였다 : 이홍직의 행장에서는, 이 상소를 을유년(1765, 영조41) 사간에 임명된 뒤에 올린 응지소(應旨疏)라고 하였다. 이홍직이 응지소를 올려 김양행과 송명흠을 신구하고 경은(慶恩)을 내려줄 것을 청하자 상이 관대하게 용서해 주었다고 한다. 《剛齋集 卷12 介石軒李公行狀》

군수(舒川郡守)에 제수되니, 그 해에 흉년이 들었다 하여 특별히 가려서 차임한 것이었다. 처음에 군 관아에 도깨비가 괴이한 짓을 하는 일이 있었는데, 공이 부임하자 곧바로 없어졌다. 흉년으로 인한 손실을 직접 살피고 정성을 다해 진휼하고 구제해서 한 사람도 굶주려 죽은 사람이 없었다.

신묘년(1771, 영조47)에 사간원에 제수되니 이때 홍인한(洪麟漢)이 완백(完伯 전라도 관찰사)로 있으면서 불법을 많이 저질렀다. 이에 공이 장차 상소하여 탄핵하려 하였는데 어떤 이가 이를 누설하자 홍인한이 이의로(李宜魯)를 사주해서 공을 먼저 공격하였다. 이때 공은 막 동궁(東宮)의 관료로 의망되었었는데 끝내 홍인한에게 저지를 당하니, 공이 마침내 도성을 떠나갈 계책을 세워 계룡산(鷄龍山) 아래 구암천(龜巖川) 가에 정자를 짓고서 소요(逍遙)하며 스스로 즐거워하였다.

을미년(1775, 영조51) 겨울에 '상이 세손에게 대리청정을 시키고자 하시는데 적신(賊臣) 홍인한이 이 대계(大計)를 강력히 저지한다'는 말을 듣고는 근심과 울분을 이기지 못해서 예전의 직함으로 상소하여 초고를 엮어 길에 올랐는데, 이때 서명선(徐命善)의 상소로 인하여 대리청정하라는 명령이 이미 내려졌다.

병신년(1776)에 영조가 승하하니, 공은 인산(因山 국장(國葬))에 달려가느라 서울에 남아있었다. 이때 정조가 즉위하여 나라의 기업(基業)을 반석(磐石)과 태산(泰山)처럼 영원히 공고하게 하려 하였는데, 행신(倖臣) 홍국영(洪國榮)이 위복(威福)[167]을 제멋대로 농단하니, 공

167 위복(威福) : 군주가 시행하는 상벌(賞罰)의 권한을 이르는 말이다. 《서경(書經)》 〈주서(周書) 홍범(洪範)〉에 "오직 군주만이 복을 만들 수 있고, 오직 군주만이

은 홍국영 부친의 벗으로서 자중하여 그에게 얼굴빛과 말소리를 너그럽게 해주지 않았다. 정승 신회(申晦)가 공에게 인친(姻親)의 우호가 있었는데 홍국영에게 미움을 받아 찬배되었으며,[168] 참의 이택징(李澤徵)은 상소하여 중궁(中宮)을 조호(調護)할 것을 청할 적에 '대신(大臣) 서명선(徐命善)이 문안을 폐한 일'을 끝부분에 논했다가 마침내 극형(極刑)을 받았는데,[169] 공 또한 가까운 인척이라는 이유로 '공도 반드시 그 일에 참여해 들었을 것이다'라는 유언비어가 떠돌았다. 공은 이에 다시는 세상에 나가 벼슬할 생각이 없어져서 계룡산에서 함평(咸平)으로 가서 선대의 묘소를 정비하고 수리하였다. 사는 곳에 산수의

위엄을 부릴 수 있다.〔惟辟作福, 惟辟作威〕" 하였는데, 공영달(孔穎達)의 소(疏)에 "오직 군주만이 복을 만들기 때문에 사람에게 포상할 수 있고, 오직 군주만이 위엄을 부리기 때문에 사람을 처벌할 수 있다.〔惟君作福, 得專賞人也, 惟君作威, 得專罰人也〕"라고 하였다. 《尚書注疏 卷11 周書 洪範》

168 정승……찬배되었으며 : 신회와 이홍직은 친사돈 관계였는바, 이홍직의 측실 소생인 이보영(李普榮)이 신회의 딸과 혼인하였기 때문이다. 《剛齋集 卷12 介石軒李公行狀》신회는 사도세자를 죽이는 일에 적극 동조하였었는데, 정조가 즉위하자 곧 파직・삭출되고 중도부처(中途付處) 되었다. 《正祖實錄 卽位年 3月 19日, 5月 16日・25日》

169 참의……받았는데 : 1782년(정조6)에 올린 이택징의 응지소(應旨疏)에, 대신들이 입시하여 문후하면서 왕에게 문후한 뒤에 자전(慈殿)과 자궁(慈宮), 즉 정순왕후와 혜경궁 홍씨에게만 문후하고 중궁인 효의왕후에게는 문후하지 않은 것을 문제 삼았다. 이외에도 규장각의 폐단과 노론 벽파의 득세에 대한 과격한 비판을 제기하여 조정이 분분해졌다. 이에 대사헌 이재협(李在協)이 소를 올려 이를 탄핵하였는데, 이유백이 이택징을 옹호하며 상소를 올리면서 그 내용이 더욱 과격해져 말이 효의왕후에 미치고 왕후의 일가인 김치묵(金峙默)을 토죄할 것을 청하기에 이르렀다. 이를 보고 정조가 격노하였는데, 이유백의 아우인 이유원(李有源)이 이유백과 이택징이 모의하여 상소를 올렸다고 고발하였고, 결국 정조가 모두 역모 죄로 다스리라고 명하여 이유백은 국문하는 도중에 죽고 이택징은 처형되었다. 《正祖實錄 6年 5月 26日, 6月 24日・28日・29日》

아름다운 경치가 있으니 여기서 일생을 마치기를 맹세하였으며, 후진 중에 빼어난 자들을 유도해서 여럿이 거처하며 학업을 익히게 하였다.

을사년(1785, 정조9)에 이르러서 80세로 자급이 통정대부에 이르고 뒤이어 대과・소과의 회방(回榜)이 되었다 하여 은혜를 미루어 관작을 하사받으니, 영화가 온 세상에 빛났다. 아! 이는 모두 공의 후한 덕에서 나온 것이니, 그 기절(氣節)의 우뚝함으로 말하면 한겨울의 소나무와 측백나무요 거센 물결 속의 지주산(砥柱山)[170]과 같았다. 공은 세 조정을 차례로 섬겨서 90세의 나이를 누려 사람들이 공을 바라보기를 우뚝한 영광전(靈光殿)[171]처럼 여겼으니, 또한 우리 성조의 훌륭한 교화의 소치인 것이요, 다만 한 사람과 한 집안의 복이 될 뿐만이 아니니, 아! 아름답도다!

공이 추은(推恩)을 받고서 돌아갈 적에 상이 특별히 공을 숭정(崇政)의 품계로 올리고 하교하시기를 "이 사람은 중신(重臣)이니, 젊었을 때에 권신(權臣)과 존귀한 이를 두려워하지 않았던 사람이다."라고 하였다. 공 또한 원자를 잘 보양(保養)하시란 말씀으로 누누이 아뢰어 권계하니, 이로써 군신 간에 유감이 없게 되었다.

170 지주산(砥柱山) : 하남(河南) 삼문협(三門峽) 동북쪽 황하 중심에 있던 돌산의 이름이다. 황하의 물결이 거세게 흘러 하류에 있던 모든 산이 침식되었으나 이 돌산만은 우뚝이 남아 있었다고 한다. 전하여 지절(志節)이 뛰어난 선비를 비유하는 말로 쓰인다.

171 영광전(靈光殿) : 마지막 남은 원로 석학(碩學)이나 절의가 있는 사람을 상징하는 말이다. 영광전은 한(漢)나라 경제(景帝)의 아들 노공왕(魯恭王)이 세운 궁전으로 산동(山東) 곡부현(曲阜縣) 동쪽에 있었는데, 한나라 중기에 도적떼에 의하여 수도 장안(長安)의 미앙궁(未央宮)과 건장궁(建章宮) 등은 다 불탔으나 영광전만은 그대로 보존되었던 데서 유래한 것이다.

병진년(1796, 정조20) 정월 18일에 공주현(公州縣)의 집에서 고종명(考終命)하니, 향년이 92세이다. 함평(咸平) 선치(蟬峙)의 신좌(辛坐)에 장례하였다.

배위(配位) 정부인(貞夫人) 전의 이씨(全義李氏)는 학생(學生) 이규령(李奎齡)의 따님인데, 집안 살림하기를 부지런히 하고 검소하게 하였고, 여자의 법도를 모두 구비하였다. 일찍이 옛 도(道)를 가지고 공에게 풍간하기를 "사대부는 조정에서 높은 벼슬을 맡고 있을 적에도 산림(山林)에서 사립 쓰고 있을 때의 뜻을 잃어서는 안 됩니다."라고 하였다. 공이 조정의 권신에 대해 항론하였을 때도 부인은 근심하는 기색을 짓지 않고 미리 의복 등의 도구를 챙겨서 영해(嶺海)로 귀양가는 길에 대비하였으니, 여기에서 공의 형가(刑家)[172]의 효험을 알 수 있다. 공보다 17년 먼저 별세해서 공의 묘 왼쪽에 부장하였다.

공은 아들이 없어서 셋째 아우 이홍첩(李弘稴)의 아들 유성(儒性)을 데려다가 후사로 삼았고, 장녀는 진사 정태환(鄭泰煥)에게 출가하고 차녀는 송환중(宋煥中)에게 출가하였다. 유성은 3남 2녀를 두었으니, 아들은 명서(命緖)・병서(秉緖)・인서(人緖)이고, 두 딸은 심의인(沈宜人)과 윤좌성(尹佐成)에게 출가하였다. 측실(側室)의 아들 보영(普榮)은 문과급제 하였고, 딸은 원재공(元在恭)에게 출가하였다. 보영은 3남을 두었으니, 술서(述緖)・원서(遠緖)・준서(駿緖)이다. 정태환은 2남을 두었으니, 재관(在觀)・재풍(在豐)이며, 딸은 송석규(宋奭

172 형가(刑家) : 부인에게 모범이 되어 집안을 잘 다스림을 말한다. 《시경》 〈대아 사제(思齊)〉에 "과처에게 모범이 되어 형제에 이르러서 집과 나라를 다스리셨다.〔刑于寡妻, 至于兄弟, 以御于家邦.〕"라고 한 데서 온 말이다.

圭)에게 출가하였다. 송환중은 1남을 두었으니, 학규(學圭)이다. 증손과 현손 이하는 많아서 다 기록하지 않는다.

불초가 평소 공의 훌륭한 의논과 풍모를 들어보니, 아득하게 마치 상고시대 인물 같았고, 또 언론이 준엄하고 올발라서 실로 옛날 간쟁하는 신하의 규모가 있었는데, 이제 강재(剛齋) 송 문간공(宋文簡公 송치규(宋穉圭))의 상덕(狀德)의 글[173]에서 진실로 그러함을 더욱 증험할 수 있게 되었다. 공의 증손 이돈구(李敦球)가 나를 종유(從遊)하여 생석(牲石 신도비)의 글을 청하니, 노쇠함을 이유로 여러 번 사양하였으나 그의 정성스러움이 더욱 돈독해지므로 마침내 병을 무릅쓰고 명문(銘文)을 짓는다. 명문은 다음과 같다.

영조와 정조가 재위하실 적에	英正在宥
오랫동안 정사를 해서 교화가 이루어졌네	悠久化成
춘대[174]의 태평성대에 오르자	春臺躋世
태계[175]가 화평함을 고하였네	泰階告平

173 상덕(狀德)의 글 : 덕을 기록한 글이라는 말로, 행장을 이른다. 이홍직의 행장은 《강재집》 권12에 실려 있다.

174 춘대(春臺) : 따스한 봄날에 올라 승경을 즐기는 대를 말하는바, 《도덕경(道德經)》에 "세속의 중인들이 화락하여 마치 태뢰의 푸짐한 상을 받은 듯하고 봄날에 누대에 올라 노니는 듯이 한다.〔衆人熙熙, 如享太牢, 如登春臺.〕"라고 한 데서 온 말로, 전하여 태평성대의 평화로움을 의미한다.

175 태계(泰階) : 삼태성(三台星)으로, 상계(上階)는 천자, 중계(中階)는 제후·공경·대부, 하계(下階)는 사·서인을 상징하는바, 삼계(三階)가 화평하면 천하가 평안하여 태평을 이룬다고 한다.

인서록 한 편은	人瑞一編
팽조(彭祖)의 기록이요 강인(絳人)의 갑자였네[176]	彭紀絳甲
공은 이때에	公於是時
높은 나이에 높은 덕을 지니고 있었네	大年卲德
지팡이 짚고서 조정에 나오니	杖而造朝
옛 삼로오경(三老五更)[177]과 같았다오	如古老更
궁궐에서 머리를 조아리면서	稽首丹墀
임금님의 만수를 축원하니	祝君萬齡
임금님은 이것을 받아서	君王受之
우리 전궁[178]에게 올리셨네	獻我殿宮

176 팽조(彭祖)의……갑자였네 : 팽조는 800세를 살았다고 전해지는 사람이고, 강인은 춘추시대 진(晉)나라 강현(絳縣)의 노인을 말한다. 강현에 사는 한 노인이 나이가 많은데도 자식이 없어 기(杞)나라 성을 축조하는 부역에 직접 나갔는데 진 도공(晉悼公)의 부인이 역부들에게 음식을 나누어줄 때 그의 나이를 의심하여 나이를 말하게 하자 그가 "신은 소인이어서 나이를 기억하지 못합니다. 신이 태어나던 해의 정월 초하루가 갑자일이었고, 그로부터 445번의 갑자일이 지났는데, 그 마지막 갑자일은 지난지가 지금 겨우 20일이 되었습니다."라고 답하였다. 사광(師曠)이 계산하여 73세라고 하자, 조무(趙武)가 노인을 등용하지 못하고서 부역시킨 것이 자신의 잘못이라고 사과하고서 벼슬을 주었는데, 노인이 늙었다고 사양하므로 그에게 토지를 주어 임금의 복도(復陶)로 삼고 강현의 현사(縣師)를 겸직시켰다. 《春秋左氏傳 襄公30年》

177 삼로오경(三老五更) : 고대에 설치했던 직위로, 나이가 많아 치사한 이를 삼로·오경으로 삼아 천자가 부형의 예(禮)로써 봉양했다고 한다. 이에 대한 설이 많은데, 그 숫자에 대해서는 삼로와 오경이 각각 1인이라는 설과 삼로는 3인이고 오경은 5인이라는 설이 있으며, 삼신(三辰)과 오성(五星)의 형상을 취하여 만든 것이라는 설 등이 있다. 《禮記大全 文王世子》

178 전궁(殿宮) : 자세한 내용은 80쪽 주146 참조.

만팔문에 萬八之門
상서로운 기운이 울창하였네 瑞氣葱蘢
을묘년 봄에 維卯之春
성균관에서 조사[179]를 선발하였는데 造士成均
공이 국로로서 公以國老
화잠을 꽂고 난삼을 입으니 簪花衫襴
천명의 관원들이 높이 바라보고 千班聳觀
서로들 말하기를 세상에 드문 일이라 하였네 胥言稀有
이러한 큰 복이 誰知遐福
공의 후한 덕 때문임을 누가 알랴 以德之厚
옛날 두 조정에는 越昔兩朝
충신(忠臣)과 간신(奸臣)이 분명히 나뉘었네 忠邪分明
공은 바른 의논을 지켜서 公秉讜正
대각에 올랐네 臺閣是登
간신을 주벌하여 뼈에까지 미침에 誅姦旣骨
제방이 비로소 터졌네 障隄方決
더러는 외직으로 밀려났으나 或擠于外

179 조사(造士) : 재주와 덕이 성취된 선비를 말한다. 《예기(禮記)》 〈왕제(王制)〉에 "지방 고을에 명하여 빼어난 선비〔秀士〕를 평가하여 사도(司徒)에게 올리게 하니 이들을 선사(選士)라고 한다. 사도가 선사 중에 빼어난 자를 평가하여 태학에 올리니 이들을 준사(俊士)라고 한다. 사도에 올라간 자는 고을의 부역을 면제받고, 태학에 올라간 자는 사도에서 부역을 면제받으니, 이들을 조사라고 한다.〔命鄕論秀士, 升之司徒, 曰選士. 司徒論選士之秀者, 而升之學, 曰俊士. 升於司徒者不征於鄕, 升於學者不征於司徒, 曰造士.〕"라고 한 데서 온 말이다.

굶주린 자들이 이에 살게 되었네	捐瘠是活
정직한 도는 부끄러움이 없으니	直道無愧
하늘이 그 마음을 굽어보시고는	天監其衷
장수와 귀함을 내려주셔서	錫壽與貴
밝게 빛나서 영종을 하니[180]	昭朗令終
지위는 상경에 오르고	位躋上卿
나이는 팔십을 누렸으며	年享大耋
돌아가서 그 가정을 보니	歸視其庭
증손과 현손이 숲의 나무처럼 줄지어있네	曾玄林列
선치의 언덕에	蟬峙之原
넉 자의 봉분이 있는데	四尺其封
내 여기의 비석에 명문을 써서	我銘石章
무궁한 후세에 고하노라	用詔無窮

180 밝게……하니 : 영종(令終)은 '마침을 잘함'의 의미로, 좋은 명성을 남기고 편안히 죽는 것을 이르는바, 이 표현은 《시경(詩經)》 〈대아(大雅) 기취(旣醉)〉의 "소명(昭明)이 매우 밝으니 고명하여 영종하리로다.〔昭明有融, 高朗令終.〕"라는 말을 원용한 것이다.

좌의정 연천 홍공[181] 신도비명 병서○경술년(1850, 철종1)
左議政淵泉洪公神道碑銘 幷序○庚戌

아! 지나간 옛날을 차례로 돌아보건대, 천덕(天德)과 왕도(王道)[182]를 지니고서 군주를 섬겨서 찬란하게 세교(世教)의 광채가 되신 분으로는 당(唐)의 육 선공(陸宣公)[183]과 송(宋)의 사마 온공(司馬溫公)[184]

181 연천 홍공 : 홍석주(洪奭周, 1774~1842)로, 자는 성백(成伯), 호는 연천, 본관은 풍산(豊山), 시호는 문간(文簡)이다. 조고는 영의정을 지낸 항재(恒齋) 홍낙성(洪樂性)이고, 부친은 우부승지를 지낸 족수당(足睡堂) 홍인모(洪仁謨)이다. 벼슬이 좌의정에 이르렀으며, 문집에 《연천집》이 있다.

182 천덕(天德)과 왕도(王道) : 천덕은 자신의 덕을 닦는 것으로 《대학》의 3강령을 가지고 말하면 명명덕(明明德)에 해당하고, 왕도는 백성을 잘 다스려서 백성으로 하여금 자신의 명덕을 밝히게 해주는 것으로 3강령 중 신민(新民) 해당한다. 정호(程顥)는 "'순수하여 그치지 않음'은 바로 천덕이니, 천덕을 소유한 자라야 왕도를 말할 수 있는바, 그 요체는 다만 신독에 있다.〔純亦不已, 此乃天德也. 有天德, 便可語王道. 其要只在愼獨.〕"라고 한 바 있다. 《二程遺書 卷14 亥九月過汝所聞》

183 육 선공(陸宣公) : 당나라 중기의 명신(名臣) 육지(陸贄, 754~805)로, 자는 경여(敬輿)이고, 선공은 시호이다. 771년에 진사가 되어 여러 벼슬을 역임하고 문하동평장사(門下同平章事)에 올랐으나 794년 호부 시랑의 모함으로 자리에서 물러나고 이듬해 충주 별가(忠州別駕)로 좌천되었는데 이곳에서 10년을 보내면서 참소를 염려하여 의방(醫方)만 집록하고 다른 저술은 하지 않았다. 805년 순종(順宗)이 즉위하면서 다시 등용하려 했으나 이미 죽은 뒤였다. 천자에게 올려 시폐(時弊)를 논하는 주의(奏議)를 잘 지어서 이것이 후세에 널리 읽혔는데, 이를 모은 《육선공주의(陸宣公奏議)》는 주의의 모범으로 후대 문신들의 필독서가 되었다.

184 사마 온공(司馬溫公) : 북송(北宋) 중기의 명재상인 사마광(司馬光, 1019~1086)으로, 자는 군실(君實), 호는 우부(迂夫), 시호는 문정(文正)이며 사후에 온국공

같은 분이 있고, 나와 동시대 인물로서 내가 흠모하는 분 중에는 오직 휘가 석주(奭周)이고 자가 성백(成伯)인 연천 홍공이 그런 분일 것이다. 정직한 도(道)를 지키며 외로이 서서 걸핏하면 낭패를 당했기에 이 분의 깨끗한 마음이 아직도 세상에 크게 드러나지 못하고 하인들과 아녀자들만이 지금까지도 칭송해 마지않으니, 무슨 덕을 따라 행하였기에 이것을 이룬 것인가. 나는 노쇠하고 정신이 혼미해서 글을 짓는 일을 할 수가 없는데, 공의 아우인 영명도위(永明都尉) 홍현주(洪顯周)씨가 생석(牲石 신도비)의 글을 부탁하니, 여러 번 사양하였는데도 승낙을 얻지 못해서 가장(家狀)[185]을 보고 쓴다.

아! 우리 정조대왕이 일찍이 친림하여 시험을 보이실 적에 《의례(儀禮)》의 책문을 내어서 수백 가지 일을 조목조목 나열하여 물으시자 제생들이 모두 붓을 멈추고 물러갔다. 이때 공은 나이가 겨우 17세였는데도 홀로 막히거나 어려워함이 없었으며 옆 사람이 서로 와서 질문하면 하나하나 답변해주었다. 초고를 엮어서 이미 시권(試卷)을 완성하였는데, 남보다 크게 앞서고자 하는 생각이 없어서 시한이 지났다는 이유로 시권을 내지 않고 나오니, 성상께서 이것을 직접 보시고는 크게 칭찬을 가하셨다.

(溫國公)에 봉해져 사마 온공(司馬溫公)으로도 칭한다. 신종(神宗) 때 왕안석(王安石)의 신법(新法)을 공박하고 외직(外職)으로 쫓겨났다가 철종(哲宗) 때에 정승이 되어 신법 가운데 백성의 해가 되는 것들을 모두 개혁하였으며, 《자치통감(資治通鑑)》을 편찬하였다.

185 가장(家狀) : 홍석주의 가장은 홍현주가 쓴 것으로, 《연천집》 권44에 수록되어 있다. 원문의 '장(狀)'은 가장 혹은 행장으로 번역할 수 있는데, 《연천집》에 가장만이 확인되므로 가장으로 번역하였음을 밝혀둔다.

4년 후인 갑인년(1794, 정조18)에 전강(殿講)에 응시하여 《시경(詩經)》 〈사간장(斯干章)〉으로 통(通)을 받았고 다음해 봄에 또다시 전강에 나아가서 《주역(周易)》 〈대유괘(大有卦)〉로 통을 받아서 마침내 급제를 하사받았다. 상께서 공의 조고(祖考)인 효안공(孝安公)[186]에게 하교하기를 "고관대작의 집안에 아주 해박한 선비가 있는데 속된 모습이 없으니, 담박하여 기뻐할 만하다."라 하시고는 초계문신(抄啓文臣)[187] 명단에 추가로 넣도록 명하면서 말씀하기를 "홍모(洪某)는 해박하여서 초계문신 중 으뜸이 될 뿐만이 아니고, 또 경학(經學)이 스스로 터득한 견해가 많으니, 실제의 공부가 있음을 알겠다."라고 하셨다.

무오년(1798, 정조22)에 《어정사부수권(御定四部手圈)》[188]의 일로

186 효안공(孝安公) : 홍낙성(洪樂性, 1718~1798)으로, 자는 자안(子安), 호는 항재(恒齋), 본관은 풍산이며, 효안은 시호이다. 홍석주가 급제한 1795년(정조19)에는 영의정을 맡고 있었는데, 이 해가 홍낙성이 사마시의 회방이 되던 해였기에 정조가 "매우 기이한 일"이라고 언급하였으며, 홍석주에 대하여 홍낙성에게 "매우 해박하다고 들었으니 '대유(大儒)'라고 할 만하다."라고 말하기도 하였다. 《承政院日記 正祖 19年 2月 12日, 14日》

187 초계문신(抄啓文臣) : 정조(正祖) 때 인재 양성을 목적으로 당하 문신(堂下文臣) 중에서 학문이 특출한 사람을 뽑아 규장각에 소속시켜 학문을 연마하게 하고 매월 제술(製述)과 강서(講書) 시험을 치르게 하였는데, 이 가운데 우수한 사람에게는 승진의 길을 열어주었는바, 여기에 선발 상주된 사람을 초계문신이라 한다. 홍낙성이 정조에게 '손자로 하여금 10년만 더 학문을 할 수 있도록 해달라.'고 청하자 정조가 '내가 직접 가르치겠다.'고 하고 갑인년(1794, 정조18) 초계문신 선발 명단에 추가해 넣을 것을 명했다고 한다. 《淵泉集 卷44 家狀》 《眉山集 卷12 外王考淵泉洪先生墓誌銘》

188 어정사부수권(御定四部手圈) : 정조가 사부(四部) 즉 경사자집(經史子集) 가운데 중요한 구절을 뽑아서 엮은 책으로, 삼례(三禮) 즉 《주례(周禮)》·《의례(儀禮)》·《예기(禮記)》와 삼사(三史) 즉 《사기(史記)》·《한서(漢書)》·《후한서(後漢書)》와

인하여 연석의 신하들에게 하교하시기를 "초계문신 가운데에 경학에 근본하고 훈고에 통달하였으면서도 성리(性理)를 분석할 때에는 반드시 정자(程子)와 주자(朱子)를 따르고 문장을 지을 때에 반드시 구양수(歐陽脩)와 소식(蘇軾)을 따르는 자는, 나이가 젊은 사람 중에는 오직 홍모(洪某) 한 사람일 뿐이니, 후생이라 하여 함부로 대해서는 안 된다. 나도 그가 옛 책을 상고하여 알려주는 것에 종종 도움을 받는다." 라고 하셨다.

경신년(1800, 정조24) 5월 그믐에, 연석에서 하교하신 말[189]이 수천 자에 이르렀다. 이때 공은 검열(檢閱)로 입시하였으니, 기주(記注)는 공의 직무가 아니었다. 그런데 연석의 하교가 끝나자 특별히 공에게 명하여 기주하여 들이도록 명령하니, 공은 경연에서의 말씀을 추후에 생각함에 조금도 틀림이 없었다. 상이 경연관에게 하교하기를 "이와 같은 사관(史官)은 비록 옛날이라도 있지 않았다."라고 하셨다. 공이 초년에 정조에게 인정을 받음이 이와 같았다.

순조 초년에 이르러서 승지(承旨)로 시강(侍講)할 적에 글 뜻을 아뢰어서 계옥(啓沃)[190]함이 매우 많았다. 상이 일찍이 《논어》〈욕기장

송대(宋代)의 오자(五子) 즉 주돈이(周敦頤)·정호(程顥)·정이(程頤)·장재(張載)·주희(朱熹)와 육지(陸贄) 및 당송팔대가(唐宋八大家)의 글 중에서 특기할 만한 내용에 청색 먹으로 비점(批點)을 치고, 그중에서도 핵심적인 구절에는 붉은 먹으로 권점(圈點)을 친 뒤에, 이것을 모두 모아 규장각(奎章閣)에서 교정하여 편찬하게 하였다.

189 경신년……말 : 오회 연교(五晦筵教)라고도 하는바, 정조가 승하하기 바로 직전인 1800년 5월 그믐날 연석(筵席)에서 내린 밀명(密命)의 하교이다. 이 하교에는 당시 조정 신하들에 대해 평가한 내용이 들어 있었다고 한다.

190 계옥(啓沃) : 신하가 자기의 식견으로 임금을 잘 계도(啓導)하는 것을 이른다.

(浴沂章)〉[191]의 예(例)를 모방해서 여러 신하들에게 명하여 각각 그 뜻을 말하게 하였는데,[192] 공은 써서 올리기를,

"하전(廈氈)[193]이 맑고 깨끗할 적에 경전이 책상 위에 있는데 강관(講官)은 왼쪽에 있고 쟁신(諍臣)은 오른쪽에 있어서 임금님이 곤직(袞職 임금의 직무)의 잘못을 묻고 정사의 득실을 물으시거든 신이 그 사이에 있으면서 사리에 어둡고 어리석은 말을 아뢰어서 우리 임금님의 겸허히 수용하는 덕이 사방에 알려지기를 원하지만, 경전에 있어서는 후인을 기다리겠습니다."

하였다. 그리고는 자로(子路)가 공자의 뜻을 듣기를 원한 예[194]를 모방

《서경(書經)》〈열명(說命)〉에, 은(殷)나라 고종(高宗)이 그 재상 부열(傅說)에게 "그대의 마음을 열어 나의 마음을 적시라.〔啓乃心, 沃朕心.〕"라고 한 데에서 유래하였다.

191 논어 욕기장(浴沂章) : 욕기는 '기수(沂水)에서 목욕함'의 뜻으로, 공자가 시종하는 제자들에게 자신의 뜻을 어떻게 펼칠 지를 묻자 제자 증점(曾點)이 "늦은 봄에 봄옷이 이미 만들어지면 관을 쓴 어른 5, 6명과 동자 6, 7명과 함께 기수에서 목욕하고 무우(舞雩)에서 바람 쐬고서 노래하며 돌아오겠습니다."라고 하며 자신의 뜻을 밝혔는데 공자가 그의 뜻을 칭찬하였으므로, 이 내용이 실려 있는 장을 '욕기장'이라고 일컫는 것이다.《論語 先進》

192 여러……하였는데 : 이 일은 1807년(순조7) 11월 1일에 있었던 일로, 순조가 좌직하는 승지와 입직하는 각신에게 응제하도록 하여 좌부승지 송지렴(宋知濂), 동부승지 김이재(金履載), 검교직각 홍석주 세 사람이 글을 지어 올렸다.《承政院日記 純祖 7年 11月 1日》

193 하전(廈氈) : 하(廈)는 큰 집이고 전(氈)은 가는 털방석으로, 임금이 거처하는 대궐 또는 왕좌를 일컫는데, 여기서는 경연에서 임금이 계시는 자리라는 뜻으로 쓰였다.

194 자로(子路)가……예 :《논어》〈공야장(公冶長)〉의 '안연계로시장(顏淵季路侍章)'을 가리켜 말한 것이다. 안연(顏淵)과 자로가 공자를 모시고 있었는데, 공자가 각자 자기의 뜻을 말해보게 하자 안연과 자로가 각각 답을 하였고, 뒤이어 자로가 "선생님의 뜻을 듣고자 합니다.〔願聞子之志.〕"라고 하니 공자가 "늙은이를 편안하게 해주고, 붕우

해서 성상의 뜻이 어디에 있는지 말씀해주실 것을 청하니, 상이 글을 써서 내렸는데 거기에 다음과 같이 말하였다.

"어진 신하와 훌륭한 보필이 나라의 동량(棟樑)이 되고 용맹한 장수와 지혜로운 선비가 국가의 조아(爪牙)[195]가 되어서 안으로는 군신의 잘못이 없고 밖으로는 생민의 고통이 없으며 여염에는 시름으로 탄식하는 문제가 없고 변방에는 예상하지 못한 근심이 없었으면 한다."

이때를 당하여 일당(一堂)에 모여 도유(都兪)[196]해서 성대하게 고요(皐陶)의 갱재(賡載)[197]와 권아(卷阿)의 시가(矢歌)[198]의 뜻이 있었으

를 미덥게 해주고, 젊은이를 감싸주는 것이다.〔老者, 安之; 朋友, 信之; 少者, 懷之.〕" 라고 답하였다.

195 조아(爪牙) : 짐승의 발톱과 어금니 같은 위용으로 국경을 지키고 임금을 호위하는 신하를 말한다. 《詩經 小雅 祈父》

196 도유(都兪) : 감탄사인 도유우불(都兪吁咈)의 준말로, 도(都)와 유(兪)는 찬성의 의미, 우(吁)와 불(咈)은 반대의 의미를 표하는 감탄사이다. 《서경(書經)》 〈익직(益稷)〉에 "우(禹)가 말하기를 '아, 훌륭합니다. 황제이시여, 지위에 있음을 삼가소서.' 하니, 제순(帝舜)이 '아, 너의 말이 옳다.' 하였다.〔禹曰: 都! 帝, 愼乃在位. 帝曰: 兪!〕"라는 대목이 있고, 또 《서경》 〈요전(堯典)〉에 "모두가 '아, 곤(鯀)을 추천합니다.' 하니 제요(帝堯)가 '아, 너희 말이 옳지 않다.' 하였다.〔僉曰: 於, 鯀哉! 帝曰: 吁, 咈哉!〕"라는 대목이 있다. 전하여 군주와 신하가 자유롭게 정치를 논하고 의견을 개진한다는 의미로 사용되었다.

197 고요(皐陶)의 갱재(賡載) : 순(舜) 임금이 신하를 권면하는 뜻의 노래를 부르자 고요가 다시 임금을 권면하는 뜻의 노래를 불렀는데, 이를 갱재가라 한다. 《서경(書經)》 〈우서(虞書) 익직(益稷)〉에 순 임금이 노래하기를, "고굉이 즐거우면 원수가 흥기하여 백공이 화락하다.〔股肱喜哉, 元首起哉, 百工熙哉.〕"라고 하자, 고요가 화답하기를, "원수가 밝으면 고굉이 훌륭하여 모든 일이 태평하다.〔元首明哉, 股肱良哉, 庶事康哉.〕"라고 하였다.

198 권아(卷阿)의 시가(矢歌) : 어진 신하가 왕에게 올리는 노래로, 경계의 내용이

니, 지금까지도 서로 전하여 세상에 드문 성대한 일이라고 한다. 공이 순조에게 인정을 받음이 또 이와 같았으니, 아! 성대하다!

공은 천성이 효성스러워서 어렸을 때부터 부모의 뜻을 한 번도 어기지 않았으며, 밖으로는 족수공(足睡公)[199]의 엄격한 가르침과 안으로는 서 부인(徐夫人)[200]의 바른 인도가 있어서 엄숙하게 여 정헌(呂正獻)의 가범(家範)[201]이 있었다. 공은 곁에서 부모의 뜻을 받들어 순종해서

담겨있다. '권아'는 《시경(詩經)》 대아(大雅)의 편명인데 이 시는 소강공(召康公)이 성왕(成王)을 경계하는 내용의 시인바, 거기에 "화락한 군자가 와서 놀며 노래하여 그 소리를 베풀도다〔豈弟君子, 來游來歌, 以矢其音.〕"라고 하였으므로 '시가'라고 한 것이다. 주희(朱熹)의 《시경집전(詩經集傳)》에 "시는 베풂이다.〔矢, 陳也.〕"라고 하였다.

199 족수공(足睡公) : 홍인모(洪仁謨, 1755~1812)로, 초명은 대영(大榮), 자는 이수(而壽), 호는 족수당(足睡堂), 본관은 풍산이다. 1783년(정조7) 사마시에 합격한 뒤 문음(門蔭)으로 벼슬길에 나가 호조 참의・우부승지 등을 역임하였다. 박학하여 《황명사략(皇明史略)》・《좌전인명보(左傳人名譜)》・《모시다직편(毛詩多織編)》・《당명신언행록(唐名臣言行錄)》 등을 편찬하였다. 문집에 《족수당집》이 있다.

200 서 부인(徐夫人) : 영수합 서씨(令壽閤徐氏, 1753~1823)로, 부친은 직재(直齋) 서형수(徐逈修)이다. 시인이자 문장가로 명성이 있었다. 홍석주가 직계 선조 14인의 시문 322편을 뽑아 《풍산세고(豐山世稿)》를 편집할 적에 권6에 서씨의 시 36편, 사(辭) 1편을 실었으며, 《족수당집》을 편집할 적에는 《영수각고(令壽閤稿)》를 함께 실어 전사자로 인행하였다. 정경부인(貞敬夫人)에 추증되었다.

201 여 정헌(呂正獻)의 가범(家範) : 여 정헌은 북송의 명신 여공저(呂公著, 1018~1089)로, 자는 회숙(晦叔)이고, 정헌은 그의 시호이다. 여공저의 장남은 형공(滎公) 여희철(呂希哲, 1039~1116)로, 이정(二程)과 장재(張載)에게 수학한 학자이다. 이 집안은 규범이 매우 바르고 엄격하였는바, 《소학(小學)》 〈선행(善行)〉에 "정헌공이 집에 거처할 때에 간소하고 후중하고 과묵하여 세속의 일로 마음을 쓰지 않고 그의 부인 신국부인(申國夫人)도 성품이 엄격하고 법도가 있어서 비록 형공을 매우 사랑하였으나 공을 가르치되 일마다 법도에 따라 실천하게 하였다."라고 보인다.

정성을 다하고 공경을 지극히 하였으며, 물러나서는 여러 아우들과 열심히 독서하였다. 일찍이 육경(六經)과 사서(四書)를 가지고 공부의 과정을 배열하여 암송하였는데, 지위가 높아지고 노쇠해짐에 이르러서도 책을 하루도 손에서 떼지 아니하여 일상생활에서도 우뚝하게 조집(操執 평소 지키는 행실)이 있어서 사물에 따라 마음을 옮기지 않았다. 세상 사람들 중에 간혹 '공은 사무(事務)에 소략했다'라고 하거나 '치밀하게 분석하지 못한다'고 하는 자가 있는데, 이는 모두 공에 대한 앎이 얕은 것이다.

족수공은 문청공(文淸公) 신재(新齋) 휘 낙명(樂命)의 조카로, 평생 동안 학문을 쌓아서 속에 온축하고 드러내지 않았으며, 서 부인은 미호(渼湖) 김 선생(金先生 김원행(金元行))의 외손녀이다. 《시경》과 《서경》에 익숙하여 자기가 온축한 바와 익숙한 바를 가지고 공을 계발하였는데, 가정에서 가르칠 적에 마음으로 전수한 것이 항상 효도와 검소, 충(忠)과 서(恕)에 있었으므로 행함에 있어 명예를 가까이 하지 않았다.

공은 교훈을 익히고 가르침에 물들어서 밤낮으로 공경하고 근신하여 매번 부모를 곁에서 모실 적에 온화한 기색을 띠어서 참으로 어린아이 같은 모습이 있었다.[202] 젊었을 때부터 명망과 실제가 혁혁히 높아서 자제의 직분을 행할 여가가 없을 듯하였으나, 이리저리 수고롭게

202 매번……있었다 : 부모를 즐겁게 하기 위하여 어린아이와 같은 모습을 함을 말한다. 춘추 시대 초(楚)나라에 노래자(老萊子)라는 은사(隱士)가 있었는데, 어버이를 모시는 효성이 지극하여 나이 일흔에 색동옷을 입고 재롱을 피워 어버이를 즐겁게 해드렸던 고사가 있다. 《小學 稽古》

일한 것을 보면 가난한 선비 집안의 사람과 조금도 다름이 없었다.

족수공의 병환이 위독해지자 밤낮으로 애를 쓰고 눈물을 흘려서 직접 도규(刀圭)를 잡은 것[203]이 여러 달이었고, 더욱 위독해졌을 때는 손가락을 베어 피를 올렸다. 상을 당하자 애훼(哀毁)를 예(禮)보다 더 지나치게 해서 마치 살고 싶지 않은 사람 같았다. 그렇게 삼년 동안 거친 밥을 먹고 상복을 입고 질(絰)을 차고 지팡이를 잡고서야 일어나니, 서 부인이 생명을 잃을 것을 염려해서 몰래 육수(肉水)를 가지고 밥을 지어서 요양하였다.

자친상을 상하자 또다시 슬픈 정을 다하여 몸을 훼손하였으며, 중씨(仲氏)와는 형제간의 지기(知己)였는데, 중씨가 별세하자 공은 슬퍼함이 너무 심하여 인간 세상에 즐거움이 없었다. 계씨(季氏)가 일찍 임금의 부마에 속하였으나[204] 감히 화려한 용모를 하고서 공을 뵙지 못하여 항상 두려워하는 기색이 있는 듯하였다. 공은 이러한 덕을 미루어 친척과 소원한 사람에까지 미쳐서 그들을 접대함에 온화함을 다하고 그들에게 베풂에 상황의 마땅함에 맞게 하니, 이들이 물러가서는 원망하는 말이 없었다. 또 자질(子姪)들이 병이 나면 직접 약방문을 보고서 치료하여 의원에게만 맡기지 않았다. 이러한 것들이 공의 집안에서의 지극한 행실로서 세상에 칭찬받는 것들이다.

공은 이미 젊은 나이에 대과에 급제해서 벼슬길에서의 승진에 장애

203 직접……것 : 약을 직접 끓여 드렸음을 말한다. 도규는 약재의 양을 헤아리는 기구로, 모양이 규(圭)와 비슷하여 이러한 이름이 붙었다.

204 계씨(季氏)가……속하였으나 : 홍석주의 아우 홍현주(洪顯周)는 정조의 사위로, 정조의 둘째딸 숙선옹주(淑善翁主)와 혼인하여 영명위(永明尉)에 봉해졌다.

될 것이 없었으나, 항상 대분(戴盆)의 경계[205]를 지켜서 남들을 부르거나 좇아다니는 것을 좋아하지 않고, 오직 경연에서 시강할 때와 과장에서 문예를 비교할 때에는 마음을 다하고 힘을 다해서 그 모든 것을 대양(對揚 왕의 명을 받아서 천하에 알림)하는 방도로 삼았다.

을묘년(1795, 정조19) 전시(殿試)에 나아가 갑과(甲科)로 뽑혀서 규례대로 직장(直長)에 제수되었으나 정장(呈狀)하여 체직되고, 승정원 주서(承政院注書)로서 예문관 검열(藝文館檢閱)을 겸하여 이 두 관직에 번갈아 임한 것이 수년이었다.

어떤 사람이 "승정원 주서를 천망(薦望)할 적에 사사로이 보호한 사람이 있다."라고 하여 묘당(廟堂)에서 삭직(削職)할 것을 청하였는데,[206] 《화성성역의궤(華城城役儀軌)》[207]를 감인(監印)한 공로로 6품

205 대분(戴盆)의 경계 : 대분은 엎어놓은 동이를 머리에 이고 있어서 하늘을 볼 수 없는 상황을 묘사한 말로, 동이를 이는 것과 하늘을 보는 것을 함께 할 수 없듯이 두 가지를 모두 잘 할 수 없으므로 한 가지 일에만 집중해야 함을 말한 것이다. 사마천(司馬遷)의 〈보임소경서(報任少卿書)〉에 "저는 '동이를 이고서 어떻게 하늘을 바라보랴!' 하고 생각했습니다. 그래서 빈객들과의 교유를 끊고, 집안의 일을 잊고, 밤낮으로 불초한 재주와 힘을 다하여 한 마음으로 직무에 힘써서 주상의 가까이에서 총애를 받으려 하였습니다. 그러나 일이 이에 크게 잘못되어 그렇게 되지 못했습니다.〔僕以爲戴盆何以望天? 故絶賓客之知, 亡家室之業, 日夜思竭其不肖之才力, 務一心營職, 以求親媚於主上, 而事乃有大謬不然者.〕"라고 하였다.

206 어떤……청하였는데 : 1801년(순조1) 2월에 정언 신광식(申光軾)이 상소하여 '김기은(金箕殷)을 주서로 의망한 것은 사당(私黨)을 애호하는 데서 나온 것'이라고 논핵하고 김기은을 의망했던 관원을 변방으로 내쳐야 한다고 주장했는데, 순조가 이를 묘당에 내려서 처리하게 하니, 묘당에서 김기은을 의망했던 홍석주를 삭직할 것을 청하였다. 《純祖實錄 1年 2月 27日, 30日》 김기은은 1800년 4월에 실시된 초계 문신의 제술(製述)에 심단(沈檀)의 손자 심영석(沈英錫)과 함께 응시할 수 없다고 해서 병을

직으로 승진하였다. 임술년(1802, 순조2) 사간원 정원(司諫院正言)에 제수되었는데 허물을 자신의 탓으로 돌려 사직하면서 인하여 '전학(典學)[208]을 힘쓰고 바른 선비를 가까이하는 요점'을 아뢰니, 상이 후한 비답으로 가납(嘉納)하였다. 또다시 상소하여 면직을 청하여 또 말하기를,

"장용영(壯勇營)을 이미 혁파하였는데 여기에 있는 전곡(錢穀)을 내탕고에 소속시키라고 명한 것[209]은 '왕자(王者)에게는 사사로운 창고가 없다'는 뜻이 아니니, 청컨대 묘당(廟堂)으로 하여금 좋은 방향으로 분속시키게 하되 백성들을 편리하게 하고 양식을 풍족하게 하는

핑계 대고 응시하지 않았다가 정조로부터 엄한 질책을 받은 바 있다. 《承政院日記 正祖 23年 10月 3日, 24年 4月 20日》

207 화성성역의궤(華城城役儀軌) : 1794년(정조18) 1월부터 1796년 8월까지 이루어진 화성 성곽 축조의 전말 및 관련 제도, 의식 등을 자세히 기록한 의궤이다. 1796년 11월에 만들어진 초고(草藁)를 바탕으로, 정리의궤청이 주관하여 1801년(순조1) 9월에 정리자(整理字)로 간행하였다. 본편(本編) 6편과 부편(附編) 3편의 총 9편으로 구성되어 있다.

208 전학(典學) : 군주가 늘 학문에 힘쓰는 것을 이른다. 상(尙)나라 고종(高宗)이 부열(傅說)에게 가르침을 줄 것을 청하자 부열이 말하기를, "오직 학문은 뜻을 겸손하게 해야 합니다. 힘써서 때로 민첩하게 하면 그 닦여짐이 올 것이니, 독실하게 믿어 이것을 생각하면 도가 그 몸에 쌓일 것입니다. 가르침은 배움의 반이니, 생각의 처음과 끝을 항상 학문에 둔다면〔典于學〕 그 덕이 닦여짐을 자신도 깨닫지 못할 것입니다."라고 하였다. 《書經 說命下》

209 장용영(壯勇營)을……것 : 장용영은 1793년(정조17)에 한성부와 수원부에 창설한 군영인데, 1802년(순조2) 1월 20일 순조는 비용 절감과 식량 확보를 위해 장용영 철폐를 명하였고, 1월 26일 정순왕후(貞純王后)가 장용영 내영의 별고와 외영의 창고를 모두 내탕고에 소속시킬 것을 명하였다. 《純祖實錄 1月 20日, 26日》

것을 위주로 하게 하소서."

라고 하였다. 그러자 자전(慈殿)이 하교하기를,

"대각(臺閣)이 아주 쓸쓸하여 사람이 없는 이러한 때에 능히 언책(言責)의 임무를 거행하였으니, 내 심히 가상히 여긴다."[210]

라 하시고는 특별히 대신으로 하여금 마땅함을 헤아려서 내주게 하고 공의 말을 채용하게 하였다. 공은 그런데도 오히려 마음이 위축된다 하여 글을 올려 체직을 청하니, 여러 번 소명(召命)을 어겼다 하여 파직되었다. 얼마 안 있다가 서용되어 교리와 정언에 제수되었으나 모두 상소하여 사직하였다.

공은 이 기간 동안 두 번 올린 상소에서, 덕을 공경하고 백성을 화합하며 조정을 바루고 간쟁을 오게 하며 성학(聖學)을 힘쓰고 환관을 억제하는 등의 여러 가지 조항을 반복하여 극진히 말씀드렸는데, 상이 모두 가납하였다. 그러나 공은 오히려 인혐(引嫌)하여 끝내 출사하지 않았다. 경연관이 말하기를,

"홍모(洪某)의 경술(經術)은 마땅히 계옥(啓沃)하는 대열에 두어야 합니다. 지난 번 무함을 받은 것은 계속해서 인의(引義)해서는 안 되는 것이니, 청컨대 엄하게 신칙하여 공무를 행하도록 하소서."

라고 하였다. 그런데도 공은 소명에 달려가지 않다가, 엄한 하교를 받고서야 비로소 나와서 봉직하였다.

계해년(1803, 순조3)에 전라 좌도(全羅左道)의 시험을 살피고는[211]

210 대각(臺閣)이……여긴다: 이에 대해서는 《순조실록》 1월 28일 기사에 자세하다.

211 계해년에……살피고는 : 1803년(순조3)에 전라도 경시관(全羅道京試官)에 임명되었다. 《承政院日記 純祖 3年 2月 14日》

돌아와 강연(講筵)을 통해서 '외읍(外邑)의 과거 비용을 민간에서 징수하는 일을 감제할 것'과 '동당(東堂)에서 시권(試卷)을 역서(易書)하는 병폐'[212]와 '모입(冒入)하고 외술(外述)하는 폐습'[213]을 말하였다. 4월에 함흥(咸興)의 민가(民家)가 화재를 입었다는 이유로 특별히 위유 어사(慰諭御史)에 차임되어 가서 백성들이 다시 집을 짓고 정착하는 형편을 살펴보고 돌아와서는 본읍(本邑)의 삼세(蔘稅)를 견감해줄 것을 청하였다.[214]

5월에 응교(應敎)로 승진하였다가 곧바로 사은 서장관(謝恩書狀官)에 제수되었는데 청렴함과 엄격함으로 스스로 다스리니, 사신 일행이

212 동당(東堂)에서……병폐 : '동당'은 과거 시험장으로 곧 식년과(式年科) 또는 증광시(增廣試)를 이른다. 본래 동당은 중국 진(晉)나라의 궁전 이름인데 이곳을 한때 과장으로 이용하였기 때문에 과거를 뜻하는 말이 되었다. '역서'는 응시자의 글씨체를 고시관(考試官)이 알면 사정(私情)을 둔다하여 다른 사람을 시켜 거자(擧子)의 시권을 다른 종이에 옮겨 쓰게 하는 법인데, 홍석주는 이것이 오히려 하리(下吏)들이 농간을 부릴 수 있는 단서가 되고 또 외읍에서는 이것 때문에 종이를 사는 비용이 많이 들어 민력을 소진시킨다는 이유를 들어 우선 초시만큼은 서울과 지방에서 모두 역서법을 없앨 것을 주장하였다. 《承政院日記 純祖 3年 3月 13日》

213 모입(冒入)하고 외술(外述)하는 폐습 : '모입'은 정당한 절차를 거치지 않고 함부로 들어온다는 말로, 여기서는 회시나 전시에 응시할 자격이 없는 사람이 과장(科場)에 함부로 들어옴을 말한다. '외술'은 자신은 과장 밖에 있으면서 남에게 대신 글을 짓게 하는 것을 말한다. 홍석주는 회시의 폐단 가운데 가장 놀라운 것으로 이 두 가지를 들면서 "초시에 입격하지 못했는데도 이름을 바꾸어 과장에 들어오는 자가 있고, 자신은 과장에 들어오지 않고 밖에서 남을 시켜 대신 글을 짓게 하는 자가 있습니다."라고 하였다. 《承政院日記 純祖 3年 3月 13日》

214 본읍(本邑)의……청하였다 : 1803년(순조3) 홍석주가 위유 어사로서 함흥의 신삼(信蔘) 1년치 1근을 특별히 정지해줄 것을 청하자 상이 그대로 따랐다. 신삼은 통신사의 예물로 일본에 가지고 가는 인삼을 말한다. 《承政院日記 純祖 3年 5月 17日》

모두 경계하고 조심하였다. 집의(執義)와 사복시 정(司僕寺正)을 겸했다가 12월에 다시 교리에 제수되었다. 인정전(仁政殿)의 화재로 응지소(應旨疏)를 올리니, 상소문에 대략 아뢰기를,

"불의 성질은 숨어 있은 뒤에 폭발하니, 지극히 숨어있는 것은 발함에 반드시 사납습니다. 이는 비유하면 사람 몸에 울결(鬱結)이 있는데 풀어내지 못하면 심화(心火)가 위로 치솟아서 반드시 오장육부가 녹아버리고 말라버림에 이르는 것과 같습니다. 돌아보건대, 지금 공의(公議)의 울결과 민정(民情)의 울결과 언로의 울결과 인재의 울결이 답답하게 막히고 맺혀있어서 스스로 트일 길이 없으니, 동기(同氣)가 감응하여 불러오고 기함(機緘)이 촉발시킴에 어찌 오늘의 견고(譴告)가 없을 수 있겠습니까.[215] 구언(求言)하는 하교는 언사(言事 임금에게 충간하여 잘못된 일에 대해 말함)의 임무를 가진 신하에게만 미쳐서는 안 되니, 청컨대 위로 묘당으로부터 아래로 초야에 이르기까지 모두 소회가 있으면 반드시 진달할 것을 허락해서 널리 채택하고 받아들이도록 하소서."

하였다. 이에 상이 비답을 내려서 장려하며 받아들이고 후원(喉院 승정원)에 명해서 구언하는 하교를 지어 올리게 하였다. 좌의정 서용보(徐

215 동기(同氣)가……있겠습니까 : 공의와 언론 등이 울결된 것과 불이 잠복하여 울결되어 있는 것이 같은 기운이므로 '동기'라고 말한 것인바, 같은 기운은 서로 만나려고 하여 감동시키는 성질이 있다고 하는바, 《주역(周易)》 〈건괘(乾卦) 문언(文言)〉에 "같은 소리는 서로 응하고 같은 기운은 서로 구하여 물은 습한 곳으로 흐르고 불은 건조한 곳으로 나아가며 구름은 용을 따르고 바람은 범을 따른다."라고 하였다. '기함'은 동정개벽(動靜開闢)하는 기(氣)의 운행을 가리키는 말로, 사물을 추동시켜 발생하고 변화하게 한다. '견고'는 하늘이 견책을 내려 경고함을 말한다.

龍輔) 공이 말하기를 "계옥하는 책임은 전적으로 옥서(玉署 홍문관)에 달려있으니, 교리 홍모(洪某)의 경술과 문학이 참으로 오래 맡길만합니다."라고 하였다. 공이 글을 올려 사직하고 이어서 진언하기를 "법전(法殿)을 갑자기 영건(營建)하도록 명하는 것은 하늘이 경고하는 뜻에 우러러 답하는 것이 아닙니다."라고 하였다.

갑자년(1804, 순조4)에 관동지방 여섯 고을의 민가가 화재로 소실되었다는 이유로 다시 위유 어사에 차임되었는데, 복명(復命)할 적에 백성의 폐해를 견감해줄 것을 청한 것이 매우 많았다. 11월에 규장각 직각(奎章閣直閣)에 제수되고, 을축년(1805, 순조5)에 의정부 검상(議政府檢詳)에 제수되었다. 응교로서 정순왕후(貞純王后)의 인산(因山)의 날짜를 진퇴하는 의논으로 인하여 헌의(獻議)하여 말하기를 "5개월 만에 장례함은 선왕의 떳떳한 예(禮)요, 시일에 구애되어 꺼림은 후세의 자잘한 술수입니다."라 하고 이어서 경례(經禮)에 실려 있는 바와 국조(國朝)의 고사(故事)를 널리 상고하여 올렸다.[216] 여러 번

216 응교로서……올렸다 : 인산은 국상(國喪)을 말한다. 1805년(순조5) 1월 12일 정순왕후가 승하하였는데, 예를 따르면 5개월 만인 5월에 장례를 치러야 했다. 그런데 일관(日官)이 "사(巳)·오(午) 두 달은 구기(拘忌)가 있어 의의(擬議)할 수 없다."고 하므로 장례 일을 앞당기거나 물리는 일에 대한 의논이 있게 되었다. 이에 홍문관에서 국조의 전례를 상고하여 '앞당겨 행한 예는 13번이고 물려서 행한 예는 4번임'을 아뢰고, 또 《예기》의 공영달(孔穎達)의 소에 '상사(喪事)는 원일(遠日)을 우선으로 하고 길사(吉事)는 근일(近日)을 우선으로 한다.'고 한 것과 《춘추좌씨전》의 두예(杜預)의 주에 '장례 일을 잡을 적에는 원일을 우선으로 한다.'고 한 것을 인용하였으며, 태종이 '예법에는 장기(葬期)에 정해진 달수가 있는데 후세 음양가들이 꺼리는 것이 많아 구애되니 내가 매우 민망하게 여긴다.'는 취지의 말을 했던 것을 진달하여, 5개월 만에 장례지내는 선왕의 경례를 따를 것을 주장하였다. 《純祖實錄 5年 1月 12日·18日·28日, 2月

삼사(三司)의 관원에 제수되고 중간에 실록 기주관(實錄記注官)과 한학(漢學)·남학(南學)·동학(東學)의 교수(教授)와 문신겸선전관(文臣兼宣傳官)을 겸하였다.

병인년(1806, 순조6)에 특별히 동부승지(同副承旨)에 제수되고 여러 번 천전(遷轉)하여 좌승지(左承旨)에 이르렀으며, 형조 참의와 예조 참의를 역임하였다. 무진년(1808, 순조8)에 이조 참의에 제수되었다. 기사년(1809, 순조9)에 가선대부(嘉善大夫)로 승진하고 도승지(都承旨)에 제수되었으며, 경오년(1810)에 동지경연사(同知經筵事)와 부제학(副提學)과 규장각 직제학(奎章閣直提學)에 제수되었다. 이때 '구기(拘忌)가 있으므로 거처를 옮기라.'는 상의 명령이 있었는데, 공이 상소하여 그 불가함을 아뢰었다.[217] 형조 참판과 한성부 좌윤과 우윤을 역임하고 다시 부제학에 제수되었는데, 사직하는 상소로 인하여 여덟 조항의 경계를 아뢰니, 그 내용은 다음과 같았다.

"강학을 하여 마음을 바르게 하고, 인욕을 막아서 덕을 기르며, 아첨하는 사람을 멀리해서 어진 선비를 가까이하고, 명령을 신중히 하여 왕언(王言)을 중하게 하며, 자문을 부지런히 하여 치도(治道)를 강

4日》

217 이때……아뢰었다 : 1810년 6월 5일에 왕대비인 효의왕후(孝懿王后)가 '구기되는 일이 있으므로 주상을 받들고 잠시 경희궁으로 피해 가 있고자 한다.'는 하교를 내리니, 대신들과 홍문관 관원들이 하교를 다시 거둘 것을 청하고 순조 또한 그 청을 따르려 하였으나 효의왕후가 받아들이지 않자 결국 다음날에 순조와 효의왕후의 거처를 경희궁으로 옮겼다. 이에 여러 신하들이 환궁할 것을 청하였고, 홍석주 역시 상소하여 거처를 옮긴 잘못을 논하였으며, 6월 10일에 다시 창덕궁으로 돌아왔다.《純祖實錄 10年 6月 5日, 6日, 7日, 10日》

구하고, 인재를 모아서 임용에 대비하며, 기강을 떨쳐서 조정을 엄숙히 하고, 재용을 절약해서 백성의 생명을 소중히 하소서."

이에 상은 온화한 비답을 내렸으며, 공이 여러 번 사직 상소를 올렸으나 허락하지 않고 뒤이어 엄한 하교를 내리니, 공은 억지로 나와 명에 응해서 본관록(本館錄)을 행하였다.[218]

신미년(1811, 순조11) 성천 부사(成川府使)에 제수되니, 이때에 염병이 크게 치성하였는데, 공은 몸소 움막에 다니면서 두루 어루만지고 구휼하니, 여기에 힘입어 생명을 온전히 하여 살아난 자가 매우 많았다. 그러나 얼마 지나지 않아 백부(伯父)의 상을 당하여 결심하고 관직을 그만두고 돌아갔다.

임신년(1812) 봄에 서쪽의 경계[219]가 아직 종식되지 않았고 비변사

218 본관록(本館錄)을 행하였다 : 홍문관의 관원을 선발하는 절차에 참여했음을 말한다. 본관록은 홍문관 관원을 선발하는 절차에 따라 선발된 사람의 명단을 가리키는 말로, 홍문관 관원의 선발은 세 단계로 나누어 실시되는데, 첫 번째 단계는 문신이나 문과 급제자 중에서 적합한 후보를 뽑은 뒤에 홍문관의 현직 관원이 모여 후보의 이름 밑에 권점(圈點)을 찍어 그 권점의 숫자에 따라 순위를 정하는 것으로 이를 본관록이라고 하며, 두 번째 단계는 본관록을 행한 뒤에 이조에서 본관록에 선발된 후보를 다시 한 번 검증하는 것으로 이를 이조록(吏曹錄)이라고 하며, 세 번째 단계는 의정부·이조·홍문관 당상들이 모여 홍문관과 이조를 거쳐 올라온 명단을 검토하여 적합한 후보를 추가한 뒤에 후보의 이름에 권점을 찍어 적합 여부를 판정하는 것으로 이를 도당록(都堂錄)이라고 한다. 홍석주가 홍문관 부제학이었기 때문에 본관록을 행하는 데에 참여한 것이다.

219 서쪽의 경계 : 홍경래(洪景來)의 난을 가리킨다. 1811년(순조11) 관서지방에 큰 흉년이 들어 민심이 흉흉해지자, 홍경래 등이 조선 시대 계속되어 온 서북인의 차별에 대한 울분을 격동시켜 반란을 일으켰다. 이 난은 1811년 음력 12월 18일에 가산(嘉山) 군청을 습격하여 점령한 것을 시작으로 이듬해 음력 4월 19일 반란군이 토벌될 때까지

의 사무가 매우 바쁘다는 이유로 공을 특별히 천거해서 비변사의 유사당상(有司堂上)으로 삼았다. 공은 병력이 약한데 힘쓰지 않아서 승리를 고하는 것을 제때에 못한다고 해서 당신이 직접 독전사(督戰使)로 나가서 군대를 시찰할 것을 원하였으나 비변사에서 허락하지 않았다. 익묘(翼廟)[220]가 왕세자(王世子)로 책봉되니, 이때 당시의 의논에 "서연(書筵)을 보도(輔導)함은 공이 아니면 불가하다."라고 하므로 우부빈객(右副賓客)에 제수되고 홍문관과 예문관의 제학을 겸하였다. 10월에 부친상을 당하고 갑술년(1814)에 복(服)이 끝나자 관직에 제수되었으나 영화로운 벼슬길에 대한 생각이 사라졌다는 내용으로 상소하여 슬프고 간곡하게 말하였다.

을해년(1815, 순조15)에 충청도 관찰사에 제수되니, 이때 큰 흉년을 겪어서 백성들이 살아갈 수가 없었다. 공은 상소하여 전재(田災)[221] 천여 결(結)을 더 떼어 받고 또 '군포(軍布)를 편리한 대로 다른 것으로 대신 바치는 것'을 청해서 진휼하였다. 환자곡을 더 분급하면서 모곡(耗穀)을 취할 적에 그 잘못을 인습하여 모곡을 감영의 곡식으로 삼은

4개월간 지속되었다.

220 익묘(翼廟) : 익종(翼宗)으로 추존된 효명세자(孝明世子, 1809~1830)로, 순조와 순원왕후(純元王后) 김씨(金氏)의 소생이며, 자는 덕인(德寅), 호는 경헌(敬軒)이다. 1812년(순조12) 왕세자에 책봉되었으며, 1819년(순조19) 영돈령부사 조만영(趙萬永)의 딸을 세자빈으로 맞아들여 가례를 올렸다. 1827년(순조27) 순조의 명령으로 대리청정을 하면서 어진 인재를 널리 등용하고, 형옥을 신중하게 하는 동시에 모든 백성을 위하는 정책의 구현에 노력하였으나 불행히도 대리청정을 수행한 지 4년 만에 훙서(薨逝)하고 말았다. 아들 헌종(憲宗)이 즉위한 뒤 왕으로 추존되어 익종(翼宗)이라 하였다.

221 전재(田災) : 재해(災害)를 입는 토지의 전세(田稅)를 면제해주는 것을 말한다.

지가 오래되었는데,[222] 공은 이것이 법에 맞지 않다 하여 한 톨도 더 취하지 않았다. 또 관찰사로서 부(部)를 순행하는 길에서 백성들의 하소연을 만나면 반드시 가마를 멈추고 들어주어서 어루만지고 타이르기를 간곡히 하였다. 읍에 도착하면 혹 깊은 밤이 되어 장부와 문서가 쌓여 있었으나 판결하기를 메아리가 응하듯 빠르게 하여 하나도 누락하거나 잘못함이 없었다. 그리하여 백성들은 은혜롭게 여기고 아전들은 두려워해서 공이 나쁘게 하지 않아도 엄숙하였다.

마침 유언비어가 도성 안에 유행하였는데, 이유성(李遊誠)과 유칠재(柳七在) 무리가 거짓말을 날조하고 비방을 일으켜서 말이 헤아릴 수 없는 지경에 이르렀으나, 성상의 명철함에 힘입어 공이 무함 받은 것을 통촉해주어서 무사하게 되었다.[223] 그러나 공은 더욱 조정에서 편안하게 있을 수 없어서 물러나 거처하면서 자정(自靖)[224]하였다.

222 환자곡을……오래되었는데 : 모곡은 환자곡을 받을 때 곡식을 쌓아 둘 동안 모손(耗損)될 것을 계산하여 10분의 1을 첨가하여 받던 곡식이다. 모곡의 일부는 조정으로 보내 호조와 진휼청에서 사용하였는데 이 곡식을 원회곡(元會穀)이라고 한다.

223 마침……되었다 : 홍현주(洪顯周)가 쓴 홍석주의 가장(家狀)에 따르면, 1816년(순조16) 6월에 홍석주가 이조 참판에 의망되었는데 이때 마침 도성에 '홍석주가 내년 봄에 상경하여 김한록(金漢祿)의 옥사를 뒤집을 것이다.'라는 유언비어가 돌았고, 이에 이유성과 유칠배 등이 비방을 일으켜서 여론이 더욱 시끄러워졌으며, 이듬해 정월에 부호군 이우재(李愚在)가 틈을 타서 겉으로는 홍석주를 보호하는 듯하지만 실제로는 무함하는 내용의 상소를 올렸다. 이때 홍석주는 충청 감영에 있었는데 형세가 위급하게 되어 홍현주가 급히 이것이 무함임을 알리는 내용의 상소를 올렸고, 순조가 통촉해주어 무사하게 되었다. 《淵泉集 卷44 家狀》《承政院日記 純祖 17年 1月 15日》

224 자정(自靖) : 각자 의리상 마땅하게 처신하여 스스로를 편안하게 한다는 뜻으로, 여기서는 벼슬에 나아가지 않고 지조를 지켰다는 뜻이다. 《書經 商書 微子》

기묘년(1819, 순조19) 6월에 이르기까지 관직에 제수된 것이 모두 14차례였으나 모두 명에 응하지 않았으며, 9월에 도승지에 제수되었으나 계속해서 물러나기를 구하였다. 신사년(1821, 순조21) 효의왕후(孝懿王后)가 승하하자 마침내 감히 사정(私情)을 말하지 못하게 되어 궐에 들어가 장례의 반열과 문후의 반열에 참석하였으나, 혹 제수하는 글이 내려오는 것을 보면 번번이 물러나 도성 문을 나왔다.

임오년(1822, 순조22)에 전라도 관찰사에 제수되었으나 상소하여 사직하기를 매우 강력하게 하였다. 그러나 귀양을 보내는 의미에서 그 지역에 보임(補任)시키는 규례대로 직무를 살피도록 명하였다. 공이 부임한 뒤에 암행어사가 수령과 체례를 다투고서 감영에 수령을 계파(啓罷)할 것을 청한 일이 있었는데, 공이 말씀하기를 "똑같이 왕명을 받든 신하이니, 어찌 숙의(繡衣 암행어사)가 스스로 주장하지 않고서 도신(道臣 관찰사)으로 하여금 지시를 받들어 행하게 하는 경우가 있겠는가."라고 하였다. 어사가 조정으로 돌아가서 서계(書啓)에 이 사실을 논열하자 공은 사직소를 올려서 면직을 청하고 마침내 문을 닫고 일을 보지 않았다. 좌도 어사(左道御史)가 또 관문(關文)을 보내어서 죄인을 압송한 것이 매우 많았는데 조사해보니 대부분 사실무근이었다. 이에 공은 백성들이 횡액(橫厄)에 걸린 것을 민망히 여겨서 되도록 가볍게 처리하니, 좌도 어사가 조정으로 돌아가서 글을 올려 논핵하였다. 공이 마침내 도사(都事)에게 장계를 대신 올리게 하였는데 계미년(1823) 정월에 이르러서야 체직되니, 이로부터 관직을 제수함에 모두 출사하지 않았다. 8월에 서 부인의 상을 당하였고, 을유년(1825)에 상기를 마쳤으나, 제수되는 관직에 모두 녹봉을 받지 않았다.

병술년(1826, 순조26)에 자헌대부(資憲大夫)로 승진하고 다시 비변사 당상에 차임되었으며 지중추부사(知中樞府事)에 제수되는 등, 제수하는 교지(教旨)가 모두 수십 번 내려왔으나 모두 나아가지 않았다. 중간에 중요한 일로 인해서 한번 사은숙배 한 것은 지의금부사(知義禁府事)와 형조 판서에 제수되었을 때뿐이었다.

경인년(1830, 순조30) 5월에 익묘(翼廟)가 승하하였는데, 6월에 병조 판서에 제수되어서 빈궁도감 제조(殯宮都監提調)로서 달려가 일을 보았다. 장례를 마치고 돌아와서 우제(虞祭)를 지낼 때가 되자 '빈궁에 불이 났을 때 정성을 다해 받들어 호위하지 못했다'는 이유로 스스로 논열(論列)하고서 허락을 기다리지 않고 지레 나갔다.

9월에 형조 판서와 예문관 제학에 제수되었으나 허물을 자책하며 상소하여 사직하였다. 12월에 대사헌에 제수되었는데 사직소를 통하여 '우레의 이변과 성신(星辰)의 변고가 있은 뒤에 온 조정이 조용해서 위에서는 자기 몸을 책망하고 도움을 구하는 하교가 없고 아래에서는 군주의 잘못을 바로잡고 가르침을 올리는 말이 없음'을 아뢰고 또 언로가 열리지 못하는 병폐를 극진히 말하였다.

신묘년(1831, 순조31)에 정사(正使)로 연경에 다녀왔다. 임진년(1832)에 양관(兩館)의 대제학과 지성균관사(知成均館事)에 제수되었는데 상소하여 사직하였다. 계사년(1833) 2월에 좌부빈객(左副賓客)으로 왕세손의 상견례를 행하고, 3월에 숭정대부(崇政大夫)의 품계로 승진하였으며 호조 판서에 제수되었다.

갑오년(1834) 대총재(大冢宰 이조 판서)에 제수되니, 사직하지 못하여 도목 정사(都目政事)를 행하였다. 도목 정사에서 엄체(淹滯)되어 있던 사람들을 뽑아 올리니, 사람들이 "백 년 동안에 처음 있는 일이다."라고 하였다. 이윽고 특별히 좌의정(左議政)에 제수되니, 세 번 사직소를 올리고 여섯 번 부주(附奏)를 관철하였는데, 비지(批旨)의 말씀이 융숭하고 정중하니, 두려움과 압박감을 느껴 명에 응하였다. 11월 순조(純祖)의 대상(大喪)에 총호사(摠護使)로 세 도감의 도제조를 겸하여 상지관(相地官)을 거느리고 가서 능을 조성할 땅을 살펴보았다. 이때 첫 번째로 봉표(封標)한 곳에 대하여 간사한 적인 시복(時復)이란 자가 터무니없는 말로 현혹시켜 다른 곳에 다시 도모할 것을 계청하니, 이에 새로운 능으로 옮겨 정하였다.[225] 능의 일이 끝나자 의금부에 가서 명을 기다리려고 하였는데, 엄한 왕지(王旨)로 인하여 억지로 나와서 정사를 보았다. 8월에 성신의 변고로 인해서 물러갈 것을 청하였으나 허락하지 않았다.

병신년(1836, 헌종2) 4월 정규환(鄭奎煥)의 옥사를 조사하였으며, 5월에 내의원에서 어약(御藥)을 올릴 적에 은대접의 색깔이 갑자기 변하니, 감제(監劑)하는 의관(醫官)과 예속(隸屬)들의 죄가 마땅히 신문하고 조사하여야 하는 것이었으나, 자성(慈聖)께서는 호생(好生)의 덕을 미루어서 약한 형벌을 베풀려 하니, 공이 두 번이나 차자를 올려서 강력히 간쟁하였다. 6월에 실록 총재관(實錄摠裁官)에 제수되었는데, 10월에 겨울에 우레가 친 것을 이유로 물러갈 것을 청하였다. 12월에 남응중(南膺中)의 옥사를 조사하고 며칠 뒤에 병으로 면직되었는

225 이때……정하였다 : 순조의 능은 본래 파주의 장릉(長陵) 국내(局內)에 있었는데, 1856(철종7)에 현재의 위치, 서울 내곡동으로 옮겼다. 시복은 이시복(李時復)으로 풍수지리에 능하여 출세하였는바, 당시 능역에 상지관으로 참여하였는데, 파주 장릉 국내로 능지를 정하게 만들고서 파주의 역사를 시작함에 그곳의 흙빛이 불길하자 표목을 이리저리 옮겨 꽂으며 잘못을 은폐하려고 하였다. 이로 인하여 결국 참형을 당하였다.《憲宗實錄 卽位年 12月 21日, 1年 2月 29日・30日, 3月 15日》

데, 대신(臺臣)의 상소로 인하여 도성 밖으로 물러나오게 되었고, 얼마 후 삼사(三司)의 합계(合啓)로 인해서 삭출(削黜)하라는 명이 있었다.[226] 기해년(1839, 헌종5) 봄에서야 비로소 합계를 정지하여 판중추부사(判中樞府事)에 부직(付職)되었고, 임인년(1842, 헌종8) 3월에 영중추부사(領中樞府事)로 승진하였다.

공은 이로부터 벼슬을 그만두고 물러날 것을 결심해서 도성 문에 한 걸음도 들어가지 않다가 헌종 임인년(1842) 6월 10일에 우거하던 집에서 고종명을 하니, 생년인 영조 갑오년(1774)과의 시간을 계산해 보면 향년은 69세이다. 부음이 알려지자 상은 매우 서글퍼하여 보통의 은졸(隱卒 임금이 신하에게 애도를 표하는 것)보다 더함이 있었으나 공의 유명(遺命)을 따라 예장(禮葬)을 받지 않았고, 8월 모일에 장단(長湍) 공덕리(功德里) 모좌(某坐)에 장례하였다.

아! 공은 옛날에 이른바 유덕(遺德)[227]이다. 침잠하고 안정된 자품으로 부지런히 힘쓰고 오랫동안 쌓는 공부를 몸소 실천해서 비록 지위가 높은 반열에 올랐으나 위포(韋布 벼슬하지 않은 미천한 선비)처럼 처신하였

226 12월에……있었다 : 남응중은 남경중(南慶中)·남공언(南公彦) 등과 은언군(恩彦君)의 손자를 추대하고 반역하려하였는데, 이것이 발각될 위험에 처하자 동래의 왜관으로 도망하고 투서해서 조선과 일본 사이의 갈등을 조장하려 하였으나 일본인들이 그 말을 믿지 않고 그들을 조선에 넘겨주니, 남응중을 포함한 관련자들 모두 국문 끝에 극형에 처해지고 효수되었다.《憲宗實錄 2年 12月 12日, 23日》 한장석(韓章錫)이 쓴 홍석주의 묘지명에 따르면, 남응중의 공초에 원용한 말이 귀근한 이를 핍박하는 것이었는데 홍석주가 감히 숨길 수 없어서 동료들과 입대하여 아뢰었고, 이것이 신정왕후(神貞王后)의 뜻을 크게 거슬러서, 대신(臺臣)의 참소와 당로(當路)의 의심과 삼사의 탄핵을 받게 되었다고 한다.《眉山集 卷12 外王考淵泉洪先生墓誌銘》

227 유덕(遺德) : 현덕을 지니고 있으나 제대로 쓰이지 못한 사람을 말한다.

으며, 《시경》·《서경》·《역경》·《예경》의 가르침과 성명(性命)·이기(理氣)의 분변에 있어서는 몸소 실천하고 마음으로 터득해서 자연스럽게 조리가 통하였다. 그러니 비록 산림의 깊은 암자 속에 처하였더라도 세상의 유명한 대유(大儒)가 되었을 것이다. 조정에 서서 행했던 큰 절개로 말하면 우뚝하며 빛났고, 낭묘(廊廟)에 두면 백관들이 본받고 공경할 만하였으며, 번병(藩屛)에서 시험하면 여러 사무에 모두 조리가 있었으며, 천문(天文)과 역상(易象)의 심오함과 산수(筭數)와 의물(儀物)의 번다함에 이르러서도 아주 작은 실오라기까지 분석해서 마치 손바닥에 놓고 보이듯이 하였으나, 겸퇴하여 무능한 사람인양 하였다.

불초는 젊었을 적에 공을 뵙고 돌아오는 사람을 볼 때마다 번번이 공의 구업(劬業 학업에 힘씀)과 행실과 치적에 대해 묻곤 했는데 그 답을 들으면 곧 분연히 흥기됨을 느껴서 공과 같은 시대에 태어난 다행을 누릴 수 있었다. 그렇지만 '묵묵히 이룸이 덕행에 달려있는 것'[228]으로 말하면 상상하고 짐작하여 알 수 있는 바가 아니다. 그럼에도 삼가 스스로 생각하기를 '남들이 알지 못하는 것을 나 홀로 아는 것이 있다.'고 여기니, 바로 공은 남을 대하고서 말할 수 없는 것이 없다[229]는 점이다.

《주역》 겸괘(謙卦) 구삼(九三) 효사(爻辭)에 이르기를 "공로가 있으

228 묵묵히……것 : 이 말은 《주역(周易)》 〈계사전 상(繫辭傳上)〉에, "묵묵히 이루고 말하지 않아도 믿음은 덕행에 달려있다.〔默而成之, 不言而信, 存乎德行.〕"라고 보인다.

229 남을……없다 : 이 말은 사마 온공(司馬溫公)의 말로, 평소에 마음을 성실하게 하여 속임이 없어서 남에게 말할 수 없는 일은 행한 적이 없기 때문에 이렇게 말할 수 있는 것이다. 《小學 善行》

면서도 겸손함이니, 군자가 끝마침이 있어 길할 것이다."라고 하였는데, 〈상전(象傳)〉에 이르기를 "공로가 있으면서 겸손한 군자는 만민이 그에게 복종한다."라고 하였다. 공이 막 낭패하고서 도성을 나갈 적에 도성의 사녀(士女)들이 모두 탄식하기를 "하늘은 우리나라가 잘 다스려지는 것을 원하지 않는가? 어째서 홍공(洪公)을 떠나가게 하는가?"라고 하였다.

《주역》〈계사전(繫辭傳)〉에서 대유괘(大有卦) 상구(上九) 효사[230]를 해석하기를 "하늘이 돕는 것은 순(順)함이고, 사람이 돕는 것은 성신(誠信)함이니, 성신을 행하여 순함을 생각하고 또 현자를 높인다. 이 때문에 하늘에서 도와서 길하여 이롭지 않음이 없는 것이다."라고 하였으니, 공과 같은 덕은 바로 우리 동방의 '높일 만한 현자'인데 성신을 행하고 순함을 생각하는 정치가 곧 도래하리라고 크게 바랄 수 있었다. 그렇다면 공이 한때에 어려움을 만난 것은 슬퍼할 것이 못되니, 위에서 말했던 당의 선공(宣公)과 송의 온공(溫公)이 모두 당시에 인정을 받고 후세에 광채를 남겼다.

공은 본조의 유명한 석유(碩儒) 중에 박사암(朴思菴 박순(朴淳))을 가장 흠모하였으니, 성품과 풍절이 서로 비슷하기 때문이었다. 그래서 상론(尙論 이전의 시대로 올라가서 옛사람을 평론함)하는 자들이 두 분을 모두 '유상(儒相)'이라고 칭하니, 어찌 마땅하지 않겠는가.

홍씨(洪氏)는 풍산(豐山)을 본적으로 하니, 시조 이래로 그 공훈과 덕업이 역사책에 실려 있고, 우리 조선조에 이르러서는 모당(慕堂)

230 대유괘(大有卦) 상구(上九) 효사 : 상구 효사는 "하늘에서 도와서 길하여 이롭지 않음이 없다.〔自天祐之, 吉无不利.〕"이다.

문경공(文敬公 홍이상(洪履祥))의 덕망(德望)이 한 세상에서 중시를 받았으며, 뒤이어 영안(永安)과 정명(貞明)[231]이 복을 심어 후손을 열어 주었다.

고조 휘 석보(錫輔)는 이조 참판으로 좌찬성에 추증되었는데, 신임사화(辛壬士禍) 때 우뚝한 절개가 있었다. 증조 휘 상한(象漢)은 대종백(大宗伯 예조 판서)으로 영의정과 정혜공(靖惠公)에 추증되었다. 본생조(本生祖)인 휘 낙성(樂性)은 영의정으로 시호가 효안공(孝安公)이다. 이 분들 모두 두터운 덕과 완전한 복으로 선왕조의 명경(名卿)이 되었다. 조고 휘 낙최(樂最)는 좌찬성에 추증되었는데, 어질면서도 녹을 먹지 못하여 어진 사람을 얻어 후사로 삼았다.[232]

족수공 휘 인모(仁謨)로 말하면, 좌부승지로 영의정에 추증되었고, 서 부인(徐夫人)은 관찰사 달성 서씨(達城徐氏) 서형수(徐逈修) 공의 따님이니, 여중군자(女中君子)로 후손들을 잘 가르쳤다. 이 때문에 공이 학문을 돈독히 하고 행실을 힘써서 삼공(三公)의 지위에 올라서 끝내 나라의 기강을 잡아 지키고 부식(扶植)하여 우리나라가 무궁히

231 영안(永安)과 정명(貞明) : 영안은 영안위에 봉해진 홍주원(洪柱元, 1606~1672)으로, 자는 건중(建中), 호는 무하당(無何堂), 시호는 문의(文懿)이며, 홍이상의 손자이다. 1623년(인조1)에 선조의 첫째 딸 정명공주(貞明公主, 1603~1685)에게 장가들었다. 정명공주는 인목대비(仁穆大妃)의 소생으로, 광해군이 즉위하여 영창대군을 역모의 죄로 사사하고 계비 인목대비를 폐출시켜 서궁(西宮)에 감금할 때 공주도 폐서인(廢庶人)되어 서궁에 감금되었다가, 인조반정으로 인조가 즉위하면서 공주로 복권되었다.

232 어진……삼았다 : 정혜공 홍상한의 네 명의 아들이 있었는데 장남은 효안공 홍낙성이고 막내아들은 홍낙최이다. 홍낙최에게 아들이 없어서 홍낙성의 둘째 아들 홍인모(洪仁謨)를 후사로 삼았다. 《眉山集 卷12 外王考淵泉洪先生墓誌銘》

이어나갈 기초를 위호할 수 있었던 것이니, 장래의 경사가 아직 다 끝나지 않았다.

배위(配位) 전주 이씨(全州李氏)는 감역(監役) 이영희(李英禧)의 따님이니, 백강(白江) 문정공(文貞公) 이경여(李敬輿)가 그 선조이다. 배위 또한 여사(女士)로 칭찬을 받아서 집을 다스림에 법도가 있었으니, 공의 묘 왼쪽에 부장하였다. 1남 1녀를 두었으니, 아들은 우겸(祐謙)이고 딸은 전부사(前府使) 한필교(韓弼教)에게 출가하였다. 우겸은 학문을 좋아하고 기국이 있어서 큰 임무를 받을 것이라고 기대했는데 일찍 죽었으므로 공의 계씨의 손자인 승운(承運)을 후사로 삼으니, 승운은 벼슬이 부사(府使)이고, 그 아들은 석장(章錫)이고 여서는 진사 이승구(李承九)이다.

나는 은둔하고 현달함에 공과 길을 달리하여 마치 하늘의 구름과 땅의 진흙처럼 취향이 달랐다. 그러나 거주하는 곳이 가깝고 나이가 비슷하여 일찍부터 공의 덕의(德義)와 명절(名節)을 흠모하였으므로 이 몸을 백 번이라도 대신 바쳐서 구원(九原)에 계신 공을 살리고 싶은 소원이 있었는데, 정신이 다 상실되어서 제대로 천양(闡揚)하지 못한다. 그러나 공은 본래 훌륭한 덕업이 있어서 불후(不朽)가 되니 나의 썩은 붓이 무슨 필요가 있겠는가. 다음과 같이 명문을 짓는다.

중니께서 말씀하지 않았는가	尼不云乎
해치지 않고 탐하지 않는다고[233]	不忮不求

233 중니께서……않는다고 : 이 말은 본래 《시경》 〈위풍(衛風) 웅치(雄雉)〉의 시구인데, 공자가 자로를 칭찬하면서 이 말을 인용하였는바, 인용한 전체 시구는 “남을 해치

증자 또한 말씀하기를	曾亦有言
성일(誠一)하고 아름답다 하였으니[234]	斷斷休休
천년을 상고해 봄에	千載稽考
거북점과 시초점처럼 맞았네	如蓍如龜
그러나 누가 그 규범을 찬술해서	疇述軌範
생각함도 버려둠도 모두 여기에 있음[235]을 말하겠는가	念釋在玆
참으로 홍공은	展也洪公
옛날의 유덕이었네	古之遺德

지 않고 남의 것을 탐하지 않는다면 어찌 선하지 않겠는가.〔不忮不求, 何用不臧?〕"이다.《論語 子罕》

234 증자……하였으니 : 성일함은 성실하고 한결같음을 말한다. 이 말은 본래《서경》〈진서(秦誓)〉에 "만일 어떤 신하가 성일하고 딴 기예가 없으나 그 마음이 아름다워서 용납함이 있는 듯하여, 남이 가지고 있는 기예를 자신이 소유한 것처럼 여기고, 남의 훌륭하고 통명함을 마음속으로 좋아하되 자기의 입에서 나온 것보다도 더 좋아한다면 이는 남을 포용하는 것이다.〔如有一介臣斷斷猗無他技, 其心休休焉, 其如有容, 人之有技, 若己有之, 人之彦聖, 其心好之, 不啻如自其口出, 是能容之.〕"라고 보이는데,《대학》에서 이 말을 인용하고 있으므로 증자의 말이라고 한 것이다.

235 생각함도……있음 : 이 사람이 훌륭한 덕을 지닌 사람이라는 것을 뜻하는 말로, 이 훌륭한 사람을 항상 생각해야 한다는 말이다. 이 말은, 순(舜)임금이 말년에 자신을 대신하여 정사를 다스릴 사람을 고를 때에 우(禹)가 고요(皐陶)를 추천하며 말하기를, "저의 덕은 임무를 감당하지 못하여 백성들이 의귀하지 않거니와 고요는 힘써 행하여 덕을 펴서 덕이 마침내 아래로 백성들에게 내려져 여민들이 그리워하니, 황제께서는 생각하소서. 이를 생각해도 이 사람에게 있으며 이를 버려도 이 사람에게 있으며 이를 일컬어 말함도 이 사람에게 있으며 진실로 마음에서 나옴도 이 사람에게 있으니, 황제께서는 그의 공을 생각하소서.〔朕德罔克, 民不依, 皐陶邁種德, 德乃降, 黎民懷之, 帝念哉. 念玆在玆, 釋玆在玆, 名言玆在玆, 允出玆在玆, 惟帝念功.〕"라고 한 데서 온 말이다.《書經 虞書 大禹謨》

일념으로 충성하여	一念忠悃
우리 종묘를 도왔다오	祐我宗祏
이른 나이에 영화로움을 드날려서	早歲蜚英
학문을 돈독히 하여 군주를 바로잡았네	篤學匡君
건릉[236]에게 인정을 받아서	受知健陵
우문의 정치를 우러러 도왔고	仰贊右文
순조 초년에는	純廟初元
법연에서 경서를 강론하였네	法筵橫經
미리 경계하고 계옥하여	宿豫啓沃
정성을 다하였네	用殫忱誠
뜻을 말하라는 가르침에	言志之訓
한 자리에서 모두 도유하였네	都兪一席
왕께서 “내 너의 말을 가상히 여긴다” 하시며	王曰嘉乃
융숭한 칭찬을 베풀어주셨네	衮褒隆赫
우리 사성[237]을 도움에	翊我嗣聖
기영으로 인도하니	迪以祈永
말은 모두 천하를 생각하는 큰 계책이요	言皆訏謨
학문은 성의(誠意)와 정심(正心)이었네	學則誠正
국가의 노성한 이가 황야로 숨었으나	家耄遜荒
세상을 도운 것은 매우 컸다네	裨世弘多

236 건릉 : 정조(正祖)와 효의왕후(孝懿王后) 김씨의 능으로, 정조를 가리켜 말한 것이다.

237 사성(嗣聖) : 대를 이은 임금으로 여기에서는 헌종(憲宗)을 가리킨다.

사람들은 공이 다시 조정에 들어와 謂公再入
당세의 광영(光榮)이 될 것이라 여겼는데 爲時光華
지조가 돌과 같아 바뀌지 않아서 介石不轉
끝내 산림에서 늙으셨네 終老巖阿
오직 외로운 충성이 있어서 獨有孤忠
구천에까지 관통하였네 洞徹九冥
옥의 광채가 사방으로 통달함[238]에 孚尹旁達
온갖 법도가 모두 바루어졌네 百度俱貞
먼저 그 큰 것을 세웠으니[239] 先立其大
나머지는 다 유추한 것이었네 餘皆類推
명성과 실제가 순수하여 名實純粹
갈아도 얇아지지 않고 물들여도 검어지지 않았네 不磷不緇
평탄하든 험하든 변함없이 똑같은 절개가 夷險一節
신령에게 질정하여도 의심할 것이 없었네 質神無疑
굽혀짐과 펴짐에 천명이 있고 屈伸有命
드러남과 가려짐은 시운을 따르니 顯晦隨時
낭묘에서의 곤궁함은 廊廟之窮

238 옥의……통달함 : 옥의 광채는 내면의 성신(誠信)을 비유한 말이다. 이 말은 《예기(禮記)》 〈빙의(聘義)〉에, 공자가 옥돌보다 옥이 더 귀하게 여겨지는 까닭을 설명하면서 "옥의 광채가 사방으로 통달함은 신(信)이다.〔孚尹旁達, 信也.〕"라고 한 것을 원용한 말로, 정현(鄭玄)은 '부윤(孚尹)'을 '부균(浮筠)'으로 보아 이를 '옥의 채색'이라고 해석하였다. 《禮記注疏 聘義》

239 먼저……세웠으니 : 심지를 먼저 세웠음을 말한다. 자세한 내용은 77쪽 주140 참조.

선철들이 슬퍼한 바였네	往哲攸悲
그러나 군자가 있지 않았다면	不有君子
이 사람이 어디서 이런 도를 취했겠는가[240]	斯焉取斯
당세에 누림은 짧으나 후세에 남겨줌은 원대하니	享短流遠
이후 천백 년을 이어가리라	後千百曆
높고 높은 공덕리(功德里) 언덕에	嵂嵂德岡
큰 거북이가 비석을 지고 있네	穹龜負石
내 여기에 명문을 게시하니	我揭銘章
천지와 존몰을 함께 할 것이다	天壤俱泐

240 군자가……취했겠는가 : 홍석주의 주변에 훌륭한 인물이 많았음을 말한다. 이 말은 《논어(論語)》 〈공야장(公冶長)〉에 보이는 말로, 공자가 제자 자천(子賤)을 군자답다고 칭찬하면서 한 말이다.

매산집

제33권

신도비 神道碑

고려 이부전서 충숙공 백공 신도비명 병서

高麗吏部典書謚忠肅白公神道碑銘 幷序

우리 태조(太祖)께서 국운을 열 때에 하늘의 뜻에 응하고 사람들의 뜻에 순히 따랐으나, 고려의 옛 신하로 혁명의 때에 절개를 온전히 보전한 이들이 몹시 많았으니, 혹은 죽고 혹은 살았으나 각기 자신의 분수를 다한 것은 똑같았다. 옛날에 백이(伯夷)가 주(周)나라를 옳지 않다고 여겨 수양산(首陽山)에서 굶어 죽었지만,[1] 문왕(文王)과 무왕(武王)은 성군(聖君)이 되는 데에 있어 이 때문에 폄훼되지 않았다. 지척의 의리를 안고서 종신토록 자정(自靖)[2]하였으니, 어찌 하늘을 속이고 사람을 속여서 영화와 명성을 취하는 자와 같겠는가. 정신재(靜愼齋) 백공(白公)은 수립한 바가 탁월하니, 이 분 또한 목은(牧隱)

1 옛날에……죽었지만 : 백이는 은(殷)나라 말기의 고사(高士)로, 아우 숙제(叔齊)와 함께 주왕(紂王)을 피하여 숨어 살다가 훗날 문왕(文王)이 되는 서백(西伯)의 덕(德)을 듣고 문왕에게 귀의하였는데, 도착해 보니 서백은 죽고 그 아들 주 무왕(周武王)이 은나라를 치려하기에 형제가 말고삐를 부여잡고 간언하였지만 듣지 않았다. 무왕이 은나라를 평정하고 나자 천하가 모두 주(周)나라를 종주국으로 받들었으나, 백이와 숙제는 이를 수치스럽게 여기고 의리상 주나라의 곡식을 먹을 수 없다 하여 수양산(首陽山)에 은거하며 고사리를 캐먹으며 살다가 굶어 죽었다. 《史記 卷61 伯夷傳》

2 자정(自靖) : 스스로 지조를 지키며 의리에 맞게 처신하여 편안하게 여긴다는 뜻이다. 은(殷)나라 태사(太師)인 기자(箕子)가 주왕(紂王)의 서형(庶兄)인 미자(微子)에게 "스스로 의리에 편안하여 사람마다 스스로 선왕에게 충정을 바칠 것이니, 나는 떠나가 은둔함을 돌아보지 않겠다.〔自靖, 人自獻于先王, 我不顧行遯.〕"라고 한 데서 온 말이다. 《書經 商書 微子》

과 야은(冶隱)[3] 등 여러 현인의 아류이다. 아아, 훌륭하도다!

공은 휘가 장(莊)이고 자는 명윤(明允)이며, 정신(靜愼)은 호이다. 포은(圃隱) 정 선생(鄭先生)[4]에게 수학하여 16세에 진사(進士)가 되었고, 25세에 원(元)나라에서 제과(制科)에 등과하여 한림시독학사(翰林侍讀學士)에 제수되었다. 공민왕(恭愍王) 때에 여러 번 벼슬하여 광정대부(匡政大夫) 이부전서(吏部典書) 보문각 대제학(寶文閣大提學)에 이르렀다. 당시 조정이 문란하였는데, 공은 처자식을 데리고서 치악산(雉岳山)으로 들어가 문을 닫아걸고 지조를 지켜서 성리학을 연구하면서 장차 자취를 감추고자 하였다. 우리 태조(太祖)께서 일찍이 공이 어질다는 소문을 듣고 여러 번 관직을 제수하여 재촉하였는데, 명에 나오지 않아 해미(海美)에 유배되었다. 태종(太宗)께서 왕위를 잇자 특별히 명하여 용서하고 돌아오게 하였고, 또 이조판서(吏曹判書) 집

3 목은(牧隱)과 야은(冶隱) : 목은은 이색(李穡, 1328~1396)의 호이며, 야은은 길재(吉再, 1353~1419)의 호이다. 이색은 원(元)나라에 가서 과거에 급제하고 고려에 귀국하여 우대언(右代言)과 대사성(大司成) 등의 벼슬을 지냈는데 조선 개국 이후에 태조(太祖)가 부르자 절개를 지키고 나가지 않았으며, 길재는 고려에서 벼슬하여 문하주서(門下注書)에 이르렀는데 1389년 이성계(李成桂)에 의해 창왕(昌王)이 폐위되고 공양왕(恭讓王)이 즉위하자 고려가 망할 것임을 알고는 벼슬을 버리고 고향으로 돌아갔다. 이 두 사람은 끝까지 고려에 대한 절의를 지켰으므로, 포은(圃隱) 정몽주(鄭夢周)와 함께 고려 말의 삼은(三隱)이라 불린다.

4 포은(圃隱) 정 선생(鄭先生) : 정몽주(鄭夢周, 1337~1392)로, 자가 달가(達可), 호는 포은, 본관은 영일(迎日)이다. 1357년(공민왕6) 감시(監試)에 합격하고, 1360년 문과에 장원하여 벼슬이 문하시중에 이르렀다. 이성계(李成桂)의 위망(威望)이 날로 높아지자 기회를 보아 이들을 제거하려 하였으나, 도리어 선죽교(善竹橋)에서 이방원(李芳遠)의 부하인 조영규(趙英珪) 등에게 격살되었다. 1517년(중종12) 문묘(文廟)에 종향(從享)되었으며, 시호는 문충(文忠)이다.

현전 대제학(集賢殿大提學)에 제수하고서 손수 쓴 편지를 내려 역마로 초치하였다. 그러자 공이 답하기를, "두 군주를 섬기지 않는 것이 서책에 드러나 있어서[5] 해와 별처럼 밝으니, 어찌 세 조정에서 녹을 먹은 신하로서 두 마음을 품을 수 있겠습니까."라고 하고 또 나아가지 않아 마침내 장수현(長水縣)에 이배되었다.

이때 방촌(厖村) 황 익성공(黃翼成公)[6] 또한 이곳에 유배를 와 있어서, 서로 아침저녁의 즐거움[7]으로 삼았다. 공은 늘 황공(黃公)에게 출사하여 세상을 구하기를 권하면서 시를 주어 말하기를, "누구를 섬긴들 군주가 아니겠는가라고 한 이윤(伊尹)이 있으니,[8] 살아서 요순(堯舜)

5 두 군주를……있어서 : 제(齊)나라의 충신 왕촉(王蠋)이 연(燕)나라의 회유를 받자 "충신은 두 군주를 섬기지 않고 열녀는 두 지아비를 섬기지 않는다.〔忠臣不事二君, 烈女不事二夫.〕"라는 말을 남기고 목을 매어 자결하였다는 내용이 《사기(史記)》 권82 〈전단열전(田單列傳)〉에 보이며, 그 후로 계속 인용되었다.

6 방촌(厖村) 황 익성공(黃翼成公) : 황희(黃喜, 1363~1452)로 자는 구부(懼夫), 호는 방촌, 본관은 장수(長水), 시호는 익성이다. 고려 때 문과(文科)에 급제하여 성균관 학관(成均館學官)이 되었다. 조선조에 들어와서 세종(世宗)의 성세를 이룩하는 데에 기여하였고, 벼슬은 영의정에 이르렀다. 저서로는 《방촌집》이 있다.

7 아침저녁의 즐거움 : 아침저녁으로 자주 만나는 즐거움을 뜻한다. 도연명(陶淵明)의 시 〈이거(移居)〉에 "예전부터 남촌에 살고 싶었으니, 좋은 집터 찾아서가 아니라오. 깨끗한 마음을 간직한 사람 많다기에, 아침저녁으로 자주 만나려고 해서라오.〔昔欲居南村, 非爲卜其宅. 聞多素心人, 樂與數晨夕.〕"라고 한 데서 인용한 말이다.

8 누구를……있으니 : 이윤은 은(殷)나라의 어진 재상으로, 탕왕(湯王)을 도와 걸(桀)을 쳐서 탕왕으로 하여금 왕이 되게 하였다. 《맹자》 〈만장 하(萬章下)〉에 "이윤은 '누구를 섬긴들 임금이 아니며 누구를 다스린들 백성이 아니랴.' 하면서 치세(治世)에도 나아갔고 난세(亂世)에도 나아갔다.〔伊尹曰: 何事非君, 何使非民? 治亦進, 亂亦進.〕"라고 하였다.

과 같은 임금을 만나면 이것이 성대한 때이네. 봄이 오면 내 홀로 미화로(薇花露)를 취하여 저 서산(西山)에서 굶어죽은 귀신에게 제사하리.[9]"라고 하였으니, 이는 백이의 절개로 스스로 기약하고, 이윤의 일로 황공을 권면한 것이었다. 어느 날 황공이 달빛을 받으며 왔다가 마침 공이 수레를 타고 노닐러 간 때를 만났는데, 홀연 시를 읊는 소리가 들리기를, "주인은 어느 곳에 갔는가. 밝은 달빛이 절로 뜰에 가득하네."라고 하기에, 문을 열어 살펴보니 사람은 보이지 않았다. 며칠이 지나지 않아 공이 별세하니, 신령이 먼저 슬픔을 고하였던 것이다. 부고가 알려지자, 조회를 멈추고 제사를 하사하고, 장수현(長水縣) 장계면(長溪面) 황곡리(黃谷里) 병좌(丙坐)에 장례하였으며, 후에 충숙(忠肅)이라는 시호를 하사하였다.

원조(遠祖)는 휘 휘(揮)로 대사마 대장군(大司馬大將軍)을 지냈고, 대대로 장상(將相)이 되었다. 증조는 휘 천장(天藏)으로 정당문학 평장사(政堂文學平章事)를 지내고 수원백(水原伯)에 봉해져서 인하여 이를 관향으로 삼았다. 조부는 휘 연(璉)으로, 추밀원 좌승선(樞密院左承宣)을 지냈다. 선고는 휘 인경(仁景)으로 밀직 부사(樞密院左承宣)를 지냈고, 선비는 정부인(貞夫人) 이씨(李氏)로 태부(太傅) 문정공(文貞公) 장용(藏用)의 따님이다. 공은 본조(本朝)의 우의정 밀성군(密城君) 박간(朴幹)의 따님에게 장가가서 세 아들을 두었으니, 형옥

9 봄이……제사하리 : 백이(伯夷)와 숙제(叔齊)의 절조를 기리면서 제사를 올리겠다는 말로, 미화로(薇花露)를 취해 올린다는 말은 백이와 숙제가 서산인 수양산(首陽山)에서 은거하면서 고사리를 캐먹으며 채미가(采薇歌)를 불렀다는 데서 인용한 것인바 백이와 숙제의 절개를 기림을 뜻한다. 《史記 卷61 伯夷列傳》

(荊玉)은 판사(判司)이고, 여옥(如玉)은 좌참찬(左參贊)이고, 계옥(季玉)은 참의(參議)이다. 판사의 아들 비(玭)는 판서(判書)이고, 두 딸은 송보산(宋寶山)과 김남택(金南澤)에게 출가하였는데 두 사위 모두 판서이다. 참찬의 아들 운승(雲昇)은 부정(副正)이고, 운비(雲飛)는 판윤(判尹)이고, 운섬(雲暹)은 지중추(知中樞)이다.

공은 평소 먼 정취와 운치가 있어서 장계면(長溪面) 남쪽에 정자를 짓고 '청심(淸心)'이라 현액을 붙였다. 송보산과 김남택 두 공을 데리고 정자에서 시를 읊으면서 맥서(麥黍)의 감회[10]를 부치자, 사람들이 '한 집안의 세 상서(尙書)'라고 하였다. 한 지방의 선비들이 먼 후세에도 사모하는 마음을 일으켜 정자가 백년이 지나도 훼손되지 않았고, 원주(原州)의 많은 선비들이 공을 죽림서원(竹林書院)에 제사지내고 '상덕(尙德)'이라 현액을 달았다.

아아! 신하가 군주를 섬김에 한번 그 녹(祿)을 먹었으면 종신토록 두 마음을 두지 말아야 하는 법인데, 나라를 팔고 군주를 팔아 부귀를 노리는 이들이 도도하게 가득하다. 공과 같은 분은 백번 죽어도 바꾸지 않을 절조를 굳게 지켜서 두 조정에서 반드시 초치하려는 명을 거절하

10 맥서(麥黍)의 감회 : 나라가 멸망한 데에 대한 감회를 비유한 것으로, 여기서는 고려의 멸망에 대한 감회를 뜻한다. 《시경》 〈왕풍(王風) 서리(黍離)〉에, 호경(鎬京)에 도읍을 두고 있던 주(周)나라가 유왕(幽王)의 어지러운 정사로 인하여 멸망하자, 주나라의 대부(大夫)가 폐허가 된 호경의 종묘 터를 보면서 "저 기장이 축 늘어졌거늘, 저 피는 싹이 돋았도다.〔彼黍離離, 彼稷之苗.〕"라고 하였으며, 은(殷)나라가 주(周)나라에 멸망당한 뒤에 기자(箕子)가 은나라의 옛 궁궐터를 지나다가 지은 〈맥수가(麥秀歌)〉에 "보리가 패어 우북하고 벼와 기장이 무성하구나.〔麥秀蔪蔪兮, 禾黍油油.〕"라고 하였다.

여 끝내 지조를 잃지 않고서 옛 조정에 충성을 바쳤으니, 이것이 이른바 "멀어져도 군주를 떠나지 않고 죽어서도 나라를 잊지 않는다."[11]라는 것이다. 그러나 우리 두 성군(聖君)께서 큰 덕으로 용납하여 그 고절(苦節)을 보전하게 하지 않았다면 어찌 능히 몸과 명예를 이처럼 모두 완전하게 할 수 있었겠는가. 아아, 성대하도다! 황 익성공(黃翼成公)이 공의 지장(誌狀)을 저술하여 그 행적을 갖추어서 저술하였지만 글이 산실되어 전해지지 않으니, 애석하도다! 공의 후손 중현(重鉉)이 공의 유사(遺事)를 가지고 천릿길을 와서 나에게 명(銘)을 지어주기를 청하였다. 명은 다음과 같다.

진실로 백공은	允矣白公
어짊을 이루고 충성을 드러냈네	遂良顯忠
충성에 유래가 있었으니	忠有所自
포옹[12]을 스승으로 섬겼네	師服圃翁
강개함과 종용함이	慷慨從容
그 법도가 똑같았네	其揆則同
완악한 이가 청렴해지고 나약한 이가 뜻을 세우니	廉頑立懦
두 소나무의 풍도를 들은 것이네[13]	聞風二松

11 멀어져도……않는다 : 이 말은 《한서(漢書)》 권85 〈곡영전(谷永傳)〉에 보인다.

12 포옹(圃翁) : 포은(圃隱) 정몽주(鄭夢周, 1337~1392)를 가리킨다. 포은에 대해서는 132쪽 주4 참조.

13 완악한……것이네 : 두 소나무는 백이(伯夷)와 숙제(叔齊)를 가리킨다. 《맹자》 〈진심 하(盡心下)〉에 "백이의 풍도를 들은 자는 완악한 지아비가 청렴해지고 나약한 지아비가 뜻을 세우게 된다.〔聞伯夷之風者, 頑夫廉, 懦夫有立志.〕"라고 하였다.

미화의 이슬을 따다	挹薇花露
굶어 죽은 귀신에게 올렸네	酹餓死神
난리가 이르자 절개가 드러나니	難至節見
뜻과 소원을 모두 펼쳤네	志願畢伸
하늘의 떳떳한 도리를 부지하여	克扶天經
풍성을 수립하였네	用樹風聲
덕을 밝히고 사특함을 막아서	昭德塞回
그 명성을 실추시키지 않았네	不隕厥名
온전히 돌아가 나라에 보답하니	全歸報國
신하와 군주가 함께 영광이었네	臣主俱榮
조정에서 시호를 내려주고	朝錫節惠
선비들이 향기로운 제수를 올렸네	士薦芬苾
인정과 예법에 흡족하니	情禮攸叶
사람과 귀신이 서로 기뻐하네	人神胥悅
황곡의 언덕에	黃谷之阡
분묘가 우뚝하니	堂斧巀嶭
우뚝한 비석이	有屹桓楹
구천길을 지키고 있네	泉路是鎭
금석의 글에 충절을 정려하여	旌忠石章
영원히 알리노라	用詔永遠

병사 김공 신도비명 병서○경술년(1850, 철종1)

兵使金公神道碑銘 幷序○庚戌

병자년과 정축년의 난리[14]에 고(故) 빙고 별검(氷庫別檢) 김공 전(金公琠)이 춘천에서 남한으로 분문(奔問)[15]하다가, 길에서 오랑캐 병사를 만나 힘써 싸우다가 별세하였다. 공의 맏아들 중명(重明)은 자가 이회(而晦)이니, 공의 시신을 업고서 양주(楊州)의 금촌(金村)에 돌아와 장례를 지내고 밤낮으로 피눈물을 흘리고 울음을 삼키면서 복수할 것을 생각하였다. 화양(華陽) 송 문정공(宋文正公 송시열(宋時烈))이 무관(武官)의 업을 익히기를 권하니, 을유년(1645, 인조23)에 무과에 급제하였다. 당시에 하늘과 땅이 뒤바뀌어 관과 신발이 도치되었는데,[16] 효종(孝宗)이 대의(大義)를 통렬히 생각하여 청음(淸陰 김상헌(金尙憲))과 신재(愼齋 김집(金集))와 양송(兩宋 송준길(宋浚吉)·송시열(宋時烈)) 등 제현을 조정에 초치해서 복수하여 설욕할 의지를 다지고 사업과 공업을 일으키기를 도모하여, 말하기를 "오늘날의 신민은 크고 작은 이들이 모두 부화뇌동하여 단지 눈앞의 계책만을 꾀하니, 이들은

14 병자년과 정축년의 난리 : 1636년(인조14) 병자년과 이듬해인 1637년 정축년에 일어났던 병자호란(丙子胡亂)을 가리킨다.

15 분문(奔問) : 임금이 위기에 처했을 적에 신하가 급히 달려와 문후(問候)하는 것을 말한다.

16 당시에……도치되었는데 : 1644년(인조22) 유적(流賊) 이자성(李自成)이 북경을 함락하자, 명나라 황제 의종(毅宗)이 스스로 목숨을 끊음으로써 명(明)나라가 멸망하게 된 일을 가리킨다.

더불어 일을 함께할 수 없다. 함께 일을 할 수 있는 이들은 오랑캐에게 죽은 집안의 자손들일 것이다."라고 하였다. 또 장수의 재질로서 심복을 의탁할만한 사람을 구하니, 우암(尤庵 송시열(宋時烈))이 공을 천거하여 선전관(宣傳官)에 특별히 제수하였다.

이에 앞서 공이 과거에 급제하여 성묘할 때에 큰 호랑이가 산모퉁이를 의지하고 있었는데, 따르는 이들이 넋을 잃어서 감히 앞으로 나아가지 못하였다. 공이 말에서 내려 크게 호통하여 앞으로 곧장 나아가 차서 죽이니, 사람들이 그 용맹에 감복하지 않는 이가 없었다. 상께서 공을 불러 체력을 시험하자, 공이 모래 세 포대기를 취하여 좌우 어깨에 각각 한 포대기씩을 끼고 또 등에 짊어지고서 궐문 밖으로부터 대궐 앞에 이르니, 상께서 장하게 여기셨다. 이를 말미암아 성상의 관심과 애정이 날로 중해져서 여러 관직에 두루 시용하였으니, 내직으로는 도총 도사(都摠都事)와 도총 경력(都摠經歷)·훈련 첨정(訓鍊僉正)과 훈련 부정(訓鍊副正)·사복장(司僕將)·내금장(內禁將)·어영 별장(御營別將)과 어영 중군(御營中軍)을 지냈고, 외직으로는 죽산 부사(竹山府使)과 갑산 부사(甲山府使)·익산 군수(益山郡守)·영흥 중군(永興中軍)·해미 영장(海美營將)과 청주 영장(淸州營將)·경상 좌수사(慶尙左水使)와 경상 좌병사(慶尙左兵使)를 지냈다. 기해년(1659, 효종10)에 효종(孝宗)께서 승하하시자, 공은 가슴을 부여잡고 크게 통곡하며 말하기를 "나는 이제 끝났도다."라고 하고서 밤낮으로 울부짖으며 가슴을 쳐서 마치 살지 않고자 하는 듯하였다. 마침내 물러나서 청풍(淸風)의 백치(白峙)에 머무르며 생을 마칠 계획을 하였다.

숙종(肅宗)께서 처음 즉위하셨을 때에 흉악한 당여가 권병(權柄)을 훔쳐서 현자들이 모두 쫓겨남에, 우암(尤庵)이 북방 변경으로 찬배되어 화(禍)의 조짐을 장차 헤아릴 수 없었다.[17] 공이 필마를 타고 가서 우암에게 문안하고서 《심경(心經)》에 글을 받아 돌아오니, 식자들이 이를 칭찬하였다. 을축년(1685, 숙종11) 정월에 공의 병이 위독해지자, 유언하여 말하기를 "우리 집안이 유자(儒者)의 학술로 계속하여 현달하였는데, 내 몸에 이르러서 무업(武業)을 닦아 곤수(閫帥)[18]에 이르게 된 것은 추악한 오랑캐가 흉악한 짓을 마음껏 하여서 군주는 욕을 입고 아버지는 죽게 되어 천하에 임금이 없게 되었음을 눈으로 보았기 때문이다. 오직 현명한 군주를 도와 손수 십만 명의 병사를 이끌고서 함께 하늘을 이고 살 수 없는 원수에게 복수하기를 바랐는데, 하늘이 어질지 않아 활과 검이 갑자기 떨어져서[19] 토벌해 회복하려는

17 숙종(肅宗)께서……없었다 : 1674년(현종15) 자의대비(慈懿大妃)가 며느리인 인선왕후(仁宣王后)의 상(喪)에 어떤 상복을 입을 것인가 하는 문제를 두고 벌어진 갑인예송(甲寅禮訟)에서 현종(顯宗)은 15년 전 기해예송(己亥禮訟)의 결과를 뒤엎고 서인(西人)이 아닌 남인(南人)의 편을 들어준 바 있었다. 그리고 얼마 뒤에 현종이 승하하고 숙종(肅宗)이 즉위하여 우암(尤庵) 송시열(宋時烈)에게 현종의 묘지문(墓誌文)을 짓도록 명하였는데, 이 때 남인들이 기해년에 송시열이 효종(孝宗)을 서자(庶子)로 보아도 좋다고 했던 일을 트집 잡아 묘지문을 짓지 못하게 하고, 죄를 물어 덕원(德源)에 유배 보내게 하였다. 이를 계기로 서인 측의 인사들은 조정에서 쫓겨나고, 허적(許積), 허목(許穆), 윤휴(尹鑴), 권대운(權大運), 민암(閔黯), 오시수(吳始壽) 등의 남인 측 인사들이 대거 등용되어 요직을 차지하였다.

18 곤수(閫帥) : 변방의 수비를 책임지는 장군으로, 조선조에서는 병마절도사와 수군절도사를 통틀어 칭하였다.

19 활과……떨어져서 : 북벌(北伐)을 모의하던 효종(孝宗)이 승하한 것을 말한다. 전설상의 제왕인 황제(黃帝)가 용을 타고 승천할 때에 신하와 후궁 70여 명이 용을 타고 함께 하늘로 올라갔는데, 나머지 사람들도 용의 수염을 부여잡고 함께 올라가고자 하였으나 수염이 뽑혀 떨어지면서 황제의 활과 검과 함께 떨어지고 말았다는 고사에서

말을 다시 들을 수 없게 되었다. 나의 자손이 된 이들은 내가 뜻을 지니고서 펼치지 못한 채 죽은 것을 슬프게 여겨 다시는 과거로 벼슬하여 영달하기를 구하지 말고, 농사를 짓고 독서하여 영원히 대명(大明)의 유민(遺民)이 되는 것이 옳다."라고 하였다. 마침내 정침에서 별세하니, 향년 72세였다. 백치(白峙)에 있는 시중공(侍中公)의 묘 아래 간좌(艮坐)에 장례하였다.

시중공(侍中公)은 휘가 대유(大猷)로, 고려에서 벼슬하여 청풍부(淸風府)에 봉해져서 김씨(金氏)의 비조가 되었다. 우리 조정에 들어와서, 문의공(文毅公) 휘 식(湜)[20]이 도학(道學)을 창도해 밝히고 중종을 섬겨서 대사성(大司成)이 되었다. 이 분이 가헌(可軒) 휘 덕무(德懋)[21]를 낳았으니, 경술과 행업으로 현릉 참봉(顯陵參奉)에 제수되었고 이조 판서에 추증되었다. 이 분이 졸탄(拙灘) 휘 권(權)[22]을 낳았으

온 표현이다.《史記 卷28 封禪書》

20 문의공(文毅公) 휘 식(湜) : 김식(金湜, 1482~1520)으로 자는 노천(老泉), 호는 사서(沙西)·동천(東泉)·정우당(淨友堂), 시호는 문의이다. 1501년(연산군7)에 진사가 되었으나 벼슬하지 않고 성리학 연구에 전념하였는데, 사림을 등용하면서 천거로 광흥창 주부(廣興倉主簿)에 서용되고 형조좌랑·지평(持平)·장령(掌令) 등을 역임하였다. 1519년(중종14) 사림파의 건의로 실시된 현량과에 장원급제하였고, 성균관 사성(成均館司成)이 되고 며칠 뒤 홍문관 직제학(弘文館直提學)에 오른 뒤, 성균관 대사성(成均館大司成)까지 올랐다. 그러나 그 해 11월 기묘사화(己卯士禍)가 일어나 선산(善山)에 유배되었고, 그 후 신사무옥(辛巳誣獄)에 연좌되어 절도로 이배된다는 소식을 듣고는 자결하였다. 명종 때에 복관되고 선조 때에 영의정에 추증되었다.

21 가헌(可軒) 휘 덕무(德懋) : 김덕무(金德懋, 1512~1566)로, 자는 사숙(思叔), 호는 가헌이다. 19세에 사학(四學)의 과시(課試)에 장원하여 이름이 알려졌으며, 1560년(명종15) 천거로 현릉참봉(顯陵參奉)에 제수되고, 다음해에 생원시(生員試)에 합격하였다. 이조판서에 추증되었다.

니, 문과에 급제하여 참판이 되었고, 광해군 정사년(1617, 광해군9)에 '어머니를 원수로 삼는다'[23]는 의론을 수립하였으며, 영의정에 추증되었고 시호는 충간(忠簡)이다. 이것이 공의 증조(曾祖) 이상의 선조들이다.

조부 휘 홍상(興祥)은 정선 군수(旌善郡守)로 좌승지(左承旨)에 추증되었고, 선고 별검공(別檢公)은 호조 참판(戶曹參判)에 추증되었으며, 선비 평산 신씨(平山申氏)는 정부인(貞夫人)에 추증되었으니, 모두 공의 귀함 때문이었다. 공은 한양 조씨(漢陽趙氏)에게 장가갔는데, 이 분은 참판 계남(繼男)의 따님으로, 2남1녀를 낳으셨다. 장남 석여(錫如)는 서예를 잘 하였는데, 공의 유명(遺命)을 받들어 과거에 나아가지 않았고 우로(優老)의 은전으로 통정대부(通政大夫)에 올랐으며, 차남 석홍(錫弘)은 통덕랑(通德郎)을 지냈고, 딸은 홍인(洪演)에게 출가하였다. 서녀(庶女)로 장녀는 현감 조이량(曺以樑)의 첩이 되었고,

22 졸탄(拙灘) 휘 권(權) : 김권(金權, 1549~1622)로 자는 이중(而中), 호는 졸탄, 시호는 충간(忠簡)이다. 1580년(선조13) 별시문과에 급제하였고 이후 예문관 검열·성균관 전적을 비롯하여 홍문관 수찬·예조 좌랑·병조 좌랑 등을 역임하였다. 1585년 사간원 헌납으로 이이(李珥)를 비난하는 정여립(鄭汝立)을 논박하다가 파직되었으며, 1590년 지평(持平)으로 복직되었으나 이듬해 정철(鄭澈) 등이 축출당할 때 다시 파면되었다. 1592년 임진왜란 때 지평·사간 등을 역임하고, 난이 끝난 뒤 직강(直講)·사복시 첨정 등을 거쳐 호조참판이 되었다. 1612년(광해군4) 임진왜란 때 전주로 광해군을 호종한 공(功)으로 청풍군(淸風君)에 봉해졌으며, 1615년 사은사(謝恩使)가 되어 명나라에 다녀온 뒤 정치가 문란하다 하여 사직하였다. 1618년 폐모론에 반대하여 강계로 유배되었다가 무안으로 이배되어 이후 그 곳에서 죽었다. 인조 때에 영의정에 추증되었다.

23 어머니를 원수로 삼는다 : 광해군이 인목대비(仁穆大妃)를 서궁(西宮)에 유폐시킨 일을 가리킨다.

차녀는 임제원(任悌元)의 아내가 되었다. 손자로 통덕랑을 지낸 도윤(道潤)과 이만거(李萬擧)에게 출가한 손녀, 측실의 자녀로 도준(道濬), 도운(道沄)과 우세준(禹世準)의 첩이 된 딸은 큰아들의 소생이고, 도점(道漸), 도청(道淸), 도숙(道淑)과 윤익주(尹翊周), 이세교(李世喬), 이세태(李世泰), 유춘방(柳春芳)의 아내는 작은아들의 소생이다. 도윤의 손자 일묵(一默)은 삼계자(三秀子)라 자호(自號)하였는데, 효행이 있었고, 미호(渼湖) 김 문경공(金文敬公 김원행(金元行))을 따라 학문하였다가 문경공이 별세함에 여묘(廬墓)하며 심상(心喪)을 마쳤다. 나머지는 다 기록하지 못한다.

아아! 사람이 사람이 된 까닭은 성(性)으로 논하자면 인의(仁義)를 지녔기 때문이고, 윤리로 논하자면 군신(君臣)과 부자(父子)의 관계를 지녔기 때문이다. 그러므로 "군주와 아버지의 원수와는 함께 하늘을 일 수 없다."라고 하였으니,[24] 이는 바로 지극히 애통하여 스스로 그만 둘 수 없는 공통된 정(情)에서 나온 것이지 오로지 한 사람의 사욕에서만 나온 것이 아니다. 우옹(尤翁)께서 항상 이 말을 여러 번 반복하면서, "이 의리가 밝아지지 못한다면 예악(禮樂)이 더러운 땅속으로 침륜되고 인도(人道)가 금수의 지경에 들어가게 될 것이다."라고 하였다.[25]

우리 효종께서 하늘이 낸 신무(神武)를 지니시고서 또 같은 덕을 지닌 한 두 명의 신하를 얻어 천하의 큰 법도를 경륜하셨으니, 벙어리

24 그러므로……하였으니 : 《예기》 〈곡례 상(曲禮上)〉에 "부친의 원수와는 하늘을 함께 이고서 살지 못한다.〔父之讎, 弗與共戴天.〕"라고 하였다.

25 우옹(尤翁)께서……하였다 : 우옹은 우암(尤庵) 송시열(宋時烈)을 말한다. 이 내용은 《송자대전(宋子大全)》 권5 〈기축봉사(己丑封事)〉에 보인다.

나 귀머거리, 절뚝발이와 앉은뱅이라도 기운을 백배로 더하였다. 그러나 의리가 감추어지고 막힌 나머지, 몸을 보전하고 처자식을 보존하려는 무리들이 삿된 말을 창도하여, 겉으로는 돕는 척하면서 속으로는 배척하여서 동국(東國)의 백성들이 함께 고통에 빠져들어 가는데도 구휼해주는 이가 없었다. 공이 이에 분발하여 일신을 돌아보지 않고서 와신상담의 의리로 손오(孫吳)[26]의 병술(兵術)을 강구하여 예봉(銳鋒)을 쌓아서 때를 기다려 성군의 뜻을 우러러 도왔으니, 만약 성군의 수명이 무강하여 공(功)이 이루어지고 치적(治績)이 정해지게 하였다면 공이 어찌 여기에서 끝나고 말았겠는가. 이는 뜻있는 선비와 어진 사람들이 함께 애통해하며 한스럽게 여기는 바이다. 그러나 공의 평생의 행적을 살펴보면, 이미 군친(君親)의 분수에 있어서 유감이 없어서 절로 《춘추(春秋)》의 정의에 계합하니, 지업을 성취하지 못한 것은 논할 것이 못된다.

공께서 몰세한 뒤에 자손이 영락하였기에 부자간의 행적이 인멸되어 전해지지 않았으니, 애석하도다. 일묵(一默)의 형의 손자인 강선(康善)과 경선(慶善) 등이 가장(家狀)을 수습하여 나에게 신도비문을 부탁하였다. 내가 이미 공을 위해 먼저 묘갈문을 지었으니, 뒤이어 공의 비문을 지어 크게 사모하는 마음을 서술하지만, 필력과 심력이 노쇠하여 공의 풍절(風節)을 천양하지 못하니 이것이 안타까울 뿐이다. 명(銘)은 다음과 같다.

26 손오(孫吳) : 춘추 시대 제(齊)나라 손무(孫武)와 전국 시대 위(衛)나라 오기(吳起)의 병칭으로, 병법가(兵法家)를 대표적으로 일컫는 말이다.

청풍씨는	維淸風氏
대대로 충절과 어짊을 드러내었네	世著忠良
공이 또 빼어난 자질로 태어나	公又挺生
용맹스러운 선비로 죽음을 잊지 않았네	勇士不忘
의리상 함께 하늘을 일 수 없는데	義不共戴
하늘을 보니 망망하기만 하였네	視天茫茫
북소리 듣고 무신을 생각하니[27]	鼓鼙興思
혁혁하도다! 성왕이시어	於赫聖王
복수하여 설욕하려는 일념이	復雪一念
하늘에 질정할 만하였네	可質穹蒼
누가 호신이 되어	孰爲虎臣
응양의 자리에 짝할 것인가[28]	用當鷹揚
오직 공께서 지우를 입어서	惟公受知
차례차례 변방에 시용되었네	歷試疆場
몸을 버리고 나라에 보답하니	捐軀報國

27 북소리……생각하니 : 《예기(禮記)》 〈악기(樂記)〉에 "북소리는 떠들썩하니 떠들썩하게 해서 움직임을 세우고 움직이게 해서 군대를 전진하게 한다. 군자가 북소리를 들으면 장수의 신하를 생각한다.〔鼓鼙之聲讙, 讙以立動, 動以進衆. 君子聽鼓鼙之聲, 則思將帥之臣.〕"라고 한 데서 온 말이다. 여기에서는 효종(孝宗)이 북소리를 듣고서 국가를 지킬 장수(將帥)를 생각하였다는 뜻이다.

28 누가……것인가 : 호신(虎臣)은 범 같이 용감한 장수(將帥)로, 《시경(詩經)》 〈노송(魯頌) 반수(泮水)〉에 "굳세고 굳센 호신이 반궁(泮宮)에서 적의 왼쪽 귀를 바치도다.〔矯矯虎臣, 在泮獻馘.〕"라고 하였으며, 응양(鷹揚)은 매가 하늘로 솟구치듯 무용을 떨치는 장수로, 《시경》 〈대명(大明)〉에 "태사인 상보께서 그때 매가 날듯 하셨다.〔維師尙父, 時維鷹揚.〕"라고 하였다.

열렬한 피가 창자에 가득하였네 熱血充腸

하늘이 가엽게 여기지 않아 寔天不吊

상전벽해의 변화를 일으켰네 幻化滄桑

단지 따라 죽고자 하였으니 直欲身殉

활과 검을 간직하였던 것이네[29] 弓劒之藏

준양시회[30]하였으니 于以遵晦

상재의 고향[31]이었네 桑梓之鄕

하늘 끝 먼 변방에 關塞極天

큰 노유가 황폐한 곳에 은둔하였네[32] 大老遜荒

29 활과……것이네 : 효종(孝宗)이 승하하자 이를 애통하게 여겼음을 뜻한다. 전설상의 제왕인 황제(黃帝)가 용을 타고 승천할 때에 신하와 후궁 70여 명이 용을 타고 함께 하늘로 올라갔는데, 나머지 사람들도 용의 수염을 부여잡고 함께 올라가고자 하였으나 수염이 뽑혀 떨어지면서 황제의 활과 검과 함께 떨어지고 말았다. 이에 남은 백성들은 떨어진 활과 검을 끌어안고 통곡하였다고 한다. 《史記 卷28 封禪書》

30 준양시회(遵養時晦) : 때를 따라 힘과 덕을 기르며 자신을 숨김을 이른다. 《시경》 〈주송(周頌) 작(酌)〉에 "아, 성대한 왕의 군대여, 도를 따라 힘을 기르며 때로 몸을 감춘다.〔於鑠王師, 遵養時晦.〕"라고 한 데서 온 말이다.

31 상재(桑梓)의 고향 : 대대로 선조가 살던 고향을 뜻한다. 상재는 가래나무와 뽕나무로, 《시경》 〈소아(小雅) 소반(小弁)〉에 "뽕나무와 가래나무도 반드시 공경하니 우러러볼 것은 아버지 아님이 없으며 의지할 것은 어머니 아님이 없도다.〔維桑與梓, 必恭敬止. 靡瞻匪父, 靡依匪母.〕"라고 한 데서 보이는데, 이후 고향을 가리키는 말로 쓰인다. 여기서는 효종이 승하하자 김중명(金重明)이 벼슬에서 물러나 고향인 청풍(淸風) 백치(白峙)로 돌아갔음을 가리킨다.

32 하늘……은둔하였네 : 우암(尤庵) 송시열(宋時烈)이 북방(北方)으로 찬배된 일을 가리킨다. 원문의 '대로손황(大老遜荒)'은 《서경》 〈미자(微子)〉에 "우리가 미친 짓을 하기에 우리 국가의 노성한 사람들이 황야(荒野)로 도망하였다.〔我其發出狂, 吾家耄遜于荒.〕"라고 한 데서 온 말이다.

필마로 가서 문안을 드리니	匹馬往候
신의가 더욱 드러났네	信義彌彰
《진경》[33]에 글을 받아오니	眞經受題
근심이 끝이 없었네	憂在無疆
죽음에 임해 간곡히 부탁한 것은	臨沒拳拳
존왕양이의 의리를 다하라는 것이었으니	畢義尊攘
후손에게 유언을 남김은	治命後昆
대명의 유민이 되라는 것이었네	大明遺氓
우뚝한 백치에	有屹白峙
조용한 현당이 있네	有侐玄堂
일편단심은 죽지 않으니	丹心不死
아름답게 빛나도다	休有烈光
이무기 서리고 거북이가 지고 있는 신도비가	螭蟠龜負
산처럼 높고 물처럼 길고 길 것이니	山高水長
모든 군자들은	凡百君子
이 명문을 볼지어다	視此銘章

33 진경(眞經) : 《심경(心經)》을 가리킨다. 이 책을 송(宋)나라의 진덕수(眞德秀, 1178~1235)가 편찬하였기 때문에 이와 같이 말한 것이다.

증 병조판서 완흥군 의민공 이공 신도비명 병서

贈兵曹判書完興君諡毅愍李公神道碑銘 幷序

옛날 우리 정조대왕 8년(1784) 봄에 우의정 김공 익(金公熤)이 건의하여 말하기를, "용사(龍蛇)의 난리[34]에 공훈을 수립하고 절개를 바쳐 순국한 사람들이 몹시 많았습니다. 그런데 유독 전라 우수사(全羅右水使) 완흥군(完興君) 이억기(李億祺)는 힘을 다하여 적을 섬멸해서 공렬이 이 충무공(李忠武公)[35]과 명성을 나란히 하였고 이어서 또 순국한 절개가 우뚝한데도, 아직도 이름을 바꿔주는 은전[36]이 없으니, 이는 충의를 표창하는 방법이 아닙니다."라고 하였다. 상께서 여러 신하들에게 하문하자 그 의논을 옳다고 하였기에, 의민(毅愍)이라는 시호를 내리게 되었다. 이에 위로는 공경대부로부터 아래로 초야의 식견이

34 용사(龍蛇)의 난리 : 임진왜란을 가리킨다. 용사는 용의 해인 임진(壬辰)년과 뱀의 해인 이듬해 계사(癸巳)년을 합하여 칭한 것으로, 간지(干支) 상 진(辰)은 용(龍), 사(巳)는 사(蛇)에 해당된다.

35 이 충무공(李忠武公) : 이순신(李舜臣, 1545~1598)으로, 자는 여해(汝諧), 본관은 덕수(德水), 시호는 충무이다. 임진왜란 때에 삼도 수군통제사(三道水軍統制使)가 되어서 서해안으로 북상하는 일본 수군(水軍)을 궤멸시켜 전세를 역전시키는 등 큰 공을 세웠다. 선무공신(宣武功臣) 1등이 되고, 좌의정(左議政)에 추증되었다. 저서로는 《이충무공전서(李忠武公全書)》가 있다.

36 이름을 바꿔주는 은전 : 시호를 내리는 것을 뜻한다. 《예기(禮記)》 〈단궁 하(檀弓下)〉에 춘추 시대 위(衛)나라 대부인 공숙문자(公叔文子)가 졸하자 그의 아들이 임금에게 시호를 청하기를, "세월이 흘러 장사를 지낼 때가 되었으니 이름을 바꿀 것을 청합니다.〔日月有時, 將葬矣, 請所以易名者.〕"라고 한 데서 온 말이다.

있는 이들에게 이르기까지 모두 감탄하고 크게 탄식하면서, 성조(聖朝)의 선한 사람을 드러내고 악한 사람을 징계하여 풍교를 수립하는 정사가 이에 이르러 다시 유감이 없게 되었다고 하였다. 불초한 나는 어렸을 때에 이 일을 보고는 매번 공의 정문(旌門)을 지날 때마다 몸을 굽혀서 공경을 표하였다. 지금 비석에 새기는 글을 의리상 끝내 사양할 수가 없기에, 마침내 공의 본말을 살펴서 다음과 같이 서술한다.

우리나라의 외적을 물리치는 우환은 북쪽에서 먼저 있고 그 뒤 남쪽에서 있었으니, 이를 막고 절제하여 천조(天朝)의 울타리가 된 이들이 또한 시종 이어졌다. 그런데 오직 이 충무공(李忠武公)의 한산대첩(閑山大捷)만이 천둥과 우레처럼 성대하여 지금까지도 사람들의 이목에 남아 있다. 공의 경우로 말하면, 경흥(慶興)과 회령(會寧)에서 재능을 발하여 북번(北蕃)의 난리에 위엄과 명성이 이미 크게 떨쳐졌다. 남쪽 지방에 있으면서 왜적을 막을 때에는, 명성과 지위는 충무공에게 조금 뒤졌지만 공이 항상 충무공을 위하여 자기의 공로를 사양하고 그의 무함을 변론하여 주었으니, 충무공이 다시 돌아와 전장에 나아갈 수 있었던 것은 오직 공의 말에 힘입은 것이었다. 이것을 근거로 하여 논해보건대 공을 대번에 충무공의 아래에 두어서는 안 될 것이니, 아아, 훌륭하도다!

공은 가정(嘉靖) 신유년(1561, 명종16)에 태어났는데 겨우 5,6세가 되었을 때에 놀고 장난하면서 전진(戰陣)을 만들고 지휘를 하였다. 약관의 나이에 강을 건너다가 폭풍을 만나 배가 거의 전복하게 되었는데 수십 보를 뛰어넘어 강가에 올라서니, 뱃사람들이 크게 놀라 옛 비장군(飛將軍)[37]이라도 이보다 더하지 못할 것이라고 하였다. 17세에 천거로 사복시 내승(司僕寺內乘)에 제수되었고, 무과에 급제하여서 번

호(蕃胡)가 북방을 침입한 일로 인하여 특명으로 경흥 부사(慶興府使)에 제수되어 부임을 재촉하니, 임지에 이르러서는 성과 보루를 수리하고 병기를 수선하고 척후(斥候)를 엄격히 단속하고서 오랑캐를 대비하였다.

계미년(1583, 선조16) 봄에 오랑캐의 우두머리가 정예병을 거느리고 강을 건너와 창고의 병기를 약탈해갔다. 공이 기병(騎兵)과 보병(步兵) 삼백 명을 거느리고 적의 칼날을 무릅쓰고 돌격하면서 복식을 바꾸어 뒤섞이도록 하여서 두 우두머리의 머리를 얻어 장대에 매달아 깃발을 휘날리며 나옴에 적병들이 크게 혼란스러워지니, 포로로 잡혀갔던 수십 명을 다시 빼앗아 돌아왔다. 마침내 높은 보루를 설치하고 군사들의 위용을 성대하게 하여 적들이 엿보지 못하게 하니, 적들이 버티고 있다가 편리한 틈을 얻지 못하여 마침내 철수하였다. 순찰사가 이 사실을 보고하여 통정대부(通政大夫)에 오르게 되었다. 얼마 뒤에 적들이 다시 온성(穩城)의 경계에 출현하여 방자히 사람을 죽이고 약탈하였는데, 부사(府使) 신립(申砬)과 북병사(北兵使) 이일(李鎰)이 적을 얕잡아 보았다가 굴복당하여 세운 공(功)만큼이나 죄(罪)도 얻게 되었다. 공이 온성 부사로 옮겨 제수되었는데, 사졸들을 안무하여 방략(方略)을 전수하고 지세의 편리함을 살펴서 진과 보루를 설치하여 정탐하고 풀로 허수아비를 만들고 의심스러운 깃발을 꽂아놓아서 군량을 운반해

37 비장군(飛將軍) : 한 무제(漢武帝) 때에 북평 태수(北平太守)였던 이광(李廣)을 가리킨다. 이광은 용맹과 지혜를 겸비하였으며 팔이 길고 활을 잘 쏘았으므로 흉노들이 그를 몹시 두려워하여 '날아다니는 장군'이라는 뜻에서 비장군이라 불렀다고 한다. 《史記 卷109 李將軍列傳》

왔다.

정해년(1587, 선조20) 가을에 적들이 밤을 틈타 경원(慶源)과 경흥(慶興) 사이에 출현하였다. 이 충무공(李忠武公)이 조산 만호(造山萬戶)로 있으면서 통제를 어긴 일이 있어서 장차 그를 잡아다가 다스려 죄를 정하려고 하였는데, 공이 병마절도사에게 강력히 말하여 마침내 일이 중지되었다.[38] 또 영고(寧古), 후춘(厚春), 구봉(九峯)의 오랑캐들을 사로잡아 지형의 험하고 평탄함과 적의 허실을 자세하게 알아서 응접할 때에 정돈되고 여유가 있었으니, 북방이 이에 힘입어 무사하게 되었다.

신묘년(1591, 선조24) 가을에 오랑캐의 우두머리 평수길(平秀吉)[39]이 길을 빌려 중국에 들어갈 것이라고 선언하였다. 상께서 각각 장수의 재주를 지닌 이를 천거하도록 명하였는데, 유성룡(柳成龍)은 권율(權慄)과 이순신(李舜臣)을 천거하였고, 정탁(鄭琢)은 곽재우(郭再祐)와

38 이 충무공(李忠武公)이……중지되었다 : 1587년(선조20) 여진족이 녹둔도(鹿屯島)의 목책(木柵)을 포위하였을 때 조산 만호(造山萬戶)로 있던 이순신(李舜臣)이 경흥 부사(慶興府使) 이경록(李慶祿)과 함께 군기를 그르쳐서 군사 10여명이 피살되는 등의 피해가 있게 되었으므로 이들을 수금(囚禁)한 일이 있었는데, 결국에는 장형(杖刑)을 집행한 뒤에 백의종군(白衣從軍)으로 공을 세우도록 명하였다.《宣祖實錄 20年 10月 10日, 16日》

39 평수길(平秀吉) : 도요토미 히데요시〔豊臣秀吉, 1536~1598〕가 이전에 쓰던 이름으로 조선에서 널리 불렸다. 하급무사 집안 출신으로 오다 노부나가〔織田信長〕의 휘하에서 활약하면서 두각을 드러냈고, 오다 노부나가가 암살당하자 이를 복수하고서 실권을 장악하였다. 이때 다이라〔平〕라는 성을 사용하였다. 1585년(선조18) 관백(關白)이 되자 후지와라〔藤原〕로 성을 바꾸었고, 1586년부터는 도요토미〔豊臣〕란 성씨를 사용하였다. 중국과 조선을 정복하기 위해 임진왜란과 정유재란을 일으켰다.

김덕령(金德齡)을 천거하였으며, 정언신(鄭彦信)은 공과 신립(申砬), 김시민(金時敏)을 천거하였다. 마침내 공을 순천 부사(順天府使)로 삼았다가 곧 우수사(右水使)로 승진시켰다. 당시 이 충무공(李忠武公)이 이미 좌수사(左水使)로서 남쪽 지방으로 내려가 막부를 열었었다. 임진년(1592, 선조25) 봄에 수영(水營)에 도착하여 군무를 다스렸는데, 이 때에 경상 좌수사(慶尙左水使) 원균(元均)이 병력을 보유하고서 머뭇거려서, 함께 믿고 의지할 수가 없었다. 공은 판옥(板屋) 대선 25척을 거느리고 내달려가 앞바다에 이르렀는데, 도중에 왜구가 동래(東萊)를 함몰시켜 부사 송상현(宋象賢)이 죽었으며,[40] 어가(御駕)가 서쪽으로 피난을 가서 용만(龍灣 의주)에 이르러 천조(天朝 명나라)에 알려 내부(內附)할 계책을 세우고 있으며, 선릉(宣陵)과 정릉(靖陵) 두 능의 변고[41]가 망극하다는 소식을 들었다. 공은 비분하여 통곡하고서 수군들에게 왜적을 소탕하고 어가를 받들어 맞이하겠다고 맹세하니, 장사들이 모두 팔을 걷어붙이고 눈물을 흘리면서 두 마음을 품지 않을 것을 맹세하였다.

6월 1일 경오(庚午)에 배를 출발하여 옥포(玉浦)에 이르렀는데, 원균(元均)은 좌우를 관망하면서, 용맹을 자랑하여 죽음을 바칠 의지가 없었다. 공은 장수들을 격려하여 왜선과 충돌하고 몰아서 고성(固城)

40 왜구가……죽었으며 : 송상현(宋象賢, 1551~1592)은 자는 덕구(德求), 호는 천곡(泉谷), 본관은 여산(礪山), 시호는 충렬(忠烈)이다. 1592년(선조25) 임진왜란 때에 동래 부사(東萊府使)로 성을 지켰는데 성이 포위되었으나 구원병이 오지 않아 곧 성이 함락하게 되자, 조복을 입고 단정히 앉아 죽음을 맞이하였다.

41 선릉(宣陵)과……변고 : 1592년(선조25) 임진왜란 때에 왜적들이 성종(成宗)의 능인 선릉(宣陵)과 중종(中宗)의 능인 정릉(靖陵)을 파헤쳐 훼손한 사건을 말한다.

의 당항포(唐項浦)에 이르러서는 돛을 들어 올리고 북을 울리면서 몸소 사졸들에 앞장서서 노를 재촉하며 나아갔다. 이 때 두 수영(水營)의 군대가 군사들은 지치고 기세는 다하여 진작되지 못하였는데, 원조하는 군대가 크게 이른 것을 보고는 믿고서 두려워함이 없어서 병력을 합하여 격전을 벌여 마침내 큰 승리를 거두었다.

7월 계미(癸未)에 좌수사와 배를 출발하여 당항포에 이르렀는데, 앞바다에 거함 한 척을 보니 위에 붉은 비단 장막이 드리워져 있고 황금색의 둥근 부채를 세웠으며, 멀리 적장의 모습이 보였다. 공은 즉시 하늘을 우러러 스스로 맹세하기를, "저 왜적을 반드시 내 손으로 섬멸할 것이다."라고 하였다. 이에 수차(水次)로 돌아가서 나무로 된 허수아비 5,6구를 만들어 푸른 갑옷과 붉은 갑옷을 그려 입히고는, 손에 장검을 쥐고 선상에 서서 선봉으로 하여금 진퇴하며 습격하였다가 거짓으로 물러나 도망가는 모습을 하게 하였다. 적들이 과연 승세를 타고 추격하여 바다가 넓게 트인 곳에 이르자, 깃발을 휘둘러서 좌우익을 독촉하여 빠르게 공격하였다. 공은 홀로 거함 위를 주시하다가 한번 화살을 쏘아 적중하니, 적의 우두머리가 활시위 소리에 응하여 쓰러졌다. 화포를 사용하여 적선 30여척을 쳐부수니, 획득한 수급(首級)이 셀 수 없이 많았다. 승첩 소식이 행재소(行在所)에 알려지자, 상께서 가상히 여겨 장려하고 가선대부(嘉善大夫)로 품계를 올려주었다.

곧 또 왜적이 안골포(安骨浦)에 주둔하고 있다는 소식을 듣고는 좌수사 여러 공들과 함께 가서 공격하였는데, 철로 배를 싸고 적신 솜으로 배를 감싸서 얼음 속으로 들어가거나 언덕을 오를 때에 빠질 염려가 없었고 적의 화포는 시행할 곳이 없게 되니, 엄습하여 돌격해서 적선 42척을 불태워 격파하였다. 부산(釜山)의 다대(多大), 서평(西平), 절영(絶影) 등의 섬에 적들이 또 주둔하여 소굴을 만들고 있었는데, 이에 또 조방장(助防將) 정걸(丁傑)과 함께 초량(草梁)과 녹도(鹿島) 사이로 돌아 나가서 적병을 수색하여 거의 남김이 없게 하였다. 이에 웅천(熊川) 안골포(安骨浦)의 왜적들이 험한 지세를 점거하고 나오지 않으면서 다만 깃발을 많이 설치하고 때로 포환과 화살을 쏘아 교만한 모습을 보였다. 공은 명하여 판옥선 4,5척으로 선봉을 삼고서 비어있는 총을 사용하여 적들로 하여금 실제로 대응하게 하니, 이에 적선(賊船) 27척이 남김없이 침몰되었다.

당시 천조(天朝)에서 제독(提督) 이공 여송(李公如松)에게 명하여 십만 대군을 거느리고 기성(箕城)에 있는 왜적을 소탕하게 하니,[42] 상께서 특명으로 호피와 은과 비단을 하사하여 장병들에게 상을 나누어 주도록 하였다. 이에 여러 진영에서 환호성이 우레와 같아 점차 광복(匡復)할 희망이 있게 되었다. 그러나 당시 조정의 의논이 중도에 변하여 삼도(三道)[43]의 수군이 통솔되는 곳이 없다고 하여 마침내 좌수사 이순신(李舜臣)을 삼도 통제사(三道統制使)로 삼아 여러 진영들로 하여금 아울러 통제를 받게 하였다. 그러자 원균(元均)이 불만스러운 마음을 품고서 공에게 와서 말하기를, "내가 선배로서 여러 번 공(功)을 세웠는데, 지금 그의 관하가 되었으니 이를 어찌 감내한단 말인가." 하였다. 공은 말하기를, "우리들은 위급한 때를 당하여 협심하여 함께

42 당시……하니 : 1592년(선조25) 임진왜란이 발발하자 12월에 명(明)나라에서 제독(提督) 이여송(李如松, 1549~1598) 등을 보냈으며, 1593년 1월에 소서행장(小西行長)의 일본군을 격파하여 기성(箕城), 즉 평양성을 탈환하는 공을 세웠다.

43 삼도(三道) : 충청도, 전라도, 경상도 세 도(道)를 가리킨다.

난리를 구제할 뿐이니, 어찌 작질(爵秩)의 높고 낮음을 따지겠습니까." 하고는 조그만 기미조차 내색함이 없으니, 원균이 이를 보고 무안해져서 돌아갔다. 이로부터 뜻이 맞지 않아 사사건건 공에게 이론을 제기하였다. 공은 필시 국가에 크게 불리한 일이 있을 알고서 밤낮으로 걱정할 뿐이었다.

정유년(1597, 선조30) 정월에 갑자기 명을 내려 이 충무공(李忠武公)을 잡아 국문하게 하고 원균(元均)으로 하여금 충무공의 직무를 대신하게 하였다.[44] 공이 작별에 임하여 충무공의 손을 잡고 말하기를, "믿는 것은 오직 완평(完平 이원익(李元翼)) 체상(體相 도체찰사(都體察使))이 영남에 계시다는 것일 뿐입니다." 하였다. 이 때에 상께서 어사 남이신(南以信)을 파견하여 사실을 안찰하게 하였는데, 남이신이 원균과 인척이어서 죄안을 반대로 뒤집어서 보고하니,[45] 완평(完平)이 아뢴

44 정유년……하였다 : 1597년(선조30) 당시 삼도 수군통제사(三道水軍統制使)로 있던 이순신(李舜臣)은 원균(元均)과의 갈등 및 임진년 이후 적극적으로 출전하지 않았다는 점 등을 구실로 조정에서 탄핵을 받았고, 이로 인해 이순신을 파직하여 원균으로 교대하게 하고 한양에 압송하게 하라는 명이 있게 되었다.《宣祖實錄 30年 1月 27·28日, 2月 6日》

45 이 때에……보고하니 : 1597년(선조30) 이순신(李舜臣)이 탄핵을 받자, 선조가 이 사실을 조사하기 위하여 사성(司成) 남이신(南以信)을 파견하였는데, 남이신이 "청정(淸正)의 배가 바다 위에서 7일 동안 움직이지 못하였으므로, 이순신이 갔다면 잡아올 수 있었을 것이다."라고 보고하여 마침내 이순신은 한양에 압송되었다. 청정은 가토 기요마사〔加藤淸正, 1562~1611〕로, 당시 고니시 유키나가〔小西行長〕의 부하 요시라(要時羅)라는 자가 경상우병사 김응서(金應瑞)에게 가토 기요마사가 바다를 건너올 것이니 수군을 시켜 이를 사로잡으라고 은밀히 알리게 하였다. 이에 조정에서 이순신에게 이 사실을 알리고 시행하도록 하였는데, 이순신은 왜적의 흉계인 줄 알고서 명에 따르지 않았던 것이다.《李忠武公全書 卷13 附錄五 紀實上 宣廟中興志》

것[46]도 신임을 받지 못하였다. 공은 이에 군관 송희립(宋希立)으로 하여금 달려가 이공(李公)을 옥중에서 문안하게 하고, 백사(白沙) 이항복(李恒福)과 경림(慶林) 김명원(金命元)에게 편지를 보내어 공의 억울한 사정을 자세히 말하고 온 식구로써 이를 보장하여 무사할 수 있었으니, 충무공이 죽지 않은 것은 공의 힘이었다. 충무공이 돌아오다가 중도에 이르러 부모님의 상을 당하여 빈소를 차리고서 비록 기복(起復)[47]하여 종군하였으나, 사세가 매우 어려워서 막부를 열었던 초기와는 달랐다. 공도 역시 고립되어 벗이 없어서 성원이 모두 끊겼으니, 단지 한번 죽어 나라에 보답하겠다는 것으로 스스로 마음에 맹세할 뿐이었다.

7월에 왜구가 절영도(絶影島)의 앞바다에 크게 모여들자, 공이 좌익군을 이끌고서 먼저 돌격하였다. 원균(元均)은 관망하며 싸우지 않으면서 공의 선함과 다소 가까워지면 번번이 인솔하여 피하여서 공이 홀로 적의 예봉(銳鋒)을 당하게 하였다. 이에 공은 일을 이룰 수 없다는 것을 알고는 충청 수사(忠淸水使) 최호(崔湖)를 돌아보며 말하기를, "나라를 위해 죽는 것은 신하의 직분이다." 하고, 돌아서 한산(閑山) 바다에 이르러 종일토록 격전을 벌이다가 전사하였다. 이 전투는

46 완평(完平)이 아뢴 것 : 완평 이원익(李元翼, 1547~1634)이 1597년(선조30) 2월 이순신(李舜臣)이 옥에 갇히자 체찰사(體察使)로 있으면서 치계(馳啓)하여 "왜적들이 거리는 바는 수군(水軍)이니 이순신을 체차해서는 안 되고 원균(元均)을 파견해서는 안 된다." 하였으나 받아들여지지 않았다. 《李忠武公全書 卷13 附錄五 紀實上 宣廟中興志》

47 기복(起復) : 기복출사(起復出仕)의 줄임말로, 상중에는 벼슬하지 않는 것이 관례이나, 국가의 필요에 의하여 벼슬자리에 나오게 하는 일을 말한다.

중봉(重峯)의 금산(錦山) 전투[48]와 같아서 종용히 의리에 나아간 것이 이미 마음을 세운 초기에 결정된 것으로, 한때 비분강개하여 죽음에 나아간 데에 비할 바가 아니었다. 이 일이 알려지자 상께서 놀라 슬퍼하고 탄식하면서 자헌대부(資憲大夫) 병조판서(兵曹判書)를 가증(加增)하였고, 그 후에 영상(領相) 이공 항복(李公恒福)의 진언으로 인하여 수영(水營) 마래산(馬來山) 아래에 향사하다가 충민사(忠愍祠)라는 사액을 내려 이 충무공(李忠武公)에게 배향하였으며, 의관을 가지고서 공을 양주(楊州) 아차산(峨嵯山) 아래 오향(午向)의 언덕에 장례 지냈다. 배위 증 정경부인(贈貞敬夫人) 영천 최씨(永川崔氏)는 현령 휘 항(恒)의 따님으로, 같은 언덕에 장례 지냈다. 아들 윤(輪)은 금부도사(禁府都事)를 지냈고, 손자 유(猷)는 현감을 지냈으며, 증손 진성(震晟)은 현감을 지냈다. 현손 이하는 많아서 다 기록하지 못한다.

십대손 상일(象日)이 공의 비석에 새길 글을 나에게 와서 몹시 간곡하게 청하였다. 삼가 살피건대 공은 자가 경원(景受)으로, 계통은 국조(國朝)에서 나왔으니, 정종(定宗) 공정대왕(恭靖大王)의 열 번째 아들 덕천군(德泉君) 시(諡) 적덕(積德) 휘(諱) 후생(厚生)이 공에게 고조가 된다. 증조는 신종군(新宗君) 휘 효백(孝伯) 시 공간(恭簡)이고 조부는 신곡군(新谷君) 휘 부정(富丁)이며 선고는 심주군(沁洲君) 휘 연손(連孫)이고 선비 박씨(朴氏)는 교리(校理) 명견(命堅)의 따님이니,

48 중봉(重峯)의 금산(錦山) 전투 : 중봉은 조헌(趙憲, 1544~1592)으로, 자는 여식(汝式), 호는 중봉·도원(陶原)·후율(後栗), 본관은 배천(白川), 시호는 문열(文烈)이다. 임진왜란이 일어났을 때에 옥천(玉川)에서 의병을 규합하고 승병(僧兵)과 합세해서 청주(淸州)를 수복하였고, 이어 전라도로 향하는 왜적을 막기 위해 금산(錦山)으로 향하여 끝까지 용전(勇戰)하다가 700의 의병과 함께 전사했다.

공의 귀함으로 인하여 모두 법식대로 추증되었다.

아아! 나는 매번 국사(國史)를 읽을 때마다 임진년 도이(島夷)의 변고에 이르면 늘 충무공(忠武公)과 공이 시종 함께한 의리에 여러 번 반복하며 강개하였다. 또 공의 연치가 충무공에 미치지 못하였지만 위엄이나 명성과 성취가 실로 충무공과 나란하였음을 안타깝게 여겼다. 만일 공으로 하여금 향년이 더욱 오래고 임용이 더욱 전일하며, 또 그 곁에서 흔들고 견제함이 없게 하였다면, 그 훈업이 어찌 여기에 그쳤겠는가. 후세 사람들이 이를 살피지 않고서 마침내 혹 공의 재지(才智)와 용략(勇略)이 충무공에게 조금 뒤진다고 한다면, 이는 또한 같은 부류를 알지 못하는 것이라 할 만하다. 명(銘)은 다음과 같다.

아차산에	峨嵯之原
높은 봉분이 있으니	有屹堂封
어느 분을 장례하였는가	云誰之葬
의민공 이공이라네	毅愍李公
공의 충성과 용맹은	惟公忠勇
하늘이 실로 낳으신 것이네	天實生之
먼저 북쪽 사막을 짓밟고	先躙北漠
다음으로 남쪽 오랑캐를 절단 내었네	次剪南夷
공이 남쪽 지방에 있음에	公來在南
위엄과 명성이 혁혁하였네	威聲燀赫
남은 용맹을 떨치자	奮厥餘勇
오랑캐 우두머리가 숨만 쉴 뿐이었네	島酋喙息
또한 함께 분개하는 이 있었으니	亦有同愾

무용과 지략이 빼어났네	武略超倫
거북선이 바다에 들어가자	龜船入水
고래와 악어 같은 왜적이 평정되었네	鯨鼉帖然
젊은 나이에 위대한 방략은	英年偉略
공에게 한 수 양보하였으니	讓公一頭
좌익과 우익으로 나누어	分左右翼
체제와 형세가 비등하였네	體敵勢侔
당항포에서 크게 무찌름에	大鏖唐浦
나무 허수아비에 무늬와 수를 놓았고	木偶文繡
층층의 누선이 한 번에 부수어지니	層樓一碎
완악한 왜적이 머리를 내어놓았네	頑酋授首
배를 철로 싸고 적신 솜으로 감싸니	鐵裹綿包
방략이 기발하였네	方略猋發
성을 부수는 수레 임충과 같으니[49]	如車臨衝
누가 감히 우리를 막으리오	疇敢我遏
이때 명나라의 군대가	惟時天兵
청명으로부터 부월을 내려주었네[50]	下鉞青冥

49 성을……같으니 : 임충(臨衝)은 성을 공격하는 수레인 임차(臨車)와 충차(衝車)를 가리킨다. 《시경》〈대아(大雅) 황의(皇矣)〉에 "너의 형제국과 함께 하여 너의 구원과 임충으로 숭나라의 성을 치라 하시다.〔同爾兄弟, 以爾鉤援, 與爾臨衝, 以伐崇墉.〕"라고 한 데서 온 말로, 위에 있으면서 아래를 굽어보는 것을 임차, 곁으로부터 충돌하는 것을 충차라고 한다.

50 청명(青冥)으로부터 부월(斧鉞)을 내려주었네 : 명(明)나라 조정에서 임진왜란 때에 구원병이 이르렀음을 뜻한다. 청명은 높은 푸른 하늘이라는 뜻으로 여기서는 명나

공 등 한두 분을 믿어서　恃公一二
위엄과 명성을 떨쳤네　用震威名
그런데 저 나쁜 사람은　彼其之子
귀신과 역귀가 되어　爲鬼爲蜮
우리가 온전히 승리한 것을 싫어하고　惎我全勝
우리의 세력이 대등함을 꺼리니　嫌我勢敵
마치 진회(秦檜)가 악비(岳飛)에 있어서와 같아　如檜於岳
금패가 갑자기 내려졌네[51]　金牌遽宣
장성이 한 번 철거되니[52]　長城一撤
누가 오랑캐 먼지를 깨끗이 하리오　誰靜蠻塵
공이 온 식구로 보증하여　公保百口
묵최로 다시 돌아왔네[53]　墨衰復返

라 조정을 가리키며, 부월은 군주가 신하에게 정벌을 위임할 때 병권의 상징으로 내려주는 도끼이다. 두보(杜甫)가 지은 〈형주에서 광주로 부임하는 이대부 칠장을 전송하다〔衡州送李大夫七丈勉赴廣州〕〉의 시에 "부월이 조정에서 내려오니 누선은 동정호를 지나가겠지. 서늘한 기운은 북풍을 따라 일고 남두는 문성을 피하리라.〔斧鉞下青冥, 樓船過洞庭. 北風隨爽氣, 南斗避文星.〕"라고 하였다.

51 마치……내려졌네 : 이순신(李舜臣)이 시기하는 이들의 모함을 받아 파직되고 국문(鞫問)을 당한 일을 빗대어 말한 것이다. 악비(岳飛)는 남송(南宋)의 명장으로, 여러 차례 금군(金軍)을 물리쳐 지속적으로 전공을 세웠으나, 당시 조정에서 실권을 잡고 있던 진회(秦檜)가 화의(和議)를 주장하면서 하루에 12번 금자패(金字牌)를 내려 악비를 소환하였다.

52 장성이 한 번 철거되니 : 나라를 지킬 중신(重臣)이 사라지게 되었음을 뜻한다. 남조(南朝) 송(宋)나라의 명장 단도제(檀道濟)가 누차 전공(戰功)을 세웠으나 시기를 받아 죄 없이 형을 받게 되자, "마침내 또 만리장성을 무너뜨리는구나.〔乃復壞汝萬里之長城〕"라고 했다는 고사에서 온 말이다.《宋書 卷43 檀道濟列傳》

참소하는 말을 써먹지 못하니　讒言莫售
눈을 흘겨보며 돌아갔네　睊目載反
공에게 무슨 상관이 있겠는가　於公何有
하루살이가 나무를 흔드는 격이었네　撼樹蚍蜉
나는 나의 의리를 위해 죽으니　吾死吾義
구차히 사는 것은 수치라네　苟活爲羞
난리가 평정된 지 백년 만에　亂定百年
공정한 의론이 비로소 밝혀졌네　公議乃闡
마래산에　馬來之山
유묘가 세워지니　遺廟載建
마치 수양성의 두 사당에서　如睢雙廟
아직도 허원(許遠)과 장순(張巡)을 말하는 것과 같네[54]　尙說許張
투구와 갑옷 입고 일에 나아가니　介冑卽事
군악소리 크게 울렸네　笳皷敲鏗

53 묵최(墨衰)로 다시 돌아왔네 : 이순신(李舜臣)이 옥중에서 돌아오다가 어머니의 상(喪)을 만나 기복(起復)으로 종군한 일을 가리킨다. 묵최는 포(布)로 만든 직령에 흑립(黑笠)과 흑대(黑帶)를 착용하는 복제로, 아버지가 살아계시는데 어머니가 돌아가셨을 경우 담제(禫祭) 뒤에 입는 것이다.

54 마치……같네 : 충민사(忠愍祠)에 이억기(李億祺)가 이순신(李舜臣)과 함께 제향 된 것을 빗대어 말한 것이다. 허원(許遠, 709~757)과 장순(張巡, 709~757)은 당나라 현종(玄宗) 때의 충신들로 허원은 수양 태수(睢陽太守)였고 장순은 진원(眞源)의 현령이었는데, 천보(天寶) 연간에 안녹산(安祿山)이 반란을 일으키자 함께 군사를 일으켜 강회(江淮)의 보장(保障)인 수양성(睢陽城)을 지켰으나 중과부적으로 성이 함락되자 함께 순국하였다. 이 두 사람은 같은 해에 태어나서 한날에 함께 순국하였다. 《舊唐書 卷187 張巡傳》

오직 이 유묘에　惟玆遺墓
아직도 드러나게 새긴 비석이 빠져있네　尙闕顯刻
남은 후손들이 힘을 다하여　遺孫殫力
귀부를 세우고　龜趺是植
나에게 명문을 구하여　徵我銘辭
저 비석에 실으니　載彼牲石
천추의 뜻 있는 선비들이여　千秋志士
눈물 흘려 가슴을 적시리라　有淚沾臆

예조 참판 김공 신도비명 병서○신해년(1851, 철종2)
禮曹參判金公神道碑銘 幷序○辛亥

문경공(文敬公) 후재(厚齋) 김 선생(金先生)[55]은 순수한 덕으로 도(道)를 응집하여 두텁게 쌓되 적게 드러내었으니,[56] 출처의 올바름과 언론의 순수함이 우뚝하게 백세를 기다려도 의혹되지 않음이 있었다. 그러므로 집안에서 이를 이어받아서, 나오는 후손마다 어진이가 아닌 이가 없었다. 고 참판 휘(諱) 회연(會淵) 자(字) 문통(文通)인 분에게 이르러서는, 몸소 화락한 군자의 덕성을 닦고 조리(操履)가 방정하고 엄격하여 정묘(正廟 정조)로부터 특출한 지우를 입었다. 과거에 높은 등급으로 이름을 올려 차례대로 화려하고 현달한 자리에 올라 지위가 아경(亞卿)[57]에 이르렀지만, 공손하고 검소하며 진실하고 독실하여 작은 행실에도 반드시 삼가서 확실하게 산림의 법도가 있었으니, 식자들이 말하기를 '후재(厚齋) 선생이 쌓은 실질이 공에 이르러서 더욱 징험

55 후재(厚齋) 김 선생(金先生) : 김간(金幹, 1646~1732)으로 자는 직경(直卿), 호는 후재, 본관은 청풍, 시호는 문경(文敬)이다. 박세채(朴世采)·송시열(宋時烈)의 문인으로 예학에 조예가 깊었다. 저서로는 《후재집》·《소학차기(小學箚記)》 등이 있다. 김회연(金會淵)에게는 고조(高祖)가 된다.

56 두텁게……드러내었으니 : 소식(蘇軾)의 〈가설(稼說)〉에 "널리 보아서 핵심을 취하고, 두텁게 쌓아서 적게 드러내어야 한다.〔博觀而約取, 厚積而薄發.〕"라고 한 내용이 보인다.

57 아경(亞卿) : 정경(正卿)의 다음가는 벼슬로, 육조의 참판(參判)이나 그에 버금가는 벼슬을 말한다.

되었다'고 하였다.

기억하건대 옛날에 공이 여러 번 악록(岳麓)[58]에 임하여 사문(斯文)의 본말과 유자(儒者)의 행장(行藏)의 올바름을 차례로 논하여서 날이 지려고 하는데도 자리를 맞대고서 이야기가 끊이지 않았다. 공이 학문을 좋아하고 자신의 귀한 신분을 잊은 것이 근세에 보고 듣지 못한 바임에 심복하여 지금까지도 감탄하고 있다. 공의 맏아들인 군수(郡守) 군이 신도비에 새길 글을 부탁함에 정의(情誼)가 정중하여 끝내 사양할 수가 없으니, 행장을 살펴서 다음과 같이 서술한다.

김씨(金氏)는 본적이 청풍(淸風)이니, 시조 휘 대유(大猷)는 고려 때에 문하시중(門下侍中)을 지냈다. 본조(本朝)에 들어와 휘 관(灌)은 호조 참의로 좌찬성에 추증되었으며, 휘 의지(義之)는 강원도 관찰사이고, 휘 우증(友曾)은 중묘(中廟 중종) 때에 정국공신(靖國功臣)으로 책훈되어 병조 판서 청평군(淸平君)에 추증되었다. 휘 계(繼)는 학문이 독실하고 행실이 돈독하였으니 이 사실이 《동유사우록(東儒師友錄)》[59]에 기재되어 있다. 휘 충백(忠伯)은 효성과 우애로 호조 참의에 추증되었으며, 휘 수(洙)는 참봉으로 이조 판서에 추증되었다. 한번

58 악록(岳麓) : 여기서 악록은 남산을 가리킨 것으로, 남산 회현방(會賢坊)에 매산의 집이 있었다. 매산은 1831년에 지금의 남창동 일대인 상동(尙洞)에서 남산 기슭의 회현방으로 이사하였으며, 본집 〈연보〉 갑오년(1834) 조에 "경자일에 악록의 칠송정(七松亭)에서 후중양의 모임을 가졌다."라고 보이는데, 《신증동국여지승람》 제3권 〈동국여지비고 제2편 한성부〉에 의하면 칠송정은 남산 기슭에 있다.

59 동유사우록(東儒師友錄) : 박세채(朴世采, 1631~1695)가 신라(新羅)에서 조선 선조(宣祖)대에 이르기까지의 우리나라 도학 사우(道學師友)의 연원을 모아 편집한 책이다. 제자인 이세환(李世瑍, 1721~?)의 추보(追補)를 거쳐 완성되었다.

전하여 후재(厚齋) 선생 휘 간(幹)에 이르러서, 도학(道學)으로 세상의 유종(儒宗)이 되었고, 찬선(贊善)으로 영의정에 추증되었으니, 이분이 바로 공의 고조이시다. 증조 휘 태로(泰魯)는 이조 판서에 추증되었고, 조부 휘 치후(致垕)는 바른 말과 곧은 절개로 당시에 명망을 얻었으며[60] 경상도 관찰사로 좌찬성에 추증되었다. 선고 휘 종정(鍾正)은 이조 판서이고, 선비 증 정경부인(贈貞敬夫人) 평산 신씨(平山申氏)는 찬선(贊善) 직암공(直菴公) 경(暻)의 따님으로, 내외가 덕을 길러서 공에게서 드러났다.

공은 영조 경오년(1750, 영조26) 8월 6일에 태어났다. 어려서부터 영민하여 얽매이지 않았으며, 차츰 자라서는 경학을 연구하여 순후하였다. 병신년(1776, 영조52)에 생원시에 합격하였는데, 회시(會試) 때에 조모의 기년복을 아직 벗지 못하였다 하여 예(禮)를 근거하여 과거에 나아가지 않았다. 정조가 왕위를 잇자, 특명으로 내년 식년시로 옮겨 응시하게 하여 마침내 회시에 합격하였다. 경신년(1800, 정조24) 봄에 저궁(儲宮)의 요속(僚屬)을 간택할 때에 특명으로 세마(洗馬)에 제수되었고, 곧 시직(侍直)과 부솔(副率)로 옮겼다. 4월에 왕세자를 책봉하고는 경과 정시(慶科庭試)를 설행하였는데, 방방(放榜)을 하자 공의 이름이 10번째에 있었다. 상께서 기뻐하며 고시관에게 말씀하기를, "인재를 얻었다."라고 하였다. 입시하였을 때에 성상께서 온후하게

60 조부……얻었으며 : 김치후(金致垕, 1692~1742)는 자는 사중(士重), 호는 사촌(沙村)으로 1716년(숙종42)에 동료 유생들과 함께 스승인 송시열(宋時烈)을 배반하고 소론(少論)의 파당(派黨)을 만든 윤증(尹拯)의 죄를 상소하여 규탄하였고, 1730년(영조6)에는 대사간이 되어 당쟁의 폐단을 없애기 위하여 선포한 탕평책(蕩平策)에 반대하다가 영조의 노여움을 사서 위도(蝟島)로 유배된 바 있다

말씀하기를, "이 사람은 고(故) 중신(重臣) 아무개의 아들이다. 중신이 막 세자시강원을 설치했을 때 춘방(春坊)으로 있었다가 후에 빈객(賓客)이 되었는데, 그 자식 또한 이름과 행실을 익숙히 들어왔다. 지금 설서(說書)의 자리가 마침 비어있으니 의망하여 들이는 것이 옳다."라고 하였다.

6월에 정조께서 예척(禮陟 승하)하시자 사헌부 지평에 제수되었는데, 아뢰기를 "신은 승륙(陞六)한 지가 얼마 되지 않아서 낭관(郎官)이라는 직함이 그대로 남아있는데, 지헌(持憲 지평(持平))의 교지에 대부(大夫)의 품계를 적었습니다.[61] 조정의 자급(資級)은 본래 차서가 있는 법이라 공연히 함부로 더하고 버젓이 무릅쓰고 받아서는 안 됩니다. 하물며 풍헌(風憲)의 직임[62]은 뭇 관료들과 다르니, 어찌 감히 잘못을 답습하는 것을 스스로 달게 여겨 그대로 따라서 무릅쓸 계책을 하겠습니까."라고 하였다. 관록(館錄)에 참여되어 홍문관 교리에 제수되었다.

순조 원년 신유년(1801)에 상소를 올려 권면하는 말을 아뢰었는데, 대략 이르기를, "소공(召公)의 이른바 '스스로 밝은 명을 받다.'라는 것[63]과 주자(朱子)의 이른바 '폐하의 성대한 때'라는 것[64]은 바로 전하의

61 신은……적었습니다 : 승륙(陞六)은 7품 이하의 관원이 6품으로 오르는 것을 말한다. 정5품 이하의 문관 품계는 낭(郎), 종4품 이상은 대부(大夫)에 해당하므로, 적은 품계가 분수에 맞지 않음을 말한 것이다.

62 풍헌(風憲)의 직임 : 벼슬아치들을 규찰하여 풍속과 기율을 바로잡는 일을 맡은 직임을 뜻하는데, 여기서는 사헌부 지평을 가리킨다.

63 소공(召公)의……것 : 《서경》 〈주서(周書) 소고(召誥)〉에 주(周)나라 소공(召公)이 새로 즉위한 성왕(成王)에게, "아! 이는 마치 자식을 낳음에 처음 낳았을 때에 어떻게 하느냐에 따라서 스스로 밝은 명을 받지 않음이 없는 것과 같으니, 이제 하늘이

오늘날의 일입니다. 선왕의 자리에 올라 선왕의 예(禮)를 행하고 근본을 바로잡아 다스려서 영고(寧考)[65]의 성대한 덕을 빛나게 계승하는 것이 바로 지금에 달려 있습니다. 성상의 몸을 보호하는 방법은 반드시 편안하고 안일하며 따뜻하게 입고 연한 음식을 먹는 것을 이르는 것이 아닙니다. 엄려(嚴廬)[66]에서 궤전(饋奠)할 때에 슬퍼하고 훼상됨이 그 중도를 얻고, 조정과 서연에서 나아가 신하를 접할 때에 엄숙하고 온화함이 그 중도를 얻어서, 모든 동정(動靜)과 호령(號令)이 마땅함에 적합하여 중도를 얻어서 위로 천덕(天德)에 이른다면, 보호하는 한 가지 일은 그 가운데에 있을 것입니다."라고 하였다. 영남(嶺南)의 경시관(京試官)에 차임되었다가 일을 마치고 돌아오자 공론(公論)이 흡족해하였다.

우리에게 밝음을 명할 것인가? 길흉을 명할 것인가? 오랜 역년(歷年)을 명할 것인가? 이것을 아는 것은 지금 우리가 처음 정사함에 달려 있습니다.〔嗚呼, 若生子, 罔不在厥初生, 自貽哲命, 今天其命哲? 命吉凶? 命歷年? 知今我初服.〕"라고 한 말이 보인다.

64 주자(朱子)의……것 : 1162년에 송(宋)나라 효종(孝宗)이 즉위하여 직언(直言)을 구하자 주희(朱熹)가 올린 글이 《회암집(晦菴集)》 권11 〈임오응조봉사(壬午應詔封事)〉에 보이는데, 여기에 "폐하께서는 우리 송나라의 성대한 군주이시며 오늘날은 폐하의 성대한 때입니다. 이 때에 그들의 기대에 부응하지 않는다면 조종의 백성과 후손들이 다시는 폐하께 귀의하려는 마음이 없게 될 것이니, 두려워하지 않을 수 있겠습니까.〔蓋陛下者, 我宋之盛主, 而今日者, 陛下之盛時. 於此而不副其望焉, 則祖宗之遺黎裔冑不復有所歸心矣, 可不懼哉?〕"라고 한 말이 보인다.

65 영고(寧考) : 영왕(寧王)이란 말과 같다. 원래 《서경(書經)》 〈주서(周書) 대고(大誥)〉에서 주(周)나라 성왕(成王)이 부왕(父王)인 무왕(武王)을 가리킨 말로, 무왕이 은(殷)나라를 이기고 천하를 편안히 하였다 하여 지칭한 것인데, 후세에는 선대의 왕을 높이는 칭호로 사용하였다. 여기서는 선대인 정조(正祖)를 이른다.

66 엄려(嚴廬) : 상중(喪中)에 임금이 거처하는 여막을 말한다.

이 때에 대혼(大婚)이 막히고 어지럽혀지는 변고[67]가 불령(不逞)한 무리들에게서 나왔다. 정조께서 국본(國本)의 중함을 생각하여 이미 성심(聖心)에 간택한 바가 있었는데, 삼간택(三揀擇)이 미처 행해지지 못하였다고 하여 마침내 국가를 해치는 무리들이 그 사이에 움터서 일이 장차 헤아릴 수 없는 점이 있게 되었다. 공은 상소문과 계사를 올려 고심하여 열거하였는데 대략 이르기를, "어제 자교(慈教)가 내려온 것을 받으니, 정녕하고 간곡하여 진실로 세도(世道)를 다스리고 세신(世臣)을 보호하려는 고심에서 나온 것이었습니다. 그런데 마침내 재앙을 좋아하는 무리와 가르침을 따르지 않는 사람들이 정상(情狀)을 숨기지 못하여, 교활한 수단이 마침내 드러나 세상의 지목을 받고 있습니다. 그런데도 온 조정에서 침묵하면서 감히 이를 지적해 배척하지 못하니, 신은 이것을 애통히 여깁니다. 아아, 저 이상겸(李象謙)은 간특하게 속이고 숨겨서 조급하게 나아가 만족함이 없어서 동에 번쩍 서에 번쩍하면서 어두운 밤에 출몰하니, 장차 무슨 일을 만들어낼지 알 수 없습니다.[68] 이제 조정의 기상을 진정시키고 세도를 안정시키려는 때를 당하여 하루라도 그냥 방치해서는 안 됩니다. 청컨대 빨리

67 대혼(大婚)이……변고 : 1800년(정조24)에 김조순(金祖淳)의 딸이 당시 세자였던 순조(純祖)의 세자빈으로 간택되었는데, 마지막 간택을 앞두고 삼간(三揀)을 다 마치지 못한 채로 정조(正祖)가 승하하고 이어서 정순왕후(貞純王后)가 수렴청정을 하게 되자, 세 번 간택을 다 마치지 못하였다고 하여 간택에 대한 논란이 있었던 것을 가리킨다.

68 저 이상겸(李象謙)은……없습니다 : 사간원 헌납(獻納)으로 있던 김회연(金會淵)은 당시 교리(校理)였던 이상겸이 과거 이광익(李光益) 및 윤행임(尹行恁)과 교분이 있었으며, 이들이 내쫓긴 이후에도 방자하게 행동하고 있음을 근거로 들어 논죄하였다.《承政院日記 純祖 1年 5月 26日》

찬배하는 형전을 시행하소서."라고 하였다. 다음날 엄한 하교를 내려서 공을 해남으로 유배 보냈다가, 9월에 특명으로 석방되어 돌아왔다.

또 사직하는 상소를 인하여 역적 권유(權裕)에게 빨리 추율(追律)을 시행할 것[69]을 청하면서 말하기를, "선대왕(先大王 정조)께서 초간일(初揀日)의 하교에 '충현(忠賢)의 가문과 국혼이 정해졌으니, 이것이 몹시 가상하고 기쁘다.'라고 하였습니다. 재간일에 이르러서 또다시 명하여 의위(儀衛)를 갖추어서 성상의 뜻이 굳게 정해졌음을 보이셨습니다. 저 무리들이 비록 심히 이를 달갑지 않게 여겼지만, 우리 선대왕의 일월과 같은 밝음과 우레나 벼락과 같은 위엄으로 인하여, 간사함을 부려서 화를 일으키려는 마음을 펼 수가 없었습니다. 그러다가 선대왕께서 승하하신 때에 이르러, 제멋대로 역모를 내어서 나라의 본원을 흔들고 대의를 무너뜨리려는 계책을 하고 있는 것입니다. 아아, 이들이 어찌 평소 선대의 조정에서 북면하고 섬겼던 자들이 아니겠습니까. 성토를 거행하자마자 국문하는 일이 곧 그쳐져서 모호하게 얼버무려서 단서가 아직 파헤쳐지지 못하였는데, 귀신의 주벌이 먼저 가해지고 여론의 분노가 더욱 간절하니, 어찌 죄안을 미처 완결하지 못하였다고 하여 해당 법률을 시행하지 않을 수 있겠습니까."라고 하였다. 공은 언론이 평담하고 진실하여서, 과격하고 중도에 지나친 논의를 하는

69 역적……것 : 권유(權裕, 1745~1804)는 자는 성수(聖垂), 호는 국포(菊圃), 본관은 안동이다. 그는 1801년(순조1) 대사헌(大司憲)으로 있으면서 역적 처리를 논하는 상소문을 올렸는데, 그 가운데 김조순(金祖淳)의 딸과 순조(純祖)와의 국혼을 반대하여 선조(先朝)의 뜻을 어기는 내용이 있었다는 이유로 순원왕후(純元王后)의 가례가 끝난 뒤에 탄핵을 당하였다.《純祖實錄 1年 6月 12日, 4年 5月 20日・26日, 6月 7日・24日》

것을 좋아하지 않았으나, 유독 이 일에 있어서는 엄한 말로 징토하여 여력을 남겨두지 않았으니, 식자들은 공이 잡아 지키는 올바름이 이와 같다는 것을 알게 되었다.

사국(史局)의 교수 낭청(校讎郎廳)에 차임되었다가, 종부시 정(宗簿寺正)과 부응교(副應敎)에 제수되었다. 이 때에 여러 유현(儒賢)들의 시호를 의논하라는 명이 있었는데, 시장(諡狀) 가운데 남계(南溪 박세채(朴世采))를 지목하여 배척한 말이 있었다. 공은 자신의 연원이 시작된 바이므로 무릅쓰고 벼슬을 감당할 수 없다고 하여 인혐(引嫌)하여 면직하였다.[70] 을축년(1805, 순조5)에 정순왕후(貞純王后) 빈전도청(殯殿都廳)에서의 공로로 통정대부(通政大夫)에 올랐고, 연달아 승지에 제수되었다. 체직되었다가 안동 부사(安東府使)에 제수되었는데, 안동은 사람이 많고 땅이 커서 여러 의논들이 뒤섞여 있었다. 공이 한결같이 성실과 신의로써 다스려서 경계를 두지 않으니, 선비와 백성들이 마음으로 믿어서, 온 경내가 모두 공을 칭송하였다.

무진년(1808, 순조8)에 예조 참의에 제수되었고, 곧 대사간에 제수되었다. 이심도(李審度)의 일[71]을 논하였는데 대략 말하기를, "만일 논

70 공은……면직하였다 : 1804년(순조4) 김회연(金會淵)은 부응교(副應敎)로 있으면서 시망(諡望)을 의논해 정하는 일에 참여하였는데, 찬선(贊善) 김양행(金亮行)의 시장(諡狀) 중에 박세채(朴世采)를 크게 배척하여 심지어는 출향(黜享)을 청하는 내용이 있었다. 이에 김회연은 박세채가 자신의 고조인 김간(金幹)의 스승이었다는 것을 이유로 면직을 청하였다. 《承政院日記 純祖 4年 12月 26日》

71 이심도(李審度)의 일 : 1808년(순조8) 9월 27일에 대사간(大司諫)이었던 이심도가 상소를 올려 홍봉한(洪鳳漢)을 논핵하고 더불어 시파(時派)와 벽파(僻派)에 대하여 극언하여서 논란이 되었는데, 대사간으로 있었던 김회연(金會淵)이 10월 5일에 상소를 올려 이 일에 대해 언급하였다. 《承政院日記 純祖 8年 9月 27日, 10月 5日》

열하여 그 죄를 밝히고자 한다면, 변설하는 때에 도리어 사체에 손상을 입히게 될 것입니다."라고 하자, 상께서 후한 비답을 내려 장려하면서 말하기를, "그대의 말이 모두 옳다. 나는 오직 선왕의 마음을 나의 마음으로 삼을 뿐이다."라고 하였다. 5월에 이조 참의에 제수되었다가, 곧 예조로 옮겼다. 당시에 장차 통신사의 행차가 있게 되었는데, 오랜만에 처음 거행되는지라 경비를 계획함에 걸핏하면 폐단이 생겨나서 영남의 감사를 신중하게 선발해야 했다. 좌상 김공 재찬(金公載瓚)이 공이 청렴하고 공정하다 하여 여러 의론들을 물리치고 수망(首望)으로 공을 천거하였다. 공은 감영에 이르러서 곧장 차자를 올려 다스려 개혁할 방도를 자세히 진달하였고, 청렴하고 밝게 모아서 조사하여 명령하지 않아도 위엄이 갖추어졌다.

공이 안동에 있을 때에 유생 중에 조정의 명령에 빙자하여 사사로이 명륜당(明倫堂)에 현판을 걸었다가 이 일로 부백(府伯)에게 죄를 얻게 되자, 통문(通文)을 돌려 도(道)의 유생들을 모아서는 반드시 상소하여 공을 욕되게 하려던 자가 있었다. 그러다가 이 때에 이르러 관영에 묘지에 대한 송사가 있게 되었는데, 이 지역의 의론이 저 사람이 전에 공에게 죄를 얻었으므로 반드시 송사에서 이기지는 못하고 돌아갈 것이라고 하였다. 그런데 그 사람이 와서 송사를 함에, 공이 옛날일로 개의하는 바가 없어서 공정히 듣고 보아 이치에 따라 판결하니, 이에 영남 사람들이 크게 감복하여 모두 찬탄하며 말하기를 "대인군자가 아니면 할 수 없다."라고 하였다.

통신사의 사례가 영읍(營邑)에 현존하는 것이 없었기에, 공은 성심으로 조사하고 또 경사(京司)에 왕복하면서 간략하게 그 대략을 얻어서, 열읍(列邑)의 비용의 지출하는 밑천을 차례대로 조치해 마련하고 명분이 없이 거두거나 빌려주는 것을 엄히 금하였으며, 번번이 남창(南倉)의 돈을 빌려주기를 허락하여 함께 일을 이루었다. 이에 가렴주구가 백성에게 미치지 않아서 한 도(道)가 편안하였다. 차후의 원대한 것을 경영할 계획을 세워서, 영문(營門)의 별비전(別備錢)을 취하여 열읍(列邑)에서 이자를 얻은 것을 이자와 본전까지 함께 징수하여 돈 만 민(緡)을 얻어 곡식 만 석(石)을 장만하였다. 또 제민창(濟民倉)의 쌀 이천 석(石)을 청하여 조(租) 육천 석을 장만하고 또 스스로 사천 석을 마련하여, 군읍의 크고 작음과 공급할 비용의 많고 적음을 헤아려서 나누어 모곡을 취하여 해마다 이자를 불리고 이를 '신수곡(信需穀)'이라 이름 지어 조정에 장계로 아뢰었다. 그 후 동사(東槎 통신사)의 역이 있더라도 경비가 없음을 걱정하지 않게 되었다.

신미년(1811, 순조11) 납월에 청북(淸北)에 황지(潢池)의 경보[72]가 있어서 양서(兩西)와 기호(畿湖)의 백성들이 가족들을 이끌고 피난하여 영남으로 넘어간 이들이 몹시 많았다. 공은 모두 편안하게 머물러 살게 하여 처소를 잃지 않게 하고, 친한 비장(裨將)을 보내 경영(京營)에 달려가 문안하게 하니, 대신들이 방백(方伯)의 체통을 얻었다고 자주 칭찬하였다. 또 상소를 올려 삼세(三稅)와 포보포(砲保布)를 돈으로 대신 납부하게 하도록 청하고 묘당에 의논하여 백성을 위해 번잡

72 황지(潢池)의 경보 : 반란군이 일어나 소요를 일으키는 것을 말하는데, 여기서는 평안도에서 일어났던 홍경래(洪景來)의 난을 가리킨다. '황지'란 《한서(漢書)》 권89 〈순리전(循吏傳) 공수(龔遂)〉에, "바닷가는 멀리 떨어져 있어서 성스러운 교화가 미치지 않는 탓에 백성들이 굶주림과 추위에 떨고 있는데도 관리들이 돌보아 주지 않습니다. 그러므로 폐하의 적자(赤子)들로 하여금 폐하의 군사를 훔쳐서 황지 안에서 농병(弄兵)하게 할 뿐입니다."라고 한 데서 온 말이다.

한 일을 꺼리지 않으니, 영남의 백성들이 송덕비를 세워 은혜를 칭송하였다. 감영의 재용에 잘못된 규정이 많아서 예컨대 '장계한 뒤에 더 분급하는 것〔啓後加分〕'과 '연읍의 집전〔沿邑執錢〕' 등과 같이 명색이 한두 가지가 아니었는데, 이를 인습하여 쓰지 않는 이가 없었으나, 공은 홀로 이를 행하지 않았다. 그 밖에 시행하여 조처한 것들이 이루 다 기술할 수 없을 정도이다. 7월에 체직되어 돌아갔는데, 이듬해에 창고에 남아 있는 진자곡(賑資穀)이 수천 포(包)였고, 영내에 백성에게 나누어준 방폐전(防弊錢) 또한 천 민(緡)이었다. 영속(營屬) 중에 장부를 관리하던 때에 누락되었던 재물 천여 강(鏹)을 와서 고한 자가 있었는데, 공은 웃으면서 말하기를, "애당초 누락되었던 것이니, 지금 어찌 다시 취하겠는가." 하고는 명하여 각 청(廳)에 나누어주도록 하였으니, 영남 사람들이 이 일을 전하여 칭송해 마지않았다.

을해년(1815, 순조15)에 가선대부(嘉善大夫)로 발탁되어 예조 참판, 부총관(副摠管), 동지의금부사(同知義禁府事), 한성부 좌・우윤(漢城府左右尹), 동지경연사(同知經筵事)에 제수되고 승문원 제조(承文院提調)를 겸직하였으며, 그 사이에 다시 두 번 승지에 제수되었다. 이로부터 공의 명망이 날로 높아져서 장차 의정부에서 국사를 도모하는 자리에 선발되어 임용될 듯하였으나, 공은 문을 닫고 사람들을 물리쳐서 남을 부르거나 따르는 일을 일삼지 않았다. 곧 풍비(風痺)에 걸려 9개월 동안 앓아누웠다가, 정축년(1817) 5월 11일 정침에서 고종명(考終命)하였다. 조정과 산림에서 모두 탄식하고 애석해하며 말하기를, "어진 대부가 별세하였다."라고 하였다. 8월에 정부인(貞夫人) 양주 조씨(楊州趙氏)의 묘에 합장하니, 바로 장단부(長湍府) 사란동(沙蘭洞) 정좌(丁坐)의 언덕이다. 부인은 승지 창규(昌逵)의 따님이며, 판서 영진(榮進)의 손녀이다. 집안을 다스림에 법도가 있어서, 공이 평소 가난하였으나 집안일로 마음에 얽매이지 않았던 것은 부인의 힘이었다. 부인은 공보다 2년 먼저 태어나고 공보다 1년 먼저 별세하였다. 세 아들을 낳았으나 모두 장성하지 못하였다. 계자(系子) 동선(東選)은 지금 합천 군수(陜川郡守)이고, 딸은 참판 이도재(李道在)에게 출가하였다. 군수의 아들 원성(元性)은 진사이며, 딸은 이순익(李純翼)에게 출가하였고, 나머지는 모두 어리다.

공은 효성과 우애를 천성으로 타고 나서 지극한 효성과 깊은 사랑을 지녀 상(喪)에 거할 때에 치아를 드러내고 웃은 적이 없었으며, 기일에 곡할 때에 마음의 재계를 지극히 하였다. 형제들과 지내면서 즐겁고 화락하였으며, 백부를 아버지처럼 섬겨 감히 흐트러진 용모로 뵙지 못하였다. 집안을 다스릴 때에 장엄하고 공경스럽게 하였으나 되도록 참는 데에 힘써서 다른 사람의 과실을 말하는 것을 부끄럽게 여겼고 작은 선행이나 장점을 보면 즐겁게 이루어 성취시켜주고는 하였다. 매우 번거로운 일을 처리함에 있어서 곁에서 보는 이들도 혹 땀이 흐르는 지경에 이르렀으나 공은 정신이 고요하고 기운이 안정되어서 유유하게 아무 일이 없는 듯이 하였으며, 다급하여도 얼굴빛을 바꾸지 않았고 궁색하여도 걸음을 바꾸지 않았다. 종족들을 두루 보살피고 세의(世誼)의 집안들을 돈독히 찾아서 항상 미치지 못할 듯이 하였으며, 지방 고을에 부임하여서도 문에 출입을 금하지 않았고, 공에 힘입어 혼례와 장례를 이룬 이들이 수십 집안이었다. 전원은 점유한 바가 없었고 담장과 지붕을 수선한 바가 없었다. 우뚝하게 수립하였으나 스스로 훌륭하다고 여기는 뜻이 없었고, 적신(積薪)[73]에 곤궁하였으나 얼굴빛은 기미조차 없었다. 입을 닫고 그림자를 감추어서 세상의 더러운 때를 입지 않았다. 만년에 더욱 너그럽고 온화하였으나 지조가 더욱 확고하여 항상 만년의 절개를 보존하는 데에 힘써서 궁함과 영달, 기쁨과 슬픔으로 마음을 동요하지 않았다. 항상 달빛을 사랑하여 옷깃을 풀고 산책하여 밤이 다하도록 잠들지 않았으니, 이는 공의 마음이 명랑함을 기약하여서 명예의 고삐와 이익의 끈에서 초탈하였기 때문이었다.

신명(神明)이 안에 온축되어서 묘한 경지를 깨닫고 깊이 나아가 문장을 지을 때에 모의와 도습을 일소하였고 붓을 잡아 천 글자를 적음에 옛 작가의 법도에 절로 합치되었으며, 시(詩)도 그 문장과 같았다. 《효운루집(曉雲樓集)》10권이 있으니, 효운루는 바로 공의 자호(自號)이다. 영관(瀛館 홍문관)에 있을 때에 《강목고사(綱目故事)》를 찬술하여 경연에 올려 계옥(啓沃)[74]에 보탬이 되고자 하였고, 또 《속편(續編)》을 시작하였으나 끝마치지 못하였으며, 또 《서사류편(書史類編)》을 저술하였으니, 모두 집안에 보관되어 있다.

공은 가학의 연원을 이어서 독실하게 행하고 깨끗하게 몸을 닦아 초연히 벼슬에 진취하려는 생각이 없었는데, 걸출하게 한 번 급제함에 성상의 지우를 입어 돌아보고 주목하심이 더욱 융성하였다. 그러나 미처 발탁되어 등용되지 못하여서 끝내 넓은 포부를 크게 펼쳐 당대의 보불(黼黻)과 생용(笙鏞)[75]의 쓰임에 응할 수 없었으니, 애석하도다.

73 적신(積薪) : 승진하지 못하고 늘 미관말직(微官末職)에 머무는 것을 뜻한다. 한나라 때 급암(汲黯)이 "폐하께서 신하들을 기용하는 것은 마치 섶을 쌓아 둔 것과 같아 뒤에 오는 사람이 위에 앉습니다."라고 한 데서 유래하였다. 《漢書 卷50 汲黯傳》

74 계옥(啓沃) : 신하가 자기의 식견으로 임금을 잘 계도(啓導)하는 것을 이른다. 《서경(書經)》 〈열명(說命)〉에, 은(殷)나라 고종(高宗)이 그 재상 부열(傅說)에게 "그대의 마음을 열어 나의 마음을 적시라.〔啓乃心, 沃朕心.〕"라고 한 데서 유래하였다.

오직 송백(松柏)이 뒤늦게 시드는 절개[76]를 보존하고 얼음과 소태나무처럼 더럽혀지지 않는 지조[77]를 힘써서 풍상(風霜)과 같은 붓을 떨쳐 영해(嶺海)를 호정(戶庭)처럼 보고 양춘(陽春)의 교화를 펼쳐 편안한 자리에서 한 도(道)를 안정시켰으니, 여기에서 공의 마음이 홀로 괴로워하여서 후손에게 복을 남겨준 것을 볼 수 있다. 나는 늙어서 필기구를 던져두었으나, 효자의 정성에 감동하고 또 평소의 지우에 감복하여서 마침내 병을 무릅쓰고 붓을 적셔 글을 쓰고 이어서 명(銘)을 적는다.

청풍김씨의 세가는	淸風世家
인덕을 깊이 쌓았네	積累者深
독실하게 군자를 낳으니	篤生君子
단단한 옥과 정제된 금과 같았네	栗玉精金

75 보불(黼黻)과 생용(笙鏞) : 임금을 잘 보좌하는 훌륭한 신하를 비유한 말이다. 보불의 보는 흑백색으로 된 도끼 모양의 무늬이고, 불은 흑청색으로 된 아(亞)자 모양의 무늬인데, 여기서는 임금을 보좌할 문재(文才)를 뜻하며, 생용은 생황과 큰 종으로 《서경》 〈익직(益稷)〉에 순(舜) 임금 때의 악관(樂官)인 기(夔)의 말에 "생과 용을 번갈아 울리자 새와 짐승들이 서로 춤을 추고, 소소를 아홉 번 연주하자 봉황이 와서 춤을 추었습니다.〔笙鏞以間, 鳥獸蹌蹌, 簫韶九成, 鳳凰來儀.〕"라고 한 데서 온 말로 전하여 훌륭한 신하를 뜻하게 되었다.

76 송백(松柏)이……절개 : 군자의 변치 않는 절개를 뜻한 것으로, 《논어(論語)》 〈자한(子罕)〉에 "날씨가 추워진 뒤에야 송백이 늦게 시듦을 알 수 있다.〔歲寒然後, 知松柏之後凋也.〕"라고 한 공자(孔子)의 말에서 유래한 것이다.

77 얼음과……지조 : 맑은 얼음물을 마시고 쓰디쓴 소태나무를 씹으면서 굳게 지키는 절조를 말한다. 당(唐)나라 백거이(白居易)의 시에 "3년 동안 자사로 있으면서, 맑은 얼음물을 마시고 쓰디쓴 소태를 씹었노라.〔三年爲刺史, 飮氷復食蘗.〕"라고 한 데서 온 말이다. 《白樂天詩集 卷1 三年爲刺史》

몸에 돌이켜 실천하여서　反躬踐述
오래할 수 있고 친해짐이 있었네[78]　可久有親
문원과 이치의 숲에　文苑理藪
눈과 마음이 모두 이르렀네　心目俱臻
높은 담장에서 새매를 쏘아서　射隼高墉
기물을 몸에 간직하고 때를 기다렸네[79]　藏器俟辰
정조께서 명철하여　正廟則哲
인재를 얻고 기뻐하셨네　得人是喜
갑자기 활과 검을 안게 되니[80]　遽抱弓劍
만사가 끝나버렸네　萬事其已

78 오래할……있었네 : 《주역》 〈계사전 상(繫辭傳上)〉에, "건(乾)은 쉽게 주관하고, 곤(坤)은 간략하게 완성할 수 있으니, 쉬우면 알기 쉽고, 간략하면 따르기 쉽다. 알기 쉬우면 친해지는 자가 있고, 따르기 쉬우면 공(功)이 있으며, 친해지는 자가 있으면 오래할 수 있고, 공(功)이 있으면 크게 할 수 있다.〔乾以易知, 坤以簡能, 易則易知, 簡則易從. 易知則有親, 易從則有功, 有親則可久, 有功則可大.〕"라고 한 내용이 보인다.

79 높은……기다렸네 : 《주역》 〈해괘(解卦) 상육(上六)〉에 "상육은 공이 높은 담장 위에서 새매를 쏘아 잡으니, 이롭지 않음이 없다.〔上六, 公用射隼于高墉之上, 獲之, 无不利.〕"라고 하였는데, 새매는 곧 소인(小人)을 비유한 것이다. 이에 대해 〈계사전 하(繫辭傳下)〉에서 공자(孔子)의 말을 인용하여 "군자가 기물을 몸에 보관하여 때를 기다려 움직이면 어찌 이롭지 않음이 있겠는가.〔君子藏器於身, 待時而動, 何不利之有?〕"라고 해석하였다.

80 갑자기……되니 : 정조(正祖)가 승하한 일을 말한다. 전설상의 제왕인 황제(黃帝)가 용을 타고 승천할 때에 신하와 후궁 70여 명이 용을 타고 함께 하늘로 올라갔는데, 나머지 사람들도 용의 수염을 부여잡고 함께 올라가고자 하였으나 수염이 뽑혀 떨어지면서 황제의 활과 검과 함께 떨어지고 말았으므로, 그 백성들이 그 활과 검, 수염을 안고 통곡하였다는 고사에서 온 말이다. 《史記 卷28 封禪書》

선왕을 추념하여 현왕에게 보답하여　追先報今
우리 어린 임금을 도왔네　翊我沖王
호흡하는 사이에 바람과 우레가 치니　嘘吸風霆
창황한 때를 만났네　時際蒼皇
저 불령한 자들은　彼不逞者
귀신과 역귀가 되어서　爲鬼爲蜮
우리 국혼을 막아서　沮我大婚
독한 독을 쏘려 하였네[81]　求我辛螫
꿋꿋이 서서 변치 아니하여　鵠立不移
강직한 말을 거듭해서 하였네　抗言再三
청포와 백간[82]으로　青袍白簡
말소리가 엄격하였네　辭氣森嚴
물러나 거두고 감추어　退然斂藏
느린 걸음으로 천천히 나아갔네　緩步徐進
영가[83]를 다스림에　永嘉之政

81 우리……하였네 : 여기서 국혼이란 순조(純祖)가 세자로 있을 때에 김조순(金祖淳)의 딸을 세자빈으로 간택하여 혼사를 이루려고 했던 일을 말한다. 원문의 '신석(辛螫)'은 《시경》 〈주송(周頌) 소비(小毖)〉에 "나의 벌을 손끝에 부리지 말지어다. 스스로 맵게 쏨을 구하는 것이로다.〔莫予荓蜂, 自求辛螫.〕"라고 한 데서 인용한 것이다.

82 청포(青袍)와 백간(白簡) : 청포는 당나라 때 팔품(八品)이나 구품(九品)의 관원들이 입던 관복으로 하급 벼슬아치가 입는 옷을 뜻하며, 백간은 관원을 탄핵하는 상소 등을 말하는바, 《진서(晉書)》 〈부현열전(傅玄列傳)〉에 "부현은 천성이 준급(峻急)하여 매번 주핵(奏劾)할 일이 있으면 그때가 밤일지라도 백간(白簡)을 준비하고 옷을 차려 입은 다음 앉아서 밤을 꼬박 새우고 아침까지 기다렸다."라고 한 데서 온 표현이다.

83 영가(永嘉) : 경상북도 안동(安東)의 별칭이다.

세속을 바르게 하여 앉아서 진정시켰네	雅俗坐鎭
교린에 일이 있어	交隣有事
의정부에서 선발을 신중히 하였네[84]	廟簡其難
한 번 나아가 명에 응하자	一出膺命
온 도가 힘입어 편안해졌네	全省賴安
가렴주구가 미치지 않고서도	誅求不及
주전[85]에 잘못이 없었네	廚傳無嘖
동사(東槎)의 비용을 조처함에	槎需措注
돈으로 마련하고 석으로 마련하였네	以緡以碩
영원한 후세에 남기기를 도모하니	圖垂永遠
원대한 계획 분명하였네	較若石畫
서쪽 경보로 백성들이 가족을 이끌고 옴에	西警扶携
귀의한 듯 편안히 머물게 하였네	奠接如歸
친한 비장이 달려가 임금께 문안하게 하니	親裨奔問
옛 제후의 의식이었네	古之侯儀
평탄하거나 험하거나 한 절개를 지키니	一節夷險
명분과 실제가 순수하였네	名實純粹
군자가 겸손한 덕이 밖으로 드러나[86]	君子鳴謙

84 교린(交鄰)에……하였네 : 교린은 이웃 나라와 교제하는 것으로, 여기서는 일본과 교제하여 통신사를 보낸 일을 말한다. 통신사 파견으로 인해 영남(嶺南)의 감사를 신중하게 선발하였다는 뜻이다.

85 주전(廚傳) : 주는 음식을 만드는 곳인 주포(廚鋪)이며, 전은 역마를 내주는 역전(驛傳)으로, 여기에서는 통신사가 사행의 일로 지방을 오갈 때에 음식과 역마를 제공하는 일을 말한다.

평소 행실[87]을 편안하게 하니　　用安素履
묵묵히 이루어서　　默以成之
스스로 몸을 감추었네　　以自晦身
처음을 따져보고 끝을 맞춰보건대　　原始要終
진실로 덕이 완전한 분이었네　　允矣完人
우뚝한 사란동의 언덕에　　嵂嵂蘭岡
무덤이 고요하네　　幽宮有侐
비석의 글을 밝게 게시하니　　昭揭石章
내 부끄러운 기색이 없노라　　我無愧色

86 겸손한……드러나 : 원문의 '명겸(鳴謙)'은 《주역》 〈겸괘(謙卦) 육이(六二)〉에 "겸손한 덕이 밖으로 드러나 정하고 길하게 된다는 것은, 바로 마음으로 터득했기 때문이다.〔鳴謙貞吉, 中心得也.〕"라고 한 데서 온 말이다.

87 평소 행실 : 원문의 '소리(素履)'는 본분대로 행함을 말하는바, 《주역》 〈이괘(履卦) 초구(初九)〉에 "본분대로 해 나가면 허물이 없다.〔素履往, 無咎.〕"라고 한 데에서 온 말이다

구성 부사 증 병조판서 전공 신도비명 병서

龜城府使贈兵曹判書全公神道碑銘 幷序

천계(天啓) 정묘년에 건주(建州) 오랑캐가 배반한 역적 강홍립(姜弘立)을 이끌고서 쳐들어와 침략하니,[88] 이 때 구성 부사(龜城府使) 겸 좌영장(左營將)이었던 전공(全公) 휘 상의(尙毅)가 전사하였다. 당초에 공은 평안 병사(平安兵使) 남이흥(南以興), 안주 목사(安州牧使) 김준(金浚)과 함께 안주(安州)에서 진을 치고 있었다. 남이흥과 김준 두 공은 중영(中營)을 지키고, 공은 남아서 백상루(百祥樓) 아래에 진을 치고 머물렀다. 적병이 점차 가까이 다가오자, 공은 군중에 명령을 내리기를, "적의 형세가 몹시 강성한데 군대의 병기는 부족하니, 삼가서 헛되이 발하지 말라." 하였다.

얼마 뒤 적병이 철갑을 입은 기병들을 거느리고 승승장구해오자 공은 군대를 정돈하고서 기다리고 있었는데, 명령을 기다리지 않고 포환을 쏜 자가 있자 곧바로 참형에 처하니 온 군대가 경계하고 엄숙해졌다. 이에 군병을 거두고서 적에게 약한 모습을 보이니 적의 기세가

88 천계(天啓)……침략하니 : 명(明)나라가 후금(後金)을 치기 위해 조선에 원병을 요청하자, 광해군(光海君)은 어쩔 수 없이 강홍립(姜弘立)을 오도원수(五道元帥)로 삼아 1만 천여 군사를 출병시키면서 형세를 보아 향배를 정하라고 밀명을 내렸다. 그러다가 조·명 연합군의 협공에 차질이 생기자, 강홍립은 바로 남은 군사를 이끌고 후금군에 투항하였다. 이후 강홍립은 김경서 등 10여 명과 계속 억류당하다가 1627년(인조5) 정묘호란 때에 후금군의 선도로서 들어왔다. 건주(建州)는 후금(後金)을 세운 만주족의 근거지를 가리킨다.

더욱 교만해져서, 말을 달려 돌진하여 곧장 성 아래에 이르렀다. 공이 이에 선봉으로 하여금 동시에 대포를 쏘게 하고 군중에서 차례대로 이어서 쏘게 하자 포성이 하늘을 진동하니, 오랑캐 병사들이 크게 무너져 쓰러진 시체가 산처럼 쌓였다. 마침내 승세를 타고 크게 격파하니, 적병들이 흩어져 도망쳤다. 그러자 평양(平壤)의 제군이 모두 승세를 타고서 적들을 추격하고자 하였는데, 공이 이를 만류하며 말하기를 “병사들이 교만하면 패하는 법이고 적의 실정을 헤아리기 어려우니, 섣불리 나아가서는 안 됩니다. 성벽을 견고하게 하여 스스로를 지키면서 때에 따라 변고에 응하는 것이 병가(兵家)의 계책입니다.” 하고는, 항오를 엄히 정비하고 망령된 행동을 경계하였다.

다음날 새벽에 바라보니 적병들이 성 밖 교외를 둘러싸고 있고, 사방에서 유입되는 자들이 또 셀 수 없이 많았는데, 우리 병사들은 고단하고 약하였으며 식량과 군기는 모두 비어 있었다. 공은 눈물을 흘리면서 병사들에게 맹세하여 절개를 지켜 순국하기로 결심하였다. 이에 남공(南公 남이흥(南以興))이 날카로운 기세를 다소 늦추고서 오랑캐와 강화하고자 하였는데, 공이 분연히 대의(大義)로써 남공을 책망하면서 검을 뽑아 베려고 하였다가, 이윽고 남공(南公)의 참뜻이 강화에 있지 않음을 알고서야 중지하였다. 연일 전쟁을 독려하여 충의(忠義)를 스스로 힘쓰니, 장졸들이 모두 죽음으로 스스로 맹세하여 전쟁터에서 물러서지 않았다. 남공(南公)이 불을 놓아 분신하고자 하자, 공이 만류하면서 말하기를, “무익한 일이니, 한갓 적의 기세를 더해줄 뿐입니다. 군병과 화살이 모두 소진되기를 기다려도 늦지 않을 것입니다.” 하였다.

남공(南公)과 김공(金公) 부자가 끝내 불에 타서 죽으니, 공은 남은 군기(軍器)를 불탄 가운데에서 거두고서 장졸들을 모아 눈물을 닦으며 말하기를, "병기와 식량이 모두 고갈되었고 구원병이 이르지 않았는데, 중영(中營)이 이미 함락되었다. 하늘이 실로 하신 일이니 그대 장졸들을 어찌한단 말인가. 너희들은 속히 나가 살기를 도모하고 주저하지 말라." 하였다. 관교(官校)인 배상증(裵尙增)과 백유정(白惟精)이 차마 공을 버리지 못하여 지체하며 떠나지 않자, 공은 크게 소리쳐서 내보내고, 홀로 백상루 위에 우뚝이 서서 활을 당겨 적을 쏘되 한 시위에 세 화살을 쏘아 쏠 때마다 적중하지 않음이 없었다. 적의 화살이 비처럼 쏟아져 공의 왼쪽 정강이에 맞추었는데, 화살을 뽑았으나 화살촉은 살에 남아 있었다. 공은 차고 있던 칼을 뽑아서 화살을 바치는 공생(貢生)에게 주어 살을 도려내어 화살촉을 꺼내게 하고는, 연이어 화살을 쏘았다.

날이 저물고서 화살은 떨어지고 힘은 소진되자, 공은 경사를 바라보며 네 번 절을 올리고는 마침내 검을 뽑아 스스로 목을 베고 누대 아래로 떨어지니, 바로 정월 16일이었다. 오랑캐들이 얼굴빛을 바꾸고 서로 말하기를 "충신의 몸을 여러 시체들 가운데 뒤섞어둘 수가 없다." 하여 백상루 앞에 묻고 표지를 세우고서 떠나니, 후에 광주(光州) 무등산(無等山) 유좌(酉坐)에 반장(返葬)하였다. 이 일이 알려지자 공을 병조 판서에 추증하고 예관(禮官)을 보내 제사를 올리게 하였다. 숙종(肅宗) 갑자년(1684, 숙종10)에 명하여 정려문을 내리고 안주(安州)의 민충사(愍忠祠)에 배향하였으며 광주의 경렬사(景烈祠)에 추향하였다.

공은 천안(天安) 사람이니, 십제공신(十濟功臣) 환성부원군(歡城府院君) 휘 섭(聶)이 시조이시다. 본조(本朝)에 들어와 광주 목사(光

州牧使)를 지낸 휘 구생(俱生)이 공의 6대조이다. 증조는 휘 완(琬)이고, 조부는 휘 개(漑)로 참봉이며, 선고는 휘 용(蓉)으로 승지에 추증되었다. 공은 만력(萬曆) 을해년(1575, 선조8)에 태어나 계묘년(1603, 선조36)에 무과에 급제하였다. 배위는 정부인(貞夫人)에 추증된 평산 신씨(平山申氏)이니 묘는 부장하였다. 세 아들을 두었으니 백원(伯元), 중원(仲元), 계원(季元)이고, 손자는 유항(有恒)과 유성(有成)이다.

공은 가르치지 않은 병졸들을 이끌고 범과 이리 같은 수만 명의 오랑캐들을 당하여서 형세가 가로막혀 일이 어찌할 수가 없었으나 만 번 죽을 계책을 내어서 한번 사는 것을 돌아보지 않았으니 이것이 이미 훌륭한데, 좋은 계책을 냄에 적절하지 않음이 없었으며 끝내는 몸을 바쳐 순국하였다. 옛 현철(賢哲)이 "강개하여 몸을 죽게 하기는 쉽지만 종용히 의(義)를 취하기는 어렵다."라고 하였는데 공은 이 두 가지를 모두 갖추었으니, 이것이 이른바 "죽는 것이 어려운 것이 아니라 죽음에 처하는 것이 어려운 것이다."라는 것이다. 이에 절개를 위해 죽는 것이 만일 그 마땅함에 부합한다면 의부(義夫)가 어찌 목숨을 바치기를 아끼겠으며, 몸을 버리는 것이 적소를 얻었다면 열사(烈士)가 그 목숨을 아끼지 않는다는 것을 알 수 있으니,[89] 아아, 훌륭하도다! 공은 일찍 시(詩)와 예(禮)를 익히고 힘써 문사(文辭)를 다스려서 남은 원고가 세상에 전해질만하니, '글자를 알지 못하는 영웅은 없다'는 말이 어찌 진실로 그렇지 않겠는가. 공의 후손 광표(光表), 광로(光魯), 응

89 이것이 이른바……있으니 : 이 내용은 《진서(晉書)》 권89 〈충의열전(忠義列傳)〉의 서문에 보인다.

팔(應八)이 나에게 신도비의 글을 청하였다. 내 일찍이 공이 사수(死綏)[90]한 의리에 감복하였고, 또 후손들의 지극한 정성에 감동하였기에 마침내 다음과 같이 명(銘)을 짓는다.

아아 전공이여	嗟嗟全公
남국의 기강[91]이었네	南國之紀
시를 돈독히 익히고 예를 말함에	敦詩說禮
극곡[92]과도 같았네	郤縠是似
깊은 산속에서 병서를 읽어서	窮山讀兵
호시의 뜻[93]을 가다듬었네	厲志弧矢

90 사수(死綏) : 죽음으로 지켜 물러나지 않음을 말한다. 《사마법(司馬法)》에 '장군은 죽기 전에는 물러나지 않는다.〔將軍死綏.〕'라고 보이는데, 수(綏)는 군대가 패하여 물러남을 이른다.

91 남국(南國)의 기강 : 남국은 남쪽 지방을 뜻하는 것으로, 《시경》〈소아(小雅) 사월(四月)〉에 "넘실넘실한 강한은 남국의 벼리다.〔滔滔江漢, 南國之紀.〕"라고 한 데서 온 말이다.

92 극곡(郤縠) : 춘추 시대 진(晉)나라의 장수로, 장수이면서도 무예뿐만 아니라 시서(詩書)와 예악(禮樂)에도 모두 정통하였다. 《서경》을 비롯하여 《시경》과 《예기》 등에 모두 정통하였다. 진 문공(晉文公)이 사냥을 나가면서 삼군(三軍)을 편성하고 원수(元帥)가 될 만한 인물을 물색하자, 조최(趙衰)가 말하기를 "극곡이 적합합니다. 신이 그가 하는 말을 자주 들었는데, 예악(禮樂)을 말할 줄 알고, 시서(詩書)를 돈독히 익혔습니다.〔郤縠可. 臣亟聞其言矣, 說禮樂而敦詩書.〕"라고 하여, 문공이 그로 하여금 중군(中軍)을 거느리게 하였다. 《春秋左氏傳 僖公27年》

93 호시(弧矢)의 뜻 : 호시는 뽕나무 활인 상호(桑弧)와 쑥대 화살인 봉시(蓬矢)를 말한 것으로, 옛날에 남아가 태어나면 뽕나무 활과 쑥대 화살로 천지와 사방을 향해 쏘아 장차 사방을 경영하는 큰 인물이 되기를 기약했던 데서 나온 말이다. 《禮記 內則》

매위[94]로 발신하였으나	發身韎韋
군자가 되었네	是爲君子
건주의 오랑캐가 맹약을 무너뜨리고	建虜敗盟
우리 서쪽 변방을 침입하니	寇我西陲
긴 뱀과 큰 멧돼지처럼	長蛇封豕
그 형세가 강성하였네	其勢駸駸
공은 귀부를 잡고서	公握龜符
좌영의 장수가 되었네	爲左營師
병기와 식량이 모두 고갈되어	兵食俱殲
계책을 시행할 수가 없으나	無計可施
공이 용맹을 떨쳐	公奮其勇
기발한 계획을 내었네	發謀出奇
순국하기로 결심하니	矢心殉國
능히 그 말을 드높였네	克抗厥辭
죽기로 계책을 정하여	定計於鮮
가죽으로 시신을 싸니[95]	祏革裹尸
규벽[96]은 부서지지 않고	圭璧不碎

94 매위(韎韋) : 적색의 가죽으로 만든 군복으로, 무관(武官)을 뜻한다.

95 가죽으로 시신을 싸니 : 전장에서 나라를 위해 장렬하게 싸우다가 전사한 뒤 가죽에 싸여 돌아오는 것을 말한다. 후한(後漢)의 복파장군(伏波將軍) 마원(馬援)이 "사나이라면 마땅히 전쟁터에서 죽어 말가죽에 시체를 싸서 돌아와 묻혀야 하니 어찌 아녀자의 손에 죽을소냐.〔男兒當以馬革裹尸還葬, 安可死於兒女手乎?〕"라고 한 데서 유래하였다. 《後漢書 卷24 馬援列傳》

96 규벽(圭璧) : 제사와 조빙(朝聘)에 쓰이는 옥기(玉器)로, 원만하게 이루어진 덕

굳은 절조는 망가지지 않았네	堅貞靡虧
웅장(熊掌)과 물고기를 취사함이[97]	熊魚取舍
떳떳한 본성에서 나왔으니	出自秉彝
천지의 사이에	天地中間
우리의 큰 법도를 세웠도다	立我大經
응당 정령이 있어서	應有精靈
바람과 우레가 될 것이니	化爲風霆
오랑캐의 비린내 나는 기운을 소탕하여	掃盪腥氛
해와 달이 쌍으로 밝아지리라	日月雙明
임금이 가상히 여기시어	褒寵有嘉
품계를 드높이셨네	命秩斯隆
고요한 민충사(愍忠祠)에	有侐愍祠
세 충신을 함께 제사하고[98]	幷祀三忠
경렬사(景烈祠)에 추향하니[99]	追侑烈廟

성(德性)을 뜻한다. 《詩經 大雅 雲漢》

97 웅장(熊掌)과 물고기를 취사함이 : 팔진미의 하나인 곰 발바닥과 어물 요리로, 이를 취사한다는 것은 생명과 의리를 둘 다 취할 수 없는 경우에 생명을 버리고 의리를 취함을 말한다. 자세한 내용은 53쪽 주95 참조.

98 고요한……제사하고 : 민충사(愍忠祠)는 평안남도 안주(安州)에 있던 사우로, 충민사(忠愍祠)로도 불린다. 정묘호란 때에 안주성에서 순국한 평안 병사(平安兵使) 남이흥(南以興), 안주 목사(安州牧使) 김준(金浚), 구성 부사(龜城府使) 겸 좌영장(左營將) 전상의(全尙毅)를 동무(東廡)에 함께 제향 하였다.

99 경렬사(景烈祠)에 추향하니 : 전라남도 광주(光州)에 있던 사우로, 본래 고려 시대의 명장 정지(鄭地)를 모신 사당인데, 후에 정충신(鄭忠信), 전상의(全尙毅) 등이 추향되었다.

물어봄에 모두 찬동하였네	詢謀僉同
희생이 몹시 크고	牲牢伊碩
서직이 풍성하니	黍稷惟豐
오는 영원한 후세에	有來永世
높여 보답함이 무궁하리라	崇報無窮
저 무등산에	有山無等
비석이 이수[100]를 이고 있네	石戴螭首
내 여기에 명문을 깊이 새겨	我銘深鐫
후세에 남겨 불후하게 하노라	用垂不朽

100 이수(螭首) : 본래 뿔 없는 용의 형상을 조각한 신도비의 두부(頭部)로, 곧 신도비를 지칭한다.

증 병조참판 영원군 윤공 신도비명 병서

贈兵曹參判鈴原君尹公神道碑銘 幷序

숭정(崇禎) 병자년에 건주(建州)의 오랑캐가 침략해 들어오니,[101] 인조(仁祖)가 남한산성으로 파천하였다. 당시에 변고가 창졸간에 나와 국세가 위급하였는데, 파평(坡平) 윤공 여임(尹公汝任)이 상주 토포사(尙州討捕使)로 있으면서 난리가 일어났다는 소식을 듣고 통곡하고는 순국하기로 결심하여 자줏빛 생사로 두 정강이에 묶었으니 이는 장차 뼈를 수습할 증거로 삼으려는 것이었다. 마침내 진영의 병사들을 거느리고 노정을 곱절로 하여 함께 나아갔다. 당초에 백공 선남(白公善男)이 공과 같은 고을에서 살고 같은 해에 태어났었는데, 이 해에 창원 부사(昌原府使)로 부임하였다. 그가 창원부의 병사들을 통솔하여 이르자, 공은 백공(白公)과 눈물을 흘리며 함께 맹세하여 "이는 임금의 치욕에 신하가 목숨을 바치는[102] 때이다."라고 하고는 함께 광주(廣州)의 쌍령(雙嶺)에 이르렀다.

이 때 오랑캐가 이미 병사를 나누어 사방으로 내보내어서 여러 길의 근왕병(勤王兵)들을 끊어놓은 상태였다. 공은 적의 기세가 매우 험악

101 숭정(崇禎)……들어오니 : 1636년(인조14)에 후금(後金)이 침략하여 병자호란(丙子胡亂)이 일어난 것을 말한다. 건주(建州)는 후금(後金)을 세운 만주족의 근거지를 가리킨다.

102 임금의……바치는 : 춘추 시대 범려(范蠡)가 "임금이 근심하면 신하는 노고를 아끼지 않아야 하고, 임금이 치욕을 당하면 신하는 죽어야 한다.〔君憂臣勞, 君辱臣死.〕"라고 하였다. 《國語 越語下》

하고 우리의 형세가 매우 약한 것을 보고는 이에 안장을 벗어 말을 풀어주고서 후퇴하지 않겠다는 뜻을 보였다. 마침내 단신으로 나아가 보전(步戰)을 하면서 활을 당겨 적을 쏘았는데 화살이 시위에 머무르지 않았는지라 쓰러뜨린 적이 몹시 많아서, 결습(決拾)[103]이 모두 마모되고 다섯 손가락이 모두 떨어져나가는 지경에 이르렀다. 공은 스스로 옷자락을 잘라서 손가락을 깨물어 혈서로 "순국하기를 허여하였으므로, 효를 마치지 못합니다.〔許身殉國 不得終孝〕"라는 여덟 글자를 써서 집안 하인에게 맡기며 말하기를, "너는 돌아가 나의 노모께 고하라."라고 하였다. 마침내 걸음을 바꾸지 않고서 절명하니, 바로 정축년(1637, 인조15) 정월 3일이었다. 공이 태어난 무자년으로부터 48세가 된다.[104] 이날 백공(白公) 또한 손에 검을 잡고 오랑캐의 군진에 달려갔다가 힘이 다하여 죽으니, 배리(陪吏) 황시헌(黃是憲)도 백공을 위하여 따라서 죽었다. 공의 집안 하인이 돌아가서 모부인(母夫人)에게 고하자, 부인은 공의 혈서를 보고 울면서 며느리에게 말하기를, "우리 아들이 죽었으니, 죽음이 제자리를 얻었구나."라고 하였다. 후인이 전장에서 공의 시신을 수습하였는데, 적의 화살이 운집하여 공의 가슴과 배를 꿰뚫었으니, 보는 이들이 이를 장대하고도 비통하게 여겼다.

이 일이 알려지자 상께서 놀라고 슬퍼하여서 공을 영원군(鈴原君)에 추봉하고, 백공(白公)과 함께 이조 참판에 추증하고서, 고신첩(告身

103 결습(決拾) : 활을 쏠 때에 쓰는 도구들로, 결(決)은 짐승 뼈로 만든 것으로 오른쪽 엄지손가락에 끼워서 활줄을 당기는 깍지이며, 습(拾)은 가죽으로 만든 것으로 왼팔에 걸어 활줄이 옷에 닿는 것을 막는 것이다.

104 공이……된다 : 무자년은 1588년(선조21)으로, 향년이 48세가 되기 위해서는 1590년(선조23)인 경인년이 되어야 한다. 착오가 있었던 것으로 보인다.

帖) 하나를 반으로 나누어서 공과 백공에게 나누어 하사하였다. 숙종(肅宗)께서는 어가가 쌍령(雙嶺)을 지날 적에 친히 시를 짓기를, "의로운 넋은 어느 곳으로 돌아갔는가. 슬픈 바람만 쌍령 위로 불어오네. 수레 멈추자 날이 저물려하니, 고개 돌려 회상함에 더욱 처량하구나." 라고 하였다.

조정에서 황시헌(黃是憲)에게는 함께 정려를 내려주었으나,[105] 공과 백공(白公)은 유독 빠져 있었다. 숙종(肅宗) 계유년(1693, 숙종19)에 종백(宗伯 예조판서)이 도신(道臣)의 장계(狀啓)를 인하여 상주하기를, "병자년(1636, 인조14)과 정축년(1637)에 의리를 위해 죽은 것으로는 쌍령(雙嶺)보다 더 성대한 곳이 없습니다. 그런데 지금 이 두 신하는 모두 지방관으로서 근심을 나누어 맡는 반열에 있으면서 변고를 듣고 왕사에 힘써서 같은 날 순국하였으니, 당시의 일과 공적이 모두 공사(公私) 간에 근거할 만한 자취가 있습니다. 그런데도 높이고 장려하는 바가 도리어 따라 죽은 배리(陪吏)에게도 미치지 못하니, 이는 단지 조정의 빠진 은전이 될 뿐만 아니라, 마땅히 사림들의 유감이 있을 것이니, 청컨대 작설(綽楔)의 은전[106]을 내려주소서." 하였다. 상께서 친히 《남한일기(南漢日記)》와 공의 사적을 보시고는 크게 가상히 여기고 장려하여 특별히 허여하였다. 이에 비로소 공과 백공(白公)의 정려문을 세워 '충신지문(忠臣之門)'이라고 하였다. 이에 앞서 청곡(青谷)

105 조정에서……주었으나 : 병자호란에 백선남(白善男)을 따라 순국한 아전 황시헌(黃是憲)에 관한 일을 그의 아들 황우룡(黃羽龍)이 1689년(숙종15) 조정에 상언하여 정려를 받은 일이 있었다. 《肅宗實錄 15年 5月 25日》

106 작설(綽楔)의 은전 : 정려(旌閭)하는 것을 말한다. 작설은 문 위에 세워 효자(孝子)나 의사(義士)를 정표(旌表)하는 뜻을 나타내는 나무이다.

에 사당을 세우고 공의 부자와 백공(白公)을 함께 제향 하였는데, 세상 사람들이 이를 수양(睢陽)의 두 사당[107]에 빗대었다. 춘조(春曹 예조)에서 또 공에게 제사를 올리는 장소의 향촉(香燭)과 제수(祭需)를 모두 사액 서원의 사례를 따르고 아울러 공의 자손들의 요역을 면제해줄 것을 청하였다.

공은 자가 성지(聖之)이니, 윤씨(尹氏)는 고려 태사(太師) 신달(莘達)이 비조가 된다. 고려 때에 문숙공(文肅公) 휘 관(瓘)[108]이 가장 드러났으니, 그 사적이 역사서에 실려 있다. 본조(本朝)에 들어와 휘 승순(承順)인 영평군(鈴平君)이 이조판서로 소정(昭靖)이라는 시호를

107 수양(睢陽)의 두 사당 : 수양은 중국 하남(河南) 상구시(商邱市) 남쪽에 위치한 곳으로, 이곳 사당에는 장순(張巡, 709~757)과 허원(許遠, 709~757)이 모셔져 있다. 이들은 당나라 현종(玄宗) 때의 충신들로 장순은 진원(眞源)의 현령이었고 허원은 수양 태수였는데, 천보(天寶) 연간에 안녹산(安祿山)이 반란을 일으키자 함께 군사를 일으켜서 강회(江淮)의 보장(保障)인 수양성(睢陽城)을 지켰다. 그러나 결국 중과부적으로 성이 함락되자 함께 순국하였다.《舊唐書 卷187 張巡列傳》

108 문숙공(文肅公) 휘 관(瓘) : 윤관(尹瓘 ?~1111)으로, 자는 동현(同玄), 시호는 문경(文敬)이었다가 후에 문숙(文肅)으로 고쳤다. 문종(文宗) 때 문과에 급제하여 벼슬을 하였고, 1104년(숙종9) 동북면 행영병마도통사(東北面行營兵馬都統使)가 되어 여진을 정벌하다가 실패하고 강화를 맺고 돌아와, 여진 토벌을 위한 군대를 양성할 것을 주장하여 별무반(別武班)을 창설하였다. 1107년(예종2) 여진 정벌군의 원수가 되어 부원수 오연총(吳延寵)과 17만 대군을 이끌고 출정해 여진을 평정하고, 함주(咸州)·영주(英州)·웅주(雄州)·복주(福州)·길주(吉州)·공험진(公嶮鎭)·숭녕(崇寧)·통태(通泰)·진양(眞陽)에 9성을 쌓고 돌아와 그 공으로 추충좌리평융척지진국공신 문하시중 판상서이부사 지군국중사(推忠佐理平戎拓地鎭國功臣門下侍中判尙書吏部事知軍國重事)에 봉해졌다. 그러나 훗날 여진족이 강화를 요청하자 조정에서 9성을 환부하였다. 1110년 수태보 문하시중 판병부사 상주국 감수국사(守太保門下侍中判兵部事上柱國監修國史)에 제수되었으나 사의를 표하였다.

받은 휘 곤(坤)을 낳았다. 소정의 손자는 판돈녕부사(判敦寧府事)인 탄(坦)이고, 증손은 형로(衡老)로 병조판서를 지냈고 영양군(鈴陽君)에 봉해졌는바, 이분이 공의 고조(高祖)이다. 증조 휘 규(奎)는 현감(縣監)이고, 조부 휘 지효(之孝)는 성상을 호위한 공훈으로 파흥군(坡興君)에 봉해지고 판서에 추증되었다. 선고 휘 찬(巑)은 용사(龍蛇)의 난[109]에 어가(御駕)를 용만(龍灣 의주(義州))으로 호위하여 녹훈되어 파릉군(坡陵君)에 봉해졌다. 파릉군은 생원 제참(齊參)의 따님인 의성 김씨(義城金氏)에게 장가들어 공을 낳으셨다.

공은 태어나면서부터 자품이 영특하고 통달하였고 기국과 도량이 컸다. 품성이 효성스러워서 어버이에 뜻에 앞서 받들어 순종하였으며, 어버이의 병환에 탕약 시중을 들 적에 옷에서 띠를 풀지 않았고 변을 맛보아 병세의 차도를 징험하였으며 거상할 때에 거친 밥을 먹으면서 삼년상을 마쳤다. 어버이의 명으로 무과에 급제하여 선전관(宣傳官)과 훈련원 첨정(訓鍊院僉正)에 제수되었고 내관의 품계를 거치면서, 관직에 머물 때마다 직분을 다하였다. 낙안 군수(樂安郡守)에 제수되어서는 아전과 백성들을 다스림에 관대함과 엄함이 서로 보완되어서 온 경내가 이에 힘입었다. 을해년(1635, 인조13)에 통정대부(通政大夫)에 오르고 병자년(1636, 인조14)에 상주(尙州) 진영에 부임하였다. 배위 나주 나씨(羅州羅氏)는 판결사(判決事) 설(楔)의 따님으로, 공의 묘소인 청곡(靑谷) 자좌(子坐)의 언덕에 부장하였다. 자식이 없어서

109 용사(龍蛇)의 난 : 임진왜란을 가리킨다. 용사(龍蛇)는 용의 해인 임진(壬辰)년과 뱀의 해인 이듬해 계사(癸巳)년을 합칭한 것으로, 간지(干支) 상 진(辰)은 용(龍), 사(巳)는 사(蛇)에 해당된다.

공의 아우 여인(汝仁)의 아들 경(檄)을 자식으로 삼았으니, 경(檄)은 첨추(僉樞)이다. 첨추의 아들은 상태(尙泰)이며, 손자는 재(載)로 생원(生員)이다. 생원은 손자 득대(得大)를 두었고, 득대의 삼남은 덕항(悳恒), 덕환(悳煥), 덕천(悳天)이다. 동진(東鎭)과 성진(性鎭)은 덕항의 소생이고, 경진(景鎭)과 상진(商鎭)은 덕환의 소생이며, 방진(邦鎭)은 덕천의 소생이다.

공은 외로운 군대를 이끌고 적의 칼날을 무릅쓰고서 적의 호랑이와 같은 입에 미끼를 드리워서 강한 오랑캐에게 힘써 항전하다가 마침내 살신성인하였다. 충의(忠義)의 성(性)은 하늘에서 얻어서 몸에 소유한 것이니, 성철(聖哲)로부터 길가는 사람에 이르기까지 똑같은 것이다. 그러나 능히 그 천성을 잃지 않고 온전히 보전하는 자가 드물다. 그런데 공은 기른 바가 이미 올바르고 성취한 바가 이처럼 우뚝하여 무궁한 후세에 풍교(風敎)를 수립하였으니, 세교와 백성의 도리에 보탬이 되는 것이 어찌 다함이 있겠는가. 배리(陪吏)로서 따라서 순국한 것은 진실로 똑같이 품부 받은 것을 어둡게 하지 않음이 있었던 것이지만, 이 또한 공에게서 감동을 일으킨 바가 있었던 것이니, 이 또한 훌륭하도다! 옛 사람이 이르기를, "임금의 난에 달려가는 것은 충(忠)이고, 임금의 일에 죽는 것은 의(義)이다. 충과 의에 죽는다면 또한 무엇을 바라겠는가."라고 하였으니, 바로 공을 두고 한 말일 것이다. 공의 후손 방진(邦鎭)이 공의 유사(遺事)를 모아서 명(銘)을 지어줄 것을 부탁하였다. 명은 다음과 같다.

문숙공[110]이 북쪽 지방에서	文肅于北
황폐한 지역을 환히 열었네	洞闢荒屯

강토를 넓히고 먼 지역을 복종시켜	辟土服遠
오랑캐 먼지를 깨끗이 씻어내었네	淨滌胡塵
후손들이 선조의 가르침을 계승하여	胄胤承貽
공적이 역사서에 드러났으니	功顯史文
그 중 후손 11명이	十一其人
혁혁하게 대대로 군에 봉해졌네	赫世封君
공이 또 빼어난 자품으로 태어나니	公又挺生
기상의 가문[111]이었네	旂常之門
팔방을 휘젓고 다님에	揮斥八極
평소 뜻이 보존되어 있었네	素志則存
백육의 운수를 만나	運値百六
임금의 수레가 엎어지니[112]	皇輿敗轅
검을 짚고 왕사에 힘써서	杖劍勤王
천릿길을 별을 보고 달려갔네	千里星奔
오랑캐 기병이 크게 침략하니	虜騎大搶
적의 강함과 우리의 약함이 균등치 못하였네	强弱不倫

110 문숙공(文肅公) : 윤여임(尹汝任)의 선조인 고려 때의 무관 윤관(尹瓘 ?~1111)으로, 문숙은 그의 시호이다.

111 기상(旂常)의 가문 : 근왕(勤王)의 임무를 수행하는 가문을 말한다. 기(旂)는 교룡(交龍)을 그린 깃발이며, 상(常)은 일월(日月)을 그린 깃발로서, 임금을 상징한다. 《周禮 春官 司常》

112 백육(百六)의……엎어지니 : 백육의 운수는 액운을 말한다. 도가(道家)에서는 천액(天厄)을 양구(陽九)라 하고, 지액(地厄)을 백육(百六)이라 한다. 여기서는 병자호란이 일어나 인조(仁祖)가 남한산성(南漢山城)으로 피난한 일을 가리킨다.

화살이 다하고 길이 다하여	矢盡道窮
손가락이 부러져 펴지지 못하였네	指折不伸
일이 이미 어찌할 수 없게 되니	事已無奈
오직 순국함이 있었을 뿐이었네	惟有殉身
손가락을 깨물어 혈서를 써서	血指爲書
멀리 홀어머니께 알렸네	遠報偏親
운명이 판가름 났으니[113]	判得頭顱
맹자의 의요 공자의 인이었네	孟義孔仁
백공과 황씨 아전은	白公黃掾
세 절개로 똑같이 순국하였네	三節同慬
꽃다운 신령이 홀연 이르러서	英靈欻吸
비린내 나는 오랑캐 기운을 소탕하였네	掃盪腥氛
애석하게도 때를 만나지 못하여	惜不逢時
선춘의 업[114]을 이어가지 못하였네	繼業先春
우뚝한 벽성에	有屹碧城
분묘가 그윽하네	有幽其墳

113 운명이 판가름 났으니 : 원문의 '두로(頭顱)'는 본래 머리뼈를 뜻하는데, 여기서는 앞길, 운명이라는 뜻으로 쓰였다. 소식(蘇軾)의 시에 "나이 사십에 어찌 앞길을 예견치 못하랴. 사람 무서워 못 나가면 얼마나 어리석은가.〔四十豈不知頭顱,, 畏人不出何其愚.〕"라는 구절이 있다. 《蘇東坡詩集 卷13 送段屯田分得于字》

114 선춘(先春)의 업 : 윤여임(尹汝任)의 선조인 윤관(尹瓘)이 여진족을 토벌한 업적을 말한다. 윤관은 예종(睿宗) 때에 여진족이 있던 함경도 일대를 정벌하고 9성을 쌓고, 두만강 북쪽 700리에 있는 '선춘령(先春嶺)'이란 고개까지 진출하여서 그곳에 고려의 국경이라고 새긴 비석을 세운 일이 있다.

울울한 정기가	有鬱晶氣
위로 푸른 하늘에 이르네	上薄蒼旻
연못과 언덕이 바뀌더라도	淵丘雖易
공의 명성은 인멸되지 않으리라	公名不湮
내 비석에 글을 게시하여	我揭石章
무궁한 후세에 밝히노라	用昭無垠

우의정 충정공 김공 신도비명 병서

右議政謚忠靖金公神道碑銘 幷序

경종(景宗) 신축년에 역신(逆臣)들이 국가의 권병을 도둑질하여 정책대신(定策大臣)인 충헌공(忠獻公) 김창집(金昌集), 충문공(忠文公) 이이명(李頤命), 충익공(忠翼公) 조태채(趙泰采), 충민공(忠愍公) 이건명(李健命)을 무함하여 죽이고 위로 동궁을 핍박할 것을 도모하였다.[115] 대신(臺臣)인 박공 치원(朴公致遠)이 조태구(趙泰耈)가 북문에 잠입한 죄를 논핵하였는데,[116] 군흉들이 함께 박공(朴公)을 국문할 것을 청하여 자신들이 정도(正道)를 없앤 자취를 가리려고 하였다. 이때

115 경종(景宗)……도모하였다 : 신축년(1721, 경종1)에 소론 김일경(金一鏡) 등 7인이 상소하여, 연명(聯名)으로 차자를 올려 왕세제였던 연잉군(延礽君)이 대리청정을 하는 데에 찬성했던 노론(老論) 사대신인 김창집(金昌集), 이건명(李健命), 이이명(李頤命), 조태채(趙泰采)를 처벌할 것을 청하였다. 이 상소를 계기로 사대신을 비롯하여 노론 측의 주요 인사들이 조정에서 쫓겨나 유배되는 사건이 일어났다. 그 이듬해인 1722년(경종2) 김일경이 목호룡(睦虎龍)을 사주하여 노론 명문자제들이 이른바 '삼급수(三急手)'를 써서 경종을 암살하려 하였다고 고변하여 임인옥사(壬寅獄事)를 일으켰고, 결국 노론 사대신은 사사(賜死)되었다.

116 대신(臺臣)인……논핵하였는데 : 1721년(경종1) 10월 17일에 노론 대신들이 연명으로 차자를 올려 대리청정의 명을 따르겠다고 아뢰자, 소론 대신인 우의정 조태구(趙泰耈)가 규례를 어기고 창경궁(昌慶宮)의 협문인 선인문(宣仁門)을 통해 입궐하여 승정원을 거치지 않고 청대(請對)해서는 경종이 다시 대리청정의 명을 거두도록 만든 일이 있었다. 이에 삼사(三司) 등에서 조태구의 죄를 처벌할 것을 논핵하였는데, 당시 사헌부 장령(司憲府掌令)으로 있던 박치원(朴致遠)도 여기에 포함되어 있었다. 《景宗實錄 1年 10月 17日, 19日, 20日》

에 영중추부사 김공 우항(金公宇杭)이 기로사(耆老社)의 원로로서 병이 들어 집에 머물고 있었는데, 공과 같은 집안의 인척들이 공이 노쇠하였음을 꺼려서 좌우에서 미봉하여 공으로 하여금 몸을 드러내 글을 올려서 드러난 화(禍)를 취하게 하지 않으려고 하였다. 그러나 공은 스스로 생각하기를, 세 조정의 옛 신하로서 의리상 감히 입을 닫고 손을 움츠리고서 노쇠하였다고 스스로 변명해서는 안 된다고 하였다. 마침내 항소하는 상소를 올려 간쟁하여 말하기를, "천지가 물건을 낳음에 성인(聖人)이 이를 본받아, 죄가 마땅히 죽어야 할 처지에 있더라도 반드시 살 곳에 부쳐주었습니다. 하물며 저 사대신(四大臣)은 모두 선대의 조정에서 간탁하여 우리 전하께 남겨주신 신하들로, 왕실을 위해 부지런히 힘쓴 지가 또한 오래되었으니, 어찌 차마 이들을 사지(死地)에 내버려 두고서 돌아보지 않을 수가 있겠습니까. 또 정사에 대해 아뢰는 신하를 국문하는 일은 예전에 있지 않던 바인데, 전하께서 이를 처음 행하고 계십니다. 신은 천년 뒤에 이 일을 구실로 삼을까 두렵습니다."라고 하였다.

얼마 뒤에 흉역한 환관 박상검(朴尙儉) 등이 안팎으로 결탁하여 이극(貳極)이 침전에 문안하러 가는 길을 막고 위협하고 핍박하기를 망극하게 하여, 심지어 동궁이 출합(出閤)하겠다는 하교가 있기까지 하였다.[117] 공은 또다시 강개하여 차자를 올려 말하기를, "한두 명의 환관

117 얼마 뒤에……하였다 : 김일경(金一鏡)과 환관(宦官) 박상검(朴尙儉) 등이 결탁하여 왕세제 연잉군(延礽君)을 제거하려 한 사건을 가리킨다. 박상검은 김일경의 사주를 받고 환관과 궁녀들을 매수해 놓고는 1722년(경종2) 1월 궁 안에 돌아다니는 여우를 잡는다는 구실로 청휘문(淸暉門)에 여우 덫을 놓고 함정을 파놓아 왕세제가 경종에게 문안을 드리거나 시선(視膳)하러 가는 길을 가로막아 경종과 왕세제 사이에

들이 궁중에서 농간을 부려 성상과 동궁을 막아서 우리 동궁 저하로 하여금 침전에 문안하고 수라상을 살펴보는 일을 하지 못하게 하였으니, 위태롭고 두려운 기미가 당장 호흡하는 사이에 닥쳐 있는 상황입니다. 전대의 제왕가에서 발생한 골육상잔(骨肉相殘)의 변고는 대부분이 환관의 무리들이 결교한 데에서 생겨났습니다. 이들은 약한 위치에 처해 있을 때에는 곁에서 엿보면서 은밀히 도발하고, 세력을 얻었을 때에는 위협하면서 힘으로 억제하여 아버지로 하여금 자식을 보호하지 못하게 하고 형으로 하여금 아우를 보호하지 못하게 만드니, 고금에 이러했던 경우가 어찌 한정이 있겠습니까. 어리석은 신이 생각건대, 이 무리들의 죄를 바로잡지 않으면 동궁께서 그 지위를 보존할 수 없어서 종묘와 사직의 존망을 알 수 없게 될 것입니다. 청컨대 국청을 설치하여 엄준하게 심문하여 그 실정을 얻으소서." 하고, 마지막에는 동궁을 위안하는 뜻을 가지고서 간곡히 거듭하여 아뢰었다.

임인년(1722, 경종2) 봄에 적신(賊臣) 김일경(金一鏡)이 처음으로 사친(私親 장 희빈(張禧嬪))을 추존하는 논의를 꺼내자, 조정의 의논이 이쪽으로 쏠리듯이 기울었다. 또 공에게 병이 있으니 헌의(獻議)하지 말라고 권하는 이가 있었는데, 공은 의연히 말하기를, "이것을 말하지 않으면, 이는 선왕(先王 숙종(肅宗))의 은혜를 저버리고 선후(先后 인현왕후(仁顯王后))를 잊어버리는 것이다."라고 하였다. 마침내 부축을 받아

불화를 조성하고, 대전(大殿)의 궁녀들로 하여금 왕세제를 헐뜯는 말을 하게 함으로써 왕세제를 제거하려 하였다. 이에 왕세제가 사위(辭位)하겠다는 뜻을 밝혔고, 이튿날 아침 대신들의 주청으로 주모자를 국문하라는 경종의 명이 내려졌다. 《景宗修正實錄 1年 12月 22日》

앉고는 입으로 불러주기를, "성상의 지극한 인(仁)과 성군의 덕은 언제나 선왕을 본받으셨습니다. 작년 향유(鄕儒)들의 상소에 특별히 비망기를 내려 사사로운 정을 억제하였으니,[118] 그 말씀은 엄정하고 의리는 올바른 것이었습니다. 그런데 떳떳한 도리를 뒤집는 논의가 홀연 연석(筵席)에서 나와서 묘당(廟堂)에 모여 논의하기를 청하기에 이르게 될 줄은 생각지도 못하였으니, 이것이 무슨 거조란 말입니까. 오늘날 낳아주고 길러준 은혜를 미루어 보답하는 방도는 사당은 그대로 옛것을 따르고 제수를 풍성하게 갖추어 향사(享祀)하는 예절을 다하는 것이 옳습니다. 사당을 세우고 명호를 세우는 것에 이르러서는 신이 감히 들은 바가 아닙니다."라고 하였다. 이에 당시의 의논이 끓어올라 군흉들이 더욱 포악을 부리고 이를 갈아 헐뜯고 배척함이 이르지 않는 바가 없었는데, 공은 태연하여 개의하지 않았다. 얼마 지나지 않아 역적들이 큰 옥사(獄事)[119]를 일으켜서 신공 임(申公銋)이 절도에 위리

118 작년……억제하였으니 : 1720년(경종즉위년) 유학(儒學) 조중우(趙重遇)가 장희빈(張禧嬪) 명호를 정하여 줄 것을 청하면서 올린 상소에 대해, 경종이 이는 신하로서 차마 입에 올릴 말이 아니며 선왕인 숙종의 뜻과도 어긋난다는 내용의 비망기를 내린 일을 말한다. 이어서 경종은 조중우는 변방에 정배하고 상소는 도로 내어주도록 하였다. 《景宗實錄 卽位年 7月 21日》

119 큰 옥사(獄事) : 임인옥사(壬寅獄事)를 가리킨다. 남인계 천얼(賤孽) 목호룡(睦虎龍)이 1722년(경종2) 3월 27일에 고변(告變)하여, 노론 자제들이 주축이 되어 경종을 시해하려는 모의가 있었다는 이른바 '삼급수설(三急手說)'을 제창하였는데, 고변 내용 중에 왕세제를 위협하는 말이 있었으므로 이틀 뒤에 세제가 사위(辭位)할 뜻을 표명하기까지 하였다. 소론은 이 고변을 계기로 노론 사대신을 비롯한 주요 노론 인사들을 대부분 처형시키거나 유배 보냈는데, 이를 임인옥사라고 한다. 《景宗實錄 2年 3月 27日, 29日》

안치되었는데,[120] 장령(掌令) 신유익(愼惟益)이 공을 얽어매어 그 뒤를 이었다.[121] 공은 이때 막 행장을 꾸려 명을 기다리고 있었는데, 마침내 계묘년(1723, 경종3) 3월 4일에 정침에서 별세하니, 아아, 이것이 어찌 천명이 아니겠는가.

공은 자가 제중(濟仲)이고 호는 갑봉(甲峯)으로 계통은 김해(金海)에서 나왔으니, 가락(駕洛) 수로왕(首露王)을 비조로 삼는다. 본조에 들어와 휘 효분(孝芬)이란 분이 있었으니 관직은 우정언(右正言)을 지냈고, 휘 진손(震孫)은 부교리를 지냈고, 휘 영견(永堅)은 이조 참판을 지냈다. 휘 진선(盡善)에 이르러서 의금부 도사(義禁府都事)로 이조 판서에 추증되었으니, 바로 공의 증조이시고, 조부 휘 덕승(德承)은 사간원 헌납(司諫院獻納)으로 좌찬성에 추증되었으며, 선고 휘 홍경(洪慶)은 청송 부사(靑松府使)로 영의정에 추증되었고, 선비 안동 김씨(安東金氏)는 승지 광혁(光爀)의 따님으로 정경부인(貞敬夫人)에 추증되었으니, 모두 공의 귀함 때문이었다.

120 신공 임(申公銋)이……안치되었는데 : 신임(申銋, 1639~1725)의 자는 화중(華仲), 호는 한죽(寒竹), 본관은 평산(平山)이다. 임인옥사가 일어나자 당시 사직(司直)이던 신임이 상소하여, 옥사를 상규(常規)대로 처리하지 않고 허실(虛實)을 변정(辨正)하지도 않은 채 마무리를 지으려 한다고 간쟁하였다. 이 때문에 대사간 이사상(李師尙)과 승지 황이장(黃爾章)이 신임을 절도로 위리안치 할 것을 청하여 결국 제주도(濟州道)로 위리안치 시킨 일을 말한다. 《景宗實錄 2年 4月 2日》

121 장령(掌令)……이었다 :1723년(경종3) 2월 24일 장령 신유익(愼惟益)이 상소를 올려 흉도를 비호한 신임(申銋)의 죄를 바로잡을 것을 청하면서, 지난해 겨울 김우항(金宇杭)이 사대신을 신구(伸救)하고자 올렸던 차자의 내용을 비난하고, 오늘날 신임의 죄도 또한 이 차자가 계도한 것이라고 할 수 있다고 말하였다. 《承政院日記 景宗 3年 2月 24日》

공은 인조(仁祖) 기축년(1649, 인조27) 6월 13일에 태어났다. 어려서부터 기국과 도량이 있어서 학업을 일찍 성취하여 기유년(1669, 현종10) 사마시에 합격하였다. 을묘년(1675, 숙종1) 여러 동지들과 상소하여 우암(尤菴) 송 문정공(宋文正公)을 구원하고,[122] 스스로 지조를 지켜 과시에 나아가지 않은 것이 5년이었다. 신유년(1681, 숙종7)에 명경과에 급제하여 괴원(槐院 승문원)에 예속되고 전적(典籍)으로 승진하였다. 사간원과 사헌부 양사와 예조와 병조 두 낭관에 출입하였는데 항상 삼자함(三字銜)을 겸대하였다. 이때에 조정의 의논이 제멋대로 허물어져서 대각(臺閣)에 거한 이들이 오직 붕당에 따라서 밀치거나 원조하기를 일삼고 있었다. 공은 전후로 일을 말한 것이 혹 하나라도 당론(黨論)과 연결되지 않았으며, 오직 군주의 덕과 백성의 근심에 연연하였다. 정묘년(1687, 숙종13) 나양좌(羅良佐)가 송 문정공(宋文正公)을 비난하고 욕보이면서 말이 몹시 패악하였는데,[123] 공이 분개하

122 여러 동지들과……구원하고 : 우암 송 문정공은 송시열(宋時烈, 1607~1689)을 가리킨다. 1674년(현종15)에 벌어진 갑인예송(甲寅禮訟)에서 서인(西人)이 남인(南人)에게 패하여 정국의 주도권이 남인에게 넘어갔는데, 현종(顯宗)이 승하하고 숙종(肅宗)이 즉위하여 송시열(宋時烈)에게 현종의 묘지문(墓誌文)을 짓도록 명하였다. 그러자 남인이 지난 기해예송(己亥禮訟)에서 송시열이 효종(孝宗)을 서자로 봐도 좋다고 했던 일을 트집 잡아 묘지문을 짓지 못하게 하고, 죄를 물어 덕원(德源)에 유배되게 한 일이 있었다. 이 일에 대해 여러 동지들과 상소를 올려 신구(伸救)하고자 했다는 뜻이다.

123 나양좌(羅良佐)가……패악하였는데 : 나양좌는 윤선거(尹宣擧)의 문인이며, 송 문정공은 송시열(宋時烈)을 가리킨다. 1687년(숙종13) 2월 4일에 송시열이 상소하여 윤증(尹拯)에 대해 언급하면서, 그의 아버지 윤선거가 주자(朱子)의 학설에 이견(異見)을 내세운 윤휴(尹鑴)를 옹호했던 일을 아뢰었다. 그러자 나양좌가 이를 반박하는 상소를 성지선(成至善), 조득중(趙得重)과 함께 올려 스승의 억울함을 하소연하고 송

여 말하기를, "이는 사문(斯文)의 변고이니, 시비를 명백히 하지 않아서는 안 된다."라고 하였다. 논계하고 피혐할 때에 의논을 견지하여 구차히 하지 않으니, 식자들이 대각(臺閣)의 체모를 얻었다고 하였다.

문목공(文穆公) 이상(李翔)이 일을 논하다가 당시 권력자의 뜻을 거슬러서 변안하여 비난을 당하니, 상께서 관직을 삭탈하도록 명하였다.[124] 공은 선비를 대할 때에 구박해서는 안 된다고 하여 내지(內旨)를 작환(繳還)[125]하고자 하였으나 동료들의 의논이 합치되지 않음으로 인하여 체직되었으니, 다른 사람의 의견을 따라서 좌우되지 않는 것이 이와 같았다. 홍문록에 참여되었는데 곧 기사사화(己巳士禍)[126]를 만나

시열이 윤증을 미워하여 그 부친의 일까지 소급하여 헐뜯는 것이라고 아뢰었다. 이 상소가 논란이 되어 나양좌는 원찬(遠竄)되고 성지선과 조득중은 사판(仕版)에서 이름이 삭제되었다.《肅宗實錄 13年 2月 4日, 3月 17日》

124 문목공(文穆公)……명하였다 : 이상(李翔, 1620~1690)의 자는 운거(雲擧)·숙우(叔羽), 호는 타우(打愚), 본관은 우봉(牛峯)이다. 송시열(宋時烈)을 통하여 김집(金集)의 학통을 이어받았다. 당시 이조 참판이던 이상이 1688년(숙종14)에 상소하여 천안에 사는 유두성(柳斗星)이란 자가 계모(繼母)와 간음하였다는 내용을 아뢰고 조사하여 처벌할 것을 청하였다. 그런데 시사가 바뀌어 그 옥안이 뒤집히자 수찬 박태만(朴泰萬) 등이 상소하여 이상이 먼 친척인 유두성의 재산을 탐내 거짓으로 증거를 조작해 증옥(蒸獄)을 만들어서 유두성을 죽이고 그 재산을 차지하려고 꾸민 일이라고 논박하였다. 이상은 뒤에 기사사화가 발생하였을 때 이 사건을 조사하는 과정에서 옥사하였다.《肅宗實錄 14年 5月 11日, 11月 5日, 16年 1月 19日》

125 작환(繳還) : 전교를 받들지 않고 도로 들이는 일을 말한다.

126 기사사화(己巳士禍) : 기사년인 1689년(숙종15) 당시 집권세력인 서인(西人)이 숙원(淑媛) 장씨(張氏)의 소생인 왕자 윤(昀 경종)의 원자 책봉을 반대하자, 이에 분노한 숙종이 서인의 영수 송시열(宋時烈)을 사사하고 김수흥(金壽興)·김수항(金壽恒) 등 서인의 지도층을 정계에서 대거 축출하고, 이어 1680년(숙종6) 경신대출척으로 실각하였던 남인(南人)들을 다시 등용한 사건이다. 서인의 영수 송시열을 비롯해 많은

스스로 면직하고 물러나서 당시의 일에 참여하지 않았다. 그러나 간사한 이들이 권력을 농단하여 당시의 선비들을 제거할 적에 공이 이공(李公 이상(李翔))을 구원하였다고 하여 철산부(鐵山府)에 유배를 보냈는데, 곧바로 사면을 입었다.

신미년(1691, 숙종17)에 부친인 의정공(議政公 김홍경(金洪慶))의 상(喪)을 당하여 삼년복을 마치자 갑술경화(甲戌更化)[127]를 만나, 먼저 시강원(侍講院)으로 들어가 사서(司書)가 되었다가 곧바로 홍문관으로 옮겨 수찬(修撰)과 교리(校理)가 되었다. 천거되어 동래 부사(東萊府使)에 제수되었는데, 모친의 연세가 70세라는 이유로 사직하여 부임하지 않았다. 곧 보덕(輔德)으로서 세자를 모시고 입학하여서 통정대부(通政大夫)에 올랐다. 경상도 관찰사가 되었는데, 전임자가 그대로 연임하였으므로 부임하지 않았고, 동부승지(同副承旨)에 제수되었다. 어버이의 봉양을 간청하여 회양 부사(淮陽府使)에 제수되었는데, 백성을 구휼하는 정사에 마음을 다하여 백성들 가운데 굶어 죽는 이가 없었고, 상소를 올려 민포(民布)와 궁결(宮結)을 감면해줄 것을 청하여

서인계 인사들이 화를 입었기 때문에 기사사화라고도 하며, 남인으로 집권 세력이 바뀌었기 때문에 기사환국이라고도 한다.

127 갑술경화(甲戌更化) : 1694년(숙종20)에 발생한 환국으로 김춘택(金春澤)・한중혁(韓重爀) 등 서인(西人)들이 폐위되었던 인현왕후(仁顯王后)의 복위 운동을 일으키자, 당시 집권 세력이었던 민암(閔黯)・이의징(李義徵) 등 남인(南人)들이 이를 빌미로 서인들을 완전히 제거하려다가 오히려 자신들이 화를 당한 사건이다. 이 당시 숙종은 장 희빈(張禧嬪)에 대한 감정이 점차 악화되어 폐비 사건을 후회하고 있었는데, 남인들이 무모한 옥사를 벌이려 하자 분노하여 민암과 이의징 등을 유배 보내고, 송시열(宋時烈)・민정중(閔鼎重)・김익훈(金益勳) 등 기사환국 때 축출된 서인들의 관작을 복구시키고 서인을 등용하여 정국 전환을 꾀하였다.

온 경내가 이에 힘입어 안정되었다.

정축년(1697, 숙종23)에 승지로 있다가 전라도 관찰사로 나갔는데, 번거로운 일들을 없애서 책상에 지체된 문서가 없었다. 막부(幕府)에서 공이 빠르게 하려다가 착오를 일으켰을까 의심하여 추후에 세세히 따져보았으나 하나도 착오가 없었으므로, 마침내 크게 놀라 감복하였다. 곧바로 작은 일로 사직하고 체직되어 돌아감에 행낭이 쓸쓸하니, 한 도(道)의 사람들이 공의 청렴결백함을 칭송하였다. 여러 번 승지(承旨)와 대사간(大司諫)에 제수되었고, 그 사이에 공조 참의(工曹參議)와 오위장(五衛將)이 되었다. 다시 어버이 봉양을 간청하여 남양 부사(南陽府使)가 되었다가, 곧 모친인 김 부인(金夫人)의 상(喪)을 만나서 삼년복을 마치고서 승지, 병조 참의와 형조 참의, 대사간에 제수되었다. 당시에 북쪽 변방의 경보(警報)가 있었는데, 상소를 올려 관방(關防)을 신칙하여 졸오(卒伍)를 단속하고 군기를 수선할 것을 청하였다. 또 "회양(淮陽)은 산등성이에 있으므로, 마땅히 방비를 마련하여 막을 도모를 해야 하며, 연해의 수령을 식견을 갖춘 이를 차임하여 보내야 합니다."라고 하였다.

판결사(判決事)를 지내고 개성 유수(開城留守)로 발탁되었다. 개성부의 풍속은 이익을 중시하여 재화를 증식하여서 가게를 벌여놓고 재화를 쌓아놓고 있었는데, 관부에서 번번이 싼 값으로 억지로 배급하여 본업을 잃고 흩어지는 이들이 많았다. 공이 이르러 그 폐단을 통렬히 혁파하니 아전들은 감히 손을 쓰지 못하였고, 필요한 물건이 있을 때를 만나면 그에 상당하는 값으로 처리하여 사행 길에 책응(策應)[128]함에

128 책응(策應) : 필요한 물자를 관계 관청 또는 공계에 책정하여 공급하게 하는 것을

있어서 백성들에게 비용을 요구하지 않고 관아에서 스스로 구획하여 구제하였다. 이에 사신들이 사방에서 왕래하였으나 백성들은 이를 알지 못하였으니, 사람들이 이를 두고 백년 이래 보지 못한 바라고 하였다. 해직되어 돌아갈 때에, 백성들이 울면서 전송하였고 생사당(生祠堂)을 세워서 제사를 지냈다. 후에 공이 선영(先塋)의 묘소를 수리하여 쌓자 모두 자원하여 부역을 하였으며, 공의 장례를 지낼 때에 또다시 기약하지도 않고서 일제히 모여 상여 끈을 잡고 묘역을 다졌으니, 이 일이 지금까지도 고을의 미담이 되고 있다.

계미년(1703, 숙종29)에 도승지와 예조 참판이 되었다가 이조 참판으로 옮겼는데, 친정(親政)을 행하여 특별히 법온(法醞)을 하사하였다. 후에 대사헌이 되어, 우레가 친 재이(災異)로 인하여 상소를 올려 당시의 폐단을 진달하였다. 후에 최계옹(崔啓翁)이 상소를 올려 상공(相公) 신완(申琓)을 논척한 일로 인하여 상께서 진노하여 앞자리에서 힐문하자, 공이 상소를 올려 거조가 지나쳤음을 말하였다.[129] 당시 조정의 논의가 어긋나서 장상(將相)과 육조의 판서, 삼사(三司)와 사국(史局)의 관원들이 모두 일시에 쫓겨나 조정이 텅 비었는데, 특별히

말한다.

129 후에……말하였다 : 당시 최계옹(崔啓翁)이 영의정 신완(申琓)이 많은 관기를 축첩하였고, 또 그에게 뇌물로 청탁하는 자가 끊이지 않으며, 여러 첩의 형제들이 연줄을 타서 이익을 노려 태복시(太僕寺)의 둔전곡(屯田穀)은 그 대부분이 첩(帖)을 받아 발매(發賣)했기 때문에 태복시가 텅 비게 되었다는 등의 일을 거론하며 논척하였다. 그러자 숙종은 최계옹이 대신을 침척(侵斥)하는 데 전력을 기울이고 영상(領相)을 무함했다는 이유로 그를 체차시키고, 다음날에 파직하고 서용하지 말라는 전교를 내렸다. 이에 김우항(金宇杭)이 최계옹을 신구(伸救)하였으나 받아들여지지 않았다. 《肅宗實錄 30年 11月 16日, 17日, 18日, 19日》

공을 아전(亞銓 이조 참판)에 제수하여 진정시키고 조정하게 하였다. 다시 대사성(大司成)에 제수되었는데, 당시 과장(科場)의 거자(擧子)들이 겹쳐 기록한 것을 조사하는 일이 있자, 공이 상소를 올려 논하기를 "덕으로 인도하고 예(禮)로써 가지런히 하여서[130] 훈도하는 방도를 다하여야지, 한 순간의 망령된 행동으로 인하여 함께 법망으로 몰아넣어서는 안 됩니다."라고 하고, 인하여 상에게 건극(建極)의 다스림[131]을 행하고 한갓 법령에 얽매이지 말 것을 권면하니, 상께서 가납하였다.

외직으로 나가 경기(京畿)를 안찰하고, 병술년(1706, 숙종32)에 특지(特旨)로 형조 판서로 승진하였다. 당시에 송사하는 일이 오랫동안 처리되지 않았던 터라 소첩(訴牒)이 구름처럼 쌓여 있었는데, 공은 날마다 관아에 가서 쌓인 안건을 씻은 듯이 처리하였다. 곧바로 형조 판서에 제수되었고, 비국 유사당상(備局有司堂上)에 차임되었다. 기축년(1709, 숙종35)에 병조 판서로 옮겨 도성의 성가퀴를 축조하는 일을 건의하였다. 경인년(1710, 숙종36)에 이조 판서로 옮겼는데, 당시 조정에 약간의 진퇴가 있게 됨에 젊은 사류들이 다투어 규각을 드러내었다. 그러나 공은 대체(大體)를 유지하는 데에 힘써서 주의(注

130 덕으로……하여서 : 《논어》 〈위정(爲政)〉에 "덕으로 인도하고 예로 가지런히 하면 백성들에게 부끄러워함이 있고 또 선에 이를 것이다.〔道之以德, 齊之以禮, 有恥且格.〕"라고 하였다.

131 건극(建極)의 다스림 : 인륜 도덕의 모범적인 표준을 세워 만민의 법칙을 정립하는 것을 말한다. 《서경(書經)》 〈홍범(洪範)〉에 "임금이 그 극을 세운다.〔皇建其有極.〕" 하였고, 그 주에 "극이란 북극(北極)의 극과 같이 지극하다는 뜻이요 표준이라는 명칭이니, 나라 중앙에 세워져 사방의 표준이 되는 것이다."라고 하였다.

擬)[132]할 적에 치우침이 없었다. 체직되어 좌참찬에 제수되고 동지정사(冬至正使)에 차임되었는데, 상께서 공이 병이 있다 하여 면직을 허여하셨으니, 이는 공을 서울에 머무르게 하여 진정시키는 계책을 세우고자 해서였다. 청나라의 자문(咨文)이 이름에 해적(海賊)의 경보가 있다 하였는데, 공이 상소를 올려 여덟 조목의 사의(事宜)를 진달하니,[133] 모두 분명하여 원대한 것을 경영하는 식견이 있었다. 남한 수어사(南漢守禦使)를 겸직함에, 적을 막는 중요한 지역에 군수물자가 소홀하다고 하여 한 치나 한 촌도 망령되이 허비하지 않아 창고에 보관된 물품들이 마침내 가득차서 넘치게 되었다. 곧 공으로 하여금 북한산성을 축조하는 일을 감독하도록 명하였으니, 이는 공의 본래 뜻이 아니었다.

임진년(1712, 숙종38) 봄에 정시(庭試)의 시관 이돈(李墪)의 소행 가운데 불선한 점이 많으니,[134] 도곡(陶谷) 이공(李公)이 간장(諫長 대

132 주의(注擬) : 관원을 임명할 때에 문관(文官)은 이조(吏曹), 무관(武官)은 병조(兵曹)에서 임용 예정자의 수의 3배수를 정하여 임금에게 먼저 올리던 것을 말한다. 의망(擬望)이라고도 한다.

133 청나라의……진달하니 : 1710년(숙종36) 11월에 청나라에서 보낸 자문에 해적이 출몰한다는 내용이 있자 조정에서 바다의 방어를 신칙하고 북한산성을 축조하자는 논의가 있게 되었다. 이 때 김우항(金宇杭)은 상소하여 황해도 금위영(禁衛營)의 보군을 본도 감영과 병영에 나누어 소속시킬 것, 연해(沿海)에 주둔하는 금위영과 어영청 군사들의 번(番)을 다른 지역 군대가 대신하게 하고 이들을 읍재가 거느려 점열하게 할 것, 함경도와 평안도 군사들을 단속시켜 훈련할 것 등의 여덟 조목을 건의하여 시행할 것을 아뢰었다.《陶谷集 卷21 議政府右議政金公謚狀》

134 정시(庭試)의……많으니 : 1712년(숙종38) 봄에 정시(庭試)의 시관에 의망된 이돈(李墪)이 과시 하루 전 패초를 받고 입궐하였다가 규례를 어기고 다시 궐 밖으로 나가 응시생 오수원(吳遂元) 등의 집에 들르고 밤이 되어서야 돌아온 일이 있었는데, 오수원이 이 시험에서 급제하자 이돈이 응시생들에게 미리 시제를 알려준 것이라는

사간)으로서 상소를 올려 이 일을 논박하여서[135] 조사해 다스리는 거조는 있었으되 몹시 분명하게 변별하지는 못하였다. 공 또한 이로 인해 파직되었다가 서용되어 우참찬에 제수되었다. 계사년(1713, 숙종39) 7월에 어필(御筆)로 우의정에 특별히 제수되었는데, 사직하는 상소가 후한 비답을 받았는바 여기에 대략 이르기를, "관후하고 공평하여 진실로 태사(台司 삼공(三公))의 자리에 걸맞으니, 이에 공을 정승으로 세우는 것이 어찌 우연한 것이겠는가." 하자, 공이 감격하여 명을 받들었다. 군포를 대납하는 돈을 감면해줄 것을 상주하고, 양역(良役)이 편중되어 있는 폐단을 논하였다.

갑오년(1714, 숙종40)에 성상의 체후가 회복되자, 연회를 베풀어 경사를 드러내고자 하는 의논이 있었다. 공은 진언하기를, "상하의 사

소문이 떠들썩하게 일었다. 이에 사간 권수(權忄遂)가 5월 25일에 상소하여 이돈의 일을 아뢰고, 아울러 당시 과시 때에 시장(試場)의 출입문을 제대로 통제하지 못하여 사람들이 무단으로 출입하며 시장 밖에서 시권을 작성하여 제출하였던 것과 시관들이 각 시소(試所)에서 거둔 시권을 바로 과차(科次)를 매겨 출방(出榜)하지 않고 이튿날에야 과차를 매겼던 것을 문제로 제기하여 아뢰었다. 결국 이를 두고 조정의 논의가 들끓어 관련자들을 모두 잡아다 조사하여 이돈은 아산현(牙山縣)에 중도부처(中途付處)하고 오수원은 양재역(良才驛)에 도배(徒配)하였다. 《肅宗實錄 38年 5月 25日, 12月 2日》

135 도곡(陶谷)……논박하여서 : 1712년(숙종38) 6월 대사간이던 도곡 이의현(李宜顯)이 상소하여, 이해 정시(庭試) 과거에서 고시관이었던 예조 판서 이돈(李墪)이 과장에서 나가 집으로 간 사실과 궁궐의 문이 열려 거자(擧子)들이 멋대로 출입한 정황이 있는 등 여러 가지 부정의 소지가 있음을 적시하고, 이에 대해 분명히 밝힐 것을 극론하였다. 숙종은 처음에 조사할 필요가 없다고 하였으나, 영의정 서종태(徐宗泰), 이조참판 윤지인(尹趾仁) 등의 말을 받아들여 다시 조사할 것을 명하였다. 《肅宗實錄 38年 6月 20日》

람들이 기뻐하며 손뼉 치는 날에는 마땅히 백성들과 즐거움을 함께할 것을 생각하여야 하는데, 양역(良役)의 침해로 백성들이 명을 감당하지 못하니, 청컨대 일 년의 공포(貢布)를 각각 한 필 감면하여 덕스러운 뜻을 보이소서." 하였다. 여러 대신들이 모두 경비가 부족하다고 하자 공이 개연히 눈물을 흘리니, 사람들이 술에 취하여 슬퍼하는 것이라 하였으나, 공 또한 이에 대해 변론하지 않았다. 이돈(李墪)의 아내가 상언하여 남편의 억울함을 호소하자 공이 간략하게 진달해 아뢰었는데[136] 언관(言官)들이 서로 이어서 공을 논척하니, 공은 스스로의 죄를 탄핵하고 강교(江郊)로 나갔다. 상께서 여러 번 장려하는 하유를 내리셨지만 공은 더욱 힘써 사직하여, 정고(呈告)한 것이 마흔 여덟 번에 이르러서야 체직되었다.

병신년(1716, 숙종42)에 사문(斯文)의 일[137]로 처분이 있자 공은 차자를 올려 말하기를, "사론(士論)이 분열된 지 수십 년이 되었습니다. 나양좌(羅良佐)가 사람을 무함했던 말[138]이 마음을 놀라게 할 만하였었는데, 지금 성명(聖明)께서 죄를 더하지 않으시고 도리어 그 말을 취하

136 이돈(李墪)의……아뢰었는데 : 이돈의 아내가 상언(上言)하여 망부(亡夫)가 도로 궐하(闕下)에 나아갔을 때에 함께 나간 시관(試官)인 우의정 김우항(金宇杭)이 직접 보았다고 아뢰었다. 이에 대해 김우항이 차자를 올려 이돈이 예조의 직방에서 부르긴 하였으나 자신은 병 때문에 가지 못하였다고 하며 이돈의 일에 대해 아뢴 일을 가리킨다. 자세한 내용이 《숙종실록(肅宗實錄)》 41년 10월 6일 기사에 보인다.

137 사문(斯文)의 일 : 1716년(숙종42) 윤선거(尹宣擧)의 묘문(墓文)에 관한 송시열(宋時烈)과 윤증(尹拯)의 공방전을 가리킨다.

138 나양좌(羅良佐)……말 : 1687년(숙종13) 송시열(宋時烈)이 윤선거(尹宣擧)를 비판하자, 윤선거의 문인이었던 나양좌가 스승을 옹호하고 송시열을 비난했던 일을 가리킨다.

시니, 무엇으로 인심을 복종시키고 시비를 정할 수 있겠습니까."라고 하였다. 정유년(1717, 숙종43)에 상께서 병으로 자리에 누워 동궁에게 대리 청정할 것을 명하니,[139] 공이 차자를 올려 동궁을 도와서 보좌하는 방도를 진달하였다. 당시의 논의가 대리 청정을 종묘에 고하는 일은 실록에 적힌 바가 아니라고 의심하였는데, 끝내 공의 말을 따라 행하게 되었다. 경자년(1720, 숙종46) 숙종께서 승하하고, 경종께서 왕위를 이었다. 얼마 후 대신(臺臣) 이공 정소(李公廷熽)가 상소를 올려 세자를 세울 것을 청하였는데,[140] 공은 궁벽한 곳에 거처하며 병이 깊어서 이 일을 미처 듣지 못하였다가, 곧바로 뒤미처 상소를 올려 인의(引義)하였다. 사대신(四大臣)이 이어서 화를 입자,[141] 공은 비로소 항거하는 상소를 올려 쟁집하였다. 이로부터 병이 심해져 물러나기를 구하고서 세상에 뜻이 없어 마침내 천수를 누리고 세상을 떠났다.

상께서 공의 병환이 위중함을 들으시고는 어의를 보내고 내의원의 약제를 하사하셨고, 부고가 알려지자 전교하여 말하기를, "김 영부사(金領府事)는 원로대신으로서 오랫동안 도성 밖에 거주하고 있었기에

139 상께서……명하니 : 숙종이 눈병으로 인하여 국사를 제대로 처리하기 어렵다는 이유로 당시 세자이던 경종(景宗)에게 대리청정하게 한 일을 말한다. 경종은 왕세자로서 1717년(숙종43) 8월 1일부터 대리청정에 들어갔다. 《肅宗實錄 43年 7月 19日, 8月 1日》

140 대신(臺臣)……청하였는데 : 1721년(경종1) 8월에 정언 이정소(李廷熽)가 상소하여 저위(儲位)를 세울 것을 주청하여 노론 사대신(四大臣)과 함께 연잉군(延礽君)을 왕세제로 책봉하는 데에 기여하였다. 《景宗實錄 1年 8月 20日》

141 사대신(四大臣)이……입자 : 노론(老論) 사대신인 김창집(金昌集), 이건명(李健命), 이이명(李頤命), 조태채(趙泰采)이 김일경(金一鏡)을 비롯한 소론 일파에 의해 역모죄로 몰려 마침내 사사(死賜)된 일을 말한다.

내가 막 권면하여 멀리 떠나 은둔하려는 마음을 돌이키기를 기약하고 있었는데, 어찌 한 번의 병환으로 갑자기 영영 떠나갈 줄 알았겠는가. 몹시 놀랍고 애통하여 눈물이 옷깃을 적시는구나." 하였다. 명하여 널을 만들 재료를 하사하고 삼년치의 녹봉을 그대로 내렸으며, 또 희정당(熙政堂)에 행차하여 거애(擧哀)[142]하였다. 이 때에 선대 조정의 옛 신하들이 거의 모두 일망타진되었으나 유독 공만은 직언을 하였으되 화(禍)가 미치지 않아서, 살아서는 영화롭게 여기고 죽어서는 슬퍼하는 은전[143]이 고금에 없는 것이었으니, 모두 공이 지닌 두터운 덕의 소치라고 감탄하였다. 5월에 장단(長湍)의 송서면(松西面) 용두리(龍頭里)의 해좌(亥坐)에 예장(禮葬)하고, 계해년(1743, 영조19) 9월 병신(丙申)에 같은 곳의 자좌(子坐)에 개장하였으니, 이는 선영을 따른 것이었다. 영조 병오년(1726, 영조2)에 시호를 내렸는데, '임금을 섬김에 절개를 다하고〔事君盡節〕', '관대하고 즐겁게 천수를 마쳤다〔寬樂令終〕'라는 두 시법(諡法)을 취하여 '충정(忠靖)'이라 하였다. 세 번 후손을 녹용(錄用)하도록 명하였고 또 은유(恩侑)를 내리셨다.

배위인 정경부인(貞敬夫人) 광산 김씨(光山金氏)는 승지에 추증된 세정(世楨)의 따님으로, 군주와 어울리는 배필로서 덕행에 어긋남이 없었다. 공과 같은 해에 태어나 공보다 6년 앞서 별세하였고, 공과 합장하였다. 2남 5녀를 두었으니, 준희(俊熙)는 출가하여 백부의 뒤를

142 거애(擧哀) : 상사(喪事)가 났을 때, 초혼(招魂)을 하고 나서 상제가 머리를 풀고 슬피 울어 초상난 것을 알리는 의식(儀式)을 말한다.

143 살아서는……은전 : 생전과 사후에 모두 임금으로부터 두터운 총애를 입었다는 뜻이다. 《논어(論語)》 〈자장(子張)〉에 "살아계시면 영광스럽게 여기고, 돌아가시면 슬퍼한다.〔其生也榮, 其死也哀.〕"라고 한 말에서 유래한 것이다.

이었고, 언희(彦熙)는 목사(牧使)이며, 딸들은 유수(留守) 송정명(宋正明), 목사 이사제(李思悌), 참판 신광하(申光夏), 군수 심보현(沈寶賢), 군수 이시선(李蓍選)에게 출가하였다. 만희(晩熙)와 윤희(允熙)는 측실의 소생이다. 장방의 아들 원조(遠祚)는 군수이고, 차방의 아들은 기조(基祚)이다. 송정명의 아들 익보(翼輔)는 감사이고, 이사제의 아들은 규명(奎明)과 참판 규채(奎采)이다. 증손 택현(宅鉉)은 주부(主簿)이며, 현손 제만(濟萬)은 현령(縣令)이다. 나머지는 다 기록하지 않는다.

공은 천품이 온화하고 정성스러워서 다른 사람과 다투는 일이 없었다. 용모는 위대하였으며 성음은 통창하였다. 마음이 평탄하여 기뻐하거나 노여워하는 마음을 드러내지 않아 앞길을 가로막는 사람을 만나더라도 더욱 후하게 대우하여 그가 죽었을 때나 살았을 때나 한결같이 하였다. 집안에서의 행실이 순전하게 갖추어져, 모부인이 위독한 병에 걸렸을 때에, 손가락을 베어 피를 바쳐서 다시 소생하게 하여서, 모부인은 끝내 대질(大耋 80세)의 나이를 누릴 수 있었다. 백씨(伯氏)를 섬기기를 엄부(嚴父)를 받드는 것과 같이 하였고, 월봉을 떼어서 가난한 누이들을 주휼하였으며, 이를 족당에게 미루어서 모두 돈독히 구휼할 것을 힘썼다. 다른 사람의 위급한 상황을 도와주기를 좋아하여 고하는 이가 있으면 번번이 응하였는데 마치 물 한잔을 주듯이 하여서 끝내 싫어하거나 괴로워하는 기색이 없었다.

평소 성품이 조용하고 검소하여 관직이 높았으나 자신을 봉양하기를 매우 소박하게 하였고, 자녀에게 신칙하여 화려한 복장을 하지 못하도록 하였다. 집을 궁벽한 곳에 두고, 공무를 마치고 돌아와 각건(角巾)과 도복(道服)을 입고 유유자적하며 소요하여서 산림처사와 같은 한가로운 정취가 있었다. 권세를 피하여 묵묵히 자신의 지조를 지켰으며 일을 함에 있어서 신중히 하여 원대한 계획을 경영하였고, 혁혁한 명예를 구하지 않았다.

입에 평론하는 말을 올리지 않아 사람들이 그 깊은 속내를 헤아리지 못하였으나, 국가의 큰 계책과 사문(斯文)의 시비에 관련된 일에는 반드시 직언하여 꺼리지 않았다. 저군(儲君)을 세우는 날에는 칩거하고 있다가 뒤늦게 들어서 사대신의 정유(庭籲)에 함께 나아가지 못하였으니, 이것이 공이 통한으로 여기던 바였다. 인혐(引嫌)하고 스스로 지조를 지켜서 차자를 올려 네 충신을 구제할 적에 말이 완곡하고 뜻이 간절하여 성상을 듣고 감통하게 하는 바가 있었다. 세자가 위태롭고 의심받던 때에 힘써 적신(賊臣)들이 성상과 동궁 양궁(兩宮)을 가로막은 죄를 성토하여 저군(儲君)의 지위가 이로 인해 공고해졌다. 사친(私親 장 희빈)을 추존(追尊)하자는 의논이 올라왔을 때에 의리와 말이 엄정하여 족히 사문난적들로 하여금 두려움을 알게 하였으니, 이것이 거의 이른바 "이미 마칠 바를 알았다면 힘써 나아가 마쳐야 하니, 지키는 것은 아는 것보다 뒤에 있으므로 함께 의리를 보존할 수 있는 것이다."[144]라는 것이니, 아아, 훌륭하도다.

공의 오세손인 원식(元植)이 아들 현정(顯政)을 보내 신도비문을 요청하였다. 나는 뒤늦게 태어나 아는 것이 적으니, 어찌 감히 지난 기록을 거슬러 궁구하여 공의 평생을 망령되이 논할 수 있겠는가. 그러나 일찍부터 공이 만년에 잡아 지킨 지조가 우뚝하고 명백하여 천하 만세에 할 말이 있어, 단지 원우(元祐)의 완인(完人)[145]이 될 뿐만이

144 이미……것이다 : 이 말은 《주역(周易)》 〈건괘(乾卦) 구삼(九三)〉에 보인다.

아닌 것에 탄복하였었다. 명(銘)은 다음과 같다.

숙종께서 재위하실 적에	肅考在宥
충성스러운 신하[146]가 있었으니	曰有藎臣
아아 충정공이여	猗歟忠靖
능히 자신의 몸을 바쳤네	克致其身
중외의 관직을 차례대로 오름에	歷敭中外
명망과 실제가 모두 부합되었네	望實俱孚
골목에서 지우를 받아[147]	受遇于巷
공고[148]의 지위에 올랐네	致位公孤

145 원우(元祐)의 완인(完人) : 당론(黨論)에 휩쓸리지 않고 자신의 절조를 잘 지키면서도 끝내 화를 입지 않은 사람을 이르는 말이다. 원우는 송(宋)나라 철종(哲宗)의 연호로, 당시에 당쟁이 극심하여 사마광(司馬光)을 중심으로 한 문언박(文彦博), 소식(蘇軾), 정이(程頤), 황정견(黃庭堅) 등의 구법당(舊法黨)은 왕안석(王安石)을 중심으로 한 채경(蔡京), 증포(曾布) 등의 신법당(新法黨)에게 갖은 박해를 당하였는데, 구법당에 속하는 유안세(劉安世)만은 신법당의 회유에도 불구하고 자신의 절조를 지킨 채 벼슬을 하지 않으면서 아무런 화를 당하지 않았다. 이에 세상에서 그를 '원우의 완인'이라고 칭하였다. 《宋史 卷345 劉安世列傳》《宋名臣言行錄 後集 卷12》

146 충성스러운 신하 : 원문의 '신신(藎臣)'은 충신을 이르는 말로, 《시경》〈대아(大雅) 문왕(文王)〉에 "왕(王)의 충신들은 너의 할아버지를 생각하지 않겠는가.〔王之藎臣, 無念爾祖?〕"라고 한 데서 유래하였다.

147 골목에서 지우를 받아 : 《주역》〈규괘(睽卦) 구이(九二)〉에 "군주를 골목에서 은밀히 만나면 허물이 없으리라.〔遇主于巷, 无咎.〕" 하였는바, 이는 신하가 선한 도리로 완곡하게 군주를 받들어 일을 이루게 한다는 뜻이다.

148 공고(公孤) : 삼공(三公)과 삼고(三孤)를 가리킨다. 삼공은 주(周)나라의 태사(太師)·태부(太傅)·태보(太保)이고, 삼고는 소사(少師)·소부(少傅)·소보(少保)

너그럽고 공평하니	寬厚公平
오직 네가 합당하다 하셨네	惟汝其僉
열경[149]의 지위에 있을 때로부터	自在列卿
실로 국가의 중요 기관을 관장하였네	寔管機樞
진실로 국가에 이롭다면	苟利王國
어찌 감히 내 한 몸을 아끼겠는가	詎敢愛軀
고통스러운 백성들이 있으면	若有顚連
피부에 와 닿도록 아프게 여겼네	恫瘝切膚
양역이 편중되어 괴로운 것을	良役偏苦
반드시 고쳐야 한다고 하여서	謂必可更
눈물을 흘리며 대궐에서 하소연하니	涕泣籲閽
이는 혈성에서 흘러나온 것이었네	流出血誠
당시 해적의 경보를 만나	時値海警
도성을 수리할 것을 청하였으니	請修都城
탕춘대(蕩春臺)의 성을 축조할 적에	蕩春之築
입이 닳도록 간쟁하였네[150]	苦口是爭

로, 전하여 중신(重臣)이나 대신(大臣)을 말한다.

149 열경(列卿) : 여러 조(曹)의 판서를 일컫는다.

150 탕춘대(蕩春臺)의……간쟁하였네 : 탕춘대성(蕩春臺城)은 숙종 때에 도성과 북한산성(北漢山城)을 연결하기 위해 인왕산(仁王山) 동북쪽에서 시작하여 북한산 서남쪽의 비봉(碑峯) 아래까지 연결하여 쌓은 성이다. 숙종45년(1719) 탕춘대의 성을 쌓는 일로 논의가 있자 김우항(金宇杭)은 차자를 올려서, 지세를 이유로 동쪽과 서쪽만 축성하여 북쪽으로 북한산성에 닿게 하고 남쪽으로 도성에 닿게 한다면 성의 체제를 갖추지 못할 뿐 아니라 도성의 수비에 문제가 생길 시에는 쉽게 함락되고 말 것이라고 하여

비가 오기 전에 대비하니[151]　陰雨綢繆
사려가 원대하고 뜻이 컸네　慮遠志宏
경종과 영조가 수수함은　景英授受
천지의 큰 법도였네　地緯天經
저 분풀이를 하지 못한 흉도들이　彼凶不逞
기회를 틈타 비색하고 기울게 하여　乘機否傾
밖으로는 약을 맛보는 것을 꺼리고　外諱嘗藥
안에서는 계책한 것이 망측하였네[152]　內圖叵測
아아 어찌 이럴 수 있단 말인가　嗚呼曷其
귀신이 되고 물여우가 되었네　爲鬼爲蜮
네 충신들이 조정에서 하소연하여[153]　四忠庭籲
저군의 지위가 힘입어 편안해졌네　儲位賴安
공은 산 속에 칩거하느라　公屛山樊
뒤늦게 듣고 눈물을 흘렸네　晩聞涕潸

반대하였다.《承政院日記 肅宗 45年 2月 5日》

151 비가……대비하니 : 원문의 '음우주무(陰雨綢繆)'는《시경》〈빈풍(豳風) 치효(鴟鴞)〉에 "비 오기 전 날씨가 좋을 때에 저 뽕나무 뿌리를 거두어다가 창문을 칭칭 감는다면, 지금 이 아래에 있는 사람들이 혹시라도 감히 나를 업신여기겠는가.〔迨天之未陰雨, 徹彼桑土, 綢繆牖戶, 今此下民, 或敢侮予?〕"라고 한 데서 온 말로, 유사시에 대비한다는 뜻으로 쓰였다.

152 저 분풀이를……망측하였네 : 소론이었던 김일경(金一鏡) 등이 훗날 영조(英祖)가 된 왕세제 연잉군(延礽君)이 경종(景宗)에게 문안가는 것을 막고 모함하며 제거하려 했던 것을 말한다.

153 네……하소연하여 : 네 충신은 연잉군(延礽君)이 대리청정을 하는 데에 찬성했던 노론(老論) 사대신(四大臣)을 가리킨다.

거듭된 음이 해를 가려서	重陰蔽日
우리 양궁을 가로 막았네	阻我兩宮
신을 벗겠다는 뜻으로[154]	脫屣之志
푸른 하늘에 감읍하였네	感泣旻穹
이에 기아[155]를 발하니	載發機牙
여러 흉적들이 넋이 달아났네	群凶遞魄
한 차자로 찬란하게 밝히니	一箚炳烺
낭간[156]으로 심복의 뜻을 피력하였네	琅玕披腹
노성한 이들이 쫓겨날 적에	老成迸逐
한죽[157]이 앞이 되었고	寒竹先之
공이 그 뒤를 이어서	公殿其後
영해로 귀양 갈 것을 스스로 기약하였네	嶺海自期
귀양 갈 것을 의심치 않았는데	不疑其行
공이 갑자기 기성(箕星)을 타고 떠났네[158]	公遽乘箕

154 신을 벗겠다는 뜻으로 : 원문의 '탈사(脫屣)'는 짚신을 벗어 던진다는 뜻으로, 여기서는 마치 신발을 벗듯 벼슬에 연연하지 않았음을 말한 것이다. 한 무제(漢武帝)가 신선이 되기 위해 처자식을 버리기를 '신을 벗듯이 할 것〔如脫屣〕'이라고 한 말이 《사기》 권12 〈효무본기(孝武本紀)〉에 나온다.

155 기아(機牙) : 쇠뇌의 살을 놓는 곳과 시위를 걸어 제동하는 장치를 말한다.

156 낭간(琅玕) : 아름다운 옥돌로 여기서는 훌륭한 문사(文詞)나 충직한 간언(諫言)을 뜻한다.

157 한죽(寒竹) : 신임(申銋, 1639~1725)으로, 자는 화중(華仲), 호는 한죽이다. 1722년(경종2) 신임옥사가 일어나자 소론을 공격하고 동궁을 보호하는 상소를 올렸다가 제주도에 위리안치 되었는데, 영조 즉위 후 사면되어 돌아오는 길에 해남(海南)에서 죽었다. 영의정에 추증되었으며, 시호는 충경(忠景)이다.

패악한 의논이 멋대로 나와서	悖論闖發
사친을 추존하자고 하였는데[159]	追隆私親
공이 홀로 정론을 잡고서	公獨秉正
죽음을 마다 않고 직언을 다하였네	拚死盡言
명분과 의리가 실추되지 않아서	名義不墜
떳떳한 윤리를 영원히 부지하였네	永扶彝倫
시작을 근원해보고 끝을 맞추어봄에	原始要終
몸과 명예가 모두 완전하였네	身名俱完
돌아가 명릉[160]에 배알하면	歸拜明陵
거의 부끄러운 낯이 없으리라	庶無媿顔
근본이 보존되었으니	本之則存
효도하고 우애하여 인을 행하였네	孝悌爲仁
집안과 나라에서 반드시 통달하니[161]	家邦必達
진실로 믿음이 지극하였네	展也孚尹

158 기성(箕星)을 타고 떠났네 : 세상을 떠났음을 뜻한다. 은(殷)나라의 명재상인 부열(傅說)이 죽은 뒤에 그의 정신이 하늘로 올라가 기성과 미성(尾星) 사이에 별자리를 이루었다는 고사에서 유래한 것이다. 《莊子 大宗師》

159 사친을 추존하자고 하였는데 : 장 희빈(張禧嬪)의 명호를 정해 추존하려고 했던 일을 말한다.

160 명릉(明陵) : 숙종(肅宗)과 인현왕후(仁顯王后) 민씨(閔氏)의 능이다.

161 집안과……통달하니 : 덕(德)이 남을 감화시켜서 무슨 일을 하든지 안 되는 것이 없음을 말한다. 《논어(論語)》 〈안연(顔淵)〉에 자장(子張)이 '달(達)'에 대해 묻자, 공자가 "질박 정직하고 의를 좋아하며 남의 말과 안색을 잘 살피면서 몸을 낮추려고 생각하는 사람이 있다면, 그런 사람은 나라에서나 집안에서나 반드시 달하게 마련이다.〔質直而好義, 察言而觀色, 慮以下人, 在邦必達, 在家必達.〕"라고 하였다.

용두리의 산기슭에	龍頭之麓
엄숙한 상설[162]이 있으니	有儼象設
큰 비석에 선행을 기록하여	豐碑紀善
큰 충절을 밝게 게시하였네	昭揭大節
영원토록 없어지지 않고 전해지도록	永世不泐
훌륭한 사관의 붓을 기다리네	待良史筆

162 상설(象設) : 묘 앞에 세우는 석물(石物)을 말한다.

우의정 문헌공 민공 신도비명 병서

右議政諡文憲閔公神道碑銘 幷序

아아, 신임 연간에 선비들이 참벌(斬伐)된 때[163]를 당하여 시비(是非)와 충역(忠逆)이 분명하게 드러났거늘, 일종의 사사로운 의논이 서로 교착되고 번복되어서 상대방을 협박하고 의혹케 하고 〈홍범(洪範)〉의 건극(建極)과 탕평(蕩平)을 빙자해서[164] 그들의 간악함을 문식하였다. 이때에 단암(丹巖) 민 문충공(閔文忠公)[165]이 수차(袖箚)를 올려서 시

163 신임……때 : 신임 연간은 신축년(1721, 경종1)과 임인년(1722)으로, 두 해에 걸쳐 노론(老論)과 소론(小論) 간에 뒷날 영조(英祖)가 되는 연잉군(延礽君)의 세제(世弟) 책봉과 대리청정(代理聽政)을 두고 대대적인 인명 살상을 초래한 신임사화(辛壬士禍)가 일어났다. 남인(南人) 역관의 딸인 장 희빈(張禧嬪) 소생인 경종은 남인에 동정적이던 소론의 보호를 받아왔는데, 경종이 즉위하자 과거 그의 세자 책봉을 반대했던 노론은 위기를 느껴 그의 병약함과 후사(後嗣)가 없음을 빌미로 연잉군의 세제 책봉을 추진, 이를 관철시키고 나아가 대리청정까지 추진하다가, 소론의 김일경(金一鏡) 등이 목호룡(睦虎龍)을 사주하여 노론의 사대신(四大臣)인 김창집(金昌集), 이이명(李頤命), 이건명(李健命), 조태채(趙泰采)를 역모로 무고케 함으로써 사대신 이하 노론 일파를 극형에 처하게 하였다.

164 홍범(洪範)의……빙자해서 : 홍범은 《서경(書經)》 〈주서(周書)〉의 편명으로, 주 무왕(周武王)이 은(殷)나라를 이기고 기자(箕子)를 방문하여 천도(天道)를 묻자 이에 기자가 대답한 아홉 가지 법인 홍범구주(洪範九疇)를 일컫는 말이다. 《서경》 〈주서 홍범〉에 "임금이 그 극을 세운다.〔皇建其有極.〕" 하였고, "치우침이 없고 편당함이 없으면 왕도가 탕탕하며, 편당함이 없고 치우침이 없으면 왕도가 평평하리라.〔無偏無黨, 王道蕩蕩, 無黨無偏, 王道平平.〕"라고 하였는데, 영조(英祖)가 당쟁으로 인한 폐단을 제거하기 위해 이에 근거하여 탕평책(蕩平策)을 표방한 바 있었다. 여기서는 이 의리를 빙자해서 이용한 무리들이 있었음을 말한 것이다.

비와 충역을 변별해 밝게 게시하기를 마치 거울로 요망함을 비추고 솥으로 간사함을 본뜨듯이[166] 하였다. 뒤이어 문충공의 종형의 아들인 오헌(梧軒) 문헌공(文憲公) 휘 응수(應洙)가 대각(臺閣)에 나아가 소(疏)와 계(啓)를 올려서 남은 미진한 것을 다 드러내었으니, 숨겨진 간악한 무리들을 제거하고 대의(大義)를 밝힘에 있어서 거의 터럭만큼도 유감이 없게 되었다. 식자들은 이를 일러 "문헌공이 없었다면 문충공의 뜻이 드러나지 못하였을 것이니, 이로써 한 집안 내에서 창시하고 계술함이 있게 되었다."라고 하였다. 옛사람이 말한 "군자가 있지 않으면, 어찌 나라를 다스릴 수 있겠는가."라는 것을 두 공(公)에게서 볼 수 있다.

공은 자가 성보(聲甫)이고, 계통은 고려 상의봉어(尙衣奉御) 휘 칭도(稱道)에게서 나왔으며, 대대로 황려(黃驪 여주)를 관향으로 하였다. 대제학(大提學) 휘 유(愉)[167]에 이르러, 고려 말 신돈(辛旽)의 난을 당

165 단암(丹巖) 민 문충공(閔文忠公) : 민진원(閔鎭遠, 1664~1736)으로, 자는 성유(聖猷), 호는 단암 또는 세심(洗心), 시호는 문충이다. 1697년(숙종23)에 중시(重試)에 급제, 1721년(경종1)에 부제조(副提調)로 있으면서 신임사화를 만나 성주(星州)로 유배되었다. 1725년(영조1)에 우의정이 되어 소론(小論) 관련자를 삭훈(削勳)하다가 정삼석(鄭三錫)이 임금께 고하여 원주(原州)로 유배되었다. 1728년(영조4)에 귀양에서 풀려 소론의 거두 이광좌(李光佐)와 싸웠고, 탕평책(蕩平策)을 반대하였다.

166 솥으로 간사함을 본뜨듯이 : 우(禹)임금이 구주(九州)의 동(銅)을 모아 9개의 큰 솥을 만들고 여기에 온갖 물상을 새겨 넣었는데, 그 앞에서는 귀신이나 간사한 정상이 드러나 사람들이 해를 입지 않았다는 고사가 있다. 《春秋左氏傳 宣公3年》

167 휘 유(愉) : 민유(閔愉 ?~?)로 고려 공민왕(恭愍王) 때의 문신이다. 신돈(辛旽)이 난을 일으키자 학사(學士) 주사옹(朱士雍)과 더불어 이를 피해 동성현(童城縣)에서 살았으며, 후에 여성군(驪城君)에 봉해졌다.

해 은거하면서 스스로 지조를 지켰고, 우리 조정에 들어와 휘 심언(審言)[168]이 현량(賢良)으로 천거되어 유수(留守)를 지내다가 광묘(光廟 세조)가 선위를 받자 부름을 받고도 나아가지 않았으니, 이것이 민씨(閔氏)의 명절(名節)이 시작된 바이다. 휘 수(粹)에 이르러 정랑(正郎)으로 판서에 추증되었고, 휘 귀손(龜孫)은 전적(典籍)으로 찬성에 추증되었는데, 모두 사우(師友)의 연원이 있었다.[169] 고조 휘 기(機)는 부윤(府尹)으로 영의정에 추증되었는데, 정축년(1637, 인조15)에 청나라와 강화를 당하자 벼슬을 버리고 세속을 떠나 은거하였다. 증조 휘 광훈(光勳)은 관찰사를 지냈고, 조부 휘 시중(蓍重)은 대사헌을 지냈으며, 선고 휘 진주(鎭周)는 이조판서를 지냈으니, 삼대가 모두 숨은 덕과 아름다운 행실이 있어서 모두 원보(元輔 영의정)에 추증되었다. 선비 연일 정씨(延日鄭氏)는 찬성(贊成)에 추증된 상징(尙徵)의 따님으로, 인조 갑자년[170] 5월 11일에 공을 낳으셨다.

공은 경인년(1710, 숙종36)에 사마시에 장원하고, 갑오년(1714, 숙종40) 반임(泮任)으로 많은 선비들을 창도하여 우암(尤庵) 송 선생(宋

168 휘 심언(審言) : 민심언(閔審言 ?~1452)으로, 지평(持平)·첨지돈녕부사·중추원부사·호조 참판·형조 참판 등을 역임하면서 몇 차례 유배와 파직을 당하기도 하였다. 세조(世祖)가 왕위에 오르자 개성 부유수(開城副留守)의 벼슬을 버리고 통진(通津)의 봉상리(鳳翔里)로 돌아갔으며 형조 참판으로 불렀으나 나아가지 않았다. 후에 병조 판서에 증직되고 원종공신 3등에 책록되었다.

169 휘 수(粹)에……있었다 : 민귀손(閔龜孫)은 민수(閔粹)의 아들로, 한훤당(寒暄堂) 김굉필(金宏弼)의 문인이었다. 이 사실이 남효온(南孝溫)의 《추강집(秋江集)》 권7 〈사우명행록(師友名行錄)〉에 실려 있다.

170 인조 갑자년 : 인조 갑자년은 1624년(인조2)으로, 민응수(閔應洙)의 생몰년과 어긋난다. '숙종 갑자년'(1684, 숙종10)으로 보아야 함을 밝혀둔다.

先生)의 무고를 변론하였다.[171] 을미년(1715, 숙종41)에 공릉 참봉(恭陵參奉)에 제수되었다가 익위사 시직(翊衛司侍直)으로 옮기고, 주부(主簿)와 정랑(正郎)으로 승진하였다. 임인년(1722, 경종2)에 사화가 일어나자[172] 관직을 버리고 귀향하였다. 을사년(1725, 영조1) 영조가 등극하자 다시 정랑에 제수되었고, 금산 군수(錦山郡守)에 제수되었으나 부임하지 않았다. 10월에 증광 문과(增廣文科)에 급제하여 예조 정랑에 제수되었고, 사간원 정원으로 옮겼다. 이때에 신임 연간의 흉당(凶黨)들이 겨우 물러났다가 곧 등용되니, 성상의 뜻은 되도록 조정하는 데에 있었는데,[173] 공은 연이어 적신(賊臣) 유봉휘(劉鳳輝) 등 5명을

171 갑오년……변론하였다 : 판부사(判府事)로 있던 최석정(崔錫鼎)이 윤증(尹拯)의 제문(祭文)을 지었는데 그 가운데 우암(尤庵) 송시열(宋時烈)을 논척하고 무함한 말이 있다고 하여 탄핵을 받았다. 이에 최석정은 이에 대한 상소를 올렸는데, 이에 반발하여 성균관 유생들이 권당(捲堂)을 하고 상소를 올려 최석정의 죄를 논핵한 일이 있었다.《肅宗實錄 40年 9月 11日, 10月 1日》

172 임인년에 사화가 일어나자 : 임인옥사(壬寅獄事)를 가리킨다. 남인계 천얼(賤孽) 목호룡(睦虎龍)이 1722년(경종2) 3월 27일에 고변(告變)하여, 노론 자제들이 주축이 되어 경종을 시해하려는 모의가 있었다는 이른바 '삼급수설(三急手說)'을 제창하였는데, 고변 내용 중에 왕세제를 위협하는 말이 있었으므로 이틀 뒤에 세제가 사위(辭位)할 뜻을 표명하기까지 하였다. 소론은 이 고변을 계기로 노론 사대신을 비롯한 주요 노론 인사들을 대부분 처형시키거나 유배 보냈는데, 이를 임인옥사라고 한다.《景宗實錄 2年 3月 27日, 29日》

173 이때에……있었는데 : 신임 연간은 신축년(1721, 경종1)과 임인년(1722)으로, 두 해에 걸쳐 노론(老論)과 소론(小論) 간에 뒷날 영조(英祖)가 되는 연잉군(延礽君)의 세제(世弟) 책봉과 대리청정(代理聽政)을 두고 대대적인 인명 살상을 초래한 신임사화(辛壬士禍)가 일어났다. 이 참상을 본 영조는 왕위에 오른 뒤에 당쟁(黨爭)의 타파를 천명하였고, 소론인 이광좌(李光佐)와 조태억(趙泰億)을 각각 영의정, 좌의정으로 삼고, 세제 책봉에 반대했던 유봉휘(劉鳳輝)를 우의정으로 발탁하기도 하였다.

징벌해 다스려야 한다는 계(啓)를 올렸다.[174]

병오년(1726, 영조2)에 사서(司書)에 배수되었다가 정언(正言)으로 옮겼다. 이때에 조현명(趙顯命)이 현령(縣令)으로 있으면서 상소를 올려서 금령(禁令)을 만들어 선왕의 병을 휘할 것을 청하면서 칭탁하여 선왕을 위한 변무라고 하였다.[175] 그러자 공이 개연히 말하기를, "조현명의 상소에 '이루어진 법을 전복하고 어진 사대부를 죽였다.'라고 하였는데, 선왕(先王 경종)께서는 이루어진 법을 전복하고 어진 사대부를 죽이신 일이 없습니다. 제멋대로 이것을 한 자는 여러 소인배였는데, 지금 도리어 이를 선왕에게 돌리고자 하고 있습니다. 또 이미 '천하를 위해 적임자를 얻었다.'라는 것으로 대행왕(大行王)을 칭송하였다면, 당일에 저군(儲君)을 건립하는 계책을 도운 이들을 어찌하여 안타깝고 애석히 여기지 않는단 말이며, 당일에 저군을 건립하는 계책을 막아 전하로 하여금 망극한 무함을 받게 한 이들을 어찌하여 통렬히 미워하지 않는단 말입니까. 또 그의 말에 '예컨대 어떤 사람이 아버지

174 공은……올렸다 : 적신(賊臣) 5명은 세제 책봉 문제와 신임옥사로 노론의 지탄을 받았던 소론 측 인물들로, 유봉휘(柳鳳輝), 이광좌(李光佐), 조태억(趙泰億), 조태구(趙泰耉), 최석항(崔錫恒)을 가리킨다. 민응수(閔應洙)는 정언(正言)으로 있으면서 여러 번 계(啓)를 올려 이들에 대해 국법을 바르게 적용하여 처벌을 내릴 것을 청하였다.《承政院日記 英祖 1年 11月 19日, 20日, 22日》

175 이때에……하였다 : 1726년(영조2) 2월 22일 용강 현령(龍岡縣令)으로 있던 조현명(趙顯命)이 상소를 올려 장령 임징하(任徵夏)가 올린 상소에 대한 소회를 진달하면서, 향후 신임사화(辛壬士禍)를 논하고자 하는 사람이 있으면 다만 어떤 신하에게 어떤 죄가 있는지를 말할 뿐, 선왕인 경종(景宗)에게 병이 있었는지 본심이 무엇이었는지 등 선왕에 대한 것들은 언급할 수 없도록 법령을 만들 것을 청하였다.《承政院日記 英祖 2年 2月 15日, 22日》

가 별세한 뒤에 사나운 노복들이 주인이 병들었을 때의 잘못을 낱낱이 거론한다면, 자식의 마음에 편안하겠습니까.'라고 하였습니다. 아아, 어떤 사람이 혹 불행이 병에 걸려 일이 본래 심정에서 어긋났다면, 향당(鄕黨)과 주려(州閭) 사이에서 변론해 말하여서 질병 때문이지 본래 심정이 아니었음을 밝힐 터이니, 아끼는 사람도 그러할진대 하물며 자식이 된 자에게 있어서겠습니까. 차마 '병(病)'이라는 한 글자를 제시하지 못하여 본래 심정이 드러나지 못하게 하는 것이 효(孝)라고 할 수 있겠습니까. 더구나 그가 인용한 송(宋)나라 황후의 일[176]은 더욱 놀랍고 분통합니다. 우리 선왕의 성대한 덕이 한 터럭만큼도 그와 비슷한 점이 있지 않았는데, 지금 엄폐하고 조정에 혼란을 일으키는 자들의 죄를 보호하기 위해서 심지어 덕을 잃은 송조(宋朝)에 비유하기까지 하였습니다. 신이 전후에 내리신 연교(筵敎)를 살펴보건대, 요망한 박상검(朴尙儉)이 실마리를 만들고 흉악한 무리들이 농간을 부린 정상[177]

176 그가……일 : 조현명(趙顯命)의 상소에서 선왕의 병을 휘하는 법령을 만들어서 마치 송(宋)나라 인종(仁宗)이 태후(太后) 때의 일을 언급하는 것을 금지했던 전례처럼 할 것을 청하였다. 여기서 태후는 인종의 모후인 명숙 유황후(明肅劉皇后)로, 신비(信妃) 이씨(李氏)의 소생이었던 인종은 명숙 황후를 생모로 알고 지냈다. 그런데 태후가 죽은 뒤 태후 생전의 일을 비난하는 이들이 많아지게 되자 인종이 이를 경계하여 이에 대해 언급하는 것을 금지하도록 조칙을 내렸던 일이 있었는바, 이 일을 가리킨 것이다. 《宋史 卷314 范純仁列傳》

177 요망한……정상 : 김일경(金一鏡)과 환관(宦官) 박상검(朴尙儉) 등이 결탁하여 당시 왕세제로 있었던 영조를 제거하려 한 일을 가리킨다. 박상검은 김일경의 사주를 받고 환관과 궁녀들을 매수해 놓고는 1722년(경종2) 1월 궁 안에 돌아다니는 여우를 잡는다는 구실로 청휘문(淸暉門)에 여우 덫을 놓고 함정을 파놓아 왕세제가 경종에게 문안을 드리거나 시선(視膳)하러 가는 길을 가로막아 경종과 왕세제 사이에 불화를 조성하고, 대전(大殿)의 궁녀들로 하여금 왕세제를 헐뜯는 말을 하게 함으로써 왕세제

을 성상께서 진실로 이미 통촉하고 계시지만, 다만 애달픈 성상의 마음으로 협박하는 놀라운 말에 동요되어 한마디 말을 제기하는 것조차도 혹 선왕에게 근심을 끼칠까 염려하시는 것입니다. 그러니 저 죄를 쓰고서 벗어나길 구하는 무리들이 거짓말을 하고 과장을 하여서, 감히 타인에게 화(禍)를 전가시키는 마음을 부려 금조(禁條)를 만들기를 청하여 백세를 의혹시키고 어지럽힐 계책을 하고 있는 것이니, 신이 마음에 애통하게 여기는 것이 이것입니다."라고 하였다.

여름에 헌납(獻納)에 제수되자 글을 올려 말하기를, "국가에서 대각(臺閣)을 설치한 것은 장차 그 말을 쓰고자 해서입니다. 그런데 지금 도리어 억측하고 역탐하는 일을 일삼으셔서, 혹 천히 여기고 미워하는 데에 치우치거나 주선하는 데에 편벽될까 의심하시어 매번 일에 따라 격노하심을 면치 못합니다. 그런데도 대각에 있는 이들은 머리를 숙이고 성상의 안색을 받들어 한결같이 처분에 따르고 있습니다. 아, 대각은 바로 전하의 이목(耳目)이고, 사론(士論)은 바로 국가의 원기(元氣)입니다. 그런데 이들을 의심하고 막아서 스스로 이목을 가리고, 이들을 누르고 꺾어서 스스로 원기를 손상하시고는, 다만 작록(爵祿)으로 대각을 부리고 과목(科目)으로 많은 선비들을 용동(聳動)하고자 하시니, 전하께서 세상을 면려하고 둔재를 연마하시는 방법이 어찌 전도되지 않겠습니까."라고 하였다.

사간(司諫)으로 옮겨서는 진계하여 말하기를, "전하께서 즉위하신

를 제거하려 하였다. 이에 왕세제가 사위(辭位)하겠다는 뜻을 밝혔고, 이튿날 아침 대신들의 주청으로 주모자를 국문하라는 경종의 명이 내려진 일이 있었다. 《景宗修正實錄 1年 12月 22日》

이래로 말로써 견책을 얻은 사람이 많았으므로, 매번 본래의 일 이외에 다른 뜻을 창출하셔서 가리고 덮어 문식하시니, 조정에 있는 신료들은 두렵고 미혹되며 전도되어 스스로 자신의 과실을 구제하기에도 겨를이 없습니다. 이를 가지고 논해보건대, 전하께서 마음을 다스리고 학문을 하심에 아직도 그 방도를 얻지 못하신 점이 있어 그러한 듯합니다."라고 하였다. 전후로 진계하여 권면한 것이 대부분 도리에 가깝고 정성스럽고 간절한 데에서 나왔으니, 한 때에 일에 나아가 일을 논하는 데에 그친 것이 아니었다.

당시에 영의정 정공 호(鄭公澔)가 상소를 올려 일을 논하였는데, 성상께서 일벌이기를 좋아하여 소란을 일으킨다고 하교하였다.[178] 그러자 공이 상소를 올려 말하기를, "그가 지키고 있는 것이 대의(大義)이고, 토죄한 것이 난신적자라면, 그 일은 하늘이 토죄하는 엄정함이고 그 강직함은 의리의 용맹입니다. 정히 장려하고 허여하여 세도를 면려해야 할 것이니, 어찌 반드시 일벌이기를 좋아하고 지나치게 강직함을 근심할 것이 있겠습니까."라고 하였다. 정미년(1727, 영조3)에 당록(堂錄)에 들어가 교리(校理)가 되었다. 7월에 삼사(三司)가 청대(請對)한 일로 인하여 성상께서 큰 처분을 내리셨는데, 이를 정미진퇴(丁未進退)라고 한다.[179] 공은 청대에 참여했던 일로 연루되어 파직되고서

178 당시에……하교하였다 : 1726년(영조2) 11월 13일에 영의정 정호(鄭澔)가 상소하여 상참(常參)에 제대로 참석하지 않은 대관(大官)과 대관(臺官)들을 탄핵하자, 영조는 젊고 일벌이기를 좋아하는 무리가 혹 소란을 일으켜 늘 잘못이라 여겼는데, 어째서 경이 이러한 말을 하느냐고 답을 내렸다. 《承政院日記 英祖 2年 11月 13日》

179 7월에……한다 : 1727년(영조3) 6월 29일에 사헌부에서 김일경(金一鏡)의 상소에 연명한 다섯 역적 가운데 소두(疏頭) 다음에 있는 한 사람을 차율(次律)로 다스리는

여강(驪江)으로 돌아갔다.

무신년(1728, 영조4)에 역변(逆變)[180]이 일어났음을 듣고는 창황히 도성에 들어갔는데, 김공 재로(金公在魯)가 호서 안무사(湖西按撫使)로 있으면서 공을 불러 종사(從事)로 삼자, 군무(軍務)를 도왔다. 어느 날 밤에 함성이 진영 중에서 일어나니 온 군대가 놀라 동요하여 차서를 잃었는데, 공이 지휘하기를 정돈되고도 여유롭게 하니 이에 힘입어 진정되었다. 후에 적도들이 체포되어 공초를 바쳐 말하기를, "적도(賊徒) 민원보(閔元普)가 몰래 밤을 틈타 변란을 일으키고자 하였으나, 진영 내의 기율이 몹시 엄하여 계획대로 하지 못하였다."라고 하였다.

4월에 동래 부사(東萊府使)로 발탁되었는데, 당시 동래부에 물건을 사고파는 잘못된 규례가 있어서, 장사꾼과 역관들이 그 가운데에서 이익을 독점하고, 관왜(館倭) 또한 제멋대로 날뛰는 조짐이 있었다. 공이 단거(單車)로 부임하여 간악함을 막기를 엄격히 하고 구약(舊約)을 펼쳐서 이에 힘입어 무사하게 되었다. 일이 안정되자, 비국(備局)에 글을 올려 체직을 청하였는데, 글에 "충(忠)과 역(逆)이 도치되어 의리상 그대로 관직을 무릅쓸 수 없습니다."라고 하였다. 기유년(1729, 영조5)에 체직되었다가, 곧 충청도 관찰사에 배수되었는데, 인의(引義)하고서 사직하여 체직되었다.

명을 거두고 네 역적과 아울러 모두 사형에 처하기를 청하였으나 영조가 윤허하지 않았는데, 7월 1일에 삼사가 합계(合啓)하여 이를 거듭 청하였다. 이에 영조는 노론 삼사의 신하를 모두 파직하고 문외출송 하도록 하였다.《英祖實錄 3年 6月 29日, 7月 1日》

180 역변(逆變) : 이인좌(李麟佐)의 난으로, 1728년(영조4)에 소론(少論)과 남인(南人)의 일부 세력이 영조와 노론세력을 제거하고 밀풍군(密豊君) 이탄(李坦)을 추대하고자 일으켰던 반란을 말한다.

경술년(1730, 영조6)에 전라도 관찰사에 제수되었는데, 상소하여 사직하면서 말하기를, "지난번 토죄하기를 청했던 대상들이 사생(死生)을 막론하고 관작과 품질이 그대로 있고, 죽어서는 슬퍼하고 살아서는 영화롭게 여김[181]이 골고루 지극합니다. 이렇게 저들에게는 전하의 권우(眷遇)가 변치 않았는데 신에게도 다시 특별히 간탁(簡擢)을 베풀어주셨습니다. 전하께서는 큰 근본을 건립하시어 국론을 밝게 정하신 적이 없으신 채, 한갓 엄호하고 용서하기를 힘쓰고 계십니다. 시비의 어긋남이 이와 같으니, 신이 장차 어떻게 전하의 위엄을 의지하여 풍교를 받들어 교화를 펼치는 책임을 다할 수 있겠습니까."라고 하자, 성상께서 구습(舊習)을 그대로 가지고 있다고 하교하였다. 공은 힘써 사직하다가 죄를 얻기를 기약하고자 하였는데, 단암공(丹巖公 민진원(閔鎭遠))이 죄명을 띠고 왕명에 가서 복무하는 것으로써 편지를 써 보내어 부임을 권면하자, 마침내 나아가 명에 응하였다. 탐욕스런 관리를 물리치고 토호(土豪)를 억눌러서 백성들의 병통을 깨끗하게 정리하였으나, 묘당(廟堂)에서 농간을 부리는 일이 많아 마침내 하찮은 일로 아뢰어 파직되었다가, 서용되어 부제학(副提學)에 제수되었다.

신해년(1731, 영조7)에 가선대부(嘉善大夫)로 발탁되고, 가을에 충청도 관찰사에 제수되었다. 이때에 장릉(長陵)[182]을 옮겨 봉안하였

181 죽어서는……여김 : 생전과 사후에 임금의 총애가 입혀짐을 뜻한다. 《논어(論語)》 〈자장(子張)〉에 "살아있으면 영광스럽게 여기고, 죽어서는 슬퍼한다.〔其生也榮, 其死也哀.〕"라고 한 말에서 유래한 것이다.

182 장릉(長陵) : 인조(仁祖)와 인열왕후(仁烈王后)의 능이다. 1731년(영조7) 파주(坡州)에 있던 인조(仁祖)의 능인 장릉(長陵)을 교하(交河)로 이장하였다.

는데, 성상께서 특별히 공으로 하여금 재궁(梓宮)을 봉심(奉審)하게 하였으나, 공은 정세로 인해 명에 응할 수가 없었다. 성상께서 엄한 하교를 내려 죽산 부사(竹山府使)로 옮겨 보임하였다. 겨울에 또 강화 유수(江華留守)로 옮겨 제수하였는데, 공이 또 전과 같이 나아가기를 어렵게 여겼다. 성상께서 말씀하시기를, "민 아무개가 과연 나아가기를 어려워하는 뜻을 가지고 있으니, 호남을 어떻게 갈 수 있겠는가. 비록 민 아무개가 없을지라도 조정에 어찌 사람이 없겠는가." 하고, 내보내어 종성 부사(鍾城府使)로 보임하게 하였는데, 제신(諸臣)들의 말로 인하여 중지하였다. 여름에 감진 당상(監賑堂上)으로 차임되었고, 가을에 동지 부사(冬至副使)에 제수되어 명을 받들어 국경을 나갔다.

갑인년(1734, 영조10) 회자(回咨)에 불손한 말이 있다고 하여 삭탈관직을 명하였다가,[183] 서용되어 한성 좌윤(漢城左尹)이 되었고, 곧바로 경상도 관찰사에 제수되었다. 당시에 두 대신(大臣)을 신원하는 일로 진신(搢紳)의 상소에 참여하였는데,[184] 정언(正言) 이재후(李載

183 회자(回咨)에……명하였다가 : 청나라 예부(禮部)에서 조선 사람 김세정(金世丁) 등이 국경을 넘고 사람을 죽인 일로 인해 자문(咨文)을 보내왔는데 그 내용 가운데 조선을 욕되게 하는 내용이 있었다. 이에 이것은 이전 해에 사신으로 간 신하들의 대처가 잘못되었기 때문이라고 하여, 동지 사행의 정사였던 밀창군(密昌君) 이직(李樴), 부사였던 민응수(閔應洙), 서장관 윤휘정(尹彙貞)을 삭직하고 견책을 가할 것을 명하였다. 《英祖實錄 10年 3月 11日, 12日》

184 당시에……참여하였는데 : 1735년(영조11) 2월 9일 경상도 관찰사 민응수(閔應洙)를 비롯하여 수십 명의 진신(搢紳)들이 상소하여 신임사화(辛壬士禍) 때 사사(賜死)된 노론 사대신 가운데 그때까지 신원되지 않고 있었던 이이명(李頤命)과 김창집(金昌集)을 신원하여 그들의 관질(官秩)을 회복시켜 줄 것을 청하였다. 《承政院日記 英祖

厚)가 대소(對疏)하여 배척하자[185] 공이 연달아 글을 올려 관직을 면하기를 청하였으나 성상께서 출사를 재촉해 마지 않으셨다. 을묘년(1735, 영조11) 봄에 부임하였는데, 병영 아래에 성첩(城堞)이 없음을 개탄하여 쓸데없는 비용을 절약하여 인력을 번거롭게 하지 않고서도 공사가 완성되었고, 남는 재물을 내다 팔아 창고를 마련해 곡식을 저장하였다. 양역이 백성들에게 해가 됨을 염려하여 은루(隱漏)를 샅샅이 조사하여 모속(冒屬)[186]을 혁파하고, 첨정(簽丁)[187]으로 채워서 대신 충원해서 황구첨정(黃口簽丁)[188]과 백골징포(白骨徵布)[189]와 친족과 이웃에게 세금을 징수하는 것을 면제하였고, 진전(陳田)의 결수와 백지(白地)의 세납을 덜어주었다. 상소하여 도내(道內)의 재주와 행실을 갖춘 선비 수십 명과 무신년에 의병(義兵)을 창도하여 충절이 우뚝하였던 이들을 천거하여서, 이들을 장려하고 발탁하여 풍성(風聲)을 수립하기를 청하였다.

병진년(1736, 영조12) 형조 참판으로 옮기고 병조 판서에 발탁되었는데, 연이어 글을 올려 사직을 청하였으나 성상께서 친히 국문할 때에

11年 2月 9日》

185 정언(正言)……배척하자 : 1735년(영조11) 2월 14일 이재후(李載厚)가 같은 달 9일에 올린 노론계 진신(搢紳)들의 상소에 대해 비판하면서, 당색의 폐단에 대해 논척하였다. 《承政院日記 英祖 11年 2月 14日》

186 모속(冒屬) : 해당 사항이 없는 자가 허위로 들어가 속하는 것을 말한다.

187 첨정(簽丁) : 군역에 종사할 장정을 군적(軍籍)에 올려 기록하는 일, 또는 그에 해당하는 장정을 가리킨다.

188 황구첨정(黃口簽丁) : 어린아이를 군적에 올려 세금을 부과하던 일을 이른다.

189 백골징포(白骨徵布) : 조선 시대에 이미 죽은 사람을 생존해 있는 것처럼 명부에 등록해 놓고 강제로 군포(軍布)를 징수하던 일을 이른다.

시위(侍衛)가 갖추어지지 않았다고 하여 거듭 엄한 교지를 내리므로, 부득이 장전(帳殿)에 들어가 숙배하였다. 가을에 영남 사람 김성탁(金聖鐸)이 상소하여 스승인 이현일(李玄逸)의 일을 변론하였는데, 변론한 말이 선왕후(先王后)를 범하였으므로 성상께서 친국을 명하였다.[190] 한쪽 사람들이 김성탁을 두둔하고 이어서 두 대신(大臣)[191]을 신원하자는 논의를 배척하자, 공이 상소하여 이현일과 김성탁을 비호할 것을 도모하고 저군(儲君)을 건립한 대신을 원수처럼 보는 것은 신하로서의 예(禮)가 없는 것이라고 하였다. 두 대신을 신원하는 것이 세상의 큰 기휘(忌諱)가 되었는데, 공이 경연에 올라 반복해서 변론하자 성상께서 수답하기를 온화하고 간곡하게 하시어 거의 청한 것을 인준하시고자 하였다.

그러자 한쪽 사람들이 크게 놀라고 두려워하여 부교리 김광세(金光世)를 부추겨 상소하여 공을 배척하게 하였고, 우참찬 윤혜교(尹惠敎) 등이 연명으로 상소하여 공을 비난하고 배척하면서 공의 상소 중에

190 가을에……명하였다 : 이현일(李玄逸, 1627~1704)은 영남 남인의 영수로, 1689년 기사환국(己巳換局)으로 집권한 남인이 1694년 갑술환국(甲戌換局)에 실각하면서 숙종의 계비인 인현 왕후(仁顯王后)를 모해했다는 죄명으로 함경도에 유배되었다. 그 후 종성(鍾城)에 위리안치 되고 호남 광양현(光陽縣)으로 이배되었다가 유배에서 풀려 방귀전리(放歸田里) 되어 고향에 돌아와서 죽었으나, 죽은 후에도 신원과 복관 및 관작과 시호의 환수가 되풀이되었다. 이에 김성탁(金聖鐸, 1684~1747)이 1737년(영조13) 홍문관 교리로 있으면서 사직 상소를 올려 자신의 스승인 이현일(李玄逸)의 신원(伸冤)을 청하였는데, 그 말 가운데 선왕후인 인현 왕후를 범하는 내용이 있다 하여 영조가 친국(親鞫)을 명하였다. 《承政院日記 英祖 13年 5月 21日, 22日》

191 두 대신(大臣) : 신임사화(辛壬士禍)로 인해 사사(賜死)되었던 노론 사대신 가운데 이때까지 신원되지 않고 있던 이이명(李頤命)과 김창집(金昌集)을 가리킨다.

“저군을 건립한 대신을 원수처럼 보다.”라는 한 구절을 죄안으로 삼았다. 공은 의금부에 나아가서 명을 기다리면서 상소하여 말하기를, “신축년(1721, 경종1)에 제신(諸臣)들이 연명하여 대리청정을 청했던 일이 비록 소명되었다고는 하지만, 아직도 반은 신원되고 반은 신원이 되지 않은 상태입니다. 연석(筵席)에서 간략히 진달할 때에 망령되이 세상의 기휘를 저촉하였기에 미란(糜爛)의 화(禍)가 조석 간에 닥쳐 있습니다. 또 저 김성탁이 죄를 범한 것이 어떤 일인데, 무리들이 일어나 함께 비호하여 심지어 관련 없는 일을 끌어다가 서로 비교해 헤아리고 상대하여 거론해서 다시 기사년(1689, 숙종15)의 남은 논의를 답습하니, 놀랄만한 물결이 층층이 일어나 관계됨이 지극히 엄중합니다. 이러한 때에 관직의 거취는 논할 만한 것이 아닙니다.”라고 하였다.

이때에 성상께서 일로 인하여 몸이 편치 않아서 감선(減膳)하고 피전(避殿)하여 폄손(貶損)을 보이셨다. 그러나 공이 당시 약원(藥院)을 겸하고 있으면서 소명을 받들지 못하였는데, 엄한 하교를 인하여 부득이 궐에 이르러 진찰할 것을 청하였다. 상께서 또 파직을 명하면서 말씀하기를, “근일의 일은 모두 이 사람이 주장한 것이다.”라고 하였다. 김성탁의 상소가 나온 이후로 조정의 언론이 첨예하였는데, 성상께서 모두 공이 조성한 것이라 의심하여, 공의 지론이 지나치게 준엄하다고 하여 매번 신하들을 나아가 접하실 때마다 말이 당시의 일에 미치면 반드시 공을 먼저 나가게 하셨으니, 이는 과격한 논의를 할까 염려하여서였다. 얼마 지나지 않아 서용되어 본직과 겸직을 모두 회복하였는데, 공은 마침내 휴가를 청하여 성묘하고 그대로 고향집을 찾았다.

무오년(1738, 영조14)에 객사(客使)가 이르렀는데, 특지(特旨)로 원접사(遠接使)에 차임되었다. 이보다 앞서 청(淸)나라의 사신이 국경에 들어오면 역원(譯員)으로 하여금 칙문을 가져다가 등사하여 먼저 조정에 알리도록 하였는데, 이때에 이르러 칙문의 함(函)이 텅 비어 있었으니, 이것은 저들이 이로 인하여 트집을 잡아서 뇌물을 요구하고자 한 것이었다. 공은 지략을 짜내어 상자를 뒤져서 이를 얻어내고 고사(故事)를 따르니, 청나라 사신들이 크게 부끄러워하고 감복하여 조선에 훌륭한 사람이 있다고 하였다. 도중에 평안도 관찰사에 제수되었는데, 사신의 일을 마치고 감영에 부임하여, 교조(教條)를 펼쳐 선비들을 이끌어 도와주고, 재력을 지급하여 향교와 서원을 수리하였으며, 군대의 기계를 다스리고 무예를 검열하며 폐지된 방(坊)을 다시 쌓았고, 양로연을 베풀고 향음주례를 행하였다. 용도를 절약하고 포흠(逋欠)[192]을 줄이니, 체직될 때에 임하여 창고가 가득 찼다. 마침내 수만 민(緡)을 각 읍의 칙고(勅庫)에 주어 이자를 불려 비용을 지탱하게 하였다. 체직되어 돌아갈 때에, 서쪽 지방 사람들이 공의 유상을 그려서 사당을 세웠다.

형조 판서, 한성부 판윤, 대사헌, 예조 판서를 역임하고, 항상 경연(經筵)과 비국(備局)의 직함을 겸대하였다. 이때에 삼사(三司)에서 징토하라는 계(啓)를 다시 내었는데, 성상께서 진노하여 비상한 하교를 내리시니, 제신(諸臣)들이 서로 이끌어 동조(東朝)에게 청대(請對)하였다.[193] 상께서 중사(中使)를 꾸짖어 감히 들어와 아뢰지 못하게 하였

192 포흠(逋欠) : 관가의 물건을 사사로이 소비하거나 조세 또는 환곡의 체납 등으로 관물(官物)이 결손난 것을 말한다.

193 이때에……청대(請對)하였다 : 1740년(영조16) 삼사(三司)가 합계하여 고(故) 좌의정 유봉휘(劉鳳輝)와 영의정 조태구, 당시 영의정이었던 이광좌(李光佐) 등 소론 일파를 징토하라는 계(啓)가 올라오자 영조는 5월 25일 선위(禪位)하겠다는 뜻을 밝히

으나, 공은 큰 소리로 중사가 게으르고 교만하다고 꾸짖고 마침내 언교(諺敎)를 받들어 이전의 교지를 중지하게 하였으니, 공의 담력과 기개가 능히 큰일을 해낼 수 있는 것이 이와 같았다. 당시 묘당의 의논이 당저(當宁)의 존호를 높일 것을 청하였는데, 공은 홀로 청원하는 반열에 참여하지 않고 상소하여 인구(引咎)하면서 말하기를,[194] "삼가 조정에서 청원한 데에 대한 비답을 보건대 전하께서 겸손해하시는 뜻을 알 수 있으니, 우러러 공경하는 마음을 이길 수 없습니다. 신은 다만 일찍 한 마디 말씀이라도 바쳐서 우러러서 겸손하여 빛나는 덕에 도움을 드리지 못하였으니, 이는 신의 죄입니다."라고 하였다.

공이 이조의 전형(銓衡)을 맡았을 때에, 한쪽 사람들 중에 흉악한 논의에 참여한 자들의 벼슬길을 모두 막자, 당시 재상 가운데 묘당에서 꾸짖으며 성을 내면서 이조의 아전을 불러다가 검의(檢擬)할 것을 분부하였으나, 공은 끝내 동요되지 않았다. 당시 재상이 입대(入對)하여 말하기를, "비상한 거조를 겪은 이후로 피차간에 인협(寅協)[195]을 거의

고 숙종(肅宗)의 진전(眞殿) 앞에서 거적을 깔고 엎드리자 조정의 신하들이 동조(東朝), 즉 대비에게 청대(請對)하여 수찰(手札)을 내려서 선위의 명을 거두도록 하였다. 《英祖實錄 16年 5月 19日, 25日》

194 당시……말하기를 : 당시 조정에서 영조(英祖)의 존호(尊號)를 높일 것을 의논하여 몇 달 동안이나 논의된 끝에, 마침내 1740년(영조16) 7월 20일에 '지행순덕 영모의열(至行純德英謨毅烈)'이라는 8글자의 존호를 올리게 되었다. 존호를 높일 것을 청원하는 반열에 민응수(閔應洙)는 참여하지 않았다가 윤6월 1일에 상소를 올린 바 있다. 《承政院日記 英祖 16年 閏6月 1日》《英祖實錄 16年 7月 20日》

195 인협(寅協) : 공경히 임금을 섬기면서 훌륭한 정사를 이루기 위해 협력한다는 뜻이다. 《서경》〈고요모(皐陶謨)〉에 "함께 공경하고 서로 공손하다.〔同寅協恭.〕"라고 하였다.

이루게 되었는데, 이조 판서가 너무 편벽되게 다른 사람을 막으니, 어찌 탕평의 정치를 바랄 수 있겠습니까."라고 하였다. 공이 상소하여 그렇게 하지 않을 수 없는 연유를 진달하자 특명으로 체직을 허락하였다가, 곧바로 우참찬과 예조 판서에 제수되었다. 강석에 입시하자 상께서 말하기를, "선왕조께서 선경(先卿 민진주(閔鎭周))을 의지해 맡기셨으니, 내가 선왕조의 마음으로 경에게 맡겼거늘 경이 매번 스스로 이를 막음은 어째서인가?" 하니, 공이 눈물을 흘리며 대답하여 말하기를, "신이 대대로 녹을 받은 신하로서 태어나 성명(聖明)한 조정을 만났으니, 감히 스스로 막는 것이 아닙니다. 근래 제신(諸臣)이 마음을 바꾸어 협인(寅協)해야 한다는 말을 번갈아 아뢰고 있으니, 신은 생각건대 의리에 대한 다툼은 관계된 것이 막중한데도 반드시 삿됨과 바름으로 하여금 분별되지 않고 옳고 그름으로 하여금 변별되지 않게 하고자 하고 있습니다. 황왕의 건극(建極)의 다스림[196]도 또한 '공(公)'에 지나지 않으니, 인군이 신하의 말을 듣는 방도는 다만 그 일이 마땅한지 아닌지를 보아야 하지, 그 사람이 표방하는 것을 따져서는 안 됩니다. 전하께서는 탕평의 정치를 이루고자 하여 향초와 악취 나는 풀, 얼음과 숯불을 반드시 함께 등용하여 실정은 묻지 않고 오직 일을 독촉하고 계십니다. 군주의 명이 비록 엄하지만, 수백 년 동안 배양한 염치와 기절을 어찌 하루아침에 버리고서 따르는 것을 공손함으로 여겨서 우

196 건극(建極)의 다스림 : 인륜 도덕의 모범적인 표준을 세워 만민의 법칙을 정립하는 것을 말한다. 《서경(書經)》 〈홍범(洪範)〉에 "임금이 그 극을 세운다.〔皇建其有極.〕" 하였고, 그 주에 "극이란 북극(北極)의 극과 같이 지극하다는 뜻이요 표준이라는 명칭이니, 나라 중앙에 세워져 사방의 표준이 되는 것이다."라고 하였다.

리 임금께서 예(禮)로써 신하를 부리는 뜻을 저버릴 수 있겠습니까."라고 하였다. 물러나 상소하여 성묘하기를 청하였으나 성상께서 허락하지 않으셨으니, 성상의 뜻은 공이 영영 떠나갈까 염려했던 것이었다.

신유년(1741, 영조17)에 다시 이조 판서에 제수되자 도성 밖으로 나와서 연이어 상소하여 견책을 내릴 것을 청하였는데, 하교가 융숭하고 간곡하였으므로 명을 받들어 입시하였다. 힘써 진언하기를, "금일의 시국은 의리가 분명하지 않아 하나의 골동세계가 되어, 〈홍범(洪範)〉의 건극(建極)의 취지와 크게 어긋나 있습니다. 옳고 그름을 바로잡고 좋아하고 미워함을 공정하게 한 뒤에야 절로 치우치고 뒤집히는 우환이 없게 될 것입니다."라고 하였다. 이때에 묘의(廟議)가 이조 전랑(吏曹銓郎)의 권한이 중대하다고 하여, 변통하자는 논의가 있었다. 공이 말하기를, "전관(銓官)은 정병(政柄)을 주관하여 책임이 중대하니, 낭관을 지극히 신중하게 가려서 통색(通塞)[197]을 주관하게 하는 것입니다. 이는 조종(祖宗)이 정한 법제로, 그 뜻이 우연한 것이 아닙니다. 만일 전권(銓權)을 모두 수당(首堂)에게 귀속시킨다면, 불행이도 조정을 어지럽히는 신하가 있어 제 뜻대로 높이고 낮출 경우, 장차 어떻게 그 폐단을 막을 수 있겠습니까."라고 하였다. 이에 성상께서 진노하자 공이 인의(引義)하여 물러나기를 청하여 세 번 상소를 올리고 나아가지 않았다.

얼마 지나지 않아 예문관 제학에 제수되었다. 이때에 대훈(大訓)을 어제(御製)하여 장차 고묘(告廟)하고서 반포하여 시행하려고 하였는

197 통색(通塞) : 벼슬길에 나아가게 하거나 막는 것으로, 관원에 대한 추천권을 가리킨다.

데, 공에게 반교문을 찬술하도록 명하였으니, 성상께서 대훈을 지으신 것은 원경하(元景夏)가 신임사화의 옥안(獄案)을 불태우기를 청했기 때문이었다.[198] 공은 불가함을 힘써 진언하기를, "이 옥안이 무함하고 핍박한 것이 심지어는 감히 말할 수 없는 지경에까지 이르렀습니다. 만일 이를 불태워 없앤다면, 의혹이 더욱 심해질 것입니다."라고 하였다. 후에 빈대(賓對)에서 성상께서 두 대신(이이명(李頤命)과 김창집(金昌集))을 신원해달라는 청을 허락하고자 하였으나, 그 중에 몇 사람을 따로 죄안을 만들어 제쳐두었다. 제신에게 하문하자 모두 옳다고 하였지만, 공은 홀로 말하기를 "이미 무안(誣案)이라고 하였다면 마땅히 함께 신원해야 할 것이니, 어찌 그 사이에서 다시 구별할 수가 있겠습니까."라고 하였다.

당시에 서북(西北)과 관동(關東)에 큰 기근이 들어 굶주린 백성들이 경사에 모여들었는데, 공이 명을 받들어 진휼을 감독하였다. 묘당에서 건의하여 청(淸)나라 전폐를 유통하여 쓸 것을 주청하였는데, 공이 불가하다고 고집하여 말하기를, "우리나라에는 본래 전폐가 있어서, 다른 나라에서 들여온 적이 없습니다. 황조(皇朝 명나라)에서 우리나라를 내복(內服)으로 대해주었음에도 이러한 논의가 있었던 적이 없는

198 이때에……때문이었다 : 임인년(1722, 경종2)에 남인계 천얼(賤孽) 목호룡(睦虎龍)이 고변(告變)하여, 노론 자제들이 주축이 되어 경종을 시해하려는 모의가 있었다는 이른바 '삼급수설(三急手說)'을 제창하였는데, 영조17년(1741)에 이 무고(誣告)했던 옥안(獄案)을 두고 원경하(元景夏)가 불에 태우거나 물에 던져야 한다고 말한 일이 있었다. 그러자 이 일에 대해 영조가 대훈(大訓)을 지어 이때의 국안(鞫案)을 불태워서 역적의 근원을 없애고 몇 명을 따로 역안(逆案)에 둔다는 등의 내용을 반포하였다. 《英祖實錄 17年 9月 23日, 24日》

데, 하물며 지금 저들에게서 명을 받고자 하십니까."라고 하자, 특명으로 공의 의논을 따랐다.

가을에 이조 판서에 제수되었다. 도목정사에 이르러 어떤 사람이 공의 친척의 자제 가운데 재랑(齋郎)에 말망(末望)으로 의망된 이가 있다고 말하고서, 이로 인해 공을 모함하고자 하여 비방과 배척이 갖가지로 지극하였다. 공이 상소하여 인구(引咎)하였는데, 묘당에서 말하기를, "민 아무개는 삼가고 신중한 사람이기에 의망이 말망에 그친 것입니다. 우리나라에서 인재를 등용할 때에 대부분 명문가에서 취하니, 친척이라고 해서 버려둔다면 장차 어떻게 자기가 아는 인재를 거용할 수 있겠습니까?"라고 하였다. 공이 이로부터 연이어 소명(召命)을 어기자, 계해년(1743, 영조19)에 체직되었다가 다시 이조 판서에 제수되었다. 이는 성상께서 기필코 공에게 위임하고자 하여, 심지어는 상신(相臣)이 인협(寅協)을 일삼지 않는다고 책망하여서 공이 사직하여 체직되고서야 그만 두었던 것이었다.

갑자년(1744, 영조20)에 다시 이조 판서에 제수되었다. 지평(持平) 이사조(李師祚)가 상소하여 신통(新通)에 순전히 일당 삼망(三望)만을 사용하였음을 논하여 정주(政注)가 너무 편파적이라고 비방하자,[199] 공이 힘써 사양하며 나아가지 않았다. 이때에 전(前) 정언(正言) 이언세(李彥世)가 상소하여 당시 정승들을 배척하였다.[200] 성상께서 공이

199 지평(持平)……비방하자 : 1744년(영조20) 9월 12일 지평 이사조가 상소하여 국자(國子), 즉 성균관 관원의 신통에 삼망을 순전히 등용하면서도 거리낌이 없으니 견책하는 벌이 있어야 할 것이라고 하였다. 《承政院日記 英祖 20年 9月 12日》 정주(政注)는 인물을 심사하여 벼슬아치에 대한 임명과 출척(黜陟)을 결정하는 일을 말한다.

200 이때에……배척하였다 : 1744년(영조20) 10월 14일 전 정언 이언세가 전함(前

이언세를 통망(通望)할 때의 전관(銓官)이었다고 하여 특별히 장신풍(張新豐)의 고사[201]를 들어, 처음에는 청주 목사(清州牧使)에 제수하였다가, 곧 여주 목사(驪州牧使)로 옮겼다.

을축년(1745, 영조21)에 내직으로 옮겨 판윤(判尹)이 되고 주사(籌司 비변사)와 혜국(惠局 선혜청)과 평시서(平市署)의 제조(提調)를 겸하였다. 공은 그대로 송추(松楸)[202] 아래에 우거하였는데, 여러 번 재촉하여 부르심을 입고, 엄한 하교로 인하여 황공해하며 도성에 들어왔다. 이때에 이조 판서 박공 필주(朴公弼周)가 조정에 나아와 수차(袖箚)를 올려서 군주의 무함을 변론할 것을 청하였는데, 조현명(趙顯命)과 박문수(朴文秀)가 연이어 배척하니,[203] 공이 이에 상소를 남겨두고 곧장 돌아왔다. 8월에 판돈녕부사(判敦寧府事)와 호조 판서에 제수되었다.

銜)의 신분으로 상소하여 당시의 삼정승인 영의정 김재로(金在魯)·좌의정 송인명(宋寅明)·우의정 조현명(趙顯命)이 친인척을 등용하고 언로를 차단하는 등의 비리를 일삼고 있다고 비난하였다. 《英祖實錄 20年 10月 14日》

201 장신풍(張新豐)의 고사 : 장신풍은 장유(張維, 1587~1638)로, 자는 지국(持國), 호는 계곡(谿谷)·묵소(默所)이며 신풍부원군에 봉해졌다. 그가 1629년(인조7) 대제학(大提學)으로 있으면서 나만갑(羅萬甲)의 유배를 반대하다가 인조의 노여움을 사서 결국 지방관인 나주 목사(羅州牧使)로 좌천된 일이 있었는데, 이 일을 가리킨 것이다. 《仁祖實錄 7年 7月 21日》

202 송추(松楸) : 소나무와 가래나무를 심어 놓은 곳으로 선산 또는 고향을 가리킨다.

203 이때에……배척하니 : 1746년(영조22) 5월에 이조 판서 박필주(朴弼周)가 수차(袖箚)를 올려서 신임사화(辛壬士禍) 때에 왕세제로 있던 영조가 입었던 무함을 변론해야 한다고 주장하면서, 대훈(大訓)에 선왕인 경종(景宗)의 질병에 대한 일을 분명히 언급할 것을 청하였는데, 며칠 뒤에 우의정 조현명(趙顯命)과 영성군(靈城君) 박문수(朴文秀)가 각각 상소하여 경종의 질병에 관한 내용을 대훈에 첨가해서 고치자고 한 박필주의 이러한 의논에 반대하였다. 《英祖實錄 22年 5月 24日·29日, 6月 3日》

이때에 성상의 돌아보심이 더욱 융숭해져서 반드시 초치하고자 하였지만 공은 끝내 나아가지 않았다. 또다시 전교하기를, "지금은 처한 의리가 이미 펴져서 고집할 만한 것이 없다."라고 하였으니, 막 유봉휘(劉鳳輝) 등을 추삭(追削)하라는 계(啓)를 따랐던 터이므로 이러한 전교가 있었던 것이다. 조정에 나아가는 도중에 상소를 진달하여 견책을 청하였는데, 거듭 엄한 하교를 받들고서 도성에 들어갔다.

11월에 우의정에 진배(進拜)되었는데, 세 번 상소하여 사직하자 비지(批旨)가 더욱 융숭하여 명을 받들어 입시하였다. 조정(調停)의 폐단에 대해 극력으로 진달하여 말하기를, "전하께서 신임 연간에 선비들이 참벌(斬伐)된 후 오로지 조제(調劑)와 보합(保合)을 힘쓰시어, 건극(建極)의 근본을 궁구하지 않고서 곧장 그 효과를 요구하시고, 의리의 근원을 변별하지 않고서 오직 미봉하기를 일삼으시어, 조정의 기상이 어긋나고 풍습이 낮아져서, 전혀 시비(是非)의 근거가 없고 오직 이해의 사사로움만을 다투게 되었습니다. 바라건대 언로를 활짝 열고 자신의 의견을 굽히고 남의 의견을 수용하여서 일의 옳고 그름을 보아 처리하십시오. 이것이 실로 소란을 진압하는 방도가 될 것입니다." 하였다. 인하여 유현(儒賢)들을 초빙하고 전후에 말로 인해 죄를 얻은 이들을 석방하기를 청하여서 규계하는 말이 간곡하니, 성상께서 모두 가납하였다.

얼마 뒤 동료 재상들이 쟁집(爭執)함으로 인하여, 다섯 번 차자를 올려 물러날 것을 청하였다. 성상께서 황단(皇壇)에서 제례를 행하실 때에 공이 반열에 참여하지 않았다고 하여 어제시(御製詩)를 내려 서운해 하는 뜻을 보이셨다. 6월에 삼사(三司)가 이광좌(李光佐)와 조태억(趙泰億)의 죄를 징토하기를 청하자, 성상께서 또다시 진노하시어 모두 파직하고 삭탈할 것을 명하였다. 공이 상소하여 말하기를, "일맥의 정론(正論)이 아직도 완전히 소멸되지 않아서 마치 돌이 눌러도 죽순이 나오는 것과 같으니, 여론이 오래도록 답답해함을 여기에서 또한 볼 수 있습니다. 그런데 지금 도리어 조금도 구명해주지 않고 항상 감히 들을 수 없는 전교로 꺾어 누르고 억제하여 다시 말하지 못하게 하고 계십니다. 홍서(洪曙)와 남덕로(南德老)를 특명으로 삭직한 경우에 이르러서는,[204] 시비와 본말을 따지지 않고 다만 색목을 구별하고자 하신 것입니다. 아, 군부(君父)를 위하여 난역(亂逆)을 토죄함에 어찌 남북(南北)의 차이가 있겠습니까. 오직 바라건대 서둘러 제신(諸臣)을 파직하고 삭탈하라는 명을 거두시고, 아울러 전후의 온당치 못한 하교를 중지하여 주십시오." 하였다. 성상께서 엄한 비지로 준엄하게 꾸짖고 인하여 파직을 명하였다. 서용되어 판중추부사에 제수되었는데, 재차 승선(承宣)을 보내 돈면(敦勉)하여 소지(召旨)가 이어져서, 후회하고 깨우친 뜻을 깊이 보이셨다. 또 약원(藥院)의 입진(入診)을 허락하지 않고서 말씀하기를, "도상(都相 도제조)이 조정에 나아오길 기다리겠다."라고 하여, 이로 인해 진후(診候)를 멈추고 폐한 것이 여러 달이었다. 또 하교하여 임금이 병들면 신하가 약을 맛보는 의리를 가지고서 책망하니, 공이 나아가 성 밖에 엎드려 죄를 내리기를 청하

204 홍서(洪曙)와……이르러서는 : 1747년(영조23) 8월에 삼사(三司)에서 김일경(金一鏡)의 역절(逆節)과 관련하여 논하면서 이광좌(李光佐)와 조태억(趙泰億)의 관작을 추탈할 것을 청하자, 영조는 장령(掌令) 홍서와(洪曙) 지평(持平) 남덕로(南德老)가 이제 와서 이를 함께 아뢰는 것은 본래 그들의 의견이었기 때문이 아니라 당색에 따라 행동하는 것이라고 하면서 두 사람을 모두 삭직하라고 명하였다. 《承政院日記 英祖 23年 8月 16日》

고, 이어서 명을 받들어 조정에 돌아왔다.

겨울에 국수(鞫囚) 이태(李泰)의 문서 가운데 공의 거취를 논한 것이 있었던 연유로,[205] 당시 정승이 차자를 올려 엄하게 논핵하기를 청하였다. 공은 일이 혐의쩍어서 끝내 잠자코 있을 수 없다고 하여서 마침내 차자를 올려 스스로 죄를 논열하고서 처분을 기다렸다. 그러자 헌신(憲臣) 심발(沈墢)이 상소하여 배척하면서, "대신의 자백이 전하는 말과 다릅니다."라고 하였으니, 이는 이수(李囚 이태(李泰))의 의서(擬書)를 공이 직접 만든 것으로 삼게 하고자 함이었다. 동료 재상이 상주하여 말하기를, "신이 그 필적을 보니, 분명 이태가 직접 쓴 것입니다." 하였다. 공은 의금부에서 명을 기다리다가 상소를 올리고 곧바로 돌아갔다. 성상께서 승지를 보내 돈면(敦勉)하였으나, 대신(臺臣)이 또다시 상소를 올려 비방하고 배척하였다. 성상께서 말씀하시기를, "민 정승이 권세가 없기 때문에 아랫사람들이 논열함이 이에 이르렀으니, 그 뜻이 어디에 있는가? 그가 다시 의정부에 들어오는 길을 막고자 함인가?" 하였다. 이때에 성상이 한창 공을 돌아보고 생각하시어 은혜로운 전교가 누차 지성스러웠고 정승의 자리가 막 비어있었으니, 한 무리의 시류 중에 촉망받는 자가 있어 마침내 비방하고 배척하는 상소

205 겨울에……연유로 : 국수(鞫囚)는 국청(鞫廳)에서 조사를 받고 있는 죄인을 뜻한다. 1748년(영조24) 겨울에 여천군(驪川君) 이증(李增)의 집 묘당(廟堂)에서 괴이한 투서가 발견되어 범인을 찾기 위한 국청이 열렸는데, 그 과정에서 이태(李泰)가 연루되어 죄를 얻었다. 그런데 이태의 문서 가운데 민응수(閔應洙)의 아들인 민백창(閔百昌)이 자신에게 관련된 내용이 있다 하여 이를 찢어버린 일이 있었기에, 이 일로 민응수까지 탄핵을 받았고 민백창은 정배(定配)의 명을 받았다. 《英祖實錄 24年 11月 9日, 12月 2日・25日・28日, 25年 1月 8日》

를 올려 이를 저지하게 한 것이었다. 성상께서 연달아 별유(別諭)를 내리시고, 이어서 함께 오기를 명하셨다. 공은 약을 맛보는 것이 사체(事體)가 중대하다고 하여 억지로 힘써 조정에 나아갔지만, 모든 묘당의 계책과 하문(下問)에 있어서는 일체 간여하지 않고, 오직 신임 연간의 대의(大義)에 있어서만 이전의 논의를 확고하게 지킬 따름이었다.

경오년(1750, 영조26)에 성상께서 양역(良役)의 변통이 편리한지의 여부를 하문하자, 공은 다만 제 살을 베어 굶주린 배를 채우는 격이어서 장애되어 편하기가 어렵다고 하면서 간략하게 조목조목 대답하기만 하였을 따름이었다. 7월 25일에 황화방(皇華坊)의 집에서 역책(易簀)하니, 향년 67세였다. 부고가 알려지자 성상께서 놀라고 슬퍼하여 조회를 멈추고 은졸(隱卒)을 더하였다. 12월 16일에 여주(驪州)의 상문동(尙文洞) 경좌(庚坐)에 예장(禮葬)하였다. 부인 양주 조씨(楊州趙氏)는 대사헌 휘 태동(泰東)의 따님으로, 여사(女士)라고 일컬어졌다. 공보다 6년 먼저인 갑자년(1744, 영조20) 8월 2일에 졸하여, 이천(利川)의 가좌곡(可坐谷) 유좌(酉坐)에 장례하였다. 두 아드님은 대사간(大司諫) 백행(百行)과 승지(承旨) 백창(百昌)이다. 백행은 백창의 아들인 정랑(正郎) 제열(濟烈)을 후사로 삼았다. 백창의 계자(繼子)는 명혁(命爀)으로 판서이다. 제열이 또 후사가 없어 명혁의 아들인 감찰(監察) 치은(致殷)을 후사로 삼았다. 명혁의 아들은 치문(致文)으로 참판이다. 치은의 아들은 세호(世鎬)와 교관(敎官) 덕호(德鎬)이다. 치문의 아들은 참봉(參奉) 달용(達鏞)과 진사(進士)인 술용(述鏞)이다. 나머지는 다 기록하지 않는다.

아아, 공은 영조께서 큰일을 하시는 때를 만나 얼굴빛을 바르게 하고 조정에 서서 지론이 맑고 준엄하였다. 조정(調停)하는 의논이 일어나자 충(忠)과 사(邪)가 뒤섞여 부정하게 따라서 온전하기를 구하는 자들이 발꿈치를 잇고 어깨를 나란히 하여 무신년과 을해년의 화(禍)[206]를 빚어냈다. 공은 매번 일에 앞서 미리 이를 방비하였으니, 이로 말미암아 당인(黨人)들이 눈을 흘겨보아 누차 모함을 가하였다. 그러나 공은 홀로 우뚝하게 동요하지 않는 것이 마치 태산이나 교악과 같아서, 위로는 성상과의 제회(際會)가 더욱 돈독하고, 아래로는 명망과 실제가 모두 융숭하여 순수하게 원우(元祐)의 완인(完人)[207]이 되었다. 공은 비록 학문으로 스스로를 명명하지는 않았지만, 윤리의 도타움과 일의 공정함이 충분히 문충공(文忠公 민진원(閔鎭遠)), 문정공(文貞公 민유중(閔維重))과 전(傳)을 합하여 이름을 나란히 할 수 있었으니, 후세에 상론(尙論)하는 이들이 반드시 백세토록 감응함이 있을 것이다.

206 무신년과 을해년의 화(禍) : 무신년(1728, 영조4)에는 소론(少論)의 이인좌(李麟佐) 등이 경종의 죽음에 영조와 노론(老論)이 관계되었다고 주장하면서 밀풍군(密豐君) 이탄(李坦)을 왕으로 추대하고자 청주(淸州)와 영남(嶺南) 지역 등에서 거병한 일이 있었고, 을해년(1755, 영조31)에는 김일경(金一鏡)의 옥사(獄事)에 연좌되어 나주로 귀양을 가 있던 소론의 윤지(尹志)가 노론을 제거할 목적으로 당시 나주 목사 이하징(李夏徵) 등과 모의하여 나주 객사에 비방하는 괘서(掛書)를 붙여 옥사가 일어났다.

207 원우(元祐)의 완인(完人) : 당론(黨論)에 휩쓸리지 않고 자신의 절조를 잘 지키면서도 끝내 화를 입지 않은 사람을 이르는 말이다. 원우는 송(宋)나라 철종(哲宗)의 연호로, 당시에 당쟁이 극심하여 사마광(司馬光)을 중심으로 한 문언박(文彦博), 소식(蘇軾), 정이(程頤), 황정견(黃庭堅) 등의 구법당(舊法黨)은 왕안석(王安石)을 중심으로 한 채경(蔡京), 증포(曾布) 등의 신법당(新法黨)에게 갖은 박해를 당하였는데, 구법당에 속하는 유안세(劉安世)만은 신법당의 회유에도 불구하고 자신의 절조를 지킨 채 벼슬을 하지 않으면서 아무런 화를 당하지 않았다. 이에 세상에서 그를 '원우의 완인'이라고 칭하였다. 《宋史 卷345 劉安世列傳》《宋名臣言行錄 後集 卷12》

가장(家狀)에 기록된 집안에서의 훌륭한 행실은 모두 구양공(歐陽公)이 범공(范公)을 서술할 때에 큰 절목을 먼저 하고 작은 행실을 생략한 것[208]과 같다고 할 만하다. 명(銘)은 다음과 같다.

훌륭하신 민공이여	憲憲閔公
대대로 훌륭한 덕이 있었네	世有令德
선조의 빛나는 가업을 배태하여	胚胎前光
예의의 법칙이 되었네	禮義維則
왕의 조정에서 드날리니	揚于王庭
원릉의 초복[209]이었네	元陵初服
충신과 간신이 뒤섞여있는데	忠邪渾淪
억지로 건극이라 이름 하였네	强名建極
누가 이 의논을 주창하였는가	疇倡此論
반복하는 간사한 사람들이었네	憸人反覆
때를 타 이익을 취하여	乘時射利
나라를 생각하지 않았네	不念邦國

208 구양공(歐陽公)이……것 : 구양공은 송(宋)나라 문장가인 구양수(歐陽修)를 가리키며, 범공은 범중엄(范仲淹)을 가리킨다. 구양수는 범중엄의 신도비명을 지으면서 일반적인 신도비명의 서술 방식과는 달리 범중엄의 관력 등은 일일이 서술하지 않은 채로, 범중엄이 유년 시절 천하에 뜻을 두었으며 간관(諫官)이 되어서는 소인들과 쟁론하다 폄적된 사실 등의 큰 절목만을 추려서 압축하여 서술하였다. 《唐宋八家文 卷12 資政殿學士戶部侍郎文正范公神道碑銘》

209 원릉(元陵)의 초복(初服) : 원릉은 영조(英祖)의 능으로, 원릉의 초복이란 영조가 즉위한 초년(初年)을 말한다.

성인께서는 크게 공정하여	聖人大公
똑같이 보고 모두 기르시니	一視咸育
관대에 인개[210]가 끼어 있고	冠帶鱗介
뜰과 거리에 오랑캐들이 뒤섞여 있었네	庭衢胡貊
돼지와 물고기에 신의가 미치지 못해서[211]	豚魚未孚
귀신과 역귀가 물에 잠겨있다 독을 쏘았네	鬼蜮潛射
왕명을 거역하고 선행을 끊은 자들에게	方命殄行
오히려 유극의 형벌[212]을 지체하였네	尙稽流殛
공이 이 때에	公於是時
낭묘의 주석[213]이 되어	廊廟柱石
잠깐 넘어졌다가도 곧 일어나	乍躓乍起
한결같이 바른말을 하였네	壹是謇諤
올린 글이 정성스러워서	章奏悃款
원대한 계책을 때로 임금에게 아뢰었네	遠猷辰告

210 인개(鱗介) : 비늘을 가진 물고기와 딱딱한 껍질을 가진 수중 생물로, 나아가 비천한 소인배를 가리킨다.

211 돼지와……못해서 : 《주역(周易)》 〈중부괘(中孚卦) 단(彖)〉에 "믿음이 돼지와 물고기에 미치다.〔信及豚魚.〕"라고 하였는바 이는 감동시키기 어려운 돼지와 물고기까지 신의가 미친다는 뜻으로, 여기에서는 그렇게 하지 못하였다고 말한 것이다.

212 유극(流殛)의 형벌 : 유배하고 가두는 형벌을 말한다. 《서경》 〈우서(虞書) 순전(舜典)〉에 "공공을 유주에 유배하고 환도를 숭산에 추방했으며, 삼묘를 삼위로 몰아내고 곤을 우산에 가두었다. 네 사람을 죄주시니, 천하가 다 복종하였다.〔流共工于幽洲, 放驩兜于崇山, 竄三苗于三危, 殛鯀于羽山, 四罪而天下咸服.〕"라고 하였다.

213 낭묘(廊廟)의 주석(柱石) : 낭묘는 조정에서 정무를 보는 곳으로, 조정의 기둥이자 주춧돌과 같이 중임(重任)을 맡은 인물을 가리킨다.

조정에서 편안하지 못하여	不安于朝
나아가 번역을 진무하니	出鎭藩閫
영남과 호남이 편안하고	嶺湖奠安
동래와 용만에서 거듭 통역해서 왔네	萊灣重譯
대인을 두려워하고 공경하니	大人威敬
어디에 시험한들 적합하지 않겠는가	奚試不適
우뚝한 저 문폐[214]에	屹彼文陛
편안한 붉은 신[215]이 있었으니	有几者舃
거의 시행과 조치가	庶幾施措
이마에 손을 얹고 바라봄[216]에 부응하였네	副厥加額
추향이 다른 자들이 분분히 일어나	異趣紛紛
기회를 틈타 독을 펴려고 하였으나	乘機逞毒
상께서 홀로 공을 알아주시니	上獨知公
여러 의심이 한 번에 풀려버렸네	群疑頓釋
병성[217]에 주의하였는데	注意秉成

214 문폐(文陛) : 문관(文官)이 조회하는 뜰로, 조정을 가리킨다.

215 편안한 붉은 신 : 훌륭한 대신(大臣)을 말한다. 《시경》 〈빈풍(豳風) 낭발(狼跋)〉에 "공(公)이 큰 아름다움을 사양하시니 붉은 신발이 편안하도다.〔公孫碩膚, 赤舃几几.〕"라고 하였다.

216 이마에……바라봄 : 백성들이 이마에 손을 얹고서 멀리서 공경스럽게 바라보는 것으로, 매우 인망(人望)이 높은 재상을 공경하는 것을 뜻한다. 송(宋)나라 사마광(司馬光)이 낙양(洛陽)에 사는 15년 동안 예궐(詣闕)할 때마다 위사(衛士)들이 모두 손을 이마에 얹고 공경스럽게 바라보면서 "이분이 사마 상공(司馬相公)이시다."라고 하였다는 데에서 유래하였다. 《宋史 卷336 司馬光列傳》

217 병성(秉成) : 나라의 공평함을 담당한다는 뜻이다. 《시경》 〈소아(小雅) 절남산

하늘의 빼앗음이 어쩌면 이리도 빠르단 말인가	天奪胡速
그 포부를 궁구해보면	究厥抱負
열 가지 중에 한 가지도 드러내지 못하였네	十未一暴
살아있을 때는 영화롭게 여기고 죽어서는 슬퍼하여[218]	存沒哀榮
이것을 계승하고 주었네	以承以錫
높고 높은 상문동의 언덕에	嵂嵂文岡
깊고 깊은 유택이 있네	侐侐幽宅
내 명을 지어서	我作銘詩
천억 년 동안 밝게 게시하노라	昭揭千億

(節南山)〉에 "술병이라도 든 듯 근심스럽기 그지없네. 누가 나라의 공평함을 잡고 있단 말인가. 스스로 정사를 다스리지 않아서 끝내 백성들을 수고롭게 하는구나.〔憂心如酲. 誰秉國成? 不自爲政, 卒勞百姓.〕"라고 한 데서 온 말이다.

218 살아있을……슬퍼하여 : 생전과 사후에 모두 임금으로부터 두터운 총애를 입었다는 뜻이다. 《논어(論語)》〈자장(子張)〉에 "살아계시면 영광스럽게 여기고, 돌아가시면 슬퍼한다.〔其生也榮, 其死也哀.〕"라고 한 말에서 유래한 것이다.

참판 증 이조판서 쌍호당 이공 신도비명 병서

參判贈吏曹判書雙壺堂李公神道碑銘 幷序

아아, 조정에서 청백리를 추천해 선발하는 법을 중시한 것은 장차 온 세상을 면려하여 백성들로 하여금 혜선(惠鮮)[219]의 은택을 입게 하려고 해서이니, 몹시 성대한 법전이다. 예전 숙종 무진년(1688, 숙종14)에, 상신(相臣) 민공 진장(閔公鎭長)·이공 유(李公濡)·이공 여(李公畬)·김공 창집(金公昌集)·조공 태채(趙公泰采)·이공 이명(李公頤命)이 전후로 경연(經筵) 중에 건의하기를, "고(故) 참판 이단석(李端錫)의 청백한 고절(苦節)은 조정에 함께 있는 여러 신하들이 함께 칭찬하고 감탄하는 바로, 가난하여서 장례 때에는 상(喪)을 제대로 치르지 못하였고 처자식은 살아갈 방도가 없습니다. 여러 차례 번곤(藩閫)[220]을 맡고 지위가 아경(亞卿)[221]에 이르렀는데도 궁핍함이 이와 같으니, 그 빙벽(氷蘗)의 절조[222]를 포창(褒彰)하는 은전을 내려야 합

219 혜선(惠鮮) : 의지할 데 없는 사람들에게 은혜를 베풀어 생기를 북돋아 주는 것을 말한다. 《서경(書經)》 〈주서(周書) 무일(無逸)〉에 문왕(文王)의 덕을 찬양하면서 "아름답게 부드럽고 공손히 하여 백성을 보호하고 홀아비와 과부에게 은혜를 입혀 생기를 북돋아 주시되, 아침부터 한낮과 저녁이 되도록 밥 먹을 겨를도 없이 만민을 모두 화합하게 하였다.〔徽柔懿恭, 懷保小民, 惠鮮鰥寡, 自朝至于日中昃, 不遑暇食, 用咸和萬民.〕"라고 한 데서 온 말이다.

220 번곤(藩閫) : 번방의 장으로, 감사(監司)·병사(兵使)·수사(水使) 등의 외관직을 말한다.

221 아경(亞卿) : 정경(正卿)의 다음가는 벼슬로, 육조의 참판(參判)이나 그에 버금가는 벼슬을 말한다.

니다." 하니, 성상께서 특별이 유사에게 명하여 원래의 봉름(俸廩)에 의거하여 무명과 마포(麻布)와 함께 십 년 동안 수급(輸給)하도록 하였다.

그 후 다시 이공 유(李公濡)와 권공 상유(權公尙游)의 구계(口啓) 및 대신(臺臣) 유태명(柳泰明)의 상소로 인하여 그 집안을 넉넉하게 구휼하도록 명하였다. 21년 뒤에 예조 판서 홍공 수헌(洪公受瀗)이 경연에서 공의 자손을 녹용(錄用)하기를 청하였고, 영조 을사년(1725, 영조1)에 헌납 채응복(蔡膺福) 또한 상소를 올려 거듭 청하였다. 병오년(1726, 영조2)에 또 청렴한 절조를 추장(追奬)하여, 특별히 공을 이조 판서 대제학에 추증하였으니, 아아, 성대하도다! 높여서 보답하는 은전과 후손들에게 누리게 한 은택이 둘 다 유감이 없게 되었으니, 이것이 어찌 단지 공의 한 집안의 영광이 될 뿐이겠는가.

공은 자가 유초(有初), 호는 쌍호당(雙壺堂)이다. 이씨는 계통이 성종(成宗)의 별자인 경명군(景明君) 휘 침(忱)의 차자 안남군(安南君) 휘 수련(壽鍊)에게서 나왔으니, 이 분이 공에게 있어 오대조가 된다. 고조는 금천군(錦川君) 휘 보(俌)이고 증조는 창원정(昌原正) 휘 세의(世義)이니, 모두 어진 종친으로 일컬어졌다. 조부이신 휘 생인(生寅)은 진사로 호는 송파(松坡)이며 문장에 능하였다. 선고이신 휘 제형(齊衡)은 문과에 급제하여 집의(執義)가 되었는데, 청렴함과 검소함으로

222 빙벽(氷蘗)의 절조 : 맑은 얼음물을 마시고 쓰디쓴 소태나무를 씹으면서 굳게 지키는 절조를 말한다. 당(唐)나라 백거이(白居易)의 시에 "3년 동안 자사로 있으면서, 맑은 얼음물을 마시고 쓰디쓴 소태를 씹었노라.〔三年爲刺史, 飮氷復食蘗.〕"라고 한 데서 온 말이다.《白樂天詩集 卷1 三年爲刺史》

영광군(靈光郡)을 다스려 훌륭한 선비들에게 추모를 받아 공과 함께 장천서원(長川書院)에 배향되었다. 후에 공의 귀함으로 인하여 조부와 선고 두 대(代)를 좌승지와 이조 참판에 추증하고 겸직은 준례와 같이 하였다. 선비이신 의령 남씨(宜寧南氏)는 직장(直長) 두명(斗明)의 따님으로, 정부인(貞夫人)에 추증되었다.

공은 천계(天啓) 3년[223] 을축년(1625, 인조3) 정월 1일에 태어났다. 어려서부터 영민하고 독서를 좋아하였다. 장성하여서는 문장이 민첩하고 풍부하여 효종 경인년(1650, 효종1)에 사마시에 합격하였고, 현종 경자년(1660, 현종1)에 대과에 급제하여 괴원(槐院 승문원)에 예속되었다. 신축년(1661, 현종2)에 선발되어 당후(堂后 정원 주서)로 들어갔고, 임인년(1662, 현종3)에 정언(正言)으로 있으면서 장물을 받은 관리를 용서해서는 안 된다고 논하였으며, 병조랑(兵曹郞)에 제수되고 연이어 지제교(知製敎)를 겸대하였다. 곧 사간원(司諫院)으로 들어가 군정의 인징(隣徵)과 족징(族徵)의 뼈를 깎는 듯한 폐단을 논하였다. 겨울에 서장관(書狀官)으로 연경에 갔는데, 어떤 하나의 물건으로도 스스로에게 누를 끼치지 않았다. 복명(復命)한 뒤에 지평(持平)에 제수되었다. 이보다 앞서 기해년에 예송(禮訟)이 있었다.[224] 효종대왕이

223 천계(天啓) 3년 : 천계 3년은 1623년으로, 이단석(李端錫)의 생몰년과 어긋난다. '천계(天啓) 5년'(1625, 인조3)으로 보아야 함을 밝혀둔다.

224 이보다……있었다 : 1659년(효종10) 효종이 승하하자 자의대비(慈懿大妃)의 복제(服制)를 기년(朞年)으로 할 것인가 아니면 3년으로 할 것인가를 놓고 기해예송(己亥禮訟)이 벌어졌다. 윤선도(尹善道)와 윤휴(尹鑴)를 비롯한 남인(南人)들은 삼년복을 주장하고, 송시열(宋時烈)을 비롯한 서인(西人)들은 효종을 서자(庶子)로 간주하여 기년복을 주장하였는데, 이 때 송시열 등 서인들이 주장한 기년복으로 채택이 되었다.

차자인 적자로서 종통을 이었다가 승하하시자 두 송 선정(宋先正)이 자의대비(慈懿大妃)의 복제를 의논하면서 예경(禮經)에 "차자는 기년복을 입는다."라고 한 것에 근거하였는데, 황조례(皇朝禮)와 국제(國制)에 이르러서도 모두 착착 들어맞아 의심할 여지가 없었다.[225] 그러나 윤휴(尹鑴)와 윤선도(尹善道) 등이 '군주를 비하하고 종통(宗統)을 둘로 나눈다.'는 말을 창도하여서 화(禍)를 전가하여 서인을 일망타진할 계획을 세우니, 여론이 들끓어 끊이지를 않았다. 그러자 공은 동료들을 창도하여 그렇지 않음을 변명하였다.

이때에 우계(牛溪)와 율곡(栗谷) 두 선생이 망극한 무함을 입었는데, 유생(儒生) 권대시(權大時)가 상소를 올려 변론하다가 상소의 말이 시휘(時諱)를 저촉하여 성상의 격노를 불러일으켜서, 국문함에 이르러 화(禍)를 헤아릴 수 없게 되었다.[226] 공이 아뢰기를, "상소를 올린

225 두 송 선정(宋先正)이……없었다 : 두 송 선정은 송시열(宋時烈, 1607~1689)과 송준길(宋浚吉, 1606~1672)을 가리킨다. 자의대비(慈懿大妃)의 복제를 두고서, 송시열은《의례주소(儀禮注疏)》〈상복(喪服)〉에 실린 승중(承重)을 하였더라도 삼년복을 입을 수 없는 네 종의 예설(禮說)을 들어서 효종은 그 가운데 '체이부정(體而不正)'에 해당되므로 기년복을 입어야 한다고 하면서《대명률(大明律)》의 복제에도 그렇게 말하였다고 하였으며, 이에 영의정 정태화(鄭太和)는《경국대전(經國大典)》에서 장자나 차자나 구별 없이 자식을 위해 기년복을 입는다고 한 것에 따라 기년복으로 채택할 것을 주장하였다.《顯宗實錄 卽位年 5月 5日》

226 이때에……되었다 : 1663년(현종4) 6월 10일에 경상도의 생원 김강(金鋼) 등이 상소하여 율곡(栗谷) 이이(李珥)와 우계(牛溪) 성혼(成渾)의 문묘 종사에 반대하면서, 이이는 선문(禪門)에 종사한 적이 있고 성혼은 나라의 변란에 분문(奔問)하러 오지 않았다고 하는 등 문묘 종사에 적합하지 않은 결점들을 나열하였다. 이에 유학(幼學) 권대시(權大時)가 상소하여 성혼과 이이의 훌륭한 점들을 칭찬하고 문묘에 종사하기를 청하였는데, 이해 7월 11일 현종이 이에 대한 비망기(備忘記)를 내려 권대시를 잡아다

유생을 잡아다 국문하는 일은 열조(列朝)에 있지 않았던 일입니다. 더군다나 재해를 걱정하여 구언(求言)하는 지금과 같은 때에 있어서겠습니까." 하였다. 후에 또 이유(李柚)가 상소하여 해백(海伯 황해감사)을 잡아다 추고(推考)한 것을 구원한 일[227]에 대해 논하여 말하기를, "이상일(李尙逸)은 알고서도 저지른 과실에 불과합니다. 더군다나 이유가 일에 따라 진언한 것은 바로 대간(臺諫)의 직임이 아닙니까. 대성인(大聖人)은 기쁨과 노여움이 절도에 맞는 법이니, 이와 같아서는 안 됩니다." 하였다. 다섯 번 계청하여 쟁론을 그치지 않으니, 여론이 이를 훌륭하게 여겼다.

이때에 안추원(安秋元)이 청나라에 사로잡혔다가 저들로부터 도망쳐서 돌아왔는데, 저들이 위약하였다고 하여서 벌금을 요구하였다. 당시 의논이 이를 미봉하고자 하여, 허적(許積)을 보내어 벌금을 바치기를 그들의 말대로 하였다.[228] 우암(尤庵 송시열(宋時烈)) 선생은 여러

국문하여 엄히 다스릴 것을 명하였다.《顯宗實錄 4年 6月 10日, 7月 11日》

227 이유(李柚)가……일 : 1666년(현종7) 5월 12일 황해 감사(黃海監司) 이상일(李尙逸)이 장계(狀啓)를 올려 관노비(官奴婢)를 본래의 역(役)으로 돌려보내는 일을 논하면서 사패 노비(賜牌奴婢)를 아울러 거론하였는데, 그 말 가운데 인조(仁祖)가 왕위에 오르기 전에 머물던 잠저(潛邸)인 어의궁(於義宮)의 사패(賜牌)를 두고서 함부로 논한 내용이 있다고 하여 다음날인 13일에 이상일을 나문(拿問)하여 정죄(定罪)할 것을 명하였다. 그러자 15일에 사간(司諫)으로 있던 이유(李柚)가 그 본정(本情)을 헤아려보면 제대로 살피지 못한 데에서 나온 것이라고 하면서 이상일의 죄안을 거두어 달라고 건의하였다.《顯宗改修實錄 7年 5月 12日, 13日, 15日》

228 이때에……하였다 : 1664년(현종5) 병자호란(丙子胡亂) 당시 청나라에 포로로 잡혀갔던 안추원(安秋元)이란 자가 심양(瀋陽)에서 탈출하여 돌아왔는데 비국(備局)에서 이를 청나라에 보고하지 않고 감춘 일이 있었다. 그러나 안추원이 1666년(현종7)

사람들이 편의를 꾀하여 치욕이 성상의 몸에 미친 것에 분노하여서 상소하여 바다에 뛰어 들고 고목을 안고서 죽겠다는 뜻[229]을 아뢰고, 인하여 벼슬에 나오지 않고 지조를 지키고자 하였는데, 대각(臺閣)에서 이를 이어서 유배 가는 이들이 이어졌다. 공은 정언(正言)에 제수되자, 인피(引避)하여 제신(諸臣)들과 같이 죄를 내려줄 것을 청하였다. 또 영남 사람 황연(黃壖)이 상소하여 두 송 선생(宋先生)을 무함하기를 망측하게 하였는데,[230] 공이 상소하여 말하기를, "그가 논한 바가 대부분 기밀에 속하여 사대부 사이에서도 알지 못하는 내용이 있습니

다시 청나라에 들어가다가 붙잡혀 심양에 보고되었고, 이를 조사하기 위해 그해 7월에 청나라에서 사신이 들어왔다. 청나라 사신은 안추원의 일을 특별히 문제 삼아 조선의 대신들을 사율(死律)로 다스릴 것을 요구하였으나 현종(顯宗)이 모든 책임을 자신에게 돌려 감형을 요청하였고, 결국 허적(許積)이 이 사건의 해결을 위해 9월에 진주사(陳奏使)로 파견되었는데, 청나라에서 감죄의 대가로 벌금을 바치도록 하였다. 《顯宗實錄 5年 8月 12日, 7年 1月 15日, 2月 6日, 5月 28日, 7月 10日·17日, 8年 1月 12日·29日》

229 바다에……뜻 : 자신의 절조를 끝까지 지키겠다는 의지를 가리킨다. 바다에 뛰어들겠다는 것은 전국 시대 제(齊)나라의 고사(高士)인 노중련(魯仲連)이 "저 진(秦)나라가 방자하게 황제를 자칭하고 죄악으로 천하에 정사를 한다면, 나는 동해에 뛰어들어 죽을 뿐이요, 내 차마 그 백성은 될 수가 없다.〔彼卽肆然而爲帝, 過而爲政於天下, 則連有蹈東海而死耳, 吾不忍爲之民也.〕"라고 한 데서 온 말이고, 고목을 안고서 죽겠다는 것은 춘추 시대 진 문공(晉文公)의 신하인 개자추(介子推)가 세상의 인연을 끊고 개산(介山)으로 달아나 숨어 살았는데 그를 내려오게 하기 위해 문공이 산에 불을 놓자 끝내 응하지 않고서 고목을 껴안고 불에 타 죽었다〔抱木而燔死〕는 고사에서 온 말이다. 《史記 卷83 魯仲連列傳》《莊子 盜跖》

230 또……하였는데 : 1667년(현종8) 유학(幼學) 황연(黃壖)이 상소하여 송시열(宋時烈)과 송준길(宋浚吉)이 산림처사로서 존경을 받는 인물임에도 불구하고 자신과 색목(色目)이 같지 않으면 일체 배척하고 있다고 하면서 두 사람을 비판하였다. 《顯宗實錄 8年 2月 26日》

다. 그런데 먼 지방 사람인 황연이 어디에서 이런 내용을 얻어들을 수 있었겠습니까? 필시 이것을 주장하는 자가 자기 몸을 숨기고 은밀히 전해주어 상대방을 모함에 빠뜨리려는 계책을 이룬 것입니다. 그런데 상소를 올린 유생이라 하여 내버려두고 묻지 않으신다면 앞으로의 폐단을 어떻게 막을 수 있겠습니까." 하였다. 그 후에 또 원양도(原襄道)가 재해를 입었으므로 조세와 징역을 견감해줄 것을 논하였는데, 시의(時議)에 막혀서 시행되지 못하였다.

외직으로 나가 강릉 부사(江陵府使)가 되었다가, 정언으로 부름을 받아 돌아왔다. 당시에 공주(公主)의 집을 제도보다 지나치게 하는 일[231]과, 안흥도(安興島)에 창고를 설치하는 데 대해 이견을 세우는 논의와, 이원정(李元禎)의 자식이 과시에서 사정(私情)을 쓴 죄[232]가 있어서 모두 언관들에게 탄핵을 받고 있었으나, 조정의 논의가 자기편은 도와주고 상대편은 억제하여서 공정하지가 않자, 공이 이를 하나하나 논계하였다. 또 영남에 소금을 무역하여 판매하는 일이 백성과 이익을 다투는 일이라는 것과, 해서(海西)의 공미(貢米)를 조운으로 봉납

231 공주(公主)의……일 : 1670년(현종11)에 효종(孝宗)의 딸이자 현종(顯宗)의 누이인 숙휘공주(淑徽公主)와 숙경공주(淑敬公主)의 저택을 새로 짓게 하였는데, 이를 두고 당시 흉년이 들어 백성들이 굶어죽는 시기에 토목공사를 크게 일으키는 것은 무리가 있으며, 특히 숙경공주의 저택 부지를 민가에 마련하여 강제로 백성들의 집을 사들이는 것은 부당하다는 논의가 있었다. 《顯宗改修實錄 11年 8月 21日》

232 이원정(李元禎)의……죄 : 1670년(현종11) 별시를 시행하였을 때에 이원정의 아들 이담명(李聃命)의 전시(殿試) 시권(試券)에 '복독(伏讀)'이라는 두 글자가 빠졌다는 이유로 급제시킬 것인지의 여부를 두고 논의가 일었는데, 당시 시관(試官)이었던 이원정이 자신이 과거를 봤을 때의 일로 증명하여 결국 급제시키도록 결정하였다. 이에 여러 신하들이 상소하여 이 일의 처리에 대해 논하였다. 《顯宗實錄 11年 11月 13日, 19日》

한 자에게 내수사(內需司)의 서리들이 돈을 요구하고 값을 올리는 일의 폐단을 논하였으니, 이와 같은 것들은 너무 많아서 이루 다 기록할 수가 없다.

김공 만중(金公萬重)·이공 선(李公選)·이공 숙(李公翻)이 모두 일을 논하다가 엄한 비지를 받아 연이어 찬배되고 방축되었는데,[233] 공이 글을 올려 말하기를, "경악(經幄)의 신하가 일을 말함에 숨김이 없었는데, 한마디 말이 군주의 뜻과 계합되지 않자 마침내 억측하고 역탐하여 이를 죄 주시니, 들음에 놀라고 의혹되어 언로가 막혔습니다. 장응일(張應一)이 산릉을 빙자하여 그 화(禍)를 사림(士林)들에게 전가할 계책을 이룬 데에 이르러서는, 이선(李選)의 말이 바로 나라사람들의 공론입니다.[234] 그런데 전하께서는 너그러이 포용할 것을 생각지 않으시고 허물을 들춰내어 죄로 삼으시어 마치 분풀이를 하는 것처럼 하시니, 이는 공평한 마음으로 순히 대응하는 방도가 아닙니다. 민정중(閔鼎重)이 병들어 조정에 돌아오지 못한 일[235]의 경우에는, 면례(緬

233 김공 만중(金公萬重)……방축되었는데 : 1673년(현종14) 김만중(金萬重)과 이숙(李翻)에게는 당시 당론(黨論)을 과격하게 논하였다고 하여서 각각 원배(遠配) 및 삭탈관직과 문외 출송을 명하였고, 이선(李選)에게는 장응일(張應一)의 일을 논한 상소의 말이 지나치다 하여 관작을 삭탈하고 문외 출송할 것을 명한 일이 있다. 《承政院日記 顯宗 14年 9月 14日》

234 장응일(張應一)이……공론입니다 ; 1673년(현종14) 6월에 전 참의 장응일(張應一)이 상소하여, 영릉(寧陵)의 터를 정할 당시에 조정에서 수원산(水原山)이 좋다고 한 논의가 있었는데 송시열(宋時烈)이 이를 무시하고 현재의 자리에 능을 쓰도록 주장하였다고 하며 송시열을 논핵하였다. 이에 며칠 뒤 응교(應教) 이선(李選)이 상소하여 장응일의 상소를 비판하고 흉인들이 사림(士林)에게 화(禍)를 전가시키고 있다고 강력히 논하였다. 《顯宗實錄 14年 6月 14日》《顯宗改修實錄 14年 6月 20日》

禮)[236]에 이르러 병을 무릅쓰고 길에 올랐으나 때에 뒤늦어 미치지 못하였으므로 상소를 올려 그 병든 실상을 스스로 논열하였는데, 전하께서는 실정을 궁구하지 않으시고 억지로 견책을 더하셨습니다. 이 네 사람은 죄가 아닌 것을 죄를 준 것이니, 모두 청컨대 서둘러 명을 거두어 주소서."라고 하였다. 전후로 논한 것들이 모두 시의에 불가하다 하는 것이었지만, 공은 과감히 직언하여 스스로 면려하면서 기휘를 피하지 않음이 이와 같았다.

이윽고 통정대부(通政大夫)에 올라 동부승지(同副承旨)에 제수되고, 여러 조(曹)의 참의(參議)를 역임하였다. 갑인년(1674, 현종15)에 인선 왕후(仁宣王后)가 승하하자, 장렬 대비(莊烈大妃)가 마땅히 대공복(大功服)을 입어야 한다고 논의하였는데,[237] 영남 사람 도신징(都愼徵)이 윤휴(尹鑴)와 허목(許穆)의 남은 의논을 주워 모아 상소를 올려 예(禮)를 그릇 적용한 잘못을 배척하였다.[238] 삼공(三公) 이하의 대신

235 민정중(閔鼎重)이……일 : 1673년(현종14) 민정중이 병으로 정월(正月)에 있었던 영릉(寧陵)을 천릉(遷陵)하는 일에 나아오지 않고 뒤늦게야 조정에 왔다가는 다시 도성 밖에 나가서 궐에 들어오지 않고 있다고 하여 견책을 받은 일이 있다.《承政院日記 顯宗 14年 9月 14日》

236 면례(緬禮) : 무덤을 옮겨 다시 장례를 지내는 일로, 곧 이장(移葬)을 말하는바, 여기서는 영릉(寧陵)의 천릉을 가리킨다.

237 갑인년에……논의하였는데 : 1674년(현종15) 2월에 효종(孝宗)의 비인 인선왕후(仁宣王后)가 승하하자 효종의 모후인 자의대비(慈懿大妃) 장렬왕후(莊烈王后) 조씨(趙氏)의 복상(服喪) 문제를 두고 송시열(宋時烈) 등의 서인(西人)은 대공설(大功說)을 주장하고 남인(南人)은 기년설(朞年說)을 주장하여 갑인예송(甲寅禮訟)이 일어났다.

238 영남……배척하였다 : 1674년(현종15) 7월에 대구의 유생 도신징(都愼徵)이 대비의 복제를 대공(大功)으로 고친 것에 대하여 비판하는 상소를 올렸다. 이 상소에서

들이 빈청에 모여 네 종의 예설(禮說)을 가지고 글을 만들어 아뢰었는데, 성상께서 갑자기 비망기를 내리시어 예관(禮官) 이하를 아울러 잡아다 추문하고 죄를 정하게 하면서, "영상 김수흥(金壽興)이 '체이부정(體而不正)'의 설을 창도하였으니, 죄를 용서할 수 없다." 하고 중도부처(中途付處)하는 법을 시행할 것을 명하였다.[239] 그러자 공은 승지로 있으면서 진언하기를, "이는 장자(長子)와 중자(衆子)의 구별을 조목별로 아뢴 것에 불과하니, 어찌 혹시라도 군친을 소홀히 여겨 그러한 것이겠습니까. 대번에 견책과 벌을 더하심은 예(禮)로써 신하를 부리는 방도가 아닌 듯합니다."라고 하였다. 이에 성상께서 공의 직임을 삭탈하고 문외 출송할 것을 명하셨다.

숙종 때에 이르러 한쪽 사람들을 등용하자, 공은 감히 다시 조정의 반열에 끼지 못하였다. 을묘년(1675, 숙종1)에 외직으로 나아가 양주

도신징은 자의대비(慈懿大妃)의 복제를 대공으로 한 것을 강력하게 비난하면서, "장부(長婦)인 효종의 비 인선왕후(仁宣王后) 장씨(張氏)를 위해서 시어머니인 자의대비는 기년복을 입어야 하는데 대공복을 입는다면, 이는 장부의 자리를 결국 소현세자빈(昭顯世子嬪)에게 보내는 것이며, 그럴 경우 만약 자의대비가 돌아가신다면 그 적손(嫡孫)으로 숙종(肅宗)이 자처할 수 있겠습니까."라고 극언하였다. 《顯宗實錄 15年 7月 6日》

239 삼공(三公)……명하였다 : 1674년(현종15) 7월 15일에 영의정 김수흥(金壽興) 및 여러 대신들이 조정에서 복제(服制)에 대해 논하였는데, 이튿날인 16일에 현종이 김수흥이 네 번째 계사(啓辭)에서 '체이부정(體而不正)'의 설을 제기한 것은 바로 그가 선왕의 은택을 잊은 것이라고 비판하고 김수흥을 춘천에 부처(付處)할 것을 명한 내용이 《현종실록(顯宗實錄)》에 보인다. '체이부정'이란 체이지만 바르지는 못하다는 것으로, 적자(嫡子)이기는 하지만 장자(長子)는 아닌 경우, 즉 서자(庶子)가 후계가 된 경우를 가리킨다. 이는 《의례주소(儀禮注疏)》 〈상복(喪服)〉에 실린 승중(承重)을 하였더라도 삼년복을 입을 수 없는 네 종의 예설(禮說) 가운데 하나로, 김수흥이 이를 근거로 삼아 복제를 논하였기 때문에 이와 같이 말한 것이다. 《顯宗實錄 15年 7月 15日, 16日》

목사(楊洲牧使)가 되었다가, 1년이 지나지 않아 장단 부사(長湍府使)로 옮겼고, 정사년(1677, 숙종3) 광주 부윤(廣州府尹)에 제수되었다. 이는 모두 삼보(三輔)[240]의 중요한 지역으로 평소 다스리기 어렵다고 일컬어졌으나, 공은 번거롭고 어려운 일을 잘 다스려서 위엄과 은혜가 크게 행하여졌다. 무오년(1678, 숙종4)에 경상 감사(慶尙監司)에 제수되어 부정한 탐관오리를 내쫓아 한 지방이 풍동되었고, 봉름을 남겨 한 도(道)의 완급(緩急)에 대비하였다. 경신년(1680, 숙종6)에 가선대부(嘉善大夫)에 올랐고, 별사(別使)로 연경에 사행을 갔다. 돌아와서 전라 감사(全羅監司)에 제수되었지만 사직하고서 부임하지 않았고, 곧바로 성천 부사(成川府使)에 제수되었다. 조정의 신하들이 공에게 문무(文武)의 재주가 있다 하여 천거로 관북 병마절도사(關北兵馬節度使)에 제수되었는데, 변방의 금령을 펼쳐 엄히 하고 병영의 사무를 정돈하여 엄연히 북문을 방비하는 중임을 해내었다. 갑자년(1684, 숙종10)에 충청 감사(忠淸監司)에 제수되었고, 을축년(1685, 숙종11)에 함경 감사(咸鏡監司)로 옮겨갔다. 부임하는 곳마다 창고가 가득 쌓이고 묵은 폐단이 씻은 듯이 사라졌다. 임기가 차서 조정에 돌아와, 아경(亞卿)[241]의 여러 직임을 역임하였다. 정묘년(1687, 숙종13)에 작은 일로 대간의 탄핵을 만났으니, 이는 공의 의론이 올바르고 준엄하여 시류들의 거스름을 쌓아 그렇게 된 것이었다.

240 삼보(三輔) : 서울 부근의 지역을 가리킨다. 본래 한(漢)나라 때에 장안(長安)에서 동쪽을 경조(京兆), 북쪽을 풍익(馮翊), 서쪽을 부풍(扶風)이라 하였는데, 그 후 경사에 인접한 지역을 삼보라 칭하게 되었다.

241 아경(亞卿) : 정경(正卿)의 다음가는 벼슬로, 육조의 참판(參判)이나 그에 버금가는 벼슬을 말한다.

전조(銓曹)에서 공을 나주 목사(羅州牧使)에 의망하자, 성상께서 말하기를, "이 아무개의 재주와 명망이 다른 사람에게 뒤지지 않는데, 전조(銓曹)에서 한결같이 경관직에는 의망하지 않고서 여기에 의망함은 또 어째서인가?" 하고 시행하지 말 것을 명하였다. 이로부터 성상의 알아주심이 날로 융성해져서 등용되기를 기다리고 있었는데, 공이 갑자기 무진년(1688, 숙종14) 6월 1일에 경사의 집에서 졸하니, 사대부들과 노복들 가운데 애통해하지 않는 이가 없었다. 정승 남구만(南九萬)이 계청하기를, "이 아무개의 청백한 고절은 다른 사람이 미치기 어려운 것입니다. 여러 차례 번임(藩任)을 맡았는데도 청빈함이 더욱 심해져서, 병들었을 때에도 치료하지 못하였고 상(喪)을 치를 때에도 형체를 염습하지 못하였습니다. 마땅히 특별히 유사에게 명하여 따로 주휼하는 은전을 더해주어야 할 것입니다." 하였다. 그 해 모월 모일에 양주(楊州)의 송산(松山) 묘좌(卯坐)에 장례지내니, 이는 선영(先塋)을 따른 것이었다.

공의 전배(前配)인 전의 이씨(全義李氏)는 현령 유원(有源)의 따님으로, 아들이 없었다. 계배(繼配)인 청송 심씨(青松沈氏)는 참봉 지영(之瀛)의 따님으로 두 아들을 낳았으니, 극연(克淵)은 참봉이고 부연(復淵)은 무과에 급제하여 통제사이다. 딸은 세 사람으로 조이강(趙以綱)과 장하현(張夏顯)에게 출가한 사람은 이씨의 소생이고, 남궁택(南宮澤)에게 출가한 사람은 심씨의 소생이다. 극연(克淵)의 계자는 이수(頤秀)이고 여서(女壻)는 홍성익(洪聖益)이며, 서자는 태수(台秀)로 첨사이다. 부연(復淵)의 아들은 명수(蓂秀)이고 여서는 조서(趙潊)와 조중필(趙重弼)이다. 응혁(應爀)과 주혁(周爀)은 모두 병사(兵使)를 지냈고, 태혁(泰爀)은 진사(進士)이니, 이들은 명수(蓂秀)의 소생이다. 태혁(泰爀)은 나가서 이수(頤秀)의 후사가 되었다. 충혁(忠爀)과 윤혁(允爀)은 태수(台秀)의 소생이다. 문범(文範)과 이화경(李和慶)은 조이강(趙以綱)의 아들과 여서이고, 판서 붕익(鵬翼)과 직장 용익(龍翼) 및 조문범(趙文範)과 유언벽(兪彦璧)은 장하현(張夏顯)의 아들과 여서이다. 남궁택(南宮澤)의 아들은 식(栻)과 권(權)이고, 여서는 이득중(李得中)과 판관 윤득경(尹得慶)과 최도흥(崔道興)이다. 증손과 현손 이하는 기록하지 않는다.

아아, 공은 충효와 청렴함을 천부적으로 타고나서 수양하지 않더라도 저절로 법도에 맞았다. 대각(臺閣)에 있을 때에는 곧고 분명한 절개가 드러났으며, 번방(藩邦)을 지키는 직임을 맡아서는 백성들을 어루만지는 노고를 다하였다. 태어나 태평성대를 만나 명망이 높이 드러났고, 예(禮)로써 장려함이 세상에 드문 것이었으며, 청백(淸白)을 후세에 남겨주어서 남은 경사가 다하지 않으니, 또 어찌 굳이 눈앞의 영고성쇠를 가지고서 기뻐하거나 슬퍼할 것이 있겠는가. 공의 후손인 종직(鍾直)이 나와 종유하면서 비석에 새길 글을 구함에 정성이 돈독하고 지극하였다. 내 노쇠하여 붓과 벼루를 놓아두었지만 광세(曠世)의 느낌이 있기에 삼가 다음과 같이 명(銘)을 쓴다.

성조의 가법이	聖朝家法
효도와 청렴을 돈독히 숭상하니	敦尙孝廉
선한 이는 표창하고 악한 이는 병들게 하여	載彰載癉
법률이 삼엄하였네	憲律森嚴
청백리의 후손을	淸白之後
장려하여 은혜를 미루어 베푸니	獎以推恩

지금 모든 현달한 지위에 있는 사람들은	凡今顯列
대부분이 그 후손이라오	類厥嗣昆
공과 같은 고절은	如公苦節
예로부터 드물었네	曠古希有
내가 그 대강을 뽑으니	我撮其大
시종을 살펴볼 수 있네	始終可究
종기를 빨고 다리를 베어서	吮癰割股
어버이의 병이 마침내 나았고	親疾乃蘇
효를 옮겨 충성을 하여	移孝爲忠
때로 훌륭한 계책을 아뢰었네	辰告訏謨
이때에 국운이	惟時國步
눈에 가득히 멋대로 흘러가니	溢目橫流
사공과 부사공이 팔짱만 끼고서	梢副袖手
일엽편주로 부침하였는데	一葦沉浮
공이 그 사이에서 분발하여	公奮其間
나라와 공사만을 생각하였네	國耳公耳
예송이 일어남에	禮訟旣興
당론이 시작되니	黨議伊始
대립하여 붕당으로 나뉨에	角立朋分
기와 설, 공공과 환도[242] 같았네	夔契共驩

242 기(夔)와……환도(驩兜) : 충직한 신하와 흉악한 신하를 가리킨다. 기(夔)와 설(契)은 각각 음악과 문교(文敎)를 맡았던 순(舜)임금 때의 훌륭한 신하이며, 공공(共工)과 환도(驩兜)는 요(堯)임금 때의 네 흉적(凶賊) 중 두 사람으로 순임금이 이들을

누구를 치고 누구를 편당하는가 何伐何黨
이익과 의리가 관계된 바였네 利義攸關
뒤섞인 마디와 뿌리처럼 어려운 일 해결함에 錯節盤根
예리한 기구가 손에 있었네 利器在手
쉬운 일은 남에게 양보하고 어려운 일은 급하게 여겨 讓夷急病
거취에 구차함이 없었네 去就無苟
임금께 올리는 글을 담은 상자 이어지고 函甒陸續
절부와 부월이 이어졌네 符鉞聯翩
남쪽과 북쪽에서 于南于北
덕과 위엄을 이에 베푸니 德威是宣
옥새 찍은 문서로 품계를 더하여 璽書增秩
빙벽[243]으로 이름을 남겼네 氷蘗留名
이에 남겨진 사당이 있어서 爰有遺祠
길이 풍성을 세우네 永樹風聲
어진 후손이 이를 증명하여 새겨서 賢孫徵刻
바른 법도를 밝게 게시하네 昭揭章程
울창한 송산에 鬱鬱松岡
우뚝한 큰 비가 있으니 有屹豐碑
여러 군자들은 凡百君子
이곳을 바라보고 공경할지어다 式瞻在玆

처벌하였다.《書經 舜典》

243 빙벽(氷蘗) : 얼음물을 마시고 쓰디쓴 소태나무를 씹는다는 뜻으로, 굳게 절조를 지키면서 청백하게 사는 것을 비유한다.

관찰사 강공 신도비명 병서

觀察使姜公神道碑銘 幷序

아아, 사대부의 출사와 은둔은 세교(世敎)의 오륭(汚隆)과 관계되어 있다. 그러나 나아갈 줄만 알고 물러날 줄은 알지 못하여 예의와 염치의 중요함을 알지 못한다. 고(故) 관찰사 강공(姜公)은 곤궁할 때에도 의리를 잃지 않고 영달할 때에도 도리를 떠나지 않아서 지조를 지키고 백성들을 실망시키지 않은[244] 군자일 것이다. 공은 휘 윤(潤)이고, 자는 덕이(德以)이니, 강씨(姜氏)는 계통이 진주(晉州)에서 나왔다. 시조는 휘 이식(以式)[245]으로, 고구려 도원수(都元帥)로서 처음으로 우리 동국의 역사책에 이름이 드러났다. 공묵공(恭默公) 휘 시(蓍)[246]에

244 곤궁할……않은 : 《맹자(孟子)》 〈진심 상(盡心上)〉에 "선비는 곤궁할 때에도 의리를 잃지 않으며, 영달할 때에도 도리를 떠나지 않는다. 곤궁하여도 의리를 잃지 않으므로 선비가 자신의 지조를 지키며, 영달하여도 도리를 떠나지 않으므로 백성들이 실망하지 않는 것이다.〔士窮不失義, 達不離道. 窮不失義, 故士得己焉; 達不離道, 故民不失望焉.〕"라고 하였다.

245 휘 이식(以式) : 강이식(姜以式 ?~?)으로, 본관은 진주, 고구려의 명장이다. 597년(영양왕8) 수(隋)나라가 중국을 통일하고 고구려에 국서를 보내오자 주전론(主戰論)을 제창하였으며, 여수전쟁(麗隋戰爭)에서 병마원수(兵馬元帥)가 되어서 598년 임유관(臨硝關) 전투에서 큰 승리를 거두었다.

246 공묵공(恭默公) 휘 시(蓍) : 강시(姜蓍, 1339~1400)로, 본관은 진주, 고려 말과 조선 초의 문신이다. 1356년(공민왕6)에 성균시에 급제하여, 이후 전공좌랑(典工佐郎)·삼사좌윤(三司左尹)·강릉도 안찰사(江陵道按察使)·선공판관(繕工判官)·안동대도호부사 등을 지냈다. 1382년 단성보리공신(端誠輔理功臣)의 훈호를 받고 상호군(上護軍)에 제수되었고 이듬해 문하평리상의(門下評理商議)가 되었으며, 진산군(晉山

이르러서는 고려 말에 절조를 지켜 굽히지 않았다. 우리 조정에 들어와서는 휘 징(澂)[247]이라는 분이 연산조(燕山朝)에 상소하여 임금의 사냥과 사찰을 옮기는 일에 대해 논하였다가 낙안군(樂安郡)에 유배되었는데, 중묘(中廟)의 개옥(改玉)[248]을 만나 풀려났다. 정언(正言) 휘 억(億)과 응교(應敎) 휘 덕서(德瑞)를 거쳐 잠은공(潛隱公) 휘 흡(恰)[249]에 이르러서, 인조조(仁祖朝)를 만나 중주(中州)가 매몰됨에

君)에 봉해졌다. 1390년(공양왕2)에 추충보조공신(推忠輔祚功臣)의 훈호를 받고 찬성사에 올랐으며, 청성군(菁城君)에 봉해졌다. 1392년 조선이 건국될 당시 태조 즉위년에 유사(有司)의 상언(上言)으로 고려의 대신 이색(李穡) 등 56인을 숙청하였는데, 이때 직첩을 회수당하고 멀리 유배되었다가 뒤에 풀려나와 정종(定宗) 때 상의문하찬성사(商議門下贊成事)를 지냈다.

247 휘 징(澂) : 강징(姜澂, 1466~1536)으로, 자는 언심(彦深), 본관은 진주이다. 1494년(성종25) 별시문과에서 급제하여, 예문관 검열·홍문관 저작·부수찬·부응교 등을 지내고 연산군 때 경연관(經筵官)으로 8년 동안 재직하다가 직제학·부제학 등을 거쳐 좌부승지가 되었다. 1504년(연산군10) 임금에게 사냥을 삼갈 것을 간했다가 연산군의 노여움을 사서 낙안(樂安)에 유배되었으며, 1506년(연산군12) 유배지에서 인왕산에 있는 복세암(福世庵)을 옮기는 일에 반대하는 상소를 올렸다가 옥에 갇혔으나, 그 해 중종반정(中宗反正)이 일어나 풀려나 강원도 관찰사가 되었다. 이듬해 동지중추부사가 되었으며, 성절사(聖節使)로 임명되어 명나라에 다녀왔다. 1521년(중종16) 진하사(進賀使)로 명나라에 갔을 때 뛰어난 글씨 솜씨로 황제의 특별한 대우를 받았다. 돌아와서 지중추부사·경주부윤을 거쳐 예조참판이 되었다.

248 중묘(中廟)의 개옥(改玉) : 중종반정(中宗反正)을 말한다. 개옥은 개보개옥(改步改玉)의 준말로, 임금을 바꾸고서 패옥(佩玉), 곧 예(禮)를 고친다는 뜻이다. 《春秋左氏傳 定公 5年》

249 잠은공(潛隱公) 휘 흡(恰) : 강흡(姜恰, 1602~1671)으로, 자는 정오(正吾), 호는 잠은·이오당(二吾堂)·잠노(潛老), 본관은 진주이다. 신흠(申欽)과 김장생(金長生)의 문하에서 수학하였고 1630년(인조8) 진사시에 합격하여 세자익위사세마·세자익위사시직·세자익위사부수를 지냈다. 효행으로 천거되어 성현도 찰방(省峴道察訪)

우리나라의 애통함을 참고 억울함을 머금은 뜻[250]이 천하에 알려지지 못하게 된 것을 비통해하여 태백산(太白山)에 은둔하였다가, 효종께서 등극하여 복수하고 설원할 뜻을 분발하자 비로소 출사하여 관직이 산음 현감(山陰縣監)에 이르렀으니, 이 분이 공의 고조이시다. 증조는 휘 진(戩)이고 조부는 휘 재창(再昌)으로 두 대(代)가 모두 일찍 별세하였고, 선고는 휘 이일(履一)로, 삼대(三代)가 공의 귀함으로 인해 증직되어 사복시 정(司僕寺正), 이조 참의, 이조 참판이 되었다.

공은 태어나면서부터 효성과 우애를 천부적으로 지녔다. 어려서 손가락의 피를 올려 어버이의 병을 치료하였고, 9세에 아버지를 여의자 모부인을 봉양하면서 가난하게 살면서도 학문에 힘썼다. 정묘년(1747, 영조23)에 명경과에 급제하여 괴원(槐院 승문원)에 예속되었고 연이어 별검(別檢)에 제수되었는데 혹은 취임하기도 하고 혹은 취임하지 않기도 하였다. 무인년(1758, 영조34)에 준례대로 6품에 올라 예조 좌랑(禮曹佐郎)으로 옮겼는데, 이보다 앞서의 관직은 전적(典籍)이었다. 이조에서 통훈(通訓)[251]의 품계로 고신(告身)에 쓰자, 공은 품계는

을 거쳐서 산음 현감(山陰縣監)을 역임하였다. 인조가 1637년 삼전도(三田渡)에서 청나라에 무릎을 꿇자 벼슬을 버리고서 그대로 태백산(太白山)에 은거하였다. 훗날 정양(鄭養)·심장세(沈長世)·홍석(洪錫)·홍우정(洪宇定)과 함께 태백오현(太白五賢)으로 추앙받았다. 시호는 정민(貞敏)이며, 이조참판에 추증되었다. 저서로는 《잠은선생실기(潛隱先生實記)》가 있다.

250 애통함을……뜻 : 본래 주희(朱熹)가 송(宋)나라가 금(金)나라의 침략을 받아 양자강(楊子江) 이남으로 쫓겨 가게 된 것을 통탄하며 복수해야 한다는 뜻으로 "애통함을 참고 억울함을 머금어 박부득이하다〔忍痛含寃, 迫不得已.〕"라고 하였는데, 여기에서는 오랑캐인 청(淸)나라에게 굴복한 것을 통탄하며 명(明)나라를 존숭하고 청나라를 배척하는 존명배청(尊明排淸)의 의미로 쓰였다.

마땅히 근무 연수를 따라야 한다고 반복하여 논하고서, 조산(朝散)[252]의 품계로 돌아왔다. 기묘년(1759, 영조35)에 지평(持平)에 제수되었으나, 모부인이 연로한 사정을 아뢰어서 나아가지 않았다. 후에 사직하는 상소를 인하여 영남의 조적(糶糴)의 폐단을 진달하였다.

신사년(1761, 영조37)에 장령을 사직하는 상소를 올렸는데 여기에 대략 이르기를, "옛 어진 왕들은 총명예지를 하늘에서 타고 났으면서도 반드시 강학하는 것을 급선무로 여겼습니다. 주자(朱子)는 효종(孝宗)과 영종(寧宗) 두 조정의 부름에 연달아 두 차자(箚子)를 올려, 인군의 강학하는 방도에 대해 그 요체를 제시하였습니다. 신은 바라건대 맑고 한가로운 여가에 《주자대전(朱子大典)》 가운데 이 두 차자를 드러내어 밝혀서 강학하여 익히십시오. 미루어 행하는 순서에 이르러서는, 제왕의 효(孝)가 비록 서인(庶人)들의 효와 같지는 않으나, 아침저녁으로 문안을 드리고 잠자리와 수라상을 살펴보는 평상시의 일과 같은 것은 조금도 소홀히 한 적이 없습니다. 하루 세 번 문안하는 예(禮)를 문왕(文王)이 행하시고 무왕(武王)이 따랐으니 예(禮)를 기록한 이가 이를 취하여 편명으로 삼았으며,[253] 한 고조(漢高祖)는 가령(家令)의 말을 받아들이고[254] 당 숙종(唐肅宗)은 이당(李唐)의 풍간을 받아들이는 데

251 통훈(通訓) : 조선 시대 문신 정3품 당하관(堂下官)의 품계를 말한다.

252 조산(朝散) : 조선 시대 문신 종4품 상계(上階)의 품계를 말한다.

253 하루……삼았으며 : 《예기(禮記)》 〈문왕세자(文王世子)〉에 "문왕이 세자가 되었을 때에 부왕(父王)인 왕계(王季)를 뵙되 하루에 세 번씩 하였다.……무왕은 문왕이 행하신 것을 그대로 따라 행하여 감히 더함이 있지 않았다.〔文王之爲世子, 朝於王季日三.……武王帥而行之, 不敢有加焉.〕"라고 하였다.

254 한 고조(漢高祖)는……받아들이고 : 한 고조가 천하를 통일하고 나서 5일에 한

에 이르렀습니다.[255] 송(宋)나라 영종(寧宗)이 남내(南內)에서 태상황제의 궁에 방문하여 문안하는 예(禮)는, 주자(朱子)가 편전에서 일을 아뢰고 홀로 남아서 대면하여 아뢸 적에 매번 이것을 가지고 간곡하게 말씀드렸습니다.[256] 삼가 생각건대 오늘날의 일은 송조(宋朝)와는 같

번씩 자기 아버지인 태공(太公)에게 문안하였는데, 태공의 가령(家令)이 태공에게 말하기를, "하늘에는 두 개의 태양이 없고 땅에는 두 명의 왕이 있을 수 없습니다. 황제는 아들이기는 하지만 임금이며 태공은 아버지이기는 하지만 신하인데, 어찌 임금으로 하여금 신하에게 절을 하게 할 수 있겠습니까." 하였다. 이에 태공이 빗자루를 들고 마당을 쓸고 허리를 굽히고 물러서서 고조를 맞이하였다. 고조가 그 내막을 듣고는 가령에게 상을 내리고, 태공에게 태상황(太上皇)의 존호(尊號)를 올렸다. 《漢書 卷1 高帝紀》

255 당 숙종(唐肅宗)은……이르렀습니다 : 당 숙종 상원(上元) 2년에 단오산인(端午山人) 이당(李唐)이 숙종을 뵈었는데, 당시 숙종이 어린 딸을 안고 있으면서 이당에게 "짐이 아껴서 그런 것이니 경은 이상하게 여기지 말라."라고 하였다. 그러자 이당이 대답하기를, "태상황(太上皇)께서 폐하를 그리워하는 것도 폐하께서 공주를 생각하시는 것과 마찬가지일 것입니다." 하니, 숙종이 이 말을 듣고 뉘우치며 눈물을 흘렸던 일이 있다. 태상황은 당 현종(唐玄宗)으로, 안녹산(安祿山)의 난에 피난을 간 사이에 숙종이 왕위에 올라 태상황으로 추대되었으나 간신들의 모함으로 불화가 있던 터였기에 이와 같은 풍간을 하여 일깨웠던 것이다. 《資治通鑑 卷222 唐紀38》

256 송(宋)나라……말씀드렸습니다 : 송나라 영종(寧宗)이 1194년 광종(光宗)으로부터 제위를 물려받아 즉위하였는데, 이는 조여우(趙汝愚)와 한탁주(韓侂胄) 등이 효종(孝宗)의 부인이었던 태황후를 설득해서 이루어진 것이었으므로 정상적인 선양이라 보기 어려웠고, 이 때문에 영종은 광종과의 사이가 불편하였다. 이에 주희(朱熹)는 주차(奏箚)와 차자(箚子) 등을 올려 영종에게 머물고 있는 남내(南內), 즉 수강궁(壽康宮)으로부터 태상황이 된 광종이 머무는 궁을 찾아가 문안함으로써 부자간의 관계를 회복해야 한다고 누차 강조하였다. 이 내용이 《회암집(晦菴集)》 권14 〈갑인행궁편전주차(甲寅行宮便殿奏箚)〉와 〈경연류신면진사사차자(經筵留身面陳四事箚子)〉에 보인다.

지 않습니다. 종묘사직의 중대함을 대리하여 섭정하는 것[257]은 책임이 크고 큽니다. 그러므로 아침저녁으로 문안을 드리고 잠자리와 수라상을 살펴보는 평상시의 일에 대해 다시 수고롭게 하고자 하지 않으시어 특별히 혼전신성의 절목을 생략하도록 허여하신 것입니다. 그러나 중외(中外)에서 전해 들음에 현혹되기가 쉬우므로, 문득 감히 주자(朱子)의 차자를 절략하여 바칩니다."라고 하였다.

곧 시강원 필선(侍講院弼善)에 제수되었는데, 당시에 서연(書筵)에서 막 복괘(復卦)를 강하고 있었다. 공은 사직하는 상소를 인하여 덧붙여서 올리기를, "복(復)이라는 괘는 음(陰)이 양(陽)을 이기지만, 인사(人事)로 돌이켜보면 본심이 거의 종식되었다가 선한 단서가 다시 돌아온 것입니다. 상육(上六)의 '돌아옴에 혼미함〔迷復〕'과 육삼(六三)의 '돌아오기를 자주함〔頻復〕'은 누차 회복하였다가 누차 잃어서 그 회복한 것을 능히 보유하지 못하는 것입니다. 육이(六二)와 육사(六四)는 자기를 버리고 다른 사람을 따라서 능히 선(善)으로 돌아오는 것입니다. 육오(六五)는 중도에 스스로 돌아와 돈독하여 옮겨가지 않는 것입니다. 초구(初九)는 아직 드러나지 않았을 때에 잘못을 고쳐서 멀리 가지 않고서 다시 돌아온 것입니다. 그러므로 우리 부자(夫子)께서 〈계사(繫辭)〉에서 안자(顔子)를 이에 해당시키신 것입니다.[258] 삼

257 종묘사직의……것 : 당시에 사도세자(思悼世子)가 대리청정(代理聽政)을 하고 있었으므로 이와 같이 말한 것이다.

258 그러므로……것입니다 : 《주역(周易)》 〈계사전 하(繫辭傳下)〉에 공자(孔子)가 "안씨(顔氏)의 아들 안회(顔回)는 거의 도(道)에 가깝다고 할 수 있을 것이다. 자기에게 선(善)하지 못한 점이 있으면 알지 못한 적이 없고, 알면 반복한 적이 없다. 역(易)에 이르기를 '멀리 가지 않고 돌아와 뉘우침에 이르지 않으니, 크게 선(善)하여 길(吉)하

가 바라건대 우리 저하께서는 멀리 가지 않고 돌아오는 밝고 지혜로운 자품을 지니고서 육오(六五)의 '돌아옴에 돈독함〔敦復〕'에 있어서 깊이 더욱 관찰하고 완상하시어 돈독히 스스로 헤아려 굳게 지켜 변치 마시고, 또 육이(六二)와 육사(六四)의 '자기를 버리고 다른 사람을 따라서 회복한' 의리를 참고하여 스스로 면려하소서. 옛 현왕(賢王)으로 태갑(太甲)과 성왕(成王)[259] 같은 분들이 모두 이 방도를 말미암아 훌륭한 명성을 이루었습니다."라고 하였다.

10월에 장령을 사직하였다. 당시에 오랫동안 폐하였던 뒤에 진현례(進見禮)가 행하여졌는데,[260] 이에 상소하여 장순(將順)의 의리[261]를 펼치면서 먼저 《효경(孝經)》과 《예기(禮記)》를 인용하여 효(孝)로써 백성을 다스리는 것의 중대함을 극언하고, 이어서 강학하는 것은 마음

다.' 하였다.〔顏氏之子, 其殆庶幾乎! 有不善, 未嘗不知, 知之, 未嘗復行也. 易曰: 不遠復, 无祗悔, 元吉.〕"라고 한 내용이 보인다.

259 태갑(太甲)과 성왕(成王) : 태갑은 은(殷)나라 탕(湯)의 손자로 어린 나이에 제위에 올라 무도한 짓을 하여 현상(賢相) 이윤(伊尹)에 의해 동(桐) 땅으로 추방되었다가 훈계를 받고 잘못을 고쳐 돌아와 복위하였고, 성왕은 주(周)나라 무왕(武王)의 아들로 어린 나이에 즉위하여서 숙부인 주공(周公)의 도움을 받아서 훌륭한 정치를 하였다.

260 당시에……행하여졌는데 : 1761년(영조37) 10월 9일에 왕세자였던 사도세자(思悼世子)가 경희궁에 나아가 진현례(進見禮)를 올린 일을 말한다. 《英祖實錄 37年 10月 9日》

261 장순(將順)의 의리 : 장순은 받들어 순히 따른다는 뜻으로, 여기서는 왕세자가 아버지 영조(英祖)를 섬기는 도리를 말한 것이다. 《효경(孝經)》 〈사군(事君)〉에 공자(孔子)가 "군자가 임금을 섬김에, 나아가서는 충성을 다할 것을 생각하고 물러나서는 허물을 보완할 것을 생각하여, 임금의 미덕을 받들어 순히 따르고 임금의 잘못을 바로잡아 고쳐야 한다.〔君子之事上也, 進思盡忠, 退思補過, 將順其美, 匡救其惡.〕"라고 하였다.

을 확충하는 방도임을 진달하여 수백 마디에 이르렀는데, 전후로 올린 상소가 대부분 상철(上徹)되지 못하니 식자들이 이를 안타깝게 여겼다.

임오년(1762, 영조38) 5월에 장령(掌令)을 사직하는 상소의 말단에 말하기를, "삼가 바라건대 저하께서는 위로는 조종(祖宗)의 어렵고 큰 사업을 생각하시고 아래로는 자손들이 이어서 지킬 기반을 남겨주소서. 그리하면 사백년의 종사가 가볍지 않고 무거우며, 수천 리의 백성과 물자가 적지 않고 많게 될 것입니다. 이로써 더욱 원대한 계책에 힘쓸 것을 생각하시어, 서연(書筵)에서의 강학을 부지런히 하시고도 더욱 부지런히 하시고, 하루 세 번 부왕(父王)께 드리는 문안을 지성스럽게 하시고도 더욱 지성스럽게 하십시오. 이것이 실로 신이 정성스럽게 충애(忠愛)하여 죽음에 이르더라도 변치 않을 혈성어린 염려입니다." 하였다.

7월 은산 현감(殷山縣監)에 제수되었으나 부임하지 않았다. 공은 집이 가난하고 어머니가 노쇠하여 한 번 벼슬에 나아갈 만하였는데도 구차히 하려 하지 않았으니, 정미한 권도(權度)가 다른 사람이 알 수 있는 바가 아니었다. 11월 세손시강원 필선(世孫侍講院弼善)에 제수되었는데, 어머니의 병환으로 사직하는 상소를 올리자 온유한 비답을 받았다. 얼마 후 어머니의 상(喪)을 만나니, 이때에 공이 이미 50세가 넘었음에도 상제(喪制)를 지키기를 한결같이 예법에 따라서 삼년 동안 수질(首絰)과 요대(腰帶)를 풀지 않았고 죽과 채소를 먹으면서 고기를 먹지 않았다.

을유년(1765, 영조41)에 상복을 벗고는 영화로운 벼슬길에 더욱 뜻이 없어져서, 수찬(修撰)·필선(弼善)·교리(校理)에 제수되었으나 모두 나아가지 않았다. 7월에 성상께서 특지(特旨)로 교리에 제수하면서 말씀하기를, "강윤(姜潤)은 한 번 보고자 한 지가 오래되었으니, 속히 역마를 타고 올라오게 하여라." 하였다. 후에 집의(執義)에 제수하고, 또 상소에 대한 비답을 하사하여 말씀하기를, "한 번 보고자 하니, 지나치게 사양하지 말라." 하였다. 이로부터 공을 의망하는 일이 있으면 그때마다 낙점되었다.

임진년(1772, 영조48) 7월 성상께서 격노하신 일이 있어서, 지방에 있는 시종신들을 모두 끌고 오라는 하교가 있었다.[262] 공이 사직하는 상소에 덧붙여 진달하기를, "군주는 신하를 예(禮)로써 부리고, 신하는 군주를 충(忠)으로써 섬깁니다. 신하가 비록 군주를 충으로 섬기지 못했다 하더라도, 군주가 신하를 부리기를 반드시 이 때문에 예로써 하지 않아서는 안 됩니다. 주 부자(朱夫子)가 예전에 대신(大臣)을 노비처럼 꾸짖고 서료(庶僚)들을 돼지처럼 보았다고 하여 이를 당시 군주에 대한 깊은 우환으로 여겼습니다.[263] 지금 끌고 오라는 하교는 돼지

262 임진년……있었다 : 1772년(영조48) 7월 승문원 부정자(承文院副正字) 정복환(鄭福煥) 등 23명이 공연히 지방에 머물면서 조정에 나오지 않자, 영조가 이들을 모두 끌고 올 것을 명하고, 의금부의 각 부(府)의 나장(拿將)으로 하여금 잡아 오도록 윤허한 일이 있었다. 《承政院日記 英祖 48年 7月 3日》

263 주 부자(朱夫子)가……여겼습니다 : 주 부자는 송(宋)나라 유학자 주희(朱熹)로, 그가 유공보(劉共甫)에게 보낸 편지에 "삼가 11월 5일 임금이 내린 조서를 읽어보니, 대신을 노비처럼 꾸짖고 신하들을 돼지처럼 쳐다본 것이 너무 심하였습니다.…… 이 조서를 본 이후로 3일 동안 자고 먹는 것이 편안치 않았으니, 그 곡절은 한마디로 말하기 어렵습니다. 이로부터 임금의 마음이 더욱 방자해지고 기세는 더욱 외로워질 것입니다.〔伏讀十一月五日詔書, 奴詬大臣豕視庶位甚矣.……自見此詔, 連三日寢食不安, 其曲折未易以一言盡. 大抵自此人主心益肆勢益孤.〕"라고 한 내용이 보인다. 《晦庵集 別集 卷1 劉共甫》

처럼 보는 것에 비해보면 거의 더욱 심한 점이 있습니다. 신이 시종신으로 대죄한 지가 일기(一紀)가 넘었으나, 성명(聖明)의 아름다운 뜻을 받들지 못하여 이러한 온당치 못한 하교가 있게 되었습니다. 신의 죄는 이에 이르러 만 번 죽어도 감당할 수가 없습니다."라고 하였다.

계사년(1773, 영조49) 봄에 성상께서 하교하기를, "정목(政目)[264]을 할 때에 경사에 오는 이들이 많은데, 강윤(姜潤)은 문과에 오른 지 30년이 되도록 임금이 어떻게 생겼는지도 알지 못한다." 하고서, 즉시 부수찬(副修撰)에 제수하라고 특지(特旨)를 내려 하유하였다. 공이 사직하는 상소를 인하여 진언하기를, "우리 전하께서는 성수(聖壽)가 더욱 높아지고 학문에 힘쓰심이 더욱 독실하니, 이는 진실로 요(堯)임금과 순(舜)임금이 삼가고 두려워했던 마음[265]입니다. 옛 경전과 역사서 가운데 무엇인들 강학하는 자료가 아니겠습니까마는, 《대학》과 《맹자》가 더욱 오늘날의 쓰임에 절실합니다."라고 하였다. 이때에 은혜로운 교지가 거듭 내려와 성상의 아끼고 보살핌이 더욱 융숭하였다. 공은 스스로 생각건대 멀리 있는 것이 의리상 감히 편안할 수 없고 또 나라에 큰 경사가 있어 진연(進宴)을 앞두고 있었으므로,[266] 3월에 한 필 말과

264 정목(政目) : 관리로 임명하거나 해임할 이들의 인적 사항과 변동 사항을 기록한 문서를 펴 놓고 인선(人選)하는 것을 말한다.

265 요(堯)임금과……마음 : 원문의 '요순긍업(堯舜兢業)'에서 '긍업'은 경계하여 삼가고 위태롭게 여겨 두려워한다는 뜻으로, 고요(皐陶)가 우(禹)임금에게 고하기를 "안일과 욕심으로 나라를 다스리지 마시어 삼가고 두려워하소서. 하루 이틀 사이에도 기무가 만 가지나 됩니다.〔無教逸欲有邦, 兢兢業業. 一日二日萬幾.〕"라고 한 데서 온 말이다. 《書經 皐陶謨》

266 또 나라에……있었으므로 : 1773년(영조49) 영조의 팔순(八旬)을 맞아 왕세손

아이종 하나를 데리고서 병을 무릅쓰고 길에 올랐는데, 행장이 쓸쓸하여 사람들이 소명(召命)을 받들고 가는 것인지도 알지 못하였다.

편전에 입대하여 사흘 동안 머물면서 진연(進宴)과 양로연(養老宴)에 참석하고 즉시 상소를 올리고는 곧바로 도성을 나왔다. 상소에 대략 말하기를, "지금 수백 수만 가지 일들 가운데 성상의 몸을 보전하고 동궁을 보도(輔導)하는 것보다 중요한 것이 없습니다. 보전하는 방도는 성정을 이양(頤養)하는 데에 달려있을 뿐입니다. 기쁨과 노여움을 조화롭고 적절하게 함은 마음을 기르는 방법이고, 마음을 기름은 또 생명을 기르고 몸을 기르는 근본입니다. 세손 저하께서는 총명한 자질을 천부적으로 타고나셨습니다. 학문하는 방도는 오로지 문의(文義)의 지엽적인 것에 있는 것이 아니라, 사(師)·부(傅)·보(保)[267]의 책임에 달려있습니다. 지금의 서연관(書筵官)을 반드시 적임자를 가려서, 밤낮으로 규계하여 기질을 함양하고 덕성을 훈도하게 하소서."라고 하였는데, 성상께서 후한 비답을 내려 말하기를, "군주의 나이가 80인데, 그대는 어찌 차마 한번 연회에 참석하고서는 곧장 떠나가는가. 지금 그대에게 하대부(下大夫)를 명하니, 내가 어찌 그대를 사사롭게 아껴서이겠는가. 그대가 진언한 것이 모두 중도에 맞음을 가상히 여겨서이다. 지금 반드시 기전(畿甸)을 넘지 말고 곧장 도성으로 들어오라."

및 여러 신하들이 주청하여 그해 윤3월에 진연(進宴)과 양로연(養老宴)이 있었다. 《英祖實錄 49年 2月 15日, 閏3月 1日·3日》

267 사(師)·부(傅)·보(保) : 《근사록(近思錄)》 권9 〈치법(治法)〉에, 정이(程頤)가 "삼대 시대에는 임금이 반드시 사(師)·부(傅)·보(保)의 관원을 두었으니, 사는 교훈으로 인도하고, 부는 덕의를 보태주고, 보는 신체를 보호하였다.〔三代之時, 人君必有師傅保之官, 師道之敎訓, 傅傅之德義, 保保其身體.〕"라고 한 말이 보인다.

하였다. 특명으로 동부승지(同副承旨)에 올려 제수하고, -결결-로 하여금 뒤따라가서 재촉하여 사은숙배하게 하였다. 당시 공은 이천(利川)에 이르렀었는데, 명을 듣고 즉시 말을 돌려 광주(廣州)의 점사에 나아가 엎드려서 상소를 갖추어 써서 돌아갈 것을 청하고 다시 고향으로 가는 길을 찾았다.[268] 그러나 비지(批旨)가 더욱 온유하였으니, 실로 세상에 드문 큰 은혜였다. 4월에 강계 부사(江界府使)에 제수되었지만 부임하지 않았다.

기해년(1779, 정조3)에 다시 승지에 제수되었는데, 오랜 뒤에 체차되었다. 경자년(1780, 정조4) 봄에 홍충도 관찰사(洪忠道觀察使)에 제수되었다. 이보다 앞서 병신년(1776, 영조52) 정월에 공이 중풍으로 마비 증상을 앓아 영조의 대상(大喪)에 나아가지 못하였으므로, 이를 종신토록의 애통함으로 여겼다. 이로 인하여 상소하여 기왕의 죄를 스스로 드러내고, 또 말하기를 "신은 올해 나이가 막 70을 채웠으니, 치사(致仕)를 할 나이에 도리어 강사(强仕)의 출사를 할 수 있겠습니까."[269] 라고 하였다. 대신(大臣)의 진달로 인하여 체직되었다. 임인년

268 당시……찾았다 : 1773년(영조49) 윤3월 7일 동부승지(同副承旨)에 제수되었던 강윤(姜潤)이 도성 밖에서 상소를 올려 사직하여 고향에 돌아갈 것을 거듭 청하였고, 이튿날 결국 체차를 허락하여 임희증(任希曾)이 대신하도록 하였다. 《承政院日記 英祖 49年 閏3月 7日, 8日》

269 신은……있겠습니까 : 《예기(禮記)》 〈곡례 상(曲禮上)〉에 "나이 40세를 강이라고 하니, 이때에 벼슬길에 나선다.〔四十曰强而仕.〕"라고 하였는데 이에 대한 대계(戴溪)의 주(註)에 "40세가 되면 지기(志氣)가 굳게 정해져 강하게 서고 돌아서지 않아 이해에 뜻을 빼앗기지 않고 화복에 두려워하지 않으니 출사할 수가 있다."라고 하였으며, 《예기》 〈곡례 상〉에 "대부는 70세가 되면 벼슬을 내놓고 물러간다.〔大夫七十而致事.〕"라고 하였다.

(1782, 정조6) 7월 12일에 정침에서 별세하니, 향년 72세였다. 10월 모일에 살던 곳인 법천(法川) 용동(龍洞)의 간좌(艮坐)에 장례하였다.

공은 성품이 강직하고 방정하며 덕행이 순수하고 독실하였다. 어려서부터 정주(程朱)의 의리(義理)의 학문에 뜻을 두었지만 거처하는 곳이 깊고 궁벽하여 스승과 벗이 전혀 없어서, 홀로 남은 경전을 안고서 잠심하여 강구하여 자구(字句)를 해석함에 있어서 터득하지 못하면 그만두지 않았다. 전심으로 찬앙(鑽仰)[270]하는 대상이 오직 퇴계(退溪 이황(李滉))에게 있어서, 진실함을 쌓고 오래도록 힘써서 항상 "왕 문중(王文中)[271]이 '나는 부자(夫子 공자)에게 망극한 은혜를 입었다.'라고 하였는데, 내가 퇴계 선생에 있어서 또한 그렇다."라고 하였다. 공은 일체의 세속의 즐거움에 있어 기호로 삼는 바가 없었고, 오직 독서에 있어 구운 고기를 좋아하듯 지극하게 하였다. 과환(科宦)과 영리(營利)를 얻고서도 우연히 온 것처럼 여겨,[272] 본성은 여기에 있지 않아서[273] 마치 뜬구름처럼 여겼다. 오직 의리의 근원에 있어서 정미하게

270 찬앙(鑽仰) : 도와 덕을 우러르고 깊이 연구하는 것을 말한다. 《논어(論語)》 〈자한(子罕)〉에 안연(顔淵)이 공자(孔子)의 도와 덕을 찬탄하면서, "우러를수록 더욱 높아지고 뚫을수록 더욱 굳어진다.〔仰之彌高, 鑽之彌堅.〕"라고 하였다.

271 왕 문중(王文中) : 수(隋)나라 때의 학자 왕통(王通)으로, 자는 중엄(仲淹), 시호는 문중자(文中子)이다. 《중설(中說)》 10권을 남겼는데, 이는 《논어(論語)》를 모방하여 지은 책이다.

272 우연히……여겨 : 《장자(莊子)》 〈선성(繕性)〉에 "헌면이 내 몸에 있는 것은 내가 타고난 성명이 아니라, 외물이 우연히 내 몸에 와서 붙어 있는 것일 뿐이다.〔軒冕在身, 非性命也, 物之儻來寄也.〕"라고 하였다.

273 본성은……않아서 : 《맹자(孟子)》 〈진심 상(盡心上)〉에 "천하의 한 가운데에 서서 왕자(王者)가 되어 사해의 백성을 안정시킴을 군자가 즐거워하나, 본성(本性)은

분석하여 좌우에서 근원을 만나듯[274] 하였다. 〈하도(河圖)〉와 〈낙서(洛書)〉의 수(數)와 시초 점괘의 설법(揲法)과 주산(籌算)의 방법과 같은 경우에도 대략 그 경개를 통달하였지만, 선후와 완급의 차서를 두었으므로 미처 깊게 연구하지는 못하였다.

"내가 서책에 있어서 스승에게 전수받은 바가 없이 모두 자득하였으므로, 헛되이 공력을 쓴 경우가 많았다." 하였다. 처음에 《주역》을 읽을 때에 전(傳)과 본의(本義)를 참고해 합하였으므로 편벽되게 주장한 바가 없었고, 또 《춘추호씨전(春秋胡氏傳)》을 수년간 읽고서 말하기를, "《춘추호씨전》은 중대한 일을 결단할 만하므로 다른 책에 비해 공력을 들임이 많았다." 하였다. 주자(朱子)의 봉사(封事)와 주차(奏箚)를 낮에 읽고 밤에 외워서 반복하기를 그치지 않았으며, 또 분류된 바로 인해 막혀있어서 연도를 고찰하기가 어려웠으므로 모아서 통하게 하여 연도를 기준으로 삼아 차서를 정하여 살피기에 편하게 하였으니, 공이 일생 동안 《주서(朱書)》에 힘쓴 것이 이와 같았다.

성품이 또 단엄하고 간결하며 후박하고 충직하여 꼿꼿하게 스스로 지조를 지켜서, 다른 이와 화평하게 지냈으나 인정해주기를 높이 여기지 않았고 세상과 부앙(俯仰)함을 달갑게 여기지 않았다. 항상 "옛사람의 일을 반드시 지금 세상에 행할 수 있다."라고 하였다. 과거에 급제하

여기에 있지 않다.〔中天下而立, 定四海之民, 君子樂之, 所性不存焉.〕"라고 하였다.

274 좌우에서 근원을 만나듯 : 《맹자》 〈이루 하(離婁下)〉에 "군자가 깊이 나아가기를 도(道)로써 함은 자득하고자 해서이니, 자득하면 처하는 것이 편안하고, 처하는 것이 편안하면 자뢰함이 깊고, 자뢰함이 깊으면 좌우에서 취함에 그 근원을 만나게 된다.〔君子深造之以道, 欲其自得之也. 自得之, 則居之安; 居之安, 則資之深; 資之深, 則取之左右, 逢其原.〕"라고 하였다.

여 벼슬에 나아감에 마음에 바른 의리와 공정한 도리를 스스로 견지하고자 하였는데, 한두 가지 일에 있어 경계하는 바가 있게 되자 스스로 자신의 성품이 세속과 함께하지 못하여 반드시 화기(禍機)를 저촉할 것임을 알고서는 마침내 몸을 받들어 물러나서[275] 종신토록 초야에 머물렀다. 만나보고자하는 임금의 은혜로운 말씀이 누차 사륜(絲綸)에 드러났으나, 끝내 지키는 바를 단번에 바꾸려 하지 않아서 한번 조정에 달려가 성대한 예식(禮式)을 배관(陪觀)하고는 글을 올리고서 곧장 돌아와 조금도 지체하려고 하지 않았다. 화려한 항렬이나 청고한 관함, 부유한 고을이나 웅대한 번진을 버리기를 마치 잊어버린 듯이 하였다. 이는 퇴계 선생이 '퇴(退)'라는 한 글자를 지켜서 일생동안 받아 쓴 것과 시대는 다르지만 궤적을 함께 하는 것이니, 아아, 훌륭하도다!

내가 공에게 있어 광세(曠世)의 감회가 있었는데, 지금 공의 사손(祀孫)인 참판군의 부탁을 의리상 감히 끝내 사양할 수가 없겠기에, 병을 무릅쓰고 자세히 서술한다. 공은 반남 박씨(潘南朴氏)에게 장가갔는데, 이 분은 생원(生員) 태래(泰來)의 따님으로, 아들 하나를 두셨으니 이름은 탁(檬)이다. 후에 안동 김씨(安東金氏)에게 장가갔는데, 이 분은 사인(士人) 승운(承運)의 따님으로, 두 아들을 낳으셨으니, 직(樴)과 복(楅)이다. 두 따님 가운데 김상민(金相敏)에게 출가한 사람은 박씨(朴氏)의 소생이고, 신상유(申尙柔)에게 출가한 사람은 김씨(金

275 몸을 받들어 물러나서 : 《춘추좌씨전(春秋左氏傳)》 양공(襄公) 26년 조에 "신하의 녹봉은 임금이 실로 소유하는 것이다. 의로운 일에는 나아가 녹을 받고, 그렇지 않을 경우에는 몸을 받들어 벼슬에서 물러나야 한다.〔臣之祿, 君實有之. 義則進, 否則奉身而退.〕"라고 한 데서 온 말이다.

氏)의 소생이다. 탁(橐)의 아들은 시환(始煥)으로 문학(文學)을 잘하여 능히 공의 뜻을 이루었다. -결결결- 명(銘)은 다음과 같다.

높고 높은 저 태백산에	崒彼太白
현인이 달아나 숨었네	賢人遯藏
우뚝한 이 의리여	卓哉斯義
존왕양이의 큰 예방이었네[276]	尊攘大防
대대로 이를 계승하여	世有承襲
정기가 크게 모여 훌륭한 분이 탄생하였네	篤生偉人
돌처럼 굳은 정절이	介石之貞
갈아도 마모되지 않았네	磨而不磷
이미 과거에 급제하고도	旣登巍科
곤궁할 때의 지조를 변치 않았네	不變其塞
경전을 안고서	抱此經傳
초야에서 늙어가니	老于邱壑
임금의 말씀 동아줄과 같아[277]	王言如綍
역마로 부르심이 이어졌네	驛召聯翩
어찌 감격치 않겠는가마는	曷不感激

276 높고……예방이었네 : 강윤(姜潤)의 선조 강흡(姜恰, 1602~1671)이 인조(仁祖)가 삼전도(三田渡)에서 청나라에 항복하자 태백산에 들어가 지조를 지키며 은거했던 일을 말한다.

277 임금의……같아 : 《예기(禮記)》 〈치의(緇衣)〉에 "왕의 말씀이 가는 실과 같으면 그 나옴은 굵은 인끈과 같고, 왕의 말씀이 인끈과 같으면 그 나옴은 동아줄과 같게 된다.〔王言如絲, 其出如綸; 王言如綸, 其出如綍.〕"라고 한 데서 온 말이다.

익숙히 강구한 것이 따로 있었네	宿講者存
옛적에 도산[278]은	越昔陶山
물러남으로써 군주를 섬겼네	以退事君
글을 올려 사직함에	囊封辭巽
끝에 붙인 말이 간절하였으니	尾附懇懇
긴요한 말씀이	喫緊之言
숙속[279] 다반사와 같았네	菽粟茶飯
《주서》 한 부를	一部朱書
귀숙처로 삼아	以爲歸宿
후대 사람들에게 은혜를 주니	嘉惠後人
가학을 열어 이끌었네	家學啓迪
추향이 다른 사람들도 이구동성으로	異趨同辭
모두 공이 어질다 하였네	咸曰公賢
미워하지 않고 엄격히 하여[280]	不惡而嚴
규각이 혼연히 드러나지 않았네	圭角混然

278 도산(陶山) : 퇴계(退溪) 이황(李滉, 1501~1570)을 가리킨다. 이황은 말년에 도산에 서당을 짓고 제자들을 가르치며 강학하였다.

279 숙속(菽粟) : 포백숙속(布帛菽粟)의 준말로, 옷감이나 콩·조와 같은 곡식 등 일상생활에 없어서는 안 되는 것으로서 평범하면서도 몹시 중요한 것을 말한다. 《송사(宋史)》 권127 〈정이열전(程頤列傳)〉에 정자(程子)에 대하여 "그 말씀의 아름다움이 포백과 숙속 같았다.〔其言之旨, 若布帛菽粟然.〕"라고 하였다.

280 미워하지……하여 : 《주역(周易)》 〈둔괘(遯卦) 상(象)〉에서 "하늘 아래 산이 있는 것이 둔괘다. 군자는 그것을 본받아 소인을 멀리하되, 미워하지 않고 엄격히 한다.〔天下有山遯. 君子以, 遠小人, 不惡而嚴.〕"라고 하였다.

고을과 번방에서	于邑于藩
맞이하는 이들이 헛되이 돌아갔네	迎者虛歸
내 가식[281]을 즐거워하니	樂我家食
관잠과 관대를 무엇하리오	簪組奚爲
남은 경사를 온축하여	蘊其餘慶
뻗쳐서 후손에게 미쳐	施及後昆
아경의 관질이	亞卿之秩
후손을 열어주고 선대를 빛나게 하였네	啓後光前
이에 묘도에 비석을 세우니	爰樹墓道
법천의 기슭이네	法川之麓
나의 명문을 새겨서	刻我銘辭
천억 년 동안 밝게 보이노라	昭示千億

281 가식(家食) : 《주역(周易)》 〈대축괘(大畜卦) 단(彖)〉에, "집에서 밥을 먹지 않으면 길하다.〔不家食吉.〕"라고 하였는바, 가식은 조정에 출사하여 녹(祿)을 먹지 않고 벼슬에서 물러나 집에서 밥을 먹는다는 뜻이다.

매산집

제34권

신도비 神道碑

비 碑

신도비 神道碑

증 이조 판서 문정공 외암 이 선생 신도비명 병서
贈吏曹判書諡文正公巍巖李先生神道碑銘 幷序

아, 우암(尤菴) 송 선생(宋先生 송시열(宋時烈))이 의리를 창도해 밝혀서 학문의 법도로 삼은 이후로 호우(湖右 호서(湖西))의 제현들이 그 풍도를 듣고 떨쳐 일어나 거의 수사(洙泗)의 빈빈(彬彬)[1]을 이루게 되었다. 그러나 산이 무너지고 대들보가 꺾이자[2] 종앙(宗仰)할 바가

1 수사(洙泗)의 빈빈(彬彬) : '수사'는 노(魯)나라 곡부(曲阜)에 있는 수수(洙水)와 사수(泗水)를 아울러 일컫는 말로, 공자(孔子)와 맹자(孟子)가 이 지역에서 태어나 강학 활동을 하였으므로 유학을 뜻하는 말이 되었다. '빈빈'은 문채와 본질이 적절하게 배합됨을 이른다. 《논어(論語)》 〈옹야(雍也)〉에 "질(質)이 문(文)을 이기면 촌스럽고, 문(文)이 질(質)을 이기면 겉치레만 잘하게 되니, 문과 질이 적절히 배합된 뒤에야 군자라고 할 수 있다.〔質勝文則野, 文勝質則史, 文質彬彬然後君子.〕"라고 하였다.

2 산이……꺾이자 : 스승이나 철인의 죽음을 비유한 말로, 곧 우암(尤菴) 송시열(宋時烈)이 별세한 것을 두고 한 말이다. 공자(孔子)가 자신이 별세할 꿈을 꾸고 아침에 일찍 일어나 뒷짐을 지고 지팡이를 짚고 문 앞에서 한가로이 거닐며 "태산이 무너지겠구나. 대들보가 꺾이겠구나. 철인이 죽게 되겠구나.〔泰山其頹乎! 梁木其壞乎! 哲人其萎乎!〕"라고 노래하였는데, 자공(子貢)이 이 노래를 듣고는 "태산이 무너지면 우리가 장차 어디를 우러러보며, 대들보가 꺾이고 철인이 죽으면 우리가 장차 어디에 의지하겠는가.〔泰山其頹, 則吾將安仰? 梁木其壞, 哲人其萎, 則吾將安放?〕"라고 하였다. 《禮記

없게 되었는데 수암(遂菴) 권 선생(權先生 권상하(權尙夏))이 이어서 화양(華陽)의 의발(衣鉢)을 전해 받아[3] 황강(黃江)[4]에서 도학(道學)을 강론하니 우암의 전형과 법도가 실로 여기에 있었다. 이에 제현들이 약속하지 않고도 똑같이 행하여 옷깃을 끌고 손을 잡고서 서로 이끌어 의귀할 곳으로 삼아서 마침내 우암을 미처 섬기지 못하였던 안타까운 마음을 가지고 수암을 섬겼다. 세상에서 이들을 '강문팔현(江門八賢)'[5] 이라고 일컫는데 선생이 바로 그 중 한 분이다.

선생은 젊은 나이에 도(道)에 뜻을 두어서 깊이 탐구하고 힘써 연구하여 질문하고 사변할 적에 제대로 이해하지 못하면 그만두지 않았다. 당시 동문의 제현 중에는 각각 자기가 들은 바를 높여 주장하여 굳게 버티고 물러서지 않는 이들이 있어서, 편지를 주고받으며 논란하여 아직까지도 끝을 내지 못하니, 학자들이 이를 유감스럽게 여긴다.

이에 선생은 '물건은 오성(五性)을 갖추고 있지 않다'는 주장을 변론

檀弓上》

3 화양(華陽)의……받아 : '화양'은 송시열(宋時烈)이 머물던 곳으로, 곧 송시열을 지칭한다. 의발(衣鉢)을 전한다는 것은 본래 불교 선종(禪宗)에서 법통(法統) 계승의 신증(信證)으로 가사(袈裟)와 바리때를 전해 주는 것을 말하는데, 일반적으로 스승과 제자 사이에 도통을 계승함의 의미로 쓰인다.

4 황강(黃江) : 충북 청풍(淸風)의 한수면(寒水面) 황강리로, 권상하(權尙夏)가 서실 한수재(寒水齋)를 짓고 평생 은거하며 제자들을 가르친 곳이다.

5 강문팔현(江門八賢) : 권상하(權尙夏)의 문하에서 배출된 8명의 저명한 학자들을 지칭하는 말로, '강문팔학사(江門八學士)'라고도 한다. 전거마다 그 명단이 조금씩 다르지만 대체로 한원진(韓元震), 이간(李柬), 윤봉구(尹鳳九), 채지홍(蔡之洪), 한홍조(韓弘祚), 현상벽(玄尙璧), 윤혼(尹焜), 최징후(崔徵厚) 등을 칭한다. 책에 따라서는 한홍조, 윤혼 등을 빼고 성만징(成晩徵), 이이근(李頤根) 등을 넣기도 한다.

하여 다음과 같이 말씀하였다.[6]

"'이(理)는 통하고 기(氣)는 국한된다〔理通氣局〕'는 것은 율곡(栗谷)의 말씀이지만 '이(理)와 기(氣)는 원래 서로 떨어지지 않는다'는 것이 바로 이 말씀의 전제가 되니[7] 비록 '기(氣)는 국한된다'라고 하더라도 이(理)는 통하지 않음이 없다. 그런데 지금 도리어 이를 나누어 둘로 만들어서 '이(理)는 통한다'는 것을 상면(上面)의 한 자리로 여기고 '기(氣)는 국한된다'는 것을 하면(下面)의 한 자리로 여겨서 '태극(太極)의 천명(天命)'을 사람과 물건이 태어나기 이전에 하늘에 있는 이치라고 하고 '오상(五常)의 성(性)'을 사람과 물건이 태어난 이후의 이치라고 한다. 그렇다면 성(性)은 물건에만 있고 하늘에는 있지 않으며 명(命)은 하늘에만 있고 사람에게는 있지 않단 말인가."

또 '미발(未發)에 선악(善惡)이 있다'는 주장을 변론하여 다음과 같

6 물건은……말씀하였다 : 이 내용은 이간(李柬)의 문집인 《외암유고(巍巖遺稿)》 권12 〈이통기국변(理通氣局辨)〉에 보인다.

7 이(理)는……되니 : 율곡(栗谷)은 이이(李珥)로, 이 내용은 이이가 성혼(成渾)에게 답한 편지인 〈답성호원(答成浩原)〉에 보이는데, 다음과 같이 말하였다. "이(理)와 기(氣)는 원래 서로 떨어지지 않아서 하나의 물건인 것 같으나 그 다르게 되는 까닭은, 이(理)는 무형(無形)이고 기(氣)는 유형(有形)이며, 이(理)는 무위(無爲)이고 기(氣)는 유위(有爲)이기 때문이다. 무형과 무위이면서 유형과 유위의 주(主)가 되는 것은 이(理)이고, 유형과 유위이면서 무형과 무위의 기(器)가 되는 것은 기(氣)이다. 이(理)는 무형이고 기(氣)는 유형이므로 이(理)는 통하고 기(氣)는 국한되는 것이며, 이(理)는 무위이고 기(氣)는 유위이므로 기(氣)가 발하면 이(理)가 타는 것이다.〔理氣元不相離, 似是一物, 而其所以異者, 理無形也, 氣有形也; 理無爲也, 氣有爲也. 無形無爲而爲有形有爲之主者, 理也; 有形有爲而爲無形無爲之器者, 氣也. 理無形而氣有形, 故理通而氣局; 理無爲而氣有爲, 故氣發而理乘.〕"《栗谷全書 卷10 答成浩原》

이 말씀하였다.[8]

"미발의 체(體)는 마땅히 '본체(本體)의 밝음은 그친 적이 없다'라고 한 데에서 논해야 하고 '기품(氣稟)에 구애되고 인욕(人慾)에 가려져 때로 어두워진다'라고 한 데에서 논해서는 안 되니,[9] 이른바 '편벽되지 않고 치우치지 않는다.〔不偏不倚〕'[10]라는 것이고 '천하의 큰 근본〔天下之大本〕'[11]이라는 것이다. 그런데 기품에 구애되고 인욕에 가려져서 '진체의 본연〔眞體之本然〕'[12]을 얻지 못한 것을 가지고 지금

8 미발(未發)에……말씀하였다 : 이 내용은 이간(李柬)의 문집인《외암유고(巍巖遺稿)》권12〈미발유선악변(未發有善惡辨)〉에 보인다.

9 미발의……되니 : '본체(本體)의 밝음은 그친 적이 없다'는 것과 '기품에 구애되고 인욕에 가려져 때로 어두워진다'는 것은《대학장구(大學章句)》경 1장의 주희(朱熹)의 주(註)에 보이는 말로, "명덕은 사람이 하늘에서 얻은 것으로서 허령하고 어둡지 않아서 중리를 갖추고 만사에 응하는 것이다. 다만 기품에 구애되고 인욕에 가려지게 되면 때로 어두워진다. 그러나 그 본체의 밝음은 그친 적이 없다.〔明德者, 人之所得乎天, 而虛靈不昧, 以具衆理而應萬事者也. 但爲氣稟所拘, 人欲所蔽, 則有時而昏. 然其本體之明, 則有未嘗息者.〕"라고 하였다.

10 편벽되지……않는다 : '중용(中庸)'의 '중(中)'에 대한 주희(朱熹)의 풀이로,《중용장구(中庸章句)》첫머리의 주(註)에 "'중(中)'은 편벽되지 않고 치우치지 않으며 지나치거나 미치지 못함이 없는 것의 명칭이다. '용(庸)'은 평상함이다.〔中者, 不偏不倚無過不及之名. 庸, 平常也.〕"라고 하였다.

11 천하의 큰 근본 : '중화(中和)'의 '중(中)'을 두고 말한 것으로,《중용장구(中庸章句)》제1장에 "희로애락의 정(情)이 발하지 않은 것을 중(中)이라고 이르고, 발하여 모두 절도에 맞는 것을 화(和)라고 이르니, 중(中)이라는 것은 천하의 큰 근본이고 화(和)라는 것은 천하의 공통된 도(道)이다.〔喜怒哀樂之未發, 謂之中; 發而皆中節, 謂之和. 中也者, 天下之大本也; 和也者, 天下之達道也.〕"라고 하였다.

12 진체의 본연 : 이는 주희(朱熹)의《대학혹문(大學或問)》에 보이는 말로, 심(心)의 체(體)가 담연(湛然)하고 허명(虛明)하여 한 몸의 주체가 되는 것을 두고 말한 것이

마침내 사물을 응접하지 않은 것에만 근거하여 '미발'이라고 이르는 것이 옳겠는가. '진체의 본연'이 어떠한 명칭과 실제이며 '지극히 허령하고 지극히 고요함[至虛至靜]'[13]이 어떠한 경지인데, 마침내 어두움과 악함을 가지고 여기에 해당시킨단 말인가. 만약 사물을 접하지 않은 것을 가지고 대강 '미발'이라고 이른다면 어두움과 악함이 있는 것이 진실로 문제될 것이 없다. 그러나 '편벽되지 않고 치우치지 않음'과 '천하의 큰 근본'을 가지고 어두움과 악함에 안배시킨다면 이(理)와 기(氣)가 그 실제와 달라지고 심(心)과 성(性)이 그 뜻과 다르게 될 것이다."

무릇 전후에 논설하고 변증한 것이 몹시 많아서 다 기술할 수 없지만 선생이 학문한 절도를 여기에서 참고하여 볼 수 있다. 호중(湖中)의 많은 선비들이 선생의 덕의(德義)에 훈자되어 명성이 몹시 자자하였다.

다. 《대학혹문》에 다음과 같이 말하였다. "사람의 심(心)이 담연하고 허명하여 마치 텅 빈 거울과 같고 평평한 저울과 같아서 한 몸의 주체가 되는 것은 진실로 그 진체의 본연이다. 그리고 기뻐하고 노하고 근심하고 두려워함이 감응하는 바에 따라 응하고 아름답고 추함과 저울추가 내려가고 올라감이 대상에 따라 모습을 달리하는 것은 또한 그 용(用)에 있어서 없을 수 없는 것이다. 그러므로 감응하지 않을 때에는 지극히 허령하고 지극히 고요하니 이른바 텅 빈 거울, 평평한 저울과 같은 체(體)라는 것이다. 이때에는 비록 귀신이라도 그 사이를 엿볼 수 없으니 진실로 득실을 말할 만한 것이 없다.[人之一心, 湛然虛明, 如鑑之空, 如衡之平, 以爲一身之主者, 固其眞體之本然. 而喜怒憂懼, 隨感而應, 姸蚩俯仰, 因物賦形者, 亦其用之所不能無者也. 故其未感之時, 至虛至靜, 所謂鑑空衡平之體, 雖鬼神, 有不得窺其際者, 固無得失之可議.]"

13 지극히 허령하고 지극히 고요함 : 외물에 감응하지 않았을 때의 심(心)의 상태를 표현한 말로, 주희(朱熹)의 《대학혹문(大學或問)》에 보인다. 자세한 내용은 위의 주12 참조.

귀락당(歸樂堂) 이공 만성(李公晩成)이 순무사(巡撫使)로서 조정에 아뢰기를,

"이모(李某)는 경학으로 세상에 이름이 났습니다. 제가 직접 그 집에 찾아가서 그와 함께 대화를 나누며 언모(言貌)와 사기(辭氣)를 관찰해 보니 그 마음에 보존한 바를 알 수 있었습니다. 더구나 호우(湖右)의 선비 중에 그를 추중하지 않는 이가 없습니다. 청컨대 선부(選部 이조)로 하여금 그를 장려하여 등용해서 배우는 자들을 권면하게 하십시오."

라고 하였다. 이에 특별히 장릉 참봉(莊陵參奉)에 제수하였으나 나아가지 않았다. 이때 선생의 나이 겨우 34세였다.

6년 뒤에 천거되어 세자시강원 자의가 되었다. 이때 당색을 달리하는 자가 선생이 젊은 나이에 빠르게 승진한 것을 가지고 논핵하여 힐난하였는데,[14] 조공 도빈(趙公道彬), 권공 상유(權公尙游), 이공 병상(李公秉常), 황공 규하(黃公奎河), 조공 성복(趙公聖復)이 상소하여 그렇지 않음을 변론하였다.[15] 병신년(1716, 숙종42)에 다시 자의에 제수되

14 이때……힐난하였는데 : 《숙종실록(肅宗實錄)》 41년 4월 8일 기사에 홍문관 교리 홍석보(洪錫輔)가 상소하여 "자의 이간(李柬)은 나이가 젊어 아직 덕망을 쌓지 못했는데 갑자기 높이 의망하였으니, 너무 빠르다는 논란을 면하기 어렵습니다."라고 하며 이간을 논핵하는 내용이 보인다.

15 조공 도빈(趙公道彬)……변론하였다 : 《숙종실록(肅宗實錄)》 41년 4월 18일 기사에 형조 판서 권상유(權尙游)가 상소하여 이간(李柬)이 인망을 쌓은 것이 오래되었으므로 권강(勸講)하는 자리에 의망하였던 것임을 아뢰는 내용이 보인다. 또 7월 15일 기사에는 지평 황규하(黃奎河)가 상소하여 이간이 사문(師門)에서 훈도되어 몸을 검속하고 행실을 닦았는데 갑작스럽게 논척을 당하게 되었다고 아뢰며 애석히 여기는 내용이 보인다.

었는데, 상소하여 사직하자 다음과 같은 비답을 내렸다.[16]

"지난번에 대간(臺諫)이 한 말은 공정한 마음에서 나온 것이 아니니 군이 혐의할 것이 없다."

정유년(1717)에 종부시 주부에 제수되었다. 을사년(1725, 영조1)에 회덕 현감(懷德縣監)에 제수되었는데 선생은 어버이를 봉양하기 위하여 명에 응하였다. 입시하자 성상이 학문하는 요점을 물으니 다음과 같이 대답하였다.[17]

"학문의 본말은 오직 지(知)와 행(行)일 뿐입니다. 한 가지 일과 한 가지 물건의 개별적인 이치는 진실로 마땅히 알아야 할 것들이긴 하지만, 일상 생활하는 신심(身心)과 윤리강상에 있어서 반드시 먼저 명백하게 이해해야 합니다. 이것이 바로 치지(致知)의 큰 강령입니다. 한 가지 선(善)과 한 가지 행실에 있어 진실로 마땅히 최선을 다해야 하지만, 《대학(大學)》의 성의장(誠意章)의 대지는 바로 선(善)을 좋아하고 악(惡)을 미워하는 것이며, 수기(修己)로 말하면 천리와 인욕의 구분을 분명하게 판별하는 것이고 치인(治人)으로 말하면 선(善)을 좋아하고 악(惡)을 미워하는 데에 있어 진실하게 힘을 쓰는 것입니다. 이것이 바로 역행(力行)의 큰 강령입니다. 학문을 하면서 큰 강령을 먼저 하지 않는다면 올바른 학문이 아닙니다. 이는 맹자(孟子)께서 말씀한 '먼저 그 큰 것을 확립한다.'[18]라는 것입

16 병신년에……내렸다 : 이때 이간(李柬)이 사직한 상소에 대하여 내린 비답은《승정원일기(承政院日記)》 숙종 43년 2월 26일 기사에 보인다.

17 을사년에……대답하였다 : 이간(李柬)이 회덕 현감(懷德縣監)에 제수되어 하직할 적에 영조가 학문하는 요점을 물은 일은《영조실록(英祖實錄)》 1년 2월 19일 기사와《승정원일기(承政院日記)》 영조 1년 2월 19일 기사에 보인다.

니다."

성상이 선생에게 마음을 쓰는 것이 몹시 중하여 말씀하기를,

"노모가 있다고 들었으니 지금은 우선 도성 밖으로 내보낸다. 그러나 조만간에 들어와서 마땅히 함께 강학해야 할 것이니 지나치게 겸손해하지 말라."

라고 하였다.

회덕에 부임하자 백성들의 고충을 해결하는 데에 마음을 다하여 폐정을 변혁하였다. 전정(田政)과 군정(軍政) 두 가지를 들어서 논하여 도백(道伯 관찰사)에게 보고하였으나 도백이 그대로 따라서 시행하지 않았다. 이에 선생이 말하기를,

"내가 백성들을 도탄에서 구원하지 못하니 어찌 오랫동안 이 자리에 있을 수 있겠는가."

라고 하고는 반년이 못 되어서 관직을 버리고 돌아왔다.

좌의정 민공 진원(閔公鎭遠)이 선생을 경연관으로 천거하고 이어서 초치하여 전심으로 보도(輔導)하게 할 것을 청하면서 말하기를,

"이모(李某)와 같이 통명(通明)하고 호매(豪邁)한 사람은 학문에 연원이 있으니 진실로 이 선발에 부합합니다."

라고 하였다. 그러자 성상이 세 번 별유(別諭)를 내리니 은혜와 예우가 융숭하였다. 선생은 사직소를 통하여 뜻을 세우고 학문을 하는 의론을 올려서 다음과 같이 아뢰었다.[19]

18 먼저……확립한다 : 이는 《맹자(孟子)》 〈고자 상(告子上)〉에 보이는 말로, "먼저 그 큰 것을 확립하면 그 작은 것이 이를 빼앗지 못한다.〔先立乎其大者, 則其小者不能奪也.〕"라고 하였다.

"지금 사단(四端)을 확충하여 만선(萬善)을 회복하고 경(敬)과 의(義)를 간직하여 천덕(天德)에 통달하고자 하는 자는, 그 기본을 먼저 방촌(方寸 마음)에서 넓히지 않는다면 깊은 성인(聖人)의 경지와 융성한 왕도(王道)를 어찌 홀로 앉아서 말하며 홀로 이룰 수가 있겠습니까."

또 아뢰기를,

"다스리는 방도는 작은 일이 아니지만 주자(周子 주돈이(周敦頤))가 말씀하기를, '그 마음을 순수하게 할 뿐이다.'[20]라고 하였습니다. 마음이 순수하면 어진 인재가 보필하고, 어진 인재가 보필하면 천하가 다스려집니다. 이른바 문무를 겸비하여 백성을 기르고 군중을 통솔할 수 있는 인재가 또한 감화되지 않고도 믿고 부르지 않아도 올 것이니 어찌 인재가 없음을 걱정하겠습니까."

라고 하였다. 그리고 이어서 수암 선생이 무함을 받은 것에 대하여 통렬히 변론하였는데 우대하는 비답을 받았다.

병오년(1726, 영조2)에 충청 도사(忠淸都事) 겸 해운판관에 제수되고 또 세자익위사 익위에 제수되었으나 모두 상소하여 체직되었다.

19 선생은……아뢰었다 : 이간(李柬)이 경연관을 사직하며 올린 상소는 《영조실록(英祖實錄)》 2년 2월 26일 기사와 《승정원일기(承政院日記)》 영조 2년 2월 26일 기사 및 《외암유고(巍巖遺稿)》 권3 〈사경연관소명소(辭經筵官召命疏)〉에 실려 있다.

20 그……뿐이다 : 이 말은 주돈이(周敦頤)의 《통서(通書)》 〈치(治) 제십이장(第十二章)〉에 보이는데, 이르기를, "열 가구가 사는 작은 마을에서 사람들마다 귀를 당겨 가르치더라도 오히려 다 가르치지 못하는데, 하물며 광대한 천하의 수많은 백성들은 어떠하겠는가. 그러므로 '그 마음을 순수하게 할 뿐이다.'라고 하는 것이다.〔十室之邑, 人人提耳而教, 且不及, 況天下之廣、兆民之衆哉? 故曰純其心而已矣.〕"라고 하였다. '그 마음'은 인군(人君)의 마음을 말한 것이다.

선생은 성상의 은혜로운 지우(知遇)에 감격해서 장차 말로써 몸을 대신하여 수천 자의 상소문을 지어서 성학(聖學)을 힘쓰고 군덕(君德)을 향상시킬 것을 극론하여 의(義)를 아뢰고 충(忠)을 바쳐서 간곡하게 말씀을 올리려고 하였다.[21] 그런데 상소문을 미처 올리기도 전에 갑자기 별세하니 이는 천고의 한이 된다.

검토관 황공 재(黃公梓)가 소대(召對)를 통해 다음과 같이 아뢰었다.[22]

"경연관 이모(李某)는 학문이 깊은 산림(山林)으로서 일찍이 자의(諮議)의 관직을 지내고 만년에는 추목(芻牧)의 직임[23]에 제수되었으니 조정의 예우와 사림의 기대가 용동하지 않음이 없었습니다. 그 학문이 세상에 쓰일 만하여 경연에서 군주의 덕을 성취하는 책임이 장차 이 사람에게 있게 되었으니, 전후의 별유를 통하여 보면 또한 마음을 비우고 기다리시는 성상의 마음을 볼 수가 있습니다.

21 선생은……하였다 : 이간(李柬)이 이때 올리려고 했던 상소문은 《외암유고(巍巖遺稿)》 권3에 〈의상소(擬上疏)〉라는 제목으로 실려 있다.

22 검토관……아뢰었다 : 이간(李柬)의 죽음에 대하여 검토관 황재(黃梓)가 아뢰고 영조가 하교하는 일은 《승정원일기(承政院日記)》 영조 3년 윤3월 24일 기사에 보인다.

23 추목(芻牧)의 직임 : 지방관을 이른다. '추(芻)'는 우양(牛羊)에게 먹이는 꼴이고 '목(牧)'은 우양을 놓아기르는 목장인데, 맹자(孟子)가 평륙(平陸)의 읍재(邑宰)인 공거심(孔距心)에게 읍재의 직임을 우양을 대신 맡아 기르는 것에 비유하여 "지금 남의 우양을 받아 그를 위하여 기르는 자가 있다면, 반드시 그를 위하여 목장과 꼴을 구할 것이니, 목장과 꼴을 구하다가 얻지 못하면 그 주인에게 되돌려 주어야 하겠는가, 아니면 또한 서서 그 죽어 가는 것을 보아야 하겠는가.〔今有受人之牛羊而爲之牧之者, 則必爲之求牧與芻矣. 求牧與芻而不得, 則反諸其人乎? 抑亦立而視其死與?〕"라고 한 데에서 온 말이다. 《孟子 公孫丑下》

그런데 별세하였다는 소식을 갑자기 듣게 되었으니 이와 같은 사람을 어디에서 얻을 수 있겠습니까. 생사 간에 마땅히 특별히 우대하는 은전이 있어야 할 것입니다. 또 듣자하니 집이 몹시 가난하여 상(喪)을 치를 수가 없다고 합니다. 청컨대 본도(本道)에 물자를 보태 주도록 명하여 애도하고 안타까워하는 뜻을 보이십시오."

성상이 말씀하기를,

"나는 전혀 알지 못하였다가 지금 이 소식을 듣게 되었으니 평소에 초치할 것을 생각하였던 터에 놀라고 슬픈 마음을 가눌 수가 없다. 모든 일은 진실한 마음이 중요한 법이다. 그가 산림 속의 사람이었기 때문에 작록을 가지고 그를 얽매고자 하지 않은 것이니, 그가 원하는 바가 아닌데 얽매는 것은 도리어 예우의 도리에 어긋남이 있는 것이다. 지금 만약 사후에 증직을 내린다면 이는 생사 간에 예우를 달리하는 것이니 진실한 마음으로 대우하는 뜻이 아니다. 특별히 예관을 보내어 치제(致祭)하고 상장(喪葬)의 비용을 본도로 하여금 넉넉히 지급하게 하라."

라고 하였다. 이에 조정과 초야의 선비들이 슬퍼하고 감격하였으니 선생이 곤궁함을 굳게 지키고 학문에 힘써서 구차히 작록을 구하지 않았던 실제가 이처럼 위로 성상에게까지 관철되었음을 알 수 있었다.

정조 정유년(1777, 정조1)에 이르러서 이조 참판 성균관 좨주에 추증되었으니 이는 막내아들의 추은(推恩)에 따른 것이었다. 순조 임술년(1802, 순조2)에 중외의 인사가 차례로 논의를 창도하여 선생의 바른 도학을 가지고 조정에 건의하니, 이에 이조 판서가 더 추증되었고 '도덕이 높고 문견이 넓음〔道德博聞〕'과 '정도로써 남을 복종시킴〔以正服之〕'의 두 가지 시법(諡法)을 취하여 '문정(文正)'이라는 시호가 내려졌으며 온양(溫陽)의 외암서사(巍巖書社)에 제향되었다. 이로써 경기와 호서의 사림들이 선생의 도학이 성대하여 끝내 하늘에게 보답을 받은 것이 이와 같음을 더욱 잘 알게 되었다. 아, 훌륭하다.

선생은 휘가 간(柬)이고 자가 공거(公擧)이다. 영조 정미년(1727, 영조3) 윤3월 14일에 졸하였으니, 출생한 정사년(1677, 숙종3) 6월 23일로부터 51세가 되던 해이다. 5월에 본현 유곡(楡谷)에 장례하였다가 신미년(1751) 윤3월 정유일에 외암리(巍巖里) 북쪽 기슭에 있는 을좌(乙坐)의 묘소로 이장하였다.

이씨(李氏)는 세계(世系)가 전의(全義)에서 나왔는데, 고려 개국공신인 태사(太師) 휘 도(棹)를 시조로 삼는다. 9대를 전해 내려와 보문각 제학 휘 익(翊)에 이르러서 예안(禮安)으로 관향을 옮겼다. 본조에 들어와서 휘 온(韞)이 문과에 급제하여 판군기감사가 되었고 이조 판서에 추증되었다. 고조 휘 단(耑)은 군자감 주부이고, 증조 휘 진문(振門)은 첨지중추부사이고, 조고 휘 박(璞)은 전라도 수군절도사이다. 선고 휘 태형(泰亨)은 진사인데 수직(壽職)으로 부호군에 올랐고, 선비(先妣) 경주 이씨(慶州李氏)는 사정(司正) 즙(濈)의 딸이다. 본생부(本生父) 휘 태정(泰貞)은 군수이고, 본생모(本生母) 전주 유씨(全州柳氏)는 첨지중추부사 만(曼)의 딸이다.

배위(配位) 두 분은 모두 파평 윤씨(坡平尹氏)이다. 원배(元配)는 선생보다 1년 먼저 태어나고 선생보다 12년 먼저 별세하였고, 계배(繼配)는 선생보다 17년 늦게 태어나고 선생보다 36년 늦게 별세하였는데, 모두 선생의 묘소 왼쪽에 부장(祔葬)하였다.

아들은 네 명이니, 관병(觀炳)은 진사이고 이병(頤炳)은 군수이고 사병(師炳)은 참봉이고 정병(鼎炳)은 무과 급제한 부총관이다. 딸 두

명은 각각 송득상(宋得相)과 한형(韓泂)에게 출가하였다. 손자 언주(彦胄)와 구대원(具大遠)에게 출가한 손녀는 관병의 소생이다. 손자 면주(勉胄), 헌주(憲胄), 학행으로 천거된 광흥창 수 건주(建胄)는 이병의 소생이다. 손자 윤주(潤胄), 성주(聖胄), 정주(正胄)는 사병의 소생이다. 손자 원주(遠胄), 무과 급제한 총관·동지중추부사 근주(近胄)와 변성화(邊聖和)·황인수(黃仁綏)·훈련대장 백동원(白東薳)의 처인 손녀들과 서손(庶孫) 만주(晩胄)는 정병의 소생이다. 증손과 현손 이하는 다 기록하지 않는다.

아, 선생은 세상에 드문 영웅호걸의 자품을 지니고서 대현(大賢)을 스승으로 삼아 성명(性命)의 깊은 이치를 탐구하여 사문(斯文)의 진전(眞傳 적전(嫡傳))이 되었다. 벼슬에 나아가서는 재주를 발휘하고 운용하여 인군을 높이고 백성을 보호하는 공훈을 이룰 수가 있었고, 벼슬에서 물러나서는 침잠하고 연역하여 말을 함에 성실함을 세우는 학업을 보유할 수가 있었는데,[24] 향년이 길지 못하여 그 기량(器量)을 다 확충하지 못하였으니 애석하다. 그러나 묘도(妙道)와 정의(精義)를 발로한 것으로 말하면 또한 이를 손에 가지고 가서 지하에 있는 왕철(往哲)을 만나 뵐 만하다.

역천(櫟泉) 송 문원공(宋文元公 송명흠(宋明欽))이 평소에 말하기를, "외암의 심성(心性)에 대한 여러 학설은 견해가 매우 통투하고 설명

24 말을……있었는데 : 이는《주역(周易)》〈건괘(乾卦) 문언(文言)〉에 "군자는 덕을 진전시키고 학업을 닦나니, 충(忠)과 신(信)이 덕을 진전시키는 것이고, 말을 함에 그 성실함을 세움이 학업을 보유하는 것이다.〔君子進德修業, 忠信, 所以進德也; 修辭立其誠, 所以居業也.〕"라고 한 것을 원용하여 말한 것이다.

이 매우 명쾌하니 후학들에게 크게 공을 세웠다. 구원(九原)에서 다시 살아 돌아오게 하여 오늘날의 몽매한 자들을 깨우치게 할 수 없는 것이 한스럽다."

라고 하였다. 이는 선생에게 있어서 조모(朝暮) 간에 지기(知己)를 만난 것이 되니 자운(子雲)과 요부(堯夫)를 굳이 후세에 기다릴 필요가 없게 되었다.[25]

나는 세대를 초월하여 선생을 흠모하던 터라 의리상 감히 노쇠했다고 하여 사양할 수가 없으므로 공손히 손을 씻고 명(銘)을 짓는다. 명(銘)은 다음과 같다.

아아, 훌륭한 문순공(文純公 권상하)이여	於休文純
율곡과 우암의 적전이었네	栗尤嫡傳
그 문하의 문과 담장을 들여다봄에	載瞻門墻
여러 현자들이 즐비하였네	濟濟群賢
천서[26]는 순정하였고	泉西之醇

25 자운(子雲)과……되었다 : 자운은 전한(前漢) 때의 문장가인 양웅(揚雄)의 자이고, 요부(堯夫)는 송(宋)나라 때의 학자인 소옹(邵雍)의 자이다. 두 사람 모두 저서를 완성하고서 당세에는 몰라주어도 후세에 자기와 같은 사람이 나오면 반드시 책의 진가를 알아줄 것이라 자부하였으므로, 이렇게 말한 것이다. 양웅은《태현경(太玄經)》을 짓고 나서 사람들이 모두 비웃자, "지금 세상 사람이 나를 알아주지 않는 것은 해로울 것이 없다. 후세에 다시 양자운이 나오면 반드시 이 글을 좋아할 것이다.〔世不我知, 無害也, 後世復有揚子雲, 必好之矣.〕"라고 하였고, 소옹은《황극경세서(皇極經世書)》를 짓고 나서 책을 봉하고 겉면에 "이 글을 요부에게 올린다.〔文字上呈堯夫〕"라고 썼다.《唐宋八大家文鈔 卷4 昌黎文鈔四 與馮宿論文書》《朱子語類 卷53 孟子三 公孫丑上之下 伯夷非其君不事章》

관봉[27]은 걸출하였네 冠峯之特
노선생을 추앙함에 推老先生
준걸스럽고 빼어났네 俊偉卓犖
고명한 도학을 그대로 좇아 侔高肰明
당시의 질곡에 구속되지 않았네 不爲時梏
스스로 믿고 의심하지 않아서 自信不疑
완미하고 즐거워하였네 以玩以樂
미발의 때의 선하고 악함과 未發善惡
사람과 물건의 치우치고 완전함에 있어서 人物偏全
전현의 가르침을 참고하여 參互前訓
부신을 잡은 듯이 부합하였네 如執契然
일컬어 말함이 이분에게 있으니[28] 名言在玆

26 천서(泉西) : 윤혼(尹焜, 1676～1725)으로, 자는 회보(晦甫), 호는 천서, 본관은 파평(坡平)이다. 수암(遂菴) 권상하(權尙夏)의 문인으로, 강문팔학사(江門八學士)로 꼽힌다. 1714년(숙종40) 사마시에 합격하고 1719년 별시 문과에 을과로 급제하였다. 사간원 정언, 사헌부 지평 등을 지냈다.

27 관봉(冠峯) : 현상벽(玄尙璧, 1673～1731)으로, 자는 언명(彥明), 호는 관봉, 본관은 연주(延州)이다. 수암(遂菴) 권상하(權尙夏)의 문인으로, 강문팔학사(江門八學士)로 꼽힌다. 영조 때 유일(遺逸)로 천거되어 세자익위사 세마, 장릉 참봉(章陵參奉) 등에 제수되었다. 저서로는 《관봉유고(冠峯遺稿)》가 있다.

28 일컬어……있으니 : 이는 본래 《서경(書經)》 〈우서(虞書) 대우모(大禹謨)〉에 보이는 말로, 순(舜)임금이 말년에 자신을 대신하여 정사를 다스릴 사람을 고를 때에 우(禹)가 고요(皐陶)를 추천하며 말하기를, "저의 덕은 임무를 감당하지 못하여 백성들이 의귀하지 않거니와 고요는 힘써 행하여 덕을 펴서 덕이 마침내 아래로 백성들에게 내려져 여민들이 그리워하니, 황제께서는 생각하소서. 이를 생각해도 이 사람에게 있으며 이를 버려도 이 사람에게 있으며 이를 일컬어 말함도 이 사람에게 있으며 진실로

큰 근본이 이에 확립되었네	大本斯立
자양(紫陽 주희(朱熹))에게 의귀하니	歸依紫陽
어찌 학업을 끝마치기를 기다리겠는가	奚待卒業
성조에서 유학을 숭상하여	聖朝崇儒
공자를 할아버지로 여기고 주자를 아버지로 여겼네	祖孔禰朱
성학을 밝게 게시하여	聖學昭揭
낙민(洛閩)[29]을 그대로 따랐네	洛步閩趨
흐름을 따라 근원으로 거슬러 올라가서	沿流溯源
비로소 그 바른 학문을 행하였네	始服其正
전모[30]를 상고해 보면	若稽典謨
도심[31]과 항성[32]이니	道心恒性

마음에서 나옴도 이 사람에게 있으니, 황제께서는 그의 공을 생각하소서.〔朕德罔克, 民不依, 皐陶邁種德, 德乃降, 黎民懷之, 帝念哉. 念茲在茲, 釋茲在茲, 名言茲在茲, 允出茲在茲, 惟帝念功.〕"라고 하였다.

29 낙민(洛閩) : 정호(程顥)・정이(程頤)가 살았던 낙양(洛陽)과 주희(朱熹)가 살았던 민중(閩中)을 합칭한 말로, 곧 정주학(程朱學)을 의미한다.

30 전모(典謨) : 《서경(書經)》의 〈요전(堯典)〉・〈순전(舜典)〉과 〈대우모(大禹謨)〉・〈고요모(皐陶謨)〉의 병칭으로, 곧 《서경》을 지칭하기도 하고 경서(經書) 일반을 지칭하기도 한다.

31 도심(道心) : 의리(義理)에서 발한 마음을 가리키는 것으로, 형기(形氣)에서 발한 마음인 '인심(人心)'과 상대되는 개념이다. 《서경(書經)》〈우서(虞書) 대우모(大禹謨)〉에, 순(舜)임금이 우(禹)에게 왕위를 선양하려고 하면서 말하기를, "인심은 위태롭고 도심은 미약하니 오직 정밀하게 살피고 전일하게 지켜야만 진실로 중도를 잡을 수 있다.〔人心惟危, 道心惟微, 惟精惟一, 允執厥中.〕"라고 하였다.

32 항성(恒性) : 하늘로부터 부여받은 떳떳한 성(性)으로, 《서경(書經)》〈상서(商書) 탕고(湯誥)〉에, 탕(湯)임금이 하(夏)나라를 정벌하고 박읍(亳邑)으로 돌아와 제

이를 버리면 곁갈래의 길이어서　舍則傍岐
기구함이 갖가지로 펼쳐지네　崎嶇百端
어찌 이 길을 따르지 않으리오　盍遵此塗
평탄한 곳을 밟고 편안한 곳을 걷는다네　履坦蹈安
진실로 선생은　允矣先生
한 시대의 유종이었네　一代儒宗
사문에 칭찬하는 말이 있으니　有辭斯文
오도가 동방에 있게 되었네　吾道在東
추증하는 고문이 찬란하니　煌煌贈誥
보답함이 이에 융성하였네　報施斯隆
높고 높은 온양의 기슭에　巍巍溫麓
고요하고 고요한 무덤이 있네　侐侐玄扃
이에 비석의 글을 게시하여　爰揭石章
그 명성과 신령을 밝히니　昭厥聲靈
힘쓸지어다, 선비들이여　勖哉譽髦
이분을 본받고 따를지어다　是則是程

후들에게 이르기를, "아, 너희 만방의 무리들아. 나 한 사람의 가르침을 분명히 들어라. 위대하신 상제가 하민에게 충을 내려주어 순히 하여 떳떳한 성(性)을 소유하였으니, 능히 그 도에 편안하게 하는 이는 군주인 것이다.〔嗟爾萬方有衆, 明聽予一人誥. 惟皇上帝 降衷于下民, 若有恒性, 克綏厥猷惟后.〕"라고 하였다.

대사간 증 이조 판서 척암 이공 신도비명 병서
大司諫贈吏曹判書惕菴李公神道碑銘 幷序

아아, 우리 영묘(英廟 영조) 초년에 조정(調停)과 탕평(蕩平)으로써 붕당을 그치게 할 방책으로 삼는 데에 힘썼는데, 관망하며 벼슬길을 도모하는 자들이 충역(忠逆)을 뒤섞고 시비(是非)를 똑같이 보아서 완곡하게 용납되고 환심을 사는 것을 일삼았다. 이때에 사대부로서 지론이 깨끗하고 준엄하여 여러 번 넘어졌다가도 다시 일어나서 기어이 군주의 무함을 변론하고 국시(國是)를 정하고자 하는 자들이 전후에 서로 이어지니, 거의 송(宋)나라의 당적(黨籍)[33]과 명(明)나라의 동림당(東林黨)[34]과 같았다. 척암 이공으로 말하면, 처음에는 음직에서 방황하다가 만년에는 또 대각(臺閣)에 나아가 우뚝 서서 꼿꼿한 절개가 죽음에 이르러도 후회하지 아니하였으니 쇠퇴한 물결의 지주(砥柱)와 어두운 길거리의 밝은 별이 됨에 부끄러움이 없었다. 아,

33 송(宋)나라의 당적(黨籍) : 당적이란 당고(黨錮)의 화에 걸린 선비의 명부를 이른다. 송(宋)나라 휘종(徽宗) 때에는 채경(蔡京) 등이 왕안석(王安石)의 신법(新法)에 반대한 문인들인 사마광(司馬光), 문언박(文彦博), 소식(蘇軾), 정이(程頤) 등을 원우당적(元祐黨籍)으로 지목하여 배척한 일이 있었고, 영종(寧宗) 때에는 한탁주(韓侂胄)가 재상 조여우(趙汝愚)를 몰아내고 주희(朱熹)를 중심으로 한 이학가(理學家)들을 위학(僞學)으로 규정하여 위학당적(僞學黨籍)을 반포한 일이 있었다.

34 명(明)나라의 동림당(東林黨) : 동림당은 명(明)나라 말기에 동림서원(東林書院)에서 강학하던 고헌성(顧憲成), 고반룡(高攀龍) 등을 중심으로 세력이 형성된 당파로, 당대의 부패한 정치 세력에 대립하는 운동을 전개하였는데, 당시 정사를 전횡하던 환관 위충현(魏忠賢)에 의해 탄압을 받았다.

훌륭하다.

공은 휘가 존중(存中), 자가 경이(敬以), 호가 척암이다. 영릉(英陵 세종)의 별자(別子)인 광평대군(廣平大君) 장의공(章懿公) 휘 여(璵)가 시조가 된다. 이분이 영순군(永順君) 공소공(恭昭公) 휘 부(溥)를 낳았는데, 공훈으로 계승하여 불천위가 되었다.[35] 이로부터 고관대작이 계속 이어졌다. 고조 휘 형(逈)에 이르러서 장령으로 좌찬성에 추증되었고, 증조 휘 중휘(重輝)는 군수로 영의정에 추증되었고, 조고 휘 유(濡)는 영의정 혜정공(惠定公)이니 경종의 묘정(廟庭)에 배향되었다. 선고 휘 현숭(顯崇)은 서윤으로 이조 참판에 추증되었고, 선비(先妣) 남양 홍씨(南陽洪氏)는 이조 판서 휘 수헌(受瀗)의 딸로 정부인(貞夫人)에 추증되었다.

공은 숙종 계미년(1703, 숙종29) 9월 28일에 출생하였다. 어려서부터 걸출하고 영민하여 보통 아이들과 달라서 경사(經史)를 눈으로 한 번 보기만 하면 술술 외우니 몽와(夢窩) 김공(金公 김창집(金昌集))과 소재(疎齋) 이공(李公 이이명(李頤命))과 옥오재(玉吾齋) 송공(宋公 송상기(宋相琦))이 모두 국기(國器)라고 칭찬하였다. 기해년(1719)에 남성시(南省試)에 응시하여 입격하였다. 이때 공을 시기하는 자가 법을 어기면서 합격을 차지하였다고 지목하였는데 공은 태연하여 개의치 않았다. 뒤에 과장에 들어가서 벼루와 먹을 가지고 그 사람의 곁에

35 공훈으로……되었다 : 이부(李溥)는 1467년(세조13)에 이시애(李施愛)의 난을 토평한 공로로 적개공신(敵愾功臣) 3등에 책훈되었고, 또 1468년(예종 즉위년)에 강순(康純)·남이(南怡)의 옥사(獄事)를 다스린 공로로 익대공신(翊戴功臣) 2등에 책훈되었다.《世祖實錄 13年 9月 20日》《睿宗實錄 卽位年 10月 28日》

앉아서 평상시처럼 웃고 말하니 그 사람이 부끄러워하며 마음으로 따랐다. 그 사이에 도암(陶菴 이재(李縡))과 도곡(陶谷 이의현(李宜顯)) 등의 현인들과 종유하면서 심오한 이치를 강구하여 인정받은 것이 많았다.

을묘년(1735, 영조11)에 생원시와 진사시 두 시험에 장원으로 합격하고 곧바로 정릉 참봉(貞陵參奉)에 제수되었다가 익릉 봉사(翼陵奉事)로 옮겼다. 세자익위사 시직에 제수되었다가 내시교관으로 이직하고 주부와 좌랑으로 승진하였다. 정묘년(1747)에 금성 현령(金城縣令)에 제수되었다가 무진년(1748)에 체직되어 돌아오고 세자익위사 사어에 제수되니 서연(書筵)에 출입하면서 계도한 바가 많았다.

경오년(1750)에 협천 군수(陜川郡守)로 있다가 삼일제(三日製)에 발탁되고 또 전시(殿試)에서 장원하였다. 회헌(悔軒) 조공(趙公 조관빈(趙觀彬))이 경하하며 말하기를,

"이모(李某)가 세 시험에서 장원하였으니 전하께서는 훌륭한 신하를 얻으신 것이고 신 또한 문형(文衡)을 전해줄 자를 얻은 것입니다."

라고 하였다. 이때 조공은 논의가 엄준하였던 까닭에 당시 사람들에게 시기를 받았는데 공을 이처럼 높이 평가하자 당시 사람들이 또 공을 시기해 마지않으며 말하기를,

"이 사람은 반드시 우리의 탕평론을 무너뜨릴 자이다."

라고 하였다. 준례에 따라 통정대부(通政大夫)에 오르고 여주 목사(驪州牧使)에 제수되었는데 얼마 뒤에 체직되고 병조 참지에 제수되었다.

동부승지에 제수되고 승정원에 있으면서 여러 재신(宰臣)들과 대화하다가 윤공 심형(尹公心衡)[36]의 거취(去就)에 대한 당부(當否)를 논

36 윤공 심형(尹公心衡) : 윤심형(尹心衡, 1698~1754)으로, 자는 경평(景平), 호는

하게 되었다. 공이 말하기를,

"이 사람은 벼슬에 나아가는 것을 어렵게 하고 물러나는 것을 쉽게 하여 본래 지조가 있으니 다른 사람이 권하거나 만류할 수 있는 바가 아닙니다."

라고 하였다. 그러자 이조 판서 김상로(金尙魯)가 큰 소리로 말하기를,

"신하의 분수와 의리가 어찌 감히 이와 같을 수 있겠는가."

라고 하니 공이 웃으며 말하기를,

"공이 말씀한 분수와 의리는 어느 책에 보이는 것입니까. 벼슬할 만하면 벼슬하고 그만둘 만하면 그만두는 것입니다.[37] 의리상 마땅히 떠나야 한다면 속히 떠나가는 것이니 이것이 분수와 의리에 무슨 해가 되겠습니까. 만일 공의 말씀과 같다면 비부(鄙夫)가 얻고 잃는 것을 근심하는 것[38]처럼 하여 군주의 명에 급히 달려가는 것을 공

임재(臨齋), 본관은 파평(坡平)이다. 1721년(경종1) 진사가 되고, 같은 해 정시문과에서 장원하여 성균관 전적, 사간원 정언 등을 지냈다. 신임사화(辛壬士禍)로 노론(老論)이 추방당할 때 삭직되어 병계(屛溪)에 은퇴하였다가 영조가 즉위하여 다시 노론이 집권하게 되면서 홍문관 교리, 이조 좌랑, 사간원 헌납 등을 두루 역임하였다. 1728년(영조4) 정미환국(丁未換局)으로 노론이 실권하였을 때에 파직되었다. 영조가 기유처분(己酉處分)을 내려 노론의 사대신 중에 조태채(趙泰采)·이건명(李健命)만을 복관하도록 조치하자, 신설(伸雪)이 고르지 못하고 국시(國是)가 펴지지 못했음을 주장하고 향리로 내려가서 종신토록 절조를 지키고 벼슬하지 않았다. 이후에 영조가 탕평(蕩平)을 실현해 보고자 수십 차례 벼슬을 내려 회유하였으나 응하지 않았다. 이조 판서에 추증되었고 시호는 청헌(淸獻)이다.

37 벼슬할……것입니다 : 이 말은 본래 맹자(孟子)가 공자(孔子)를 두고 말한 것으로, "벼슬할 만하면 벼슬하고 그만둘 만하면 그만두며, 오래 머무를 만하면 오래 머물고 빨리 떠날 만하면 빨리 떠난 이는 공자이다.〔可以仕則仕, 可以止則止, 可以久則久, 可以速則速, 孔子也.〕"라고 하였다. 《孟子 公孫丑上》

(恭)으로 여겨야[39] 비로소 분수와 의리를 다했다고 할 수 있을 것입니다."

라고 하였다.

개연(慨然)히 다른 사람에게 이르기를,

"삼십 년 동안 탕평의 논의가 나라를 병들게 한 것이 몹시 심하여 신임사화(辛壬士禍)의 남은 무리들[40]이 아직도 왕법(王法)을 도피

38 비부(鄙夫)가……것 : 이는 《논어(論語)》〈양화(陽貨)〉에 보이는 내용으로, 공자(孔子)가 말하기를, "비부는 함께 군주를 섬길 수 있겠는가. 얻기 전에는 얻을 것을 근심하고 이미 얻고 나서는 잃을 것을 근심하니, 만일 잃을 것을 근심한다면 못하는 짓이 없게 된다.〔鄙夫, 可與事君也與哉? 其未得之也, 患得之; 旣得之, 患失之. 苟患失之, 無所不至矣.〕"라고 하였다.

39 군주의……여겨야 : 《맹자(孟子)》〈공손추 하(公孫丑下)〉에서 맹자가 제(齊)나라 왕의 부름에 병을 핑계로 나아가지 않으면서 신하가 군주의 예우를 기다리는 의리에 대하여 말하였는데, 이에 대한 주희(朱熹)의 《집주(集註)》의 주(註)에 이르기를, "빈사는 군주의 명에 급히 달려가서 받드는 것을 공(恭)으로 여기지 않고, 어려운 것을 요구하고 선한 말을 개진하는 것을 경(敬)으로 여긴다.〔賓師, 不以趨走承順爲恭, 而以責難陳善爲敬.〕"라고 하였다.

40 신임사화(辛壬士禍)의 남은 무리들 : 신임사화를 일으켰던 소론(少論)의 남은 세력을 이른다. 신임사화는 경종 즉위 초인 신축년(1721, 경종1)과 임인년(1722)에 세제 책봉과 대리청정을 둘러싸고 일어난 옥사이다. 1720년에 숙종이 승하하고 경종이 33세의 나이로 즉위하였는데, 후사가 없고 병이 많았다. 이에 노론(老論)의 주도하에 연잉군(延礽君)이 세제로 책봉되자, 노론은 한 걸음 더 나아가 세제의 대리청정을 강행하고자 하였다. 이에 소론인 사직 김일경(金一鏡) 등이 노론의 주장을 경종에 대한 불충이라고 몰아 소(疏)를 올리자, 경종이 노론 사대신(四大臣)을 파직시켜 유배 보냈으며, 이외에도 많은 노론의 인물들을 삭직시키고 소론을 등용하였다. 1722년 3월에 목호룡(睦虎龍)이 노론 측이 세자 시절의 경종을 시해하려 했다고 고변하자, 소론은 이를 기회로 옥사를 일으켜 유배된 노론의 사대신을 사사(賜死)하게 하고, 대다수의 노론을 제거하였다.

하고 있으니 이는 바로 국가가 위급하여 존망이 달린 때이다. 만일 언관(言官)의 자리를 맡게 된다면 나는 화가 두렵다고 하여 이에 대해 말하지 않아서는 안 될 것이다."

라고 하였다. 그러다가 대사간에 제수되자 글을 올려 대략 다음과 같이 아뢰었다.[41]

"무신년(1728, 영조4)의 흉당[42]들이 화를 빚어 온 지가 오래되었습니다. 처음에 기사년(1689, 숙종15)에 시작되어[43] 신사년(1701)에 더욱 격해졌으며[44] 병신년(1716)의 처분[45]에 유감을 품어서 신축년

41 그러다가……아뢰었다 : 이때 이존중(李存中)이 대사간으로서 글을 올려 아뢴 내용은《영조실록(英祖實錄)》27년 3월 2일 기사와《승정원일기(承政院日記)》영조 27년 3월 2일 기사에 보인다.

42 무신년의 흉당 : 무신년(1728, 영조4)에 난을 일으켰던 무리들을 이른다. 이때 일어난 난을 '무신란(戊申亂)', 혹은 '이인좌(李麟佐)의 난'이라고 하는데, 소론(少論)과 남인(南人)의 일부 세력이 영조와 노론(老論)을 제거하고 밀풍군(密豊君) 이탄(李坦)을 추대하고자 일으켰던 반란이다. 1724년에 경종의 승하로 영조가 즉위하여 김일경(金一鏡) 등이 제거되고 노론 정권이 들어서자, 일부 소론들이 남인들을 포섭하여 반정을 도모하기 위해 비밀 조직을 결성하였는데, 영조가 1727년에 정미환국(丁未換局)으로 탕평책을 실시함에 따라 서울의 많은 소론들이 이탈하였다. 이에 초조해진 지방의 세력들이 이인좌를 대원수로 삼고 거병하였는데, 한때 청주성을 점령하는 등 기세를 떨치고 도성을 향해 진격하였으나 안성(安城)과 죽산(竹山)에서 관군에게 대파당하고 이인좌 등 수뇌부가 체포되어 평정되었다.

43 처음에 기사년에서 시작되어 : 기사년(1689, 숙종15)에 당시 집권세력인 서인(西人)들이 숙원(淑媛) 장씨(張氏)의 소생인 왕자 윤(昀)의 원자(元子) 책봉을 반대하자, 이에 분노한 숙종이 서인의 영수인 송시열(宋時烈)과 김수항(金壽恒) 등을 사사(賜死)하고 인현왕후(仁顯王后)를 폐위시키며 경신대출척(庚申大黜陟)으로 실각하였던 남인(南人)들을 다시 등용한 것을 말한다.

44 신사년에 더욱 격해졌으며 : 신사년(1701, 숙종27) 8월에 인현왕후(仁顯王后)가

(1721, 경종1)과 임인년(1722)의 하늘을 뒤덮는 화[46]를 만들어 냈습니다. 을사년(1725, 영조1)의 초정(初政)[47]이 어찌 엄정하지 않았겠습니까마는 대악을 저지른 괴수에게 천벌을 내리는 것은 오랫동안 지체하고 있습니다. 지난날에 합사(合辭)하여 올린 논의는 실로 군부(君父)를 위하고 난신적자들을 토벌하려는 데에서 나온 것인데, 논의를 꺼내자마자 곧바로 정지시켜 반드시 승부를 다투고자 하였습니다. 그러나 그래도 감히 드러내 놓고 함부로 구원하지는 못하였습니다. 그런데 저 이종성(李宗城)은 흉적의 괴수를 두둔함에 조금도 기탄함이 없고 이들을 추천하고 등용하기를 마치 미치지 못할까 두려워하듯이 하였습니다.

무릇 국가를 다스리는 요체는 오로지 명분과 절의를 배양하는 데

원인 모를 병으로 죽었는데, 바로 뒤에 희빈(禧嬪) 장씨(張氏)가 취선당(就善堂) 서쪽에 신당(神堂)을 설치하고 인현왕후가 죽기를 기도한 일이 발각되어 이 일과 관련한 희빈 장씨와 그의 오라비인 장희재(張希載)가 사사(賜死)된 것을 두고 말한 것이다.

45 병신년의 처분 : 서인(西人)은 회니시비(懷尼是非)를 계기로 송시열(宋時烈)을 두둔하는 노론(老論)과 윤증(尹拯)을 두둔하는 소론(少論)으로 나뉘게 되었는데, 병신년(1716, 숙종42)에 숙종이 회니시비의 발단이 된 신유의서(辛酉擬書)와 윤선거(尹宣擧)의 묘갈명(墓碣銘)을 열람하고는 노론의 입장을 지지하는 뜻을 보여서 윤선거의 문집을 훼판하고 윤선거・윤증 부자의 관작을 삭탈하며 윤선거의 사액서원(賜額書院)을 철거하라는 처분을 내렸다.

46 신축년과……화 : 자세한 내용은 308쪽 주40 참조.

47 을사년의 초정(初政) : 을사년(1725, 영조1)에 영조가 신임옥사(辛壬獄事)를 무옥(誣獄)으로 규정하여 당시 사화를 주도하였던 소론(少論) 대신인 조태억(趙泰億), 유봉휘(柳鳳輝), 이광좌(李光佐) 등을 유배하거나 내쫓고 민진원(閔鎭遠) 등의 노론(老論) 인사들로 정국을 구성하여 노론 사대신 등 신임옥사에서 죽거나 처벌된 사람들을 모두 사면하고 그들의 충절을 포상하는 처분을 내린 것을 말한다.

에 달려있으니 풍교가 이를 통해 붙들어 세워지고 기강이 이에 의지하여 유지되는 것입니다. 그런데 지금은 명분과 절의가 먼저 무너져서 염치가 모두 상실되어 온 나라 사람들이 마치 광인처럼 오직 이익만을 좇고 있습니다. 묘당에 있는 자들은 자기 지위를 견고히 하고 총애를 바라는 것을 명맥(命脈)으로 삼고 군주에게 영합하여 그대로 명을 따르는 것을 자신을 위한 계책으로 삼으며, 대간(臺諫)들은 오로지 침묵만을 일삼으며, 여러 관료들은 그저 먹고 마시는 길만을 도모하고 있으니, 열조에서 배양해 온 것이 쓸어버린 듯 없어지고 말았습니다.

저하[48]께서 의지하여 맡기고 자문을 구하여 세도(世道)를 교정하는 것은 오직 보상(輔相)의 적임자를 얻는 것에 달려있습니다. 그런데 지금 대신은 평소에 식견이 없어서 온전히 권모술수만을 사용하고 중년에 벼슬을 얻지 못할까 근심하는 마음으로 세상을 위협하는 바탕으로 삼아서 반항(班行)에서 진신(搢紳)을 질타하고 묘당에서 조정의 선비들을 축출하고 있으니 보고 듣는 사람 중에 놀라지 않는 이가 없습니다.

형은 정석(鼎席)에 거하고 아우는 전조(銓曹)에 처해서[49] 성세(聲勢)가 서로 호응하고 표리(表裏)가 서로 이루어 주어 밖으로는 공평함을 가탁하여 출세의 기회로 삼고 안으로는 모략을 감추고서 한

48 저하 : 당시 영조를 대신하여 대리청정을 하던 사도세자(思悼世子)를 가리킨다. 사도세자는 1749년(영조25)부터 대리청정하였다.

49 형은……처해서 : 형은 김약로(金若魯, 1694~1753)를 가리키고 아우는 김상로(金尙魯, 1702~?)를 가리킨다. 당시에 김약로는 좌의정으로 있었고, 김상로는 호조판서로 있었는데 그 전에 이조 판서를 역임하였다.

세상을 농락하고 있습니다. 권세와 이익으로 몰아가는 터에 추종하는 자들이 날로 많아졌는데 죄와 허물이 더욱 쌓여서 공론이 울분에 차자 혹 다른 사람이 자기를 비난할까 염려하여 언로를 더욱 막고자 하였습니다. 이에 대신(臺臣)을 배척하여 먼 고을에 보임(補任)시키고 넌지시 위협하는 말을 정사 하는 자리에서 내뱉기까지 하였습니다. 사람들은 이들이 음험하게 중상하여 화를 끼치는 것을 두려워해서 모두들 서로 경계하여 말하기를, '차라리 국가를 저버릴지언정 감히 김씨(金氏)를 저버릴 수는 없다.'라고 합니다. 이런 풍문이 전해짐에 습속이 크게 변하였습니다.

아아, 명분과 절의의 성쇠는 오로지 대각에 달려있는데, 오늘날에는 대각의 권한이 재상에게 돌아가서 조정에 나열된 자들 중에 유약하여 자기에게 동조하는 부류가 아닌 자가 없습니다. 조금이라도 자립하고자 하면 모욕함이 뒤따라 이르러서 성상의 귀를 혼란스럽게 하여 한 번 배척하면 다시는 회복하지 못하게 만드니, 머뭇거리는 것이 풍속을 이루어서 기절(氣節)이 모두 사라졌습니다. 진실로 명분과 절의를 붙들어 세워서 세도를 회복하고자 하신다면, 김상로 형제를 속히 척출(斥黜)하여 좋아함과 미워함을 분명히 보이시고 전후에 직언을 아뢰다가 죄를 얻은 자들을 모두 서용하여 무너진 풍속을 장려하셔야 할 것입니다. 이를 결단코 그만두어서는 안 됩니다."

또 양역(良役)의 폐해와 호포(戶布)를 마땅히 시행해야 함을 논하고 뒤이어 재용을 절약하고 백성을 사랑하는 의리를 들어서 곡진하게 수천 자의 말씀을 아뢰니, 근심이 깊고 사려가 원대하여 충분히 거행될 만 하였다. 상소가 봉입된 지 이틀 만에 특명으로 입시하게 하고 성상

이 말씀하기를,

“나는 유계(兪棨)가 조정에 들어온 줄 알았다. 너는 노년의 늙은 아비가 있거늘 《대훈(大訓)》[50]과 《상훈(常訓)》[51]을 내린 뒤에 도리어 어찌 감히 이와 같이 말하는가.”

라고 하였다. 공이 대답하기를,

“어리석고 망령되어 성상의 심기를 거슬렀으니 화를 부름을 모르는 바가 아니나, 세신(世臣)의 의리와 간관(諫官)의 직분에 있어서 국사가 날로 잘못되는 것을 눈으로 보면서 감히 속마음을 숨길 수가 없었습니다. 《대훈》과 《상훈》으로 말하면 바로 전하께서 스스로 정하신 의리입니다. 신의 글은 신임사화와 무신란의 화변이 유래한 바를 가지고 아뢴 것이니 《대훈》·《상훈》과는 다른 점이 있습니다.”

50 대훈(大訓) : 영조가 당쟁(黨爭)의 폐해를 일소하고 신임사화(辛壬士禍)의 원흉(元凶)을 처벌하기 위하여 내린 훈유문(訓諭文)으로, 1741년(영조17)에 간행되었다. 영조는 숙종 이후 갈라지게 된 노론(老論)과 소론(少論) 간의 당쟁으로 많은 유혈 참극을 빚고 자신도 그 와중에 참변을 당할 뻔했던 지난 일을 통감하고, 이와 같은 당쟁을 일소하고 그들의 원흉인 김일경(金一鏡)과 목호룡(睦虎龍)의 처형을 위해 이를 내린 것이다. 끝에는 이 훈유문을 완성한 뒤에 올린 어제고묘문(御製告廟文)과 백성에게 반포한 반교문(頒教文)이 덧붙여져 있다. 《奎章閣韓國本圖書解題 史部 詔令·奏議類 詔令》

51 상훈(常訓) : 영조가 숙종의 기일을 맞이하여 세자와 후대 임금들에게 내린 교훈서로, 1745년(영조21)에 간행되었다. 본문은 경천(敬天), 법조(法祖), 돈친(惇親), 애민(愛民), 거당(祛黨), 숭검(崇儉), 여정(勵精), 근학(勤學), 임현사능(任賢使能), 변참(辨讒), 용직납간(容直納諫), 경대신체군신(敬大臣體群臣), 숭유중도(崇儒重道)의 항목으로 구성되어 있으며, 그 내용은 유교 경전에서 필요한 부분을 인용하고, 관계된 고사를 숙종의 언행과 중국 역대 임금의 사적에서 인용한 뒤 훈계를 펴는 체제로 되어 있다. 《奎章閣韓國本圖書解題 子部 儒家類》

라고 하였다. 성상이 말씀하기를,

"김상로가 대신(臺臣)을 배척하여 보임시켰다는 것과 정사 하는 자리에서 넌지시 위협하는 말을 했다는 것은 무엇을 말하는가?"

라고 하니 공이 아뢰기를,

"이민곤(李敏坤)이 김상로를 논핵하고자 하였으므로 외직으로 내보내어 먼 지역에 보임시켰습니다. 또 김상로가 정사 하는 자리에서 사람들에게 큰 소리로 말하기를, '대간으로 낙점을 받으면 패초를 어기고 체직을 도모하는 것이 상책이다.'라고 하였으니 이는 또한 언로를 막으려는 계책입니다."

라고 하였다.

성상이 《대훈》을 무시하고 대신을 능욕했다고 책망하여 거제부(巨濟府)로 유배하도록 명하고 배도(倍道)하여 압송하게 하였다. 얼마 뒤에 사면령이 있게 되자 영남(嶺南)의 도백 민공 백상(閔公百祥)이 공을 여쭈어 결정할 부류[52]에 두었는데 중간에 저지하는 자가 있어서 그대로 사면 받지 못하였다. 뒤에 민공이 간장(諫長 대사간)으로서 간언하다가 거제부로 유배되게 되자 성상이 명하여 공을 제주도(濟州島)로 이배하게 하였다. 이는 그 언론이 같음을 싫어하여 갈라놓아서 소식을 통하지 못하게 하려는 것이었다. 공이 명을 받고 길을 떠나 강진(康津)에 이르러서 배를 출발하여 외양(外洋)으로 들어갔는데, 파도가 크게 일면서

52 여쭈어 결정할 부류 : 사면령이 내린 뒤에 각 도의 감사가 그 도의 배소(配所)에 있는 죄인들을 '풀어 줄 부류〔放秩〕', '그대로 정배해 둘 부류〔仍秩〕', '풀어 주지 않을 부류〔未放秩〕', '여쭈어 결정할 부류〔稟秩〕', '아직 그 도의 배소에 도착하지 않은 부류〔未至配所秩〕' 등으로 나누어 보고하는데, 이를 토대로 사면이 시행되었다.

용 한 마리가 배 앞으로 솟아오르니 꼬리와 뿔이 우뚝 솟고 바람과 우레가 갑자기 일어났다. 이에 사람들이 모두 크게 놀라고 동요하여 얼굴빛이 사색이 되었다. 그러나 공은 홀로 태연히 다가가서 보며 말하기를,

"옛사람이 우저(牛渚)에서 무소뿔에 불을 붙여 비춰 보고[53] 조양(潮陽)에서 악어를 쫓아냈으니[54] 내가 본 것에 견주면 어떠하겠는가."

라고 하였다.

배소(配所)의 거처에 이르자 《주역(周易)》을 읽기를 그치지 않으며 말하기를,

"정 부자(程夫子 정이(程頤))는 부주(涪州)로 한 차례 귀양 가서 《역전(易傳)》 한 책을 저술하였다. 나는 젊었을 때에 《주역》을 익숙하게 읽지 못하였으니 만일 유배지에서 지내는 것이 아니라면 어찌 이런 기회를 얻을 수 있겠는가."

라고 하였다. 또 선비 중에 바다를 건너와서 배우기를 청하는 자가

53 우저(牛渚)에서……보고 : 진(晉)나라 온교(溫嶠)가 여행을 하다가 무창(武昌)의 우저기(牛渚磯)에 당도하였는데, 사람들이 물속에 괴물이 산다고 하였다. 이에 온교가 무소뿔에 불을 붙여서 물속을 비추자 물속에 있던 기이한 모습의 괴물들이 모두 모습을 드러냈다고 한다. 《晉書 卷67 溫嶠列傳》

54 조양(潮陽)에서 악어를 쫓아냈으니 : 조양은 조주(潮州)로, 당(唐)나라 문장가 한유(韓愈)가 일찍이 조주 자사(潮州刺史)로 좌천되어 나갔을 때에 그곳 악계(惡溪)에 사는 악어가 백성들의 가축을 마구 잡아먹어서 백성들이 몹시 고통스럽게 여겼다. 이에 한유가 〈악어문(鰐魚文)〉을 지어서 악계의 물에 던졌는데 바로 그날 저녁에 그 물에서 폭풍과 천둥이 일어나더니, 그로부터 수일 뒤에 그 물이 다 말라서 악어들이 마침내 그곳을 떠나 60리 밖으로 옮겨 가 다시는 조주에 악어의 걱정이 없게 되었다. 《昌黎文集 卷36 鰐魚文》

있었는데 강론하기를 게을리 하지 않았다. 이윽고 선고 서윤 공이 서울의 집에서 별세하자 특명으로 돌아와 장례하기를 허락하였는데 장례가 끝나자 또다시 배소로 돌아가도록 명하였다. 공은 이후로 원통하게 울부짖으며 서글퍼하여 다시는 인간 세상에 대한 생각이 있지 않았고, 아침저녁과 초하루·보름과 절일(節日)마다 탁자 위에 밥과 국을 진설하고 북쪽을 바라보면서 울부짖었다. 거주하는 모옥(茅屋)에도 지붕을 이으려고 하지 않으며 말하기를,

"죄인의 거처는 이만하면 충분하다."

라고 하였다.

계유년(1753, 영조29)에 사면을 받아 궁촌(宮村)에 있는 선영의 묘소 아래로 돌아왔는데 친족과 마을 사람 외에는 모두 만나보려고 하지 않았고 채마밭을 가꾸었다. 사창법(社倉法)을 손보아 조약을 상세하고 치밀하게 갖추어 두니 마을 사람들이 도움을 많이 받았다. 지인들은 공이 기어이 폐인이 되고자 함을 알고는 다방면으로 주선하였고 거상(居喪)을 마친 뒤에 예조 참의에 제수되자 나아가 벼슬할 것을 백방으로 권하였다. 그러나 공은 상소하여 사직하며 다음과 같이 아뢰었다.[55]

"신은 조정에 있을 때에는 불충한 신하가 되었고 집안에 있어서는 불효한 자식이 되었으니 인도(人道)가 끊어지고 천리(天理)가 없어졌습니다. 다시 무슨 얼굴로 스스로 횡목(橫目)[56]의 반열에 낄 수

55 그러나……아뢰었다 : 이때 이존중(李存中)이 예조 참의를 사직하며 상소한 내용은 《승정원일기(承政院日記)》 영조 31년 8월 28일 기사에 보인다.

56 횡목(橫目) : 만물 가운데 오직 사람만 눈이 가로로 생겼다고 하여 사람을 가리키

있겠습니까. 지금 신이 분의(分義)에 편안하게 처신하는 방도는 오직 송추(松楸)[57]에 몸을 의탁하여 병든 노모를 간호하면서 영원히 성세(聖世)의 기물(棄物)이 되어 여생을 마치는 것일 뿐입니다."

글을 올리고 수일이 지난 뒤에 성상이 갑자기 전교하기를,

"명일에 대처분이 있을 것이니 만약 이 자리에 참석하지 않는 자가 있으면 신하의 절조가 없는 것으로 논죄하겠다."

라고 하였다.[58] 공은 '이 전교는 예사로운 것이 아니니 평소에 자처하던 의리에 따라 자획(自劃)할 수가 없다. 한번 나갔다가 다시 돌아와 은둔하여 처음 먹었던 뜻을 이루는 것이 옳다.'라고 여겨 마침내 후반(候班)에 들어갔다. 성상이 이를 듣고는 용안에 희색이 가득하여 말씀하기를,

"이모(李某)가 나왔는가? 비로소 군주 된 것이 귀함을 알겠다."

라고 하였다. 공이 반차(班次)에 있을 적에 어떤 사람이 당시 정승의 뜻으로 와서 탐문하여 말하기를,

"오늘의 일은 미리 자세히 대비해 두었다. 성상께서 만약 아무 일을

는 말로 쓰인다. 《장자(莊子)》〈천지(天地)〉에 "부자께서는 횡목의 백성에게 뜻이 없습니까? 성인의 정치를 듣고자 합니다.〔夫子無意於橫目之民乎? 願聞聖治.〕"라고 한 데에서 유래하였다.

57 송추(松楸) : 소나무와 가래나무로, 묘소 앞에 심는 나무들이다. 선영(先塋)을 뜻하는 말로 쓰인다.

58 성상이……하였다 : 영조는 1755년(영조31) 9월 21일에 하교하여 다음날에 대처분을 내릴 것임을 알리고 백관들을 홍화문(弘化門) 밖에 모이도록 하였다. 그리고 다음날에 명정전(明政殿)에 나아가 반교하여, 지금의 반교 뒤에 당색에 따라 지난 일을 제기하는 자가 있으면 일의 대소를 막론하고 역률(逆律)로써 다스릴 것임을 공포하였다. 《英祖實錄 31年 9月 21日, 22日》

가지고 하문하신다면 일이 장차 예측할 수 없게 될 것이니 어떻게 대응해야 하는가?"

라고 하니 공이 정색하며 말하기를,

"하늘이 만약 송(宋)나라를 돕는다면 반드시 이런 일이 없을 것입니다.[59] 설령 있다고 하더라도 조정에 있는 여러 신하들은 만구동성(萬口同聲)으로 극진히 아뢰고 힘써 간쟁해야 할 뿐입니다. 우리가 지키는 것은 의리이니 비록 죽은들 무슨 부끄러움이 있겠습니까."

라고 하였다. 이에 여러 논의가 비로소 정해졌다. 성상 또한 이러한 상황을 살피고는 곧바로 자리를 파하고 환궁하라는 명을 내렸으니 이는 공이 고집하는 바를 반드시 되돌릴 수 없음을 알았기 때문이었다. 공은 즉시 향리의 집으로 돌아와서 다시는 도성에 들어가지 않았다.

을해년(1755, 영조31)에 계비(繼妃) 박 부인(朴夫人)의 상(喪)을 당하였는데 슬퍼하여 몸을 훼상하기를 예법보다 더하여 거의 생명을 잃을 뻔하였다.

무인년(1758)에 대제학 남공 유용(南公有容)이 장차 공을 천거하여 후임자로 갖추어 두려고 하였는데 공의 자급과 경력이 낮다고 하여

59 하늘이……것입니다 : 이는 송(宋)나라 사마광(司馬光)이 한 말을 그대로 원용한 것으로, '송(宋)나라'는 곧 우리나라를 뜻한다. 송(宋)나라 신종(神宗)이 승하한 다음 철종(哲宗)이 즉위하자, 사마광이 집권하여 왕안석(王安石)이 시행한 신법(新法)을 모두 바꾸었는데, 혹자가 사마광에게 "옛 신하인 장돈(章惇)과 여혜경(呂惠卿) 등은 모두 소인인데 후일 부자간의 의리로 이간질하면 붕당의 화가 다시 일어날 것이다."라고 하니, 사마광이 정색하며 말하기를, "하늘이 만약 송(宋)나라를 돕는다면 반드시 이러한 일이 없을 것이다.〔天若祚宋, 必無此事.〕"라고 하고 마침내 그대로 개혁하였다. 《宋史全文 卷13 宋哲宗》

먼저 승문원 부제조에 차임되었다. 공이 이때에 수망(首望)으로 천거되어 홀로 합격 권점(圈點)을 얻어서 입계(入啓)되었는데[60] 성상이 진노하며 말씀하기를,

"일찍이 당상 3품으로서 이를 맡은 자가 있는가?"

라고 하였다. 우상 신공 만(申公晩)이 아뢰기를,

"이식(李植)과 송상기(宋相琦)도 당상 3품으로서 합격 권점을 얻었습니다."

라고 하였다. 성상은 마침내 차망(次望 부망(副望))인 김양택(金陽澤)을 낙점하고 말씀하기를,

"당상 3품인 이모(李某)를 어찌 아경(亞卿 종2품)의 위에 의망할 수 있겠는가."

라고 하였다. 그리고 어필로 공의 권점을 지워 버리고 권점 아래에 비답을 쓰기를,

"비록 한유(韓愈)와 유종원(柳宗元)의 문장 재주를 지니고 있더라도 삼십 년 동안 고심해 온 것을 마땅히 지켜야 한다."

라고 하였다. 성상의 뜻은 공의 만년의 절개를 온전히 보존하게 하고자 한 것이었으나 혹자는 공을 위하여 안타깝고 애석하게 여기기도 하였다.

공은 만년에 대부분 강교(江郊)에서 거주하며 평상복 차림으로 지팡이를 짚고 신을 신고서 산수 사이를 유람하였고 때로는 편주(扁舟)를

60 공이……입계(入啓)되었는데 : 이때 이존중(李存中)을 대제학에 의망하여 권점(圈點)을 행한 내용은《영조실록(英祖實錄)》34년 11월 13일 기사와《승정원일기(承政院日記)》영조 34년 11월 14일 기사에 보인다.

띄워 강을 따라 오르내렸다. 한때에 명망과 덕성이 있는 여러 공들 중에 조회헌(趙悔軒 조관빈(趙觀彬)), 오월곡(吳月谷 오원(吳瑗)), 남뢰연(南雷淵 남유용)과 교유하였고 특히 윤공 심형(尹公心衡), 이공 태중(李公台重), 김공 시찬(金公時粲)과 교분이 더욱 돈독하였다. 유고(遺稿) 5권이 집안에 보관되어 있고, 여러 형제들과 수창(酬唱)한 것을 편집하여 《삼주수(三珠樹)》 9권을 만들었다.

신사년(1761, 영조37) 7월 30일에 아현리(阿峴里)의 집에서 고종(考終)하였다. 부음이 알려지자 성상이 놀라고 탄식하며 다음과 같이 말씀하였다.[61]

"세상 사람들에게 붕당 짓는 마음이 반드시 없지 않을 것이니 지금 이 사람의 죽음에 대하여 또한 틀림없이 기뻐하는 자가 있을 것이다."

9월에 광수산(光秀山)의 경좌(庚坐)에 장례하니 선영을 따른 것이었다. 배위(配位) 정부인(貞夫人) 풍산 홍씨(豐山洪氏)는 동지돈녕부사 중복(重福)의 딸로, 단정하고 장중하며 정숙하고 한결같아서 여사(女士)의 행실이 있었다. 공보다 11년 먼저 별세하였고 공의 묘소 왼쪽에 부장(祔葬)하였다.

1남1녀를 두었는데, 아들 의필(義弼)은 좌참찬이고 딸은 대사헌 조덕성(趙德成)에게 출가하였다. 서자는 의보(義輔)이고 서녀는 윤면순(尹勉順)에게 출가하였다. 의필의 양자는 기연(祺淵)이고 손자는 인문

61 부음이……말씀하였다 : 이존중(李存中)의 부음을 영조에게 아뢴 일은 《영조실록(英祖實錄)》 37년 8월 2일 기사와 《승정원일기(承政院日記)》 영조 37년 8월 2일 기사에 보인다.

(寅文)이다. 의보의 아들은 녹연(祿淵)이다. 녹연의 아들은 인성(寅誠), 인함(寅諴), 인눌(寅訥)이다.

병신년(1776, 정조 즉위년)에 정조가 공의 선견지명과 분의(分義)에 마땅하게 처신하는 바른 절조에 감회가 있어서 특별히 이조 판서·대제학을 추증하여 장려하였다.[62] 또 유고를 가져오게 하여 열람하고는 경연에서 칭찬하고 감탄하였다. 아, 공이 겸퇴하고 은둔한 것과 잡아 지켜서 세도를 부식한 것으로서 당세에 다 드러나지 못했던 것이 거의 구천에서 유감이 없게 되었고 백세 뒤에 할 말이 있게 되었다.

나는 이미 어렸을 때부터 공의 명의(名義)와 풍절(風節)이 당세의 제일류(第一流)가 됨에 탄복했었는데, 공의 시를 외고 공의 글을 읽어 보고서 공이 어떤 분인지를 더욱 잘 알게 되었으니 공을 위해서는 말채찍을 잡는 일이라도 사양하지 않으려고 하였다.[63] 인문(寅文)이 신도비명을 지어줄 것을 청함에 그 적임자가 아니라는 이유로 누차 사양하였다. 그러나 정성스럽게 청하는 것이 더욱 간곡하니 또한 감히 군더더기의 말을 하여 공의 성대한 덕에 누를 끼칠 수 없으므로 삼가 명문(名文)을 짓는다.

62 병신년에……장려하였다 : 정조가 이존중(李存中)을 이조 판서·대제학으로 추증할 것을 명하는 내용은《정조실록(正祖實錄)》즉위년 4월 13일 기사와《승정원일기(承政院日記)》정조 즉위년 4월 13일 기사에 보인다.

63 공을……하였다 : 너무 흠모한 나머지 마부가 되어 말채찍을 잡는 천한 일이라도 기꺼이 하겠다는 의미이다. 사마천(司馬遷)이 춘추 시대 제(齊)나라의 명재상인 안영(晏嬰)을 흠모하여 말하기를, "만약 안자가 지금 살아 있다면 나는 그를 위하여 말채찍을 잡는 일이라도 흔쾌히 할 것이다.〔假令晏子而在, 余雖爲之執鞭, 所忻慕焉.〕"라고 하였다.《史記 卷62 管晏列傳》

명(銘)은 다음과 같다.

훌륭한 이공이여	憲憲李公
종실에서 나뉘어 나왔네	肇宗分玉
한(漢)나라의 두 헌왕(獻王)[64]처럼	如漢二獻
공족 중에 으뜸이었네	冠冕公族
이에 혜정공에 미쳐서	爰及惠定
공적이 태상(太常)에 기록되었네[65]	紀常成績
공이 그 명성을 이어서	惟公繼聲
우뚝하게 모범이 되었네	卓爲矜式
행실을 닦고 이름을 세우니	砥行立名
문학에 근본을 둔 것이었네	本之文學
생용과 보불[66]이 되어서	笙鏞黼黻

64 한(漢)나라의 두 헌왕(獻王) : 한 경제(漢景帝)의 셋째 아들로 하간헌왕(河間獻王)에 봉해진 유덕(劉德)과 후한(後漢) 광무제(光武帝)의 여덟째 아들로 동평헌왕(東平憲王)에 봉해진 유창(劉蒼)을 이르는 듯하다. 두 사람 모두 한(漢)나라의 종실로서 덕이 있고 학문에 밝아 당대에 명성이 높았으므로 종종 병칭되곤 한다. 유창은 '헌왕(憲王)'인데 '헌(獻)'이라고 한 것은 홍직필(洪直弼)의 착오인 듯하다.

65 이에……기록되었네 : 태상(太常)은 해・달・별・용을 그린 임금의 기(旗)로, 국가에 큰 공훈이 있으면 이 기에 기록하였다. 이존중(李存中)의 조부인 혜정공(惠定公) 이유(李濡)가 경종의 배향공신이 되었으므로 이렇게 말한 것이다.

66 생용(笙鏞)과 보불(黼黻) : 임금을 잘 보좌하는 훌륭한 신하를 비유하는 말이다. 생용은 생황(笙簧)과 큰 종으로, 순(舜)임금 때의 악관인 기(夔)가 "생황과 큰 종을 번갈아 울리자 새와 짐승들이 서로 춤을 추고, 소소를 아홉 번 연주하자 봉황이 와서 춤을 추었습니다.〔笙鏞以間, 鳥獸蹌蹌, 簫韶九成, 鳳凰來儀.〕"라고 한 데서 온 말이다.

그 시행됨이 장차 넓어질 듯하였는데 厥施將博
양구의 시운[67]을 만나 時運陽九
풍절이 절로 격동하였네 風節自激
백세 뒤에도 의혹하지 않았던 것은 百世不惑
신임사화의 충신과 역적이네 辛壬忠逆
얼음과 숯, 향기 나는 풀과 악취 나는 풀은 氷炭薰蕕
함께 섞을 수가 없는데 混之不得
선왕이 권도(權道)에 통달하여 先王達權
한 과녁에 똑같이 화살을 쏘는 것과 같기를 기약하였네 期同矢的
언론으로 부월(斧鉞)을 대신하여 口舌代鉞
간곡하고 정성스럽게 간언하니 懇曲諄複
곧은 신하가 바른 말을 하여 貞臣諤諤
반복하여 논함을 꺼리지 않았네 不憚論覆
영해[68]의 귀양길이 이어짐에 嶺海相望
뒷수레가 앞수레를 따랐는데 後車前軸
공이 그 사이에서 떨쳐 일어나 公挺其間
평탄함과 험난함을 가리지 않았네 夷險靡擇

《書經 虞書 益稷》 보불은 임금이 예복으로 입던 하의(下衣)인 곤상(袞裳)에 수놓은 도끼와 '아(亞)' 자 모양의 수식으로, 화려한 문장이나 임금을 보좌하는 것을 비유한다.

67 양구(陽九)의 시운 : 하늘의 재액(災厄)이 몰아닥치는 불운한 시대를 말한다. 도가(道家)에서는 천액(天厄)을 양구라고 하고, 지액(地厄)을 백륙(百六)이라고 한다.

68 영해(嶺海) : 중국 광동(廣東)과 광서(廣西) 지방을 가리키는 말로, 이곳 북쪽에 오령(五嶺)이 있고 남쪽에 남해(南海)가 있기 때문에 이렇게 부른다. 중국의 대표적인 유배지였기 때문에, 일반적으로 유배지 또는 유배 생활을 뜻하는 말로 쓰인다.

짧은 상소로 대궐에 하소연하니	尺疏叫閽
말이 준엄하고 의리가 확고하였네	辭嚴義確
조양에서 봉황이 울고[69]	朝陽鳴鳳
장해에서 복조부(鵩鳥賦)를 읊었네[70]	瘴海吟鵩
신하를 더욱 멀리 추방하여	逐臣更遠
저 백록담(白鹿潭)을 가리켰네	指彼潭鹿
비늘과 수염이 있는 영물이	有鱗之而
와서 우리 배를 보호하니	來護我舳
마치 공의 정성에 감동하여	如感公誠
용사가 적자로 변한 듯하였네[71]	龍蛇化赤

69 조양(朝陽)에서 봉황이 울고 : 어진 신하가 다른 사람이 감히 하지 못하는 말을 직간(直諫)하는 것을 비유하여 말한 것이다. 조양은 아침 해가 뜨는 동산이다. 《시경(詩經)》 〈대아(大雅) 권아(卷阿)〉에 "봉황이 우니 저 높은 산에서 울도다. 오동나무가 자라니 저 조양에서 자라도다.〔鳳凰鳴矣, 于彼高岡. 梧桐生矣, 于彼朝陽.〕"라고 하였다. 당(唐)나라 고종(高宗) 때에 저수량(褚遂良)이 죽은 뒤로는 직간하는 자가 없었는데, 어사(御史) 이선감(李善感)이 고종에게 직간을 하니, 사람들이 이것을 '봉황이 조양에서 운 것〔鳳鳴朝陽〕'에 비유하였다고 한다. 《新唐書 卷105 韓瑗列傳》

70 장해(瘴海)에서 복조부(鵩鳥賦)를 읊었네 : 장해는 습기가 많고 더운 땅에서 생기는 장독(瘴毒)이 서린 바닷가로, 여기에서는 먼 바닷가에 있는 유배지를 가리킨다. 복조(鵩鳥)는 올빼미와 비슷하게 생긴 상서롭지 못한 새이다. 한(漢)나라 문제(文帝) 때에 가의(賈誼)가 장사왕 태부(長沙王太傅)로 좌천되었는데, 거처하는 집에 복조가 날아들자 자신이 오래 살지 못할 불길한 조짐으로 여기고 〈복조부〉를 지어 스스로를 애도하였다. 《史記 卷84 賈生列傳》 이후로 복조부는 벼슬에서 좌천되거나 유배됨을 의미하게 되었다.

71 용사(龍蛇)가……듯하였네 : 이존중(李存中)이 제주도(濟州島)로 이배되는 길에 바다에서 용을 만났으므로 이렇게 말한 것이다. 용사와 적자(赤子)는 본래 한유(韓愈)

사면을 받고 돌아온 뒤에　及宥而歸
의리상 가식[72]을 달게 여겼는데　義甘家食
선왕이 말씀하기를, 아아　先王曰咨
너의 충성을 내가 아노니　汝忠予識
너의 지절을 드러내고자　表汝一節
나의 법을 굽히노라　屈我三尺
교외에서 물가에서　于郊于沙
네 편안히 쉬도록 하라 하였네　俾汝休息
후반에 잠시 나감에　候班暫造
기아[73]가 그 사이에 일어났네　機牙間作
미리 탐지하려는 자가　有逆探者
나의 얼굴빛을 엿보러 오니　伺我顔色

가 운조복절도관찰등사(鄆曹濮節度觀察等使) 마공(馬公)을 칭송하여 지은 〈운주계당시(鄆州溪堂詩)〉 서문(序文)에 보이는 말로, 일반적으로 용사는 사납고 포악한 백성을, 적자는 순량한 백성을 비유하는 말로 쓰인다. 이 글에 이르기를, "공이 고을에 처음 이르렀을 적에는 백성들이 교화되지 못하여 무력으로 다스리면 분개하여 원망을 품고 은혜로 다스리면 방자하였다. 이에 한편으로는 적자로 대하고, 한편으로는 용사로 대하여 마음을 수고롭게 하고 정력을 다하면서 오랜 세월 단련시킨 뒤에 교화를 이루었으니 이는 어려운 일이었다.〔公之始至, 衆未熟化, 以武則忿以憾, 以恩則橫而肆. 一以爲赤子, 一以爲龍蛇, 憊心罷精, 磨以歲月, 然後致之, 難也.〕"라고 하였다.

72 가식(家食) : 국가에서 맡은 직책이 없어서 봉록을 받지 않고 집에서 한가히 거함을 뜻하는 말로, 《주역(周易)》 〈대축(大畜)〉 괘사(卦辭)에 "집에서 밥을 먹지 않으면 길하다.〔不家食, 吉.〕"라고 한 데에서 유래하였다.

73 기아(機牙) : 쇠뇌의 살을 놓는 곳과 시위를 걸어 제동하는 장치로, 요해처 또는 관건(關鍵)을 비유하는 말로 쓰인다.

끝내 임금을 가까이하지 못하여 竟未近光
정성을 바치지 못하였네 莫效悃愊
물러나 동강[74]을 지키면서 退守東岡
개석[75]의 지조 꺾지 않았네 不拔介石
발을 꾸밀 때[76]를 만나니 時叶賁趾
눈을 씻고 기다리던 소망에 어긋났네 望違拭目
호연하게 길이 세상을 떠나니 浩然長逝
구원에 있는 분 다시 살아 돌아오게 하기 어렵네 九原難作
애통해하는 하교를 내리고 隱畫有教
추증하는 관작을 내리셨네 貤贈有爵
살아서는 순응하고 죽어서는 영광스러우니 生順沒榮
그 광채가 환하게 빛났네 耿光有爀
고요하고 고요한 무덤이 侐侐堂斧

74 동강(東岡) : 벼슬에 나가지 않고 물러나 있는 은거지를 뜻한다. 후한(後漢)의 주섭(周燮)이 벼슬길에 나아가지 않자 그의 종족이 말하기를 "선세(先世)로부터 훈총(勳寵)이 줄을 이었는데 그대만 어찌 유독 동쪽 산비탈〔東岡〕을 지키는가?"라고 한 데에서 유래하였다. 《後漢書 卷53 周燮列傳》

75 개석(介石) : 지조가 단단한 돌과 같아서 단호하게 벼슬을 버리고 떠나감을 이르는 것으로, 《주역(周易)》 〈예괘(豫卦) 육이(六二)〉에 "절개가 돌과 같아 하루를 마치지 않고 떠나가니, 정(貞)하고 길(吉)하다.〔介于石, 不終日, 貞吉.〕"라고 한 데에서 유래한 것이다.

76 발을 꾸밀 때 : '발을 꾸민다〔賁趾〕'는 것은 초야에 묻혀 지내며 행실을 닦는다는 뜻으로, 《주역(周易)》 〈비괘(賁卦) 초구(初九)〉에서 군자가 지위를 얻지 못하여 천하에 덕을 베풀지 못하고 스스로 행실을 닦는 것을 비유하여 "발을 꾸밈이니 수레를 버리고 걸어서 간다.〔賁其趾, 舍車而徒.〕"라고 하였다.

광수산 기슭에 있네	光秀之麓
나에게 명문을 청하니	徵我銘章
바로 옛날의 유직[77]이네	古之遺直

77 유직(遺直) : 올곧은 도를 행하여 고인(古人)의 유풍(遺風)을 지닌 사람을 말한다. 공자(孔子)가 춘추 시대 진(晉)나라 숙향(叔向)에 대해서 "옛날의 유직이다.〔古之遺直也〕"라고 칭찬한 고사가 있다. 《春秋左氏傳 昭公14年》

형조 판서 정헌 조공 신도비명 병서

刑曹判書諡定獻趙公神道碑銘 幷序

사대부는 몸의 지조를 잃지 않는 것을 귀하게 여기니 이것을 버리면 스스로 설 수가 없다. 나는 지금 세상에 성리(聲利)가 하늘을 뒤덮고 명검(名檢)이 땅에 떨어진 것을 서글퍼하여 옛사람의 아름다운 행적을 찾아서 세상을 깨우칠 것을 생각하였으나 하지 못하였다. 그런데 마침 부사 조군 병헌(趙君秉憲)이 아우 병덕(秉悳)과 함께 자신의 고조 상서 공(尙書公)의 행장을 가져와 나에게 보여 주고 신도비명을 지어 줄 것을 부탁하였다. 나는 이를 공경히 읽어 보고 감탄하여 말하기를,

"이는 무너진 풍속을 깨우칠 만하니 어찌 글을 짓지 않을 수 있겠는가."

라고 하였다. 이에 마침내 다음과 같이 서술한다.

공은 휘가 영진(榮進)이고 자가 여읍(汝揖)이다. 양주 조씨(楊州趙氏)는 고려(高麗) 판중추원사(判中樞院事) 휘 잠(岑)을 시조로 삼는다. 본조에 들어와 휘 말생(末生)은 영중추부사로서 시호가 문강(文剛)이니 덕업(德業)으로 대대로 집안을 이어 왔다. 7대를 전하여 지돈녕부사 소민공(昭敏公) 휘 존성(存性)에 이르렀고 이분이 형조 판서 충정공(忠靖公) 휘 계원(啓遠)을 낳았는데, 효종과 현종 두 조정의 명신이 되어서 2대가 모두 원보(元輔 영의정)에 추증되었다. 충정공의 아들 휘 희석(禧錫)은 군수로서 또한 영의정에 추증되었으니 이분이 공의 증조이다. 조고 휘 태휘(泰彙)는 군수로서 이조 참판에 추증되었

다. 선고 휘 규빈(奎彬)은 부사로서 이조 판서에 추증되었다. 판서공은 여흥 민씨(驪興閔氏)를 아내로 맞이하였으니, 판서 충문공(忠文公) 진후(鎭厚)의 딸이다. 숙종 29년 계미년(1703)에 공을 낳았다.

분만할 때에 외조부 충문공이 둥근 옥〔圓玉〕이 나오는 꿈을 꾸었으므로 이를 가지고 소자(小字)로 삼았다. 타고난 자질이 침착하고 후중하였고 문예(文藝)를 일찍 성취하였다. 이때 신임사화(辛壬士禍)[78]를 만나서 종조(從祖)인 충익공(忠翼公)[79]이 건저(建儲)를 청한 대신으로서 가장 먼저 화를 당하였다. 이에 공은 선고 판서 공을 따라 호해(湖海)에서 몸을 숨기고 두문불출하며 과거 공부를 폐하였다.

그러다가 갑자년(1744, 영조20)에 사마시(司馬試)에 합격하였다. 그리고 다음해에 처음 벼슬하여 의금부 도사와 제용감 봉사에 제수되고 사재감 직장으로 옮겼다가 종부시로 옮겨 선원보략도감(璿源譜略都監)에서의 공로로 주부로 승진하였다. 동부 도사(東部都事)와 호조·형조 좌랑으로 옮기고 형조 정랑으로 승진하였다. 대구 판관(大邱判

78 신임사화(辛壬士禍) : 경종 즉위 초인 신축년(1721, 경종1)과 임인년(1722)에 세제 책봉과 대리청정을 둘러싸고 일어난 옥사이다. 자세한 내용은 308쪽 주40 참조.

79 충익공(忠翼公) : 조태채(趙泰采, 1660~1722)로, 자는 유량(幼亮), 호는 이우당(二憂堂), 본관은 양주(楊州)이다. 조영진(趙榮進)의 조고인 조태휘(趙泰彙)의 아우이다. 1686년(숙종12) 별시문과에 급제하고, 벼슬이 좌의정과 판중추부사에 이르렀다. 노론(老論) 사대신(四大臣) 중 한 사람으로, 영의정 김창집(金昌集), 판중추부사 이이명(李頤命), 좌의정 이건명(李健命), 호조 판서 민진원(閔鎭遠) 등과 함께 1721년(경종1) 연잉군(延礽君)의 세제 책봉을 건의하여 실현시켰으며, 이어 세제의 대리청정을 주장하였는데, 소론(少論)에 의해 경종에 대한 불충으로 몰려 신임사화(辛壬士禍) 때 진도에 유배되었고 다음 해 사사(賜死)되었다. 1725년(영조1) 정호(鄭澔)의 주청으로 관작이 회복되었다. 시호는 충익이며, 저서로는 《이우당집(二憂堂集)》이 있다.

官)으로 나가게 되었는데 부임하기 전에 영유 현령(永柔縣令)에 조용되었다. 재령 군수(載寧郡守)로 승진하였고 그만두고 돌아오자 즉시 남원 부사(南原府使)에 제수되었는데, 두 고을에서의 명성과 공적이 크게 드러나서 모두 승진하는 은전을 입었다.

병자년(1756, 영조32)에 문과에 급제하여 사간원 정언·헌납, 세자시강원 필선·보덕, 지제교, 사복시·장악원 정, 영남 재상 경차관(嶺南災傷敬差官), 세손강서원 좌익선에 연달아 제수되었다. 기묘년(1759)에 세손책봉도청(世孫冊封都廳)에서의 공로로 통정대부(通政大夫)에 오르고 병조 참지·참의에 제수되었다. 한번은 시위(侍衛)할 적에 성상이 공의 의용이 건장한 것을 칭찬하여 말씀하기를,

"그대의 모습이 고(故) 판서와 흡사하다."

라고 하였으니 판서는 바로 외조부 민 충문공(閔忠文公)이다.

공이 일찍이 호조의 낭관으로서 숙묘(肅廟 숙종) 어용모사도감(御容模寫都監) 낭청에 차임되었는데, 아뢰고 대답한 것이 성상의 뜻에 부합하여 재상의 그릇이라는 칭찬을 여러 번 받았다. 영유 현령에 부임한 뒤에 병기를 잘 신칙하고 포흠된 곡식을 완납하였다고 보고하니 성상이 가상히 여기며 말씀하기를,

"이 사람은 내가 아는 사람이다. 본현의 주필(駐蹕)하였던 곳을 개수한 일이 있으므로 그 이름을 써서 내려 새기게 하였으니 그 각근(恪勤)함이 가상하다."

라고 하였다.[80] 창방(唱榜)함에 이르러서는 성상이 말씀하기를,

80 성상이……하였다 : 조영진(趙榮進)이 영유 현령(永柔縣令)으로 부임한 뒤에 황폐해져 있던 이화정(梨花亭)을 개수한 일이 있었는데, 이곳은 선조가 임진왜란으로

"너를 안 지가 오래되었으니 조만간 너를 조정으로 부르겠다."

라고 하였다.[81] 그리고 이어서 백성을 구제하는 데에 힘을 다할 것을 권면하였으니, 이때 남원에 큰 흉년이 들어서 한창 진휼을 설행하고 있었기 때문에 그런 것이었다. 이후로 성상의 지우(知遇)가 더욱 중해져서 특별히 승정원 동부승지에 제수되고 차례로 승진하여 우부승지에 이르렀으며 뒤에도 여러 번 승지에 제수되었다. 얼마 후에 사간원 대사간, 호조 참의에 제수되었다.

경진년(1760, 영조36)에 부사(副使)에 충원되어 연경(燕京)을 다녀왔는데, 노정을 계산하여 관소(館所)에 머무름에 법도대로 재단하니 일행이 정돈되고 엄숙하였다. 조정에 돌아온 뒤에 다시 대사간에 제수되고 곧바로 형조 참의에 제수되었다. 신사년(1761)에 인현왕후(仁顯王后)가 승하한 지 회갑이 된다고 하여 성상이 여양부원군(驪陽府院君)의 옛집에 거둥해서 성모(聖母)가 거처하던 방을 몸소 살펴보고 특별히 공을 한성부 좌윤(漢城府左尹)에 제수하였으니 이는 공이 충문공의 외손이기 때문이었다.[82] 공은 중비(中批)[83]의 특별한 은혜는 성세

파천하던 도중에 주필한 곳이었다. 영조가 사행(使行)을 다녀온 낙창군(洛昌君) 이당(李樘)에게 이 일을 전해 듣고는 직접 글씨를 써서 이화정에 사액(賜額)을 내리고 조영진의 각근(恪勤)함을 가상히 여겨 특별히 승진시키도록 하였다.《承政院日記 英祖 26年 4月 13日, 5月 17日》

81 창방(唱榜)함에……하였다 : 당시에 조영진(趙榮進)은 남원 부사(南原府使)로서 1756년(영조32) 정시문과에 병과로 급제하였다. 이때 영조가 친림하여 창방하면서 조영진에게 하교한 일은《승정원일기(承政院日記)》영조 32년 3월 20일 기사에 보인다.

82 신사년에……때문이었다 : 여양부원군(驪陽府院君)은 인현왕후의 아버지 민유중(閔維重, 1630~1687)으로, 조영진(趙榮進)의 외조부인 민진후(閔鎭厚)의 아버지이기도 하다. 영조는 1761년(영조37) 6월에 안국동(安國洞)의 인현왕후가 폐위되었을

(聖世)의 아름다운 일이 아니라고 하여 간곡히 사양하였다. 얼마 후에 도승지에 제수되고 예조와 병조의 참판, 승문원 제조를 차례로 지냈으며 황해도 관찰사(黃海道觀察使)로 나갔다.

처음에 성상이 성모가 거처하던 방을 공에게 물었을 적에 공이 사실을 들어 대답하였으나 공을 시기하는 자가 잘못 아뢰었다는 말을 만들어내어 대관(臺官) 이진항(李鎭恒) 등을 사주해서 죄안을 날조하여 감죄(勘罪)를 청하게 하였다. 성상은 이것이 무함인 것을 알고서 그대로 두고자 하였으나 결행하지 못하였다. 서용되어 대사간, 동지의금부사, 도총부 부총관에 제수되었다. 임오년(1762, 영조38)에 함경 감사(咸鏡監司)에 제수되었으나 부임하지 않았고, 특별히 사헌부 대사헌에 제수되고 연달아 형조 참판과 도승지에 제수되었다. 성상은 경연에 임할 때에 공이 논핵을 당한 일을 누차 언급하여 억울함을 밝히기를 지극히 하였다.

갑신년(1764)에 문순공(文純公) 박세채(朴世采)를 문묘에 종사하도록 특별히 명하였는데, 승지 이득배(李得培)가 이에 대하여 이의를 제기하다가 견책을 당하였다. 공은 대사헌으로서 상소하여 다음과 같이 아뢰었다.[84]

때에 머물던 집에 거둥하여 살펴본 뒤에 조영진이 인현왕후의 종손(從孫)이 된다고 하여 특별히 한성부 좌윤(漢城府左尹)에 제수하고 해당 조(曹)에 구전(口傳)으로 계하(啓下)하게 하여 당일로 사은숙배하도록 명하였다.《承政院日記 英祖 37年 6月 13日》

83 중비(中批) : 이조나 병조의 전형(銓衡)을 거치지 않고 왕의 특명으로 관직을 제수하는 일을 말한다.

84 공은……아뢰었다 : 이때 조영진(趙榮進)이 대사헌으로서 상소한 내용은《승정원일기(承政院日記)》영조 40년 5월 16일 기사에 보인다.

"종사하는 일은 실로 막중한 예전(禮典)이니 안으로 관학(館學)에서부터 밖으로 팔도에 이르기까지 같은 목소리로 건의하여 청한 뒤에야 비로소 윤허할 수 있습니다. 그런데 지금 전하께서는 갑자기 결단하여 행하셔서 끝내 사체(事體)를 중하게 한다는 뜻을 훼손함이 있으시니 그렇다면 승선이 아뢴 것은 실로 마음의 생각을 숨기지 않고 아뢰는 의리에서 나온 것입니다. 그런데 이를 크게 꺾어서 견책하여 파직할 것을 명하기까지 하셨으니 너그럽게 포용하는 도량이 아닌 듯합니다. 부디 다시 심사숙고하여 전에 내린 명을 속히 거두십시오."

성상은 비답을 내리지 않고 상소문을 되돌려 준 뒤에 이어서 엄중한 하교를 내려 특별히 파직하였다. 이로부터 성상은 더욱 노여워하였다. 북단(北壇)에서 기우제를 지낼 적에 공이 문밖에서 기다리고 있었는데 성상이 말씀하기를,

"나의 번뇌는 오로지 그대에게서 연유하거늘 그대가 어찌 감히 공경히 맞이하는가."

라고 하고는 삭출(削黜)할 것을 명하였다.

무자년(1768, 영조44)에는 도승지로서 적신(賊臣) 이광좌(李光佐) 등의 관직을 회복하라는 명에 대하여 간쟁하였다. 기축년(1769)에는 다시 동지의금부사에 제수되었는데, 이로부터 여러 번 성상의 뜻을 거슬러서 파직과 삭직이 계속 이어졌다. 그러다가 경인년(1770)에 이르러 경기 감사(京畿監司)에 말망(末望)으로 의망되었는데, 성상이 낙점하고 하교하기를,

"오랫동안 침체하였다. 내가 등용하지 않으면 누가 다시 등용하겠는가."

라고 하였다. 얼마 뒤에 체직되고 동지돈령부사에 제수되었다.

신묘년(1771)에 다시 대사헌에 제수되었는데, 합계하여 홍봉한(洪鳳漢)을 죄줄 것을 청하였다. 그러자 성상은 지조를 수립하였다고 장려하고 이어서 다음과 같이 하교하였다.[85]

"조모(趙某)는 누구의 외손인가. 특별히 가자(加資)하라."

공의 장자 창규(昌逵)가 일찍이 시종신이 되고 공이 나이가 찼으므로 장차 추은(推恩)하게 되었는데 이해 겨울에 시기에 앞서 자헌대부(資憲大夫)에 올랐다.

임진년(1772) 봄에 지중추부사에 제수되고 기로소(耆老所)에 들어가니 모두 특별한 예우였다. 연달아 지의금부사, 도총관, 내의원 제조, 형조 판서에 제수되었다. 이때에 공의 종조제(從祖弟 육촌 아우)인 참판 영순(榮順)이 이광좌 등 여러 적신들의 일을 들어 직언하는 소(疏)를 올렸다가 성상을 격노하게 하여 일률(一律 사형)을 시행하라는 논계가 나오기까지 하니 공이 황공하여 반열에 나아가지 않았다. 그러자 성상이 하교하기를,

"추판(秋判 형조 판서)도 당을 비호하여 그러는 것인가?"

라고 하고는 삭직을 명하였다.[86]

계사년(1773)에 성상의 춘추가 팔순이 되었다고 하여 기로소의 당

85 성상은……하교하였다 : 이때 영조가 조영진(趙榮進)이 대사헌으로서 합계하여 홍봉한(洪鳳漢)을 논핵한 것을 장려하고 특별히 가자(加資)의 명을 내린 일은 《승정원일기(承政院日記)》 영조 47년 8월 7일 기사에 보인다.

86 성상이……명하였다 : 영조가 형조 판서 조영진(趙榮進)이 입시하는 반열에 나아오지 않았다고 하여 삭직을 명한 일은 《승정원일기(承政院日記)》 영조 48년 11월 22일 기사에 보인다.

상관에게 은혜를 미루어 베푸니 정헌대부(正憲大夫)에 오르고 지춘추관사와 귀후서 제조를 겸하였다. 성상이 다시 형조 판서에 제수하고 하유(下諭)하기를,

"경은 근력이 아직도 강하고 또 경의 의리가 확고한 걸 안다. 추조(秋曹)의 일을 전담하게 하노니 경은 힘쓸지어다."

라고 하였다.

을미년(1775, 영조51)에 특별히 숭정대부(崇政大夫)에 가자되었으며, 매번 기로소의 당상관에게 베푸는 은혜로 인하여 음식물과 겉옷과 속옷을 하사받은 것이 이루 다 손으로 꼽을 수 없을 정도였다. 이해 11월 10일에 본가에서 고종(考終)하니 향년이 73세였다. 부음이 알려지자 성상이 놀라고 슬퍼하며 말씀하기를,

"진실한 사람이었으니 서글픈 심정이 어찌 다하겠는가."

라고 하고는 예(禮)에 따라 조회를 폐하고 부의를 내렸다. 또 어제문(御製文)을 지어서 당일에 치제(致祭)하기를,

"마음을 다하여 충성하였으니 일편단심이 질박하고 진실하다."

라고 하였으니, 애도하고 영화롭게 하는 은전이 이에 갖추어졌다. 병신년(1776) 정월에 남포(藍浦) 삼계(三溪)에 있는 부인 권씨(權氏)의 묘소 오른쪽 경좌(庚坐)에 장례하였다. 당저(當宁 헌종) 계묘년(1843, 헌종9)에 태상시에서 논의하여 '행실이 순수하여 어긋나지 않음〔純行不爽〕'과 '밖은 충성스럽고 안은 덕스러움〔嚮忠內德〕'의 두 가지 시법(諡法)을 올려서 '정헌(定獻)'이라는 시호가 내려졌다.

부인은 관향이 안동(安東)이니 좌참찬 복(僕)의 딸이다. 정숙하고 단정하여 공의 덕에 능히 부합하였다. 공보다 1년 늦게 태어나고 공보다 40년 앞선 을묘년(1735)에 졸하였으며 정부인(貞夫人)에 추증되었

다. 3남1녀를 두었으니 아들은 대사간 창규(昌逵), 군수 광규(光逵), 도정 상규(祥逵)이고, 딸은 사인(士人) 서도수(徐道修)에게 출가하였다. 서자는 생원 동규(東逵), 진사 장규(章逵), 정규(貞逵)이고, 서녀는 이장형(李長衡)에게 출가하였다. 창규의 아들은 군수 진대(鎭大)이고, 딸은 참판 김회연(金會淵)에게 출가하였으며, 서자는 진일(鎭一), 진삼(鎭三), 찰방 진오(鎭五), 생원 진칠(鎭七)이다. 광규의 아들은 승지 진순(鎭順)이고, 딸은 생원 이도검(李度儉)에게 출가하였다. 상규의 아들은 진정(鎭鼎)이고, 서자는 진유(鎭柔)이다. 서도수의 아들은 첨지중추부사 유적(有積), 유치(有稚), 유정(有程)이고, 두 딸은 각각 이종직(李鍾直), 김기협(金基協)에게 출가하였으니 모두 진사이다. 동규의 아들은 진한(鎭翰), 진원(鎭源), 진중(鎭中), 진방(鎭昉)이다. 장규는 아들이 없어서 진중을 양자로 삼았다. 정규의 아들은 진교(鎭敎), 진필(鎭弼), 진항(鎭恒)이다. 이장원의 아들은 생원 구회(九晦), 신회(新晦), 만회(晩晦), 용회(用晦)이다. 진대의 아들은 정언 의순(毅淳), 감역 최순(最淳), 후순(厚淳), 현령 이순(頤淳)이고, 딸은 증 판서 이영기(李英紀)에게 출가하였다. 진순의 아들은 부사 종순(鍾淳), 도사 홍순(弘淳)이고, 딸은 각각 군수 홍철모(洪哲謨)와 이상수(李象秀)에게 출가하였다. 진정의 아들은 인순(仁淳), 흥순(興淳)이고, 딸은 각각 목사 이희승(李羲升)과 김적순(金迪淳)에게 출가하였다. 증손과 현손 이하는 지손과 적손이 매우 많아서 다 기록하지 못한다.

공은 타고난 자품이 돈후하고 기국(器局)이 커서 평소 거처할 때에는 준엄하고 단정하여 범할 수 없을 듯하였으나 사람을 대함에 있어서는 진솔하고 화평하여 조금도 수식함이 없었다. 그러나 옳지 못한 사람을 보면 번번이 면전에서 지적하였는데 또한 그것을 다시 가슴 속에 담아 두지는 않았다. 식견과 도량이 넓고 마음이 통달(洞達)하여 일을 만나면 태연해서 마음 가는 대로 곧장 행하였으며 의리의 옳고 그름에 있어서는 확고하여 빼앗을 수 없는 점이 있었다. 담박하고 검소한 지조와 삼가고 조심하는 법도가 있어서 가르침이 집안에 모범이 되고 충성과 공로가 나라에 드러난 것은 고조부 충정공(忠靖公)과 외조부 충문공(忠文公)을 한결같이 따른 것이다. 계비(繼妣) 유 부인(柳夫人)을 섬길 적에 효성을 다하니 사람들이 그 소생이 아닌 줄을 알지 못하였다. 선고가 향리에 있을 적에 집안 살림이 쇠락하였는데 공은 어버이의 뜻을 봉양하고 안색을 받들어서 가산의 유무가 어버이의 귀에 들어가게 하지 않았다. 항상 녹봉이 봉양하기에 부족한 것을 애통해하였고 묘소를 꾸미는 일과 집안의 제사에 성력(誠力)을 다하였다. 혹자가 너무 지나치다고 말하면 공은 말씀하기를,

"이를 후세에 그만두거나 이어 나가는 것은 자손의 현부(賢否)에 달려있으니 어찌 미리 헤아려서 선조에게 검소하게 하겠는가."

라고 하였다. 아우와 누이를 대할 적에는 간격이 없이 친애하였고 친척들을 대할 적에는 은의(恩義)를 곡진히 하였으니 이는 모두 효성에서 미루어 나간 것이었다. 아들들에게 잘못이 있으면 혹시라도 너그럽게 용서하는 일이 없었고 평소에 검약을 숭상하여 집안에 진귀한 물건이 없었으니 이는 공이 몸소 행하고 실천하여 그 후손에게 물려준 것이었다.

공은 평소에 산림에 뜻을 두어 임피(臨陂)의 서호(西湖)에 집을 짓고는 장차 벼슬에서 물러나 송추(松楸)[87]와 가까운 곳에 살면서 일생을 마칠 것을 도모하려고 하였다. 그러나 성상이 연로하여 감히 고향으로

돌아갈 것을 고하지 못하고 일찍이 고향을 그리워하는 시를 지어서 그 뜻을 나타내었다. 공은 대사헌을 열다섯 차례 맡으면서 군주의 덕과 당시의 정사와 백성들의 휴척(休戚)에 대하여 논한 것이 매우 많다. 비록 성상이 격노하는 때를 만나더라도 매번 겸허하게 받아들여졌으니 이는 또한 공이 아뢰고 경계한 것이 참되고 간절하여 지성으로 감동시켰기 때문이었다. 임오년(1762, 영조38) 여름에 성상이 휘령전(徽寧殿)에서 작헌례(酌獻禮)를 행할 적에 공이 도승지로서 명을 받들고 춘궁(春宮)에게 왕복하다가 견책을 받고 파직을 당하기까지 하였으니[88] 일은 지극히 말하기 어려운 점이 있으나 처신은 바름을 얻었다. 그러므로 정묘(正廟 정조)가 그 사실을 환히 살피고 공의 후손의 벼슬에 특별한 은혜를 더한 적이 많았으니 이것이 어찌 연유한 바가 없이 그러한 것이겠는가.

공은 친가와 외가의 명망과 덕업을 이어받아 지망(地望)이 높고 화려하여 당시 선비들 중에 으뜸이었다. 재능과 학식은 세상에 쓰일 만하였고 문장과 학술은 왕의 계책을 빛낼 수가 있었으니 선대의 공업을

87 송추(松楸) : 소나무와 가래나무로, 묘소 앞에 심는 나무들이다. 선영(先塋)을 뜻하는 말로 쓰인다.

88 임오년……하였으니 : 휘령전(徽寧殿)은 영조의 원비(元妃)인 정성왕후(貞聖王后)의 혼전(魂殿)이다. 1762년(영조38) 윤5월에 영조가 휘령전에서 작헌례(酌獻禮)를 행한 뒤에 총관(摠管) 등을 시켜 전문(殿門)을 막아 사람들의 출입을 통제하고 그곳에서 사도세자(思悼世子)에게 자결할 것을 명하였다. 사도세자가 자결하려던 것을 춘궁(春宮)의 신하들이 저지하자 영조는 춘궁의 신하들을 내쫓고 사도세자를 폐서인(廢庶人)하여 깊이 가둘 것을 명하였다. 처음에 영조가 사도세자에게 휘령전에서 함께 예를 행할 것을 명하였는데 병을 핑계로 나오지 않자, 당시 전명(傳命)을 담당하였던 도승지 조영진(趙榮進)을 특별히 파직한 일이 있다. 《英祖實錄 38年 閏5月 13日》

이어가는 것이 세상 사람들의 바람이었다. 그러나 일찍 세상의 화난을 겪고 만년에야 과거에 급제해서 비록 지위가 높은 반열에 오르긴 하였으나 여진여퇴(旅進旅退)하는 자와 다를 바가 거의 없었다. 또 원릉(元陵 영조) 말년에 나라가 붕당으로 나뉘어 그 싸움으로 인한 피가 거의 현황(玄黃)[89]에 가까워서 아침에는 제(齊)나라를 섬겼다가 저녁에는 양(梁)나라를 섬기지 않는 사람이 없었다. 그러나 오직 공만은 그러한 행태에 물들지 않고 표방의 밖에서 초연하여 비록 거스름을 당한 자가 뒤따라 모함하여 함정에 몰아넣더라도 공은 득실과 영욕에 마음을 얽매지 않았다. 이 때문에 창상(滄桑)이 백 번 변하고 풍파가 전복되었어도 공은 늘 그대로였다. 맹자(孟子)가 말씀하기를,

"지키는 일 중에 무엇이 큰 것인가? 몸의 지조를 지키는 일이 큰 것이다."[90]

라고 하였는데 공이 실로 이를 지니고 있었다. 영묘(英廟 영조)가 변치 않고 권고(眷顧)한 것과 정묘가 잊지 않고 기억한 것이 또한 마땅하지 않겠는가. 아아, 훌륭하다.

명(銘)은 다음과 같다.

조씨는 우리 동국에서	趙在吾東
우뚝하게 세족(世族)이 되었네	卓爲世冑

89 현황(玄黃) : 싸움으로 인해 검고 누런 피가 사방에 뿌려진 모습으로, 《주역(周易)》〈곤괘(坤卦) 상륙(上六)〉에 "용이 들에서 싸우니, 그 피가 검고 누렇다.〔龍戰于野, 其血玄黃.〕"라고 하였다.

90 지키는……것이다 : 이 말은 《맹자(孟子)》〈이루 상(離婁上)〉에 보인다.

기운이 빼어나고 복이 성대하여	秀氣盛祉
아름다움이 모이고 복록을 누렸네	鍾美享祐
공은 가문의 명성을 떨쳐	公振家聲
이어받은 것이 컸네	有大厥受
선조의 공덕을 배태하여	胚胎前光
정기를 모은 것이 두터웠네	亭毒斯厚
원릉을 좌우에서 보좌하여	左右元陵
명성과 공적이 일찍 드러났네	聲庸夙茂
가슴에 가득한 충성으로	滿腔誠忠
우리 군주를 골목에서 만났네[91]	遇巷我后
세상의 운수가 평탄치 못함에	世運平陂
기미를 보고 스스로를 지켰네	見幾自守
부정을 따르려 하지 않고	詭不肯隨
이익에 병들지 않았네	利不爲疚
그 뜻이 확고하여	確乎其志
스스로 저버리지 않을 것을 맹세했네	矢不自負
현익 윤달 여름에	玄黓閏夏
사관이 기록을 빼놓은 것이 많네[92]	史多闕文

91 우리……만났네 : '군주를 골목에서 만난다'는 것은 《주역(周易)》 〈규괘(睽卦) 구이(九二)〉의 "군주를 골목에서 만나면 허물이 없으리라.〔遇主于巷, 无咎.〕"라는 말을 원용한 것이다. 곧 골목은 위곡(委曲)한 길을 뜻하는바 신하와 군주가 서로 위곡하게 구하여 서로 도(道)가 합하기를 기약한다는 의미이다.

92 현익(玄黓)……많네 : 현익은 고갑자(古甲子)의 천간(天干) 중 '임(壬)'의 별칭으로, 곧 임오년(1762, 영조38)을 가리킨다. 이는 임오년 윤5월에 영조가 사도세자(思悼

목을 늘이고 죽기를 원하였으니	延頸願死
공의 마음이 불타는 듯하였네	公心如焚
변고에 처하여 바름을 얻어서	處變得正
감히 말을 다하지 못하였네	未敢索言
군탄에 직언하는 글을 올리니[93]	涒灘抗章
사론이 존모하였네	士論攸尊
밖으로는 큰 기운이 우뚝하고	外厖氣宏
안으로는 순수한 행실이 돈독하였네	內篤行淳
만년의 지우가 더욱 높아졌으나	晩契彌隆
공은 더욱 진실하고 간절하였네	公愈肫肫
수역[94]의 풍운[95]이요	壽域風雲
황발[96]의 군신이네	黃髮君臣
시종 절개를 한결같이 지켜	終始一節

世子)를 가두어 죽게 한 일을 두고 말한 것이다. 자세한 내용은 338쪽 주88 참조.

93 군탄(涒灘)에……올리니 : 군탄은 고갑자(古甲子)로서 지지(地支) 중 '신(申)'에 해당한다. 이는 곧 갑신년(1764, 영조40)에 조영진(趙榮進)이 대사헌으로서 상소하여, 박세채(朴世采)의 문묘 종사에 이의를 제기했다가 견책을 당한 이득배(李得培)를 구원한 일을 두고 말한 것이다.

94 수역(壽域) : 사람마다 천수를 다하며 편안하게 살 수 있는 태평성대를 뜻한다.

95 풍운(風雲) : 《주역(周易)》 〈건괘(乾卦) 문언(文言)〉의 "구름은 용을 따르고 바람은 범을 따른다.〔雲從龍, 風從虎.〕"라는 말에서 유래한 것으로, 용과 범은 군주를 비유하고 구름과 바람은 신하를 비유한 것인바, 곧 훌륭한 군주와 신하가 만나는 것을 뜻한다.

96 황발(黃髮) : 머리가 하얗게 세었다가 다시 누런빛을 띠는 것으로, 연로한 것을 의미한다.

그 몸을 보전하고 드러내었네	保明其身
차마 곧장 군주와 결별하고서	未忍便訣
임천(林泉)에서 노년을 보내지 못하였네	投老林壑
영주(潁州)를 그리워하는 시를 지으니	有詩思潁
구양영숙(歐陽永叔)을 이을 만하네[97]	可續永叔
후손들이 번창하여	後承昌衍
벼슬이 크게 빛났네	簪笏赫焉
시례의 가르침[98] 남겨 주니	遺贏詩禮
유자의 보배[99]가 세속에 모범이 되었네	儒珍範俗
남은 경사가 끊임없이 이어짐은	流慶沄沄

97 영주(潁州)를……만하네 : 구양영숙(歐陽永叔)은 송(宋)나라 때의 문인 구양수(歐陽脩, 1007~1072)로, 자는 영숙, 호는 취옹(醉翁), 시호는 문충(文忠)이다. 영주는 구양수가 한때 수령을 지냈던 곳으로, 구양수는 그곳의 순박한 백성과 자연을 좋아하여 그곳에서 여생을 마치려고 하였으나 뜻대로 되지 않아 그곳을 떠나게 되자 영주를 그리워하는 시를 지은 일이 있다. 《文忠集 卷44 思潁詩後序》

98 시례(詩禮)의 가르침 : 집안에서 전수하는 가르침을 이른다. 진항(陳亢)이 공자(孔子)의 아들 백어(伯魚)에게 아버지로부터 특별한 가르침을 들은 것이 있는지 물었는데 백어가 "특별한 것은 없고 홀로 서 계실 때에 종종걸음으로 뜰을 지나자 시(詩)를 배웠느냐고 물으시기에 배우지 못했다고 대답했더니 시를 배우지 않으면 말을 할 수가 없다고 하셔서 물러 나와 시를 배웠고, 다른 날 또 혼자 서 계실 때에 종종걸음으로 뜰을 지나자 예(禮)를 배웠느냐고 물으시기에 배우지 못했다고 했더니 예를 배우지 않으면 설 수가 없다고 하셔서 물러 나와 예를 배웠다."라고 대답한 데에서 나온 말이다. 《論語 季氏》

99 유자의 보배 : 훌륭한 재덕을 갖춘 유자를 뜻하는 말로, "유자는 자리 위에 보배를 준비해 놓고 임금이 초빙해 주기를 기다린다.〔儒有席上之珍以待聘〕"라는 공자(孔子)의 말에서 유래하였다. 《禮記 儒行》

공의 순후한 덕 덕분이네	由公醇德
남전의 산에	藍田之山
빛나는 기운이 찬란하네	光氣紛郁
우뚝한 무덤에	有崒其封
비석이 높이 솟아 있네	有崇其楹
행적 중에 중요한 것을 모아서	最其大者
이 명문에 밝게 드러내노니	式昭斯銘
공을 빛내기 위한 것일 뿐 아니라	非直昭公
세도를 길이 돕기 위한 것이네	永裨世程

이조 판서 치사 봉조하 충헌 조공 신도비명 병서

吏曹判書致仕奉朝賀諡忠憲趙公神道碑銘 幷序

아아, 영조와 정조 두 조정의 사대부들이 명절(名節)을 숭상하고 언론을 중요하게 여겨서 훌륭하게 태평성대를 이루었으나, 왕왕 화난에 대해 징갱취제(懲羹吹虀)[100]하여 모난 것을 깎아 둥글게 만들어서[101] 풍습이 크게 변하였다. 이때 봉조하 충헌 조공 같은 분으로 말하면, 홀로 흔들리지 않고 꿋꿋하게 서서 시종 한결같이 절개를 지켜 무너지는 세파 속에 지주산(砥柱山)[102]처럼 우뚝하여 만나는 바에 따라 변하거나 달라지지 않았다. 옛 사람을 평론하는 군자들이 공을 당(唐)나라의 안 노공(顏魯公)[103]과 송(宋)나라의 유원성(劉元城)[104]에 견주는데,

100 징갱취제(懲羹吹虀) : 뜨거운 국에 데고 나서 냉채국도 불어서 먹는다는 뜻으로, 《초사(楚辭)》 〈구장(九章) 석송(惜誦)〉에 "뜨거운 국에 데고 나면 냉채국도 불어서 먹거늘, 어찌하여 이 뜻을 변하지 않는고.〔懲熱羹而吹虀兮, 何不變此志也?〕"라고 한 데서 온 말이다. 어떤 일에 대하여 한번 크게 혼이 나면 그와 관련한 사소한 것에도 겁을 먹어 지나치게 경계하고 두려워하는 것을 비유하는 말로 쓰인다.

101 모난……만들어서 : 바른 법도를 굽혀 세상의 풍조에 영합함을 비유한 말로, 《초사(楚辭)》 권4 〈구장(九章) 회사(懷沙)〉에 "모난 것을 깎아 둥글게 만드는 세상이여, 나는야 떳떳한 법도를 바꾸지 않았어라.〔刓方以爲圜兮! 常度未替.〕"라고 한 것을 원용한 것이다.

102 지주산(砥柱山) : 황하(黃河) 중류의 거센 물살 속에서도 기둥처럼 우뚝하게 버티고 있는 산으로, 혼탁한 세속에 휩쓸림 없이 자신의 절조를 꿋꿋이 지키는 선비를 비유한다.

103 안 노공(顏魯公) : 당(唐)나라 때의 정치가이자 서예가인 안진경(顏眞卿, 709~785)으로, 자는 청신(淸臣), 시호는 문충(文忠)이며, 노군개국공(魯郡開國公)에 봉해

생전에는 영광스럽게 여기고 사후에는 슬퍼하여[105] 은혜와 예우가 쇠하지 않았던 점으로 말하면, 또 안공과 유공이 그 군주에게서 얻지 못한 것이다. 아아, 훌륭하다.

공은 휘가 중회(重晦)이고 자가 익장(益章)으로, 함안(咸安) 사람이다. 본조에 들어와 휘 열(悅)이 공부 전서(工部典書)의 관직을 지냈다. 이분의 손자인 휘 려(旅)는 김동봉(金東峯 김시습(金時習)) 등의 제현들과 함께 단묘(端廟 단종)가 왕위를 선양하던 때에 절개를 지켜서 함안의 백이산(伯夷山)에 있는 서원에서 제향을 받고 있다. 이분의 손자 휘 순(舜)에 이르러서는 강직한 언론으로 무오사화(戊午士禍)[106] 때의 명

졌으므로 '노공'이라고 칭한다. 안녹산(安祿山)의 난에 평원 태수(平原太守)로 있으면서 의병을 모아 혁혁한 공을 세우자, 현종(玄宗)이 하북초토사(河北招討使)로 삼아 북방 일대의 의병(義兵)을 이끌게 하였으며, 난이 끝난 뒤에 호부 상서(戶部尙書)에 제수되고 대종(代宗) 때에 노군개국공에 봉해졌다. 덕종(德宗) 때에 태자 태사(太子太師)가 되었으며, 이희열(李希烈)이 반란을 일으키자 75세의 노구를 이끌고 초유(招諭)하러 갔다가 구금되어 3년간 온갖 회유를 받았으나 끝내 거절하고 살해되었다. 서법(書法)에 뛰어나서 해서·행서·초서에 모두 능하였으며, 특히 해서가 장엄하고 웅장하다는 평가를 받는다.

104 유원성(劉元城) : 송(宋)나라 때의 직신(直臣)인 유안세(劉安世, 1048~1125)로, 자는 기지(器之), 시호는 충정(忠定)이며, 원성은 별호이다. 사마광(司馬光)의 문인이며, 진사시에 급제하고 간의대부(諫議大夫)가 되어 간신인 장돈(章惇), 채경(蔡京), 채변(蔡卞) 등을 논박하다가 영외(嶺外)로 유배되었다. 국사를 논함에 강직하기로 유명하여 '전상호(殿上虎)', '철벽한(鐵壁漢)' 등으로 불렸다.

105 생전에는……슬퍼하여 : 이는 본래 자공(子貢)이 공자(孔子)의 덕을 찬양하여 한 말로, "세상 사람들이 그분의 생전에는 영광스럽게 여기고 사후에는 슬퍼하나니, 어떻게 그분에게 미칠 수 있겠는가.〔其生也榮, 其死也哀, 如之何其可及也?〕"라고 하였다.《論語 子張》

106 무오사화(戊午士禍) : 무오년(1498, 연산군4)에 김일손(金馹孫) 등 신진사류

현이 되었다. 이분의 손자인 휘 감(堪)은 우계(牛溪) 성 선생(成先生 성혼(成渾))과 도의(道義)의 교분을 맺었다. 이분의 후손 휘 일(鎰)은 평시서 영으로, 공에게 고조가 된다. 증조 휘 봉원(逢源)은 동지중추부사로, 강직하고 방정하게 덕을 지켜 우암(尤菴) 송 선생(宋先生 송시열(宋時烈))에게 추중(推重)을 받았다. 조고 휘 해(楷)는 관직이 군수이다. 3대가 추은(推恩)되어 준례대로 증직되었다. 선고 휘 영복(榮福)은 신축년(1721, 경종1)에 있었던 건저(建儲)의 논의[107]에 참여하였다가 흉당들에 의해 찬축되었으며, 관직은 개성부 유수(開城府留守)에 이르렀다. 선비(先妣) 연일 정씨(延日鄭氏)는 포은(圃隱 정몽주(鄭夢周)) 선생의 후손으로, 참봉 찬헌(纘憲)의 딸이다. 선고와 선비는 좌찬성과 정경부인(貞敬夫人)에 추증되었으니 공이 존귀해짐에 따른 것이었다.

공은 숙종 신묘년(1711, 숙종37) 9월 18일에 출생하였다. 어려서부터 후중하여 덕스러운 기국이 있었다. 도암(陶菴) 이 선생(李先生 이재(李縡))에게 수학하였는데, 선생의 기대가 매우 중하여 위기(爲己)[108]

(新進士類)들이 유자광(柳子光)을 중심으로 한 훈구파(勳舊派)에 의하여 화를 입은 사건으로, 김일손이 《성종실록(成宗實錄)》을 편찬하면서 자신이 기초한 사초(史草) 속에 스승인 김종직(金宗直)의 〈조의제문(弔義帝文)〉을 삽입한 것이 발단이 되어 일어난 사화이다.

107 신축년에……논의 : 1721년(경종1) 노론(老論)의 주도하에 연잉군(延礽君)을 세제로 책봉하려고 했던 논의를 이른다. 노론은 세제 책봉에 이어서 세제의 대리청정을 강행하고자 하였는데, 소론(少論)에 의해 경종에 대한 불충으로 몰려 신임사화(辛壬士禍)가 일어나게 되었다. 자세한 내용은 308쪽 주40 참조.

108 위기(爲己) : 오직 자신의 덕성을 닦기 위해서 공부하는 것으로, 남이 알아주기를 바라면서 공부하는 것인 '위인(爲人)'에 상대되는 말이다. 《논어(論語)》 〈헌문(憲問)〉

의 대체를 가지고 가르쳤다. 26세에 정시(庭試)에 을과(乙科)로 급제하였고 시강원에 들어가서 설서가 되었으며 상소하여 원량(元良 세자)을 인도하는 방도를 논하였다.[109] 얼마 뒤에 한림권점(翰林圈點)에 들었으나 소시(召試)가 훌륭한 법이 아니라고 하여 홀로 나아가지 않았다가 엄중한 하교를 받았다.[110]

계해년(1743, 영조19)에 사간원 정언이 되었는데 나가서 일에 대해 논하고자 하였으나 화(禍)를 입어 어버이에게 근심을 끼칠까 염려하여 주저하고 실행하지 못하였다. 그러나 이윽고 모부인(母夫人)의 뜻을 받들어 직언하는 소(疏)를 올려서 사묘(私廟)에 친림하는 일을 통렬히 논박하여 다음과 같이 아뢰었다.[111]

에, "옛날의 학자들은 자신을 위한 학문을 하였는데, 오늘날의 학자들은 남에게 보여주기 위한 학문을 한다.〔古之學者爲己, 今之學者爲人.〕"라고 한 공자(孔子)의 말에서 나온 것이다.

109 시강원에……논하였다 : 이때 조중회(趙重晦)가 시강원 설서로서 상소하여 세자를 가르치는 방도에 대해 논한 내용은 《승정원일기(承政院日記)》 영조 15년 9월 10일 기사에 보인다.

110 한림권점(翰林圈點)에……받았다 : 한림권점은 예문관의 봉교·대교·검열, 곧 한림을 선발하는 절차로, 후보자들에 대하여 현직 한림과 전직 한림이 함께 모여 권점을 행하고, 권점이 잘못되었으면 다시 의정과 제학이 모여서 권점을 행하며, 그 결과를 임금에게 보고하면 임금이 권점에 뽑힌 사람들을 불러들여 소시(召試)를 행해서 성적에 따라 차례로 임명한다. 이때 조중회(趙重晦)가 한림권점에 뽑힌 뒤에 소시에 응하지 않아 엄중한 하교를 받은 내용은 《영조실록(英祖實錄)》 18년 7월 13일 기사와 《승정원일기(承政院日記)》 영조 18년 7월 13일 기사에 보인다.

111 직언하는……아뢰었다 : 이때 조중회(趙重晦)가 정언으로서 상소하여 영조가 사묘(私廟)에 친림한 일과 심양(瀋陽)에 다녀온 사행(使行)에 대하여 논한 일은 《영조실록(英祖實錄)》 19년 11월 28일 기사에 보인다. 사묘는 임금의 사친(私親)의 사당으로,

"중대한 종묘에 있어서도 전배(展拜)하고 향사(享祀)하는 것에 오히려 정해진 제도가 있습니다. 그런데 지금 사묘에 자주 전배하는 것을 꺼리지 않아서 유사(有司)가 미처 청할 틈이 없으며 불시의 전작(奠酌)에도 반드시 삼헌(三獻)의 예를 갖춰야 해서 예절에 구애되는 점이 있습니다. 또 교사(郊社)[112]와 능묘(陵廟)의 제사가 아닌데 궁을 떠나 다른 곳에서 유숙하여 자주 제사 지내기를 마음대로 하시니 이는 선왕의 법을 삼가 지키는 것이 아닙니다."

그리고 사행(使行)의 일을 논하여 다음과 같이 아뢰었다.

"열성조에서 와신상담(臥薪嘗膽)한 뜻은 백세토록 잊어서는 안 되니 비록 억지로 폐백을 바치는 상황에 있더라도 항상 인통함원(忍痛含冤)[113]의 의리를 간직해야 합니다. 지금 심양(瀋陽)에 간 사신이 돌아왔는데 마침내 큰 은전을 입어 황은이 망극하다는 아첨을 하면서도 편안하여 부끄러워할 줄을 모르며, 금자(金字)로 된 글씨를 가져옴에 있어서는 의장(儀仗)을 갖추고 풍악을 울려서 환영하기까지 하였습니다. 또 하사받은 활과 화살을 가지고 법가(法駕)의 의장과

영조의 생모인 숙빈(淑嬪) 최씨(崔氏)의 사당을 말한다.

112 교사(郊社) : '교(郊)'는 하늘에 올리는 제사이고, '사(社)'는 땅에 올리는 제사이다.

113 인통함원(忍痛含冤) : 아픔을 참고 원통함을 품는다는 뜻으로, 본래 주희(朱熹)가 한 말이다. 남송(南宋)의 조정이 원수인 금(金)나라에 화친을 구걸하여 그들이 받아들여 주면 지난날의 일은 잊어버리고 기뻐하는 것에 대하여 주희가 비판하여 말하기를, "아픔을 참고 원통함을 품은 채 절박한 심정에서 어쩔 수 없이 하는 것이라고 말하여 천하의 대방(大防)을 보전하려는 사람이 전혀 없다.〔無復分毫忍痛含冤迫不得已之言, 以存天下之防者.〕"라고 하였다. 《朱子大全 卷24 與陳侍郎書》

호위로 삼을 것을 청하였으니, 비록 다행히 전하께서 윤허하지 않으셨으나 사명(使命)을 받들며 국가를 욕되게 한 것이 큽니다."

이에 성상이 진노하여 6일 동안 조회를 보지 않으니, 공이 18일 동안 석고대죄(席藁待罪)하였다. 그러자 사람들이 모두 공을 두고 틀림없이 죽게 될 것이라고 하였는데, 도암이 홀로 말씀하기를,

"이치가 곧으면 죽지 않으니 익장(益章 조중회의 자(字))은 반드시 무사할 것이다."

라고 하였고, 여호(黎湖) 박공(朴公 박필주(朴弼周))도 상소하여 구원하였다. 조태상(趙台祥)이라는 자가 상소하여 공이 성상의 마음을 핍박하여 슬프게 했다고 배척해서 감죄할 것을 청하였다. 그러나 성상은 조태상을 하옥시키도록 명하고 공은 다만 사판(仕版)에서 삭제하도록 명하니, 이에 공의 강직한 명성이 사방에 떨쳐졌다.

공이 이후로 강가에 물러나 지내면서 도성 문을 밟지 않은 지가 5년이 되었다. 대신이 연석(筵席)에서 아뢰는 것을 계기로 은근하게 풍간하여 아뢰기를,

"인군은 직언을 용납하는 것이 어렵습니다. 인군의 뜻을 어기는 일이 다소 있다고 하여 혹 사판에서 삭제하는 것은 절대로 성세(聖世)의 일이 아닙니다."

라고 하였다. 그러자 성상이 말씀하기를,

"조중회(趙重晦)를 가리키는 것인가?"

라고 하고는 특명으로 탕척(蕩滌)해 주었다. 이때 마침 홍문록(弘文錄)이 완성되어 승지가 명단을 읽어 아뢰었는데 공의 이름에 이르자 소리를 약간 낮추어 읽었다. 그러자 성상이 웃으며 말씀하기를,

"내가 어찌 예전 일로 마음에 개의하겠는가. 홍문록이 없다면 그만이

겠지만, 있는 이상 조모(趙某)가 들어가지 않는다면 누가 들어가야 하겠는가."

라고 하고는 부수찬에 제수하였다. 공은 상소하여 스스로 인혐하였다가 온화한 비답을 받고는 감격하여 나가 사은숙배하였다. 옥서(玉署 홍문관)에서 벼슬한 기간이 가장 길어서 간언을 바친 것이 많았다.

이때 삼사(三司)에서 역신(逆臣) 이광좌(李光佐)와 조태억(趙泰億)의 관작을 추탈할 것을 청하였으나 성상은 윤허를 아끼고 고집하여 여러 차례 엄중한 비답을 내렸다. 공은 나아가 엎드려 다음과 같이 아뢰었다.[114]

"이것은 온 나라의 수많은 사람들이 똑같이 옳게 여기는 논의인데 전하께서는 매번 다른 쪽 사람을 일망타진하려는 것이라고 의심하시니 신은 실로 걱정스럽습니다. 김일경(金一鏡)의 반교문[115]이 지극히 흉악하고 참혹한데 대신으로서 이를 심상하게 보아서 끝내 그 죄를 밝혀 바로잡으려고 하지 않았으니 그 마음이 또한 김일경과 똑같은 것입니다. 그리고 전하께서는 매번 문생국로(門生國老)[116]

114 공은……아뢰었다 : 이때 조중회(趙重晦)가 부교리로서 입시하여 이광좌(李光佐), 조태억(趙泰億) 등을 토죄할 것을 청한 일은 《승정원일기(承政院日記)》 영조 24년 4월 13일 기사에 보인다.

115 김일경(金一鏡)의 반교문 : 김일경(金一鏡, 1662~1724)은 1721년(경종1)에 세제를 옹립하고 대리청정에 찬성한 노론(老論) 인사들을 조정에서 축출할 것을 청하여 신임옥사(辛壬獄事)를 주도한 대표적인 소론(少論) 인물로, 영조 즉위 후에 노론이 다시 정권을 잡게 되면서 탄핵을 받고 참형에 처해졌다. 반교문은 1722년 9월에 당시 홍문관 제학으로 있었던 김일경이 지어 올린 것으로, 신임옥사를 마무리하면서 역적이 토벌되었음을 태묘(太廟)에 고하고 반포한 것이다.

116 문생국로(門生國老) : 이는 1724년(영조 즉위년) 11월에 우의정 조태억(趙泰億)

등의 말을 제기하는 것을 죄로 여기시니, 전하께서 만약 이 말을 듣는 것이 싫으시다면[117] 차라리 네 글자의 흉언을 명분으로 삼아 이들을 토죄하십시오."

이에 성상이 노하여 삭직하였는데, 얼마 뒤에 서용되어 헌납에 제수되고 시강원 사서를 겸하였다.

이때 역적 신치운(申致雲)이 죄악 때문에 이조에서 의망이 정지되었는데 성상이 승지에 의망할 것을 명하니 이조 참의 윤공 급(尹公汲)이 이를 받들지 않다가 배척을 받아 홍원 현감(洪原縣監)에 보임되었다. 공이 나아가서 다음과 같이 아뢰었다.[118]

"신하가 고집하여 지키는 것이 있으면 군주의 명령도 따르지 않을 수 있습니다. 만약 번번이 지키는 것을 바꾸어 오직 군주의 명령만을 따른다면, 이른바 '도(道)로써 군주를 섬긴다'[119]는 것이 아닙니다.

이 청대(請對)하여 영조에게 아뢴 말 가운데에 '문생천자(門生天子)', '정책국로(定策國老)'라고 언급한 것을 말한다. 이는 본래 당(唐)나라 말기에 국정을 마음대로 휘둘렀던 환관 양복공(楊復恭)이 한 말로, '문생천자'란 천자를 보기를 마치 시관(試官)이 문생을 보듯이 한 데에서 이른 말이며, '정책국로'란 천자를 정하여 세운 국가의 원로라는 의미에서 이른 말이다. 곧 천자(天子)의 폐립(廢立)을 좌지우지한다는 의미인데, 경종 초년에 노론(老論) 대신들이 영조를 세제로 옹립했던 것을 두고 조태억이 이에 비유하여 말한 것이다. 《英祖實錄 卽位年 11月 8日》

117 전하께서……싫으시다면 : 원문은 '殿下苟□□聞此語'로, 2자가 결락되어 있는데, 유한준(兪漢雋)의 《자저(自著)》 속집(續集) 책3에 실려 있는 조중회(趙重晦)의 행장(行狀)에 의거해서 내용을 보충하여 번역하였다.

118 공이……아뢰었다 : 이때 조중회(趙重晦)가 수찬으로서 입시하여 신치운(申致雲)을 논핵하고 윤급(尹汲)을 구원한 일은 《승정원일기(承政院日記)》 영조 25년 9월 1일 기사에 보인다.

119 도(道)로써 군주를 섬긴다 : 이는 《논어(論語)》 〈선진(先進)〉에 보이는 말로,

《대학(大學)》의 '혈구(絜矩)'[120]는 오직 좋아하고 미워하는 것을 분명하게 하는 것일 뿐입니다. 저 신치운은 바로 남을 시기하고 질투하는 소인이니 속히 추방하여 멀리해서 한 나라에 함께 있어서는 안 됩니다. 전관(銓官)이 그를 의망하지 않은 것은 바로 그 직분을 지킨 것인데 전하께서 배척하시니 신은 참으로 개탄스럽습니다."

성상이 명하여 특별히 체직하게 하였다. 이후로 공은 관직에 제수되어도 모두 출사하지 않았다.

뒤에 교리를 사직하는 상서(上書)를 통해 이수봉(李壽鳳)의 일을 논하여 다음과 같이 아뢰었다.[121]

중유(仲由)와 염구(冉求)를 대신(大臣)이라고 할 만한가를 묻는 계자연(季子然)의 질문에 공자(孔子)가 대답하기를, "이른바 대신이란 도(道)로써 군주를 섬기다가 불가능하면 그만두는 것이니, 지금 중유와 염구는 숫자만 채우는 신하라고 할 만하다.〔所謂大臣者, 以道事君, 不可則止. 今由與求也, 可謂具臣矣.〕"라고 하였다.

120 대학(大學)의 혈구(絜矩) : '혈구'는 《대학장구(大學章句)》 전(傳) 10장에 나오는 말로, "군자는 혈구의 도(道)가 있다. 윗사람에게서 싫었던 점을 가지고 아랫사람을 부리지 말며, 아랫사람에게서 싫었던 점을 가지고 윗사람을 섬기지 말며, 앞사람에게서 싫었던 점을 가지고 뒷사람에게 가하지 말며, 뒷사람에게서 싫었던 점을 가지고 앞사람을 따르지 말며, 오른쪽 사람에게서 싫었던 점을 가지고 왼쪽 사람과 사귀지 말며, 왼쪽 사람에게서 싫었던 점을 가지고 오른쪽 사람과 사귀지 말 것이니, 이것을 일러 혈구의 도(道)라고 하는 것이다.〔君子有絜矩之道也. 所惡於上, 毋以使下, 所惡於下, 毋以事上; 所惡於前, 毋以先後, 所惡於後, 毋以從前; 所惡於右, 毋以交於左, 所惡於左, 毋以交於右, 此之謂絜矩之道.〕"라고 하였는데, 주희(朱熹)의 주(註)에 이르기를, "혈(絜)은 헤아림이다. 구(矩)는 네모진 것을 만드는 기구이다.〔絜, 度也. 矩, 所以爲方也.〕"라고 하였다.

121 뒤에……아뢰었다 : 이때 조중회(趙重晦)가 부교리로서 상서(上書)하여 사직할 뜻을 아뢰고 이수봉(李壽鳳)을 논핵한 것은 《승정원일기(承政院日記)》 영조 26년 5월 2일 기사에 보인다.

"이수봉은 은혜를 입고 돌아가서 어버이를 봉양하고 있었으니 또한 직책이 있지 않았습니다. 그런데 갑자기 염치를 무릅쓰고 나와서 당동벌이(黨同伐異)할 것을 은밀히 도모하고 있습니다. 옛날 선조조(宣祖朝)에 동인(東人)이 선한 무리들을 모함하여 먼저 삼윤(三尹)을 공격하니[122] 조정의 논의가 마침내 분열되어 당화(黨禍)가 크게 일어났습니다. 지금 이수봉이 독기를 부리는 것이 동인보다도 심한데, 대신들은 한 마디의 말씀도 올리지 않아서 참언을 미워하는[123] 군주의 밝은 마음을 도와주지 않고 있습니다. 원컨대 저하께서는 깊이 생각하고 멀리 바라보아서 이를 통렬히 꺾고 억제하십시오."

대조(大朝)[124]가 그 상서를 들이도록 명하여 연달아 책망하는 하교를

122 옛날……공격하니 : 삼윤(三尹)은 윤두수(尹斗壽)·윤근수(尹根壽) 형제와 그 조카인 윤현(尹晛)을 가리킨다. 이들은 서인(西人)의 대표적인 인물들로서 1578년(선조11) 무렵에 각각 도승지, 경기 감사, 이조 전랑으로 있었는데, 동인(東人)인 김성일(金誠一)에게 진도 군수(珍島郡守) 이수(李銖)로부터 쌀을 뇌물로 받았다는 죄목으로 탄핵을 받게 되었다. 이 사건이 경연(經筵)에서 처음 문제가 되었을 때, 김계휘(金繼輝), 심충겸(沈忠謙) 등의 서인은 자신들과 정치적 입장을 함께 했던 삼윤을 옹호하였고 박대립(朴大立), 이산해(李山海) 등의 동인은 삼윤의 죄상을 공격하였는데, 이수를 원망하던 한 아전이 이수가 뇌물을 바친 사실을 증명하게 되면서 삼윤은 파면되고 당시 집권세력이었던 서인의 세력도 꺾이게 되었다.

123 참언을 미워하는 : '참언을 미워한다〔堲讒〕'는 것은 순(舜)임금이 용(龍)이라는 신하를 납언(納言)에 임명하면서 임금의 명령을 진실되게 출납할 것을 당부하면서 한 말로, "나는 참언이 선행(善行)을 끊어 나의 무리들을 진동하고 놀라게 함을 미워한다.〔朕堲讒說殄行, 震驚朕師.〕"라고 하였다. 《書經 舜典》

124 대조(大朝) : 세자가 대리청정하고 있을 때에 당저(當宁)를 지칭하는 말로, 영조를 가리킨다. 세자는 이에 상대하여 소조(小朝)라고 한다. 1749년(영조25)부터 사도세자(思悼世子)가 대리청정을 하였다.

내렸다. 이에 공은 스스로 편안하게 있을 수가 없어서 지방관으로 내려가 어버이를 봉양할 것을 청하여 1년 동안 은산 현감(殷山縣監)으로 나가 있었고 다시 조정에 들어와 수찬이 되고 춘방(春坊 세자시강원) 찬독을 겸하였다.

이때 성상이 격노하는 일이 있어서 신축년(1721, 경종1) 대리청정할 때[125]에 만났던 위난과 치욕으로 인해 마음에 지극한 애통이 있다고 하여 창의궁(彰義宮)에 행차해서는 눈이 내리는 가운데 밖에 서서 감히 듣지 못할 내용의 하교를 많이 내렸다. 공이 반열에서 나와서 다음과 같이 아뢰었다.[126]

"신이 《어제자성편(御製自省編)》[127]을 삼가 읽어 보니 '보전하여 오늘이 있게 된 것은 황형(皇兄 경종)의 은혜이다.'라고 하셨고 또 '신축년(1721) 겨울의 일은 생각하면 모골이 송연한데, 황형께서는 나를 간격이 없이 보셨다.'라고 하셨습니다. 신은 이 글을 읽을 때마다 여러 번 반복해 읽으면서 눈물을 흘리곤 합니다. 두 성군의 우애가 간격이 없는 것이 이와 같습니다. 그런데 효경(梟獍)[128]과 같은 무리

125 신축년 대리청정할 때 : 1721년(경종1)에 영조가 세제로서 경종의 명을 받들어 대리청정하게 된 때를 이른다. 자세한 내용은 346쪽 주107 참조.

126 공이……아뢰었다 : 이때 조중회(趙重晦)가 군자감 정으로서 창의궁(彰義宮)에 있던 영조에게 나아가 엎드려 아뢴 일은 《승정원일기(承政院日記)》 영조 28년 12월 17일 기사에 보인다.

127 어제자성편(御製自省編) : 영조가 자신을 수양하고 정치하는 데 필요한 덕목을 경전과 역사서에서 뽑아 엮어서 1746년(영조22)에 간행한 책이다.

128 효경(梟獍) : '효(梟)'는 어미를 잡아먹는다고 하는 올빼미 종류의 새이고, '경(獍)'은 아비를 잡아먹는다고 하는 호랑이 종류의 맹수이다. 인륜을 모르는 흉악한 사람을 비유하는 말로 쓰인다.

들이 망극하게 속이고 과장하는 바람에 마침내 전하께서 지나치게 자신을 폄하해서 이처럼 지나친 거조가 있게 되었습니다. 이는 '큰 공정함은 혐의가 없음'을 보이는 방법이 아닙니다."

이에 성상이 의용(儀容)을 고쳤다.

공은 당하관으로 18년 동안 있었는데 이때에 이르러 통정대부(通政大夫)에 올라 승지에 제수되었고 병조 참지와 대사간을 역임하였다. 상주 목사(尙州牧使)로 나갔는데, 이때에 크게 기근이 들어서 구휼해야 할 인구가 만이천 명에 이르렀으나 감영에서 나누어 주는 곡식은 이천 곡(斛)에 불과하여 의지하여 살아갈 길이 없었다. 공은 마침내 곳간을 털고 봉급을 덜어서 곡식을 모아 백성들을 먹였다. 상주에 있는 감영의 곡식 중에 문서에 기록된 것이 매우 많았는데, 도백(道伯)이 이를 다시 만들어서 남는 것을 취하려고 하자 공은 백성과 이익을 다투는 것이라고 하여 불가함을 고집하였다.

체직하고 돌아와서 병조·예조 참의, 대사성을 역임하였다. 경진년(1760, 영조36)에 선비(先妣) 정 부인(鄭夫人)의 상(喪)을 당하였다. 임오년(1762)에 상기(喪期)를 마치고 승지로서 주강(晝講)에 입시하였는데 성상이 다음과 같이 말씀하였다.

"이 사람은 내가 건저(建儲)될 때에 붓을 잡았던 승지의 아들인데 지금 또 승지로 입시하니 내가 몹시 서글프다. 지난번 대신이 호기를 부리는 말을 하자 승지가 논박하였으니 그 말이 옳았다. 그 공정한 마음을 내가 어찌 모르겠는가."

뒤에 성상이 휘령전(徽寧殿)에 나아갔을 적에[129] 공이 관을 벗고 뜰아

129 뒤에……적에 : 영조가 휘령전(徽寧殿)에서 사도세자(思悼世子)를 가두어 죽게

래에 엎드려서 눈물을 흘리며 죽기를 청하였다. 그러자 성상이 진노하여 흑산도(黑山島)에 찬배할 것을 명하였다가 곧바로 중지하였다. 이윽고 세손의 공상(供上)을 없애고 궁밖에 나가 거처하도록 명하니 공이 쟁집하여 시어소(時御所)로 옮겨 거처하고 공상을 준례대로 행하게 할 것을 청하였다. 성상은 비록 이를 윤허하지는 않았으나 공에게 전교를 받들고 가서 읽을 것을 명하였는데, 공이 오랫동안 서 있으면서 감히 읽지 못하자 성상이 진노하여 매우 엄중한 하교를 내렸다. 공이 오열하며 아뢰기를,

"14년 동안 신하로 섬긴 처지에 감히 들을 수 없는 말씀을 하시니 오직 속히 죽기를 원할 뿐입니다."

라고 하였다.

며칠 후에 나아가서 아뢰기를,

"자고로 국가에 변고가 있으면 반드시 그 사이를 파고들어 틈을 노리고 때를 타서 기회를 엿보아 마침내 화난의 계제를 만드는 자가 생깁니다. 원컨대 전하께서는 깊이 유념하시어 세손을 가르치고 기를 적에 장래의 모든 일을 되도록 풍후한 쪽으로 따라서 털끝만큼도 미진한 점이 없게 하십시오."

라고 하였다. 며칠 후에 성상이 또다시 엄중한 하교를 내리고 무장현

만든 때를 이른다. 휘령전은 영조의 원비(元妃)인 정성왕후(貞聖王后)의 혼전(魂殿)이다. 1762년(영조38) 윤5월에 영조가 휘령전에서 작헌례(酌獻禮)를 행한 뒤에 총관(摠管) 등을 시켜 전문(殿門)을 막아 사람들의 출입을 통제하고 그곳에서 사도세자에게 자결할 것을 명하였다. 사도세자가 자결하려던 것을 춘궁(春宮)의 신하들이 저지하자 영조는 춘궁의 신하들을 내쫓고 사도세자를 폐서인(廢庶人)하여 깊이 가둘 것을 명하였다.《英祖實錄 38年 閏5月 13日》

(茂長縣)에 찬배하게 하였다가 곧바로 직첩을 돌려주고 서용하라는 명을 내리며 말씀하기를,

"지난번에 '사이를 파고들어 틈을 노린다'라고 아뢴 말은 식견과 사려가 깊으니 국가에 공이 있다고 이를 만하다."

라고 하였다. 뒤에 승지로서 아뢰기를,

"오늘날 기강이 무너지고 염치가 손상됨은 전적으로 신하를 위임하기를 오랫동안 하지 않고 경박하게 경쟁함이 풍습을 이룬 데에서 연유한 것이니 아마도 전하께서 이를 초래하신 듯합니다. 근본을 바르게 하고 근원을 맑게 하며 법도를 세우고 기강을 펴며 염치를 숭상하고 겸양을 권장하신다면 오늘날의 세도(世道)를 다소 되돌릴 수 있을 것입니다."

라고 하였다. 그러자 성상이 갑자기 말씀하기를,

"경박하게 떠들고 조급하게 경쟁하는 것이 어찌 내가 인도한 바이겠는가."

라고 하였다. 이윽고 다시 전교하기를,

"승지의 말이 옳다."

라고 하였다.

병조 참의에 옮겨 제수되었다가 영변 부사(寧邊府使)로 나갔다. 영변부는 국방의 중요한 지역인데 비축한 것이 텅 비어 가고 관청이 무너져 갔다. 공이 부임한 뒤로 관청을 수리하고 물자를 저축하여 온갖 일이 모두 제대로 거행되게 하였으며 무대(武隊)를 정돈하여 백성들의 폐해를 완화해 주니, 지금까지도 이에 힘입어 완전하고 견고하게 되었다. 2년 뒤에 체직되어 돌아와 여러 조(曹)의 좌이(佐貳)가 되고 중간에 양주 목사(楊州牧使)로 나갔다. 승지가 되어 입시하자 성상이 다음

과 같이 말씀하였다.

"내가 아직도 아무 해에 한 말을 기억한다. 당시 조정에 가득한 여러 신료들이 모두 삶은 밤처럼 한 사람도 입을 여는 자가 없었는데, 오직 조모(趙某)가 '14년 동안 신하로서 섬겼다'라는 말을 하였다. 만약 이전에 조모와 같은 자가 한 사람만 있었다면 세상 일이 어찌 이 지경에 이르렀겠는가. 정직한 사람을 들어 쓰고 부정한 사람을 버려두는 것[130]은 바로 이 사람부터 먼저 해야 한다."

공이 물러나와 집안사람에게 말하기를,

"내가 당시에 아뢴 한 말씀은 나의 직분을 다한 것에 불과한데 지금 마침내 과분한 하교를 받게 되었다. 내가 만약 다시 나가서 벼슬한다면 이는 정직함으로 자처하고 남에게 부정함을 돌리는 것이다."

라고 하였다. 이후로 한결같은 뜻으로 물러나 피하려고 하였으나 성상이 윤허하지 않았다.

경인년(1770, 영조46)에 가선대부(嘉善大夫)에 오르고 개성부 유수(開城府留守)에 제수되었다. 이듬해에 조정에 들어와 한성부 우윤(漢城府右尹), 도승지, 이조 참판이 되었으나 명에 응하지 않았고, 충주 목사(忠州牧使)가 되었다가 곧바로 취소되었다. 임진년(1772)에 자헌대부(資憲大夫)에 올랐다. 성상이 하교하기를,

130 정직한……것 : 이는 본래 공자(孔子)가 말한 것으로, 《논어(論語)》 〈위정(爲政)〉에 "정직한 사람을 들어 쓰고 모든 부정한 사람을 버려두면 백성이 복종하고, 부정한 사람을 들어 쓰고 모든 정직한 사람을 버려두면 백성이 복종하지 않는다.〔擧直錯諸枉, 則民服; 擧枉錯諸直, 則民不服.〕"라고 하였고, 〈안연(顔淵)〉에 "정직한 사람을 들어 쓰고 모든 부정한 사람을 버려두면 부정한 사람을 정직하게 할 수 있다.〔擧直錯諸枉, 能使枉者直.〕"라고 하였다.

"열풍(烈風) 속에 굳게 버티는 초목[131]이란 조모(趙某)를 두고 말한 것이다."

라고 하였다. 이때 역신 정후겸(鄭厚謙)이 성상에게 하소연하여 신임사화(辛壬士禍)[132]의 역괴(逆魁) 세 사람의 관작을 회복하게 하였는데 대사헌 조공 영순(趙公榮順)이 이에 대해 상소하였다가 먼 변방으로 찬배되었다. 공은 대사헌에 제수되자 장차 조공을 구원하려고 하였는데, 성상이 공이 합문(閤門)에 나아온다는 것을 듣고는 공을 체직하도록 명하니 공은 이를 종신의 통한으로 여겼다.

뒤에 동전(東銓 이조)에 제수되었는데 성상이 간곡히 권면하므로 잠시 출사하여 도목정(都目政)을 행하고는 탄식하여 말하기를,

"세속의 풍습이 이미 혼탁하고 사람의 마음이 공평하기가 어려우니 나는 이제 그만두겠다."

라고 하였다. 그리고 마침내 병을 칭탁하여 체직되었다. 뒤에 지경연사로 입시하였는데 성상이 연신(筵臣)에게 하교하기를,

"조모(趙某)는 오직 본심만 있고 한 점의 허위도 없으니, 옛날의 이른바 '환관과 궁첩이 이름을 알지 못한다'[133]는 것에 조모가 해당된다."

131 열풍(烈風)……초목 : 이는 본래 당(唐)나라 태종(太宗)이 소우(蕭瑀)를 칭찬하면서 하사한 시에 보이는 말로, "질풍 속에서 굳게 버티는 초목을 알 수 있고, 난리 속에서 충성스러운 신하를 알 수 있다.〔疾風知勁草, 板蕩識誠臣.〕"라고 하였다. 《舊唐書 卷63 蕭瑀列傳》

132 신임사화(辛壬士禍) : 경종 즉위 초인 신축년(1721, 경종1)과 임인년(1722)에 세제 책봉과 대리청정을 둘러싸고 일어난 옥사이다. 자세한 내용은 346쪽 주107 참조.

133 환관과……못한다 : 이는 본래 북송(北宋)의 명재상인 부필(富弼)을 두고 한 말로, 인종(仁宗)이 왕소(王素)에게 누구를 재상으로 삼아야 하는지를 묻자 왕소가 답하기

라고 하였다.

병신년(1776, 영조52)에 세손에게 대리청정을 명한 뒤에 관후묘(關侯廟 동관왕묘(東關王廟))에 전작례(奠酌禮)를 행하게 하였는데, 세손이 장차 갑옷과 투구 차림으로 제사를 행하려고 하였다. 공이 대종백(大宗伯 예조 판서)으로서 상서(上書)하여 아뢰기를,

"존귀한 이극(貳極)으로서 아래의 무관들과 똑같이 해서는 안 됩니다."

라고 하니 세손이 마침내 예복(禮服)의 차림으로 제사를 행하였다. 얼마 뒤에 숭정대부(崇政大夫)에 올라 판의금부사에 제수되었다.

이해에 영묘(英廟 영조)가 승하하고 정묘(正廟 정조)가 뒤를 이어 즉위하였다. 이때 호서(湖西)의 선비가 당로자의 비위를 맞추려고 하여 서원을 세워 홍계희(洪啓禧)를 도암 이 선생에게 배향할 것을 건의하였다.[134] 공은 이때에 함경도 관찰사가 되었는데, 임지로 출발하기에 앞서 상소하여 다음과 같이 아뢰었다.[135]

를, "오직 환관과 궁첩이 이름을 알지 못하는 자라야 그 직임을 맡을 수 있습니다.[惟宦官宮妾不知名者, 可充其任.]"라고 하니 인종이 부필을 재상으로 삼았다. 《古今事文類聚新集 卷7》

134 이때……건의하였다 : 1776년(정조 즉위년) 5월에 충청도 유학(幼學) 성태주(成泰柱) 등이 상소하여, 전의(全義)에 있는 뇌암서재(雷巖書齋)를 서원으로 삼아서 이상(李翔)과 이재(李縡)를 합제(合祭)하고 홍계희(洪啓禧)를 배향할 것을 청하였다. 이에 정조는 홍계희를 송시열(宋時烈) 학통의 적파(嫡派)로 삼는 것은 사문(斯文)의 큰 변괴라고 하여 성태주를 강계부(江界府)에 유배 보냈다. 《正祖實錄 卽位年 5月 26日》

135 공은……아뢰었다 : 이때 조중회(趙重晦)가 함경도 관찰사로서 상소하여 홍계희(洪啓禧)를 이재(李縡)에게 배향하는 것에 반대한 내용은 《승정원일기(承政院日記)》 정조 즉위년 5월 29일 기사에 보인다.

"신의 스승인 문정공(文正公) 신 이재는 비록 선정신(先正臣) 송시열(宋時烈)에게 사승(師承)을 통해 학문을 전수받지는 않았으나 일생동안 존경하고 앙모하였습니다. 홍계희로 말하면, 비록 신의 스승의 문하에 출입하긴 하였지만 그 출처(出處)와 언론이 번번이 신의 스승과 위배되었습니다. 신의 스승이 이를 근심하고 탄식하여 일찍이 장편의 편지를 보내어 간절히 꾸짖었는데, 홍계희는 이 편지를 스승의 유고(遺稿)에서 빼 버렸습니다. 이에 고(故) 유선(諭善) 신 박성원(朴聖源)이 편지를 왕복하여 쟁집하였으니 홍계희는 바로 신의 스승의 죄인입니다. 지금 만약 신의 스승을 홍계희의 위에 자리하게 하여 선정(先正)의 학통을 잇게 한다면 이는 사문(斯文)의 재앙일 것입니다."

성상이 후한 비답을 내려서 스승을 위하는 고심(苦心)이라고 허여하였다.

이때 북쪽 지방에 큰 흉년이 들었는데, 공은 감영에 이르러 조처하고 계획하여 곡식을 수송하고 창고를 털어서 백성을 구휼하고 곡식을 꾸어 주기를 각각 마땅한 대로 하니 백성들이 굶주려 죽는 것을 면하게 되었다. 성안에 화재가 발생하여 오백여 호(戶)가 연소(延燒)되었는데 공이 양식을 공급하고 목재를 지원하여 백성들이 편안히 살 수 있게 하였다. 옛 규례에 돈을 내어 베를 사서 수졸(戍卒)들에게 지급하게 하였는데 관리들이 농간을 부려서 그 명목만 남겨 놓고 남는 이득을 취하였다. 이에 공이 직접 돈으로 줄 것을 명하여 그 폐해를 마침내 종식시켰다.

정유년(1777, 정조1)에 조정으로 돌아왔다. 이때 역신 홍국영(洪國榮)이 권력을 제멋대로 행사하여 자기 누이를 궁에 들여 빈(嬪)이 되게 하고 숙창궁(淑昌宮)[136]이라고 칭하였다. 또 궁중에 숙위소(宿衛所)를 설치하여 조정의 신하들을 위협해서 혹시라도 뜻을 저촉하면 덫과 함정이 뒤따르게 하였다. 공의 사위인 홍낙빈(洪樂彬)은 홍국영의 숙부로, 집이 대궐 밖에 가까이 있었는데 누차 공에게 한번 왕림해 줄 것을 간청하였으나 공은 못 들은 것처럼 하였다.

송덕상(宋德相)이 소명(召命)에 응하여 서울로 올라와서 홍국영과 매우 친하게 지냈다. 그러자 공이 편지를 보내어 다음과 같이 풍간해 말하였다.

> "산림처사는 당로자와 구차하게 영합해서는 안 됩니다. 지금 당로자는 나이가 어리고 경박하여 등용해서는 안 된다는 것이 첫 번째이고, 아침저녁으로 임금에게 올리는 음식을 바깥에서 진공해서는 안 된다는 것이 두 번째이고, 숙위소는 마땅히 철거해야 한다는 것이 세 번째이고, 숙창궁의 문안은 마땅히 폐해야 한다는 것이 네 번째이니, 이것을 성상께 낱낱이 말씀드려야 할 것입니다. 그렇지 않으면 떠나야 합니다."

뒤에 홍국영이 패멸하자 송덕상도 죽게 되었다. 그러나 공이 스스로 이 일을 말하지 않았으므로 아는 사람이 없었는데, 뒤에 상와(常窩) 이공 민보(李公敏輔)가 지은 만뢰(輓誄)가 나오면서 비로소 세상에 알려지게 되었다.

공은 이미 거취를 결정하여 관직에 제수되어도 모두 출사하지 않았

136 숙창궁(淑昌宮) : 정조의 후궁인 원빈(元嬪) 홍씨(洪氏, ?~1779)의 궁호(宮號)이다. 원빈 홍씨는 홍낙춘(洪樂春)의 딸이자 홍국영(洪國榮)의 여동생으로, 1778년(정조2)에 후궁으로 입궐하여 1년 뒤에 졸하였다.

다. 성상이 장차 크게 등용하려고 하여 공에게 이조 판서를 제수하였는데, 공이 말하기를,

"나는 이미 한번 물러나기로 결심하였으니 어찌 이 뜻을 바꿀 수 있겠는가."

라고 하였다. 경자년(1780, 정조4)에 70세의 나이로 기로사(耆老社)에 들어갔고, 나이를 이유로 물러날 것을 청하여 네 차례 글을 올려 치사하였다. 그러자 성상이 소견(召見)하여 선마(宣麻)[137]를 내려 주고 오르고 내리는 것을 부축하도록 명하였다.

임인년(1782) 4월 30일에 별세하니 향년이 72세이다. 부음이 알려지자 성상이 크게 상심하고 서글퍼하며 은졸(隱卒)을 보다 더하고 하교하기를,

"중신(重臣)으로서 확고하게 지켰으니 비단 물러날 것을 결단한 한 가지 일뿐만이 아니니다."

라고 하였다. 또 시장(諡狀)이 완성되기를 기다리지 않고 시호를 논의하도록 명하니, "나라를 염려하여 집안을 잊는 것을 충(忠)이라고 한다.〔慮國忘家曰忠〕"와 "선(善)을 행하여 기록할 만한 것을 헌(憲)이라고 한다.〔行善可紀曰憲〕"의 시법(諡法)을 따랐다. 8월에 죽산현(竹山縣) 삭녕산(朔寧山) 아래 고치동(高峙洞) 곤좌(坤坐)의 언덕에 장례하였다.

배위(配位) 완산 이씨(完山李氏)는 좌의정 문정공(文貞公) 관명(觀命)의 딸로, 공보다 2년 먼저 별세하였는데, 단정하고 장엄하며 인자하

137 선마(宣麻) : 임금이 치사하는 신하에게 궤장을 하사할 때에 함께 주는 글을 가리킨다.

고 효성스러워서 종족들이 모두 칭송하였다. 3남2녀를 두었으니, 아들 중 장남 경진(景鎭)은 부사인데 백부의 양자로 나갔고, 다음 아들 병진(秉鎭)은 일찍 죽었고, 다음 아들 후진(厚鎭)은 군수이며, 두 딸은 각각 홍낙빈(洪樂彬)과 이집배(李集培)에게 출가하였다. 경진의 아들은 익(瀷), 섭(涉)이다. 병진은 아들이 없고 계자(系子) 정(瀞)은 현감이다. 후진의 아들은 문과 급제하여 직제학에 추증된 건(湕), 수(澻), 현령 선(澴)이다. 익(瀷)의 아들은 도사 원식(元植), 관식(寬植), 윤식(允植)이다. 섭(涉)의 아들은 명식(命植), 중식(中植)이다. 정(瀞)의 아들은 승지 충식(忠植), 헌식(憲植), 우식(愚植), 진사 은식(恩植)이다. 건(湕)의 계자는 교리 귀식(龜植)이다. 수(澻)의 계자는 교식(教植)이다. 선(澴)의 아들은 출계(出系)한 귀식이고 계자는 중식(中植)이다. 나머지는 다 기록하지 않는다.

공은 타고난 성품이 후중하고 가정에서의 행실이 순수하고 독실하였다. 평소의 말은 성(誠)을 보존하고 평소의 행동은 경(敬)을 떠나지 않아서 마음을 세우고 일을 행하는 것이 순수하게 늘 정도(正道)에서 나왔다. 조정에서 행한 전말이 우뚝하고 광명하니 세 조정을 차례로 섬기면서 도(道)를 곧게 하여 행하였다. 군주의 우레와 같은 진노가 진동하는 가운데에도 남들이 감히 말하지 못하는 바를 말하였으나 믿음이 중심에 쌓여서 위로 군주의 알아줌을 얻어 다시없을 은혜와 예우를 입었다. 이는 아마도 《주역(周易)》에서 이른바 "왕의 신하가 국가의 어려움에 힘을 다해 애쓰는 것이 자기 일신을 위해서가 아니다.〔王臣蹇蹇 匪躬之故〕"[138]라는 것일 것이다. 선철이 말씀하기를,

138 왕의……아니다 : 이 말은 《주역(周易)》 〈건괘(蹇卦) 육이(六二)〉에 보인다.

"천지가 변화함에 내가 그 바름을 얻었다."[139]
라고 하였고 또 말씀하기를,
"일마다 옳은 도리를 구한다."
라고 하였으니, 공이 실로 여기에 해당한다.

나는 늦게 태어나서 미처 공을 직접 찾아뵙고 인사를 올리지는 못하였으나 선배로부터 그 명성과 덕망을 들어서 공의 대절을 흠모한 지가 오래되었다. 승지 군이 나에게 신도비에 새길 글을 지어 주도록 부탁하니, 감히 늙고 병들었다는 이유로 사양하지 못함은 그 비문에 이름을 의탁함을 영광으로 여기기 때문이다.

명(銘)은 다음과 같다.

진실로 조공은	允矣趙公
참으로 나라의 훌륭한 선비였네	展也邦彦
험난한 길도 평지처럼 여겨	履險如夷
한결같은 덕이 이에 드러났네	一德乃顯
원릉(元陵 영조)의 세대에	元陵之世
건극[140]으로 다스림을 펴니	建極爲治

139 천지가……얻었다 : 이 말은 당(唐)나라 문장가 유종원(柳宗元)이 지은 〈기자비(箕子碑)〉에 보이는 것으로, 은(殷)나라 말기의 삼인(三仁) 중 한 사람인 기자(箕子)를 두고 말한 것이다.

140 건극(建極) : 군주가 표준을 세운다는 뜻으로, 《서경(書經)》 〈주서(周書) 홍범(洪範)〉에 보인다. 기자(箕子)가 주나라 무왕(武王)에게 천하를 다스리는 아홉 가지의 대법(大法)을 일러주며 말하기를, "다섯 번째 황극은 군주가 표준을 세움이니 이 표준을 세워 모여든 오복을 거두어서 여러 백성들에게 복을 펴서 주면 이 여러 백성들이 너의

장차 법도로 들이려고 함에 將納于軌
평탄함이 있고 기욺이 있었네 有平有陂
공의 말씀은 강직하였고 公言侃侃
공의 낯빛은 진실하였네 公色肫肫
그 손에 자부하는 바를 쥐고 있었으니 有藉其手
한결같은 정성이었네 壹是誠悃
우리 성상의 위태함과 의심을 진정시키고 鎭我危疑
우리 세손에게 훌륭한 계책을 남기도록 도왔네 翼我詒謀
호흡하는 잠깐 사이에 폭풍이 불고 우레가 쳐서 呼吸風霆
두추[141]를 옮겨 놓았네 運斡斗樞
이것이 그 큰 절개이니 此其大節
남들은 감히 말하지 못하였네 人莫敢言
그 나머지를 기술하여 請述其餘
이 글에서 징험할 것을 청하노라 以徵斯文
한천(寒泉 이재)의 가르침을 받듦에 寒泉奉教
먼저 그 큰 것을 세웠네 先立其大
나와서 조정에서 드날리니 出而揚廷
지조와 기개에 감격하고 우러렀네 激仰志概
성상의 사친에 대한 효성이 미치지 못함에 聖孝靡逮

표준을 잘 받들고 지켜 네가 표준을 보전할 수 있게 해줄 것이다.〔五皇極, 皇建其有極, 斂是五福, 用敷錫厥庶民, 惟時厥庶民, 于汝極, 錫汝保極.〕"라고 하였다. 여기에서는 영조가 탕평(蕩平)을 내세워 당쟁을 폐단을 없애려고 한 것을 이른다.

141 두추(斗樞) : 북두칠성의 첫 번째 별인 천추성(天樞星)으로, 국가의 중앙 정권을 비유하는 말로 쓰인다.

혹 풍녜[142]를 의심하였는데	或疑豐昵
낭봉[143]의 한 말씀이	囊封一言
예로써 절도를 삼았네	以禮爲節
서쪽으로 떠난 사신이 왕명을 욕되게 하여	西价辱命
옛날의 동궁(彤弓)과 노궁(盧弓)에 견주니[144]	媲古彤盧
꿋꿋이 서서 글을 올려	介立陳辭
대의를 붙들었네	大義是扶
무묘(武廟 동관왕묘)에서 좌배[145]하려고 함에	武廟萎拜
우리 예복으로 바꾸게 하였네	易我袞冕
왕이 말씀하기를, 너를 가상히 여기노니	王曰嘉乃
너의 선한 한마디 말에 힘입었노라 하시고	賴一言善

142 풍녜(豐昵) : 다른 선조들은 염두에 두지 않고 자기 부친만 위하여 존숭하는 것으로, 여기에서는 영조가 생모인 숙빈(淑嬪) 최씨(崔氏)의 사당에 자주 친림하여 제사를 올린 것을 두고 말한 것이다. '昵'는 '禰'와 통용되는 글자로, 아버지의 사당을 뜻한다. 《서경(書經)》 〈상서(商書) 고종융일(高宗肜日)〉에 "제사를 거행함에 있어 오직 아버지의 사당에만 풍성하게 하지 마소서.〔典祀無豐于昵〕"라고 한 데에서 나온 말이다.

143 낭봉(囊封) : 누설될까 염려하여 주머니에 넣어서 봉함해 올린 상소를 이른다.

144 서쪽으로……견주니 : 심양(瀋陽)에 다녀온 사신이 청(淸)나라 황제가 하사한 활과 화살을 가지고 와서 법가(法駕)의 의장과 호위로 삼을 것을 청한 일을 두고 말한 것이다. 동궁(彤弓)은 붉은 칠을 한 활이고 노궁(盧弓)은 검은색의 활인데, 고대에 천자가 공이 있는 제후나 전쟁에 나가는 장수 및 대신에게 하사한 것이다.

145 좌배(萎拜) : 갑옷 차림일 때에 무릎을 땅에 대지 않고 몸을 살짝 굽혀 절하는 모양을 취하는 것으로, 《예기(禮記)》 〈곡례(曲禮)〉에 "갑옷을 입은 자는 절하지 않으나, 절하게 되면 좌배로 한다.〔介者不拜, 爲其拜而萎拜.〕"라고 하였다. 여기에서는 정조가 세손 시절에 갑옷 차림으로 동관왕묘(東關王廟)에서 전작례(奠酌禮)를 행하려고 했던 것을 두고 말한 것이다.

왕이 또 말씀하기를, 환관과 궁첩들이	王曰宦妾
너의 이름을 알지 못한다 하셨으니	不知乃名
밝게 빛나는 화곤[146]이여	煌煌華袞
누가 감히 이 평가를 바꾸겠는가	疇敢改評
저 바르지 못한 사람이	彼哉匪人
감히 사문(師門)에 의탁하려고 하였는데	敢托門墻
부임하기에 앞서 올린 한 상소가	臨行一疏
엄중하게 방비를 세웠네	嚴立隄防
도성 사람들이 가액하니	都人加額
사마공이 낙양에서 일어났거늘[147]	司馬起洛
공은 그 마음에 맹세하여	公矢厥心
확고한 의지를 바꾸지 않았네	不改其確
하남[148]의 고제이고	河南高弟

146 화곤(華袞) : 고대 왕공(王公)과 귀족의 복장으로, 지극히 영광스러운 칭찬을 뜻한다. 진(晉)나라 범녕(范寧)의 〈춘추곡량전 서(春秋穀梁傳序)〉에 "한 글자의 칭찬이 화곤을 받는 것보다도 영광스럽고, 한마디의 폄하가 시장에서 회초리를 맞는 것보다도 치욕스럽다.〔一字之褒, 寵逾華袞之贈; 一言之貶, 辱過市朝之撻.〕"라는 말이 있다.

147 도성……일어났거늘 : 가액(加額)은 두 손을 이마에 대어 상대방에게 경의를 표하는 것이다. 사마공(司馬公)은 송(宋)나라 때의 학자이자 정치가인 사마광(司馬光, 1019~1086)을 이른다. 사마광은 신종(神宗) 때에 왕안석(王安石)의 신법(新法)에 반대하여 벼슬을 그만두고 낙양(洛陽)에서 15년 동안 거주하며 《자치통감(資治通鑑)》을 저술하는 일에만 몰두하였다. 이때 낙양 사람들이 그를 존모하여 재상으로 발탁되기를 늘 바라서, 사마광이 예궐할 때면 멀리서 바라보고 가액하며 말하기를, "이분이 사마상공이시다.〔此司馬相公也〕"라고 하였다. 뒤에 신종이 죽고 철종(哲宗)이 즉위한 뒤에 재상으로 발탁되어 신법을 폐지하고 구법(舊法)을 회복시켰다. 《宋史 卷336 司馬光列傳》

원우의 완인[149]이니 元祐完人

동시대 인물을 차례로 꼽아봄에 歷選幷世

비견할 사람이 적네 尠與擬倫

아름답게 영종하니 嘉樂令終

은혜와 예우가 특별히 더하였네 恩禮有加

태상에서 시호를 내리니 太常節惠

나라를 염려하여 집안을 잊었다는 것이네 慮國忘家

높고 높은 삭녕산에 嵂嵂寧岳

고요하고 고요한 무덤이 있네 侐侐玄堂

내가 그 비석에 명문을 지어서 我銘其刻

무궁한 후세에 밝게 보이노라 昭示無疆

148 하남(河南) : 하남 사람인 송(宋)나라 학자 정호(程顥)・정이(程頤)를 가리킨다.

149 원우(元祐)의 완인(完人) : 당론에 휩쓸리지 않고 자신의 절조를 잘 지키면서도 끝내 화를 입지 않은 사람을 이르는 말이다. 원우는 송(宋)나라 철종(哲宗)의 연호로, 당시에 당쟁이 극심하여 사마광(司馬光)을 중심으로 한 문언박(文彦博), 소식(蘇軾), 정이(程頤), 황정견(黃庭堅) 등의 구법당(舊法黨)은 왕안석(王安石)을 중심으로 한 채경(蔡京), 증포(曾布) 등의 신법당(新法黨)에게 갖은 박해를 당하였는데, 구법당에 속하는 유안세(劉安世)만은 신법당의 회유에도 불구하고 자신의 절조를 지킨 채 벼슬을 하지 않으면서 아무런 화를 당하지 않았다. 이에 세상에서 그를 '원우의 완인'이라고 칭하였다. 《宋史 卷345 劉安世列傳》《宋名臣言行錄 後集 卷12》

비 碑

송담사 묘정비 무신년(1848, 헌종14)

松潭祠廟庭碑 戊申

양산군(梁山郡) 서쪽 취령(鷲嶺) 기슭에 우뚝한 사당이 있으니 옛 충신 백공(白公)의 사당이다. 공은 휘가 수회(受繪)이고 자가 여빈(汝彬)으로, 부여(扶餘) 사람이다. 빼어난 자질을 타고나서 강개하여 큰 뜻이 있었다.

임진년(1592, 선조25)에 산중의 서재에서 독서하고 있었는데 왜구(倭寇)가 갑자기 쳐들어와서 마침내 포로로 붙잡혀 바다를 건너가게 되었다. 왜적이 강제로 무릎을 꿇게 하자 공은 분개하여 꾸짖기를 그만두지 않으며 죽음을 스스로 맹세하였다. 왜적이 노하여 공을 깊숙한 구덩이에 세 달 동안 가두어 두었으나 끝내 뜻이 흔들리지 않고 왼쪽 팔에 "차라리 이씨의 귀신이 될지언정 견양의 신하가 되지 않겠다.〔寧爲李氏鬼 不作犬羊臣〕"라는 열 자의 글자를 새겼다. 왜적이 또 칼날을 들이대며 위협하자 공은 목을 길게 늘이며 말하기를,

"빨리 나를 베어라."

라고 하였다. 왜적이 장차 삶아 죽일 것처럼 끓는 가마솥을 준비하자 공은 웃으면서 나아가며 말하기를,

"이는 나의 소원이다."

라고 하였다. 그러자 왜적의 우두머리가 이를 멈추게 하며 말하기를,

"이 사람은 천하의 의사(義士)이다. 어찌 명분 없이 죽일 수 있겠는가."

라고 하니 여러 왜적들이 공경하여 복종하지 않는 이가 없었다. 이때 공의 나이 19세였다. 9년 만에 결국 절개를 온전히 지키고 돌아오니 원근의 사람들이 모여들어 팔에 새긴 글자를 보여주기를 청하고 혀를 내두르며 감탄하였다.

광해군 때에 정사가 혼란하여 흉악한 무리들이 금용(金墉)의 논의[150]를 꺼내서 팔도에 통문을 돌려 알리고 기일을 정하여 이를 청하는 상소를 올리려고 하였다. 공이 통곡하며 말하기를,

"천하에 어찌 어머니 없는 나라가 있겠는가."

라고 하고는 그 통문을 찢어 던져 버리니 이를 보는 자들은 얼굴빛이 변하였으나 공은 태연하였다. 인묘(仁廟 인조)가 반정한 뒤에 크게 칭찬을 더하고 관직을 제수하도록 명하였다. 이에 갑자년(1624, 인조2)에 사옹원 참봉에 제수되었으나 나아가지 않았고, 곧이어 예빈시 참봉에 제수되자 사은숙배하고 돌아왔다.

무진년(1628)에 성지(聖旨)에 응하여 여섯 조문의 상소를 올렸으

150 금용(金墉)의 논의 : 인목대비(仁穆大妃)를 서궁(西宮)에 유폐시키려는 논의를 말한다. 금용은 중국 하남성(河南省) 낙양현(洛陽縣)의 옛 낙양성(洛陽城) 서북 모퉁이에 있는 성(城)으로, 삼국 시대 위(魏)나라 명제(明帝)가 쌓은 것인데, 진(晉)나라 사마사(司馬師)가 임금 조방(曹芳)을 폐위한 뒤에 이곳으로 옮겼고, 진(晉)나라 양후(楊后)와 민회태자(愍懷太子)가 이곳에 유폐되었으며, 조왕(趙王) 사마륜(司馬倫)이 찬탈한 뒤 혜제(惠帝)를 이곳에 거하게 하였다. 《讀史方輿紀要 河南 洛陽縣》

니, 첫 번째는 공신(功臣)들이 탐욕을 부리고 방종함을 말한 것이고, 두 번째는 인성군(仁城君)[151]의 억울함을 논한 것이고, 세 번째는 연좌된 사람들 중에 억울한 자를 마땅히 소결(疏決)하여 풀어 줄 것을 말한 것이고, 네 번째는 편당으로 사람을 취사(取捨)하지 말 것을 말한 것이고, 다섯 번째는 어영청의 군보(軍保)가 옛 제도가 아님을 말한 것이고, 여섯 번째는 호패(戶牌)와 군적(軍籍)의 폐단을 말한 것이다. 말한 내용이 모두 법도에 맞았으나 승정원에서 기각을 당하여 시행되지 못하였으니 애석하다. 경자년[152]에 또 연신(筵臣)의 건의로 인하여 자여도 찰방(自如道察訪)에 제수되었는데 근검절약하며 직무를 받드니 쇠잔한 역촌이 이 덕분에 소생하였다.

향년 69세로 임오년(1642, 인조20) 2월 20일에 졸하니 양산군의 북동(北洞) 묘좌(卯坐)에 장례하였다. 온 고을의 선비들이 공의 절의(節義)를 자세히 기술하여 조정에 보고하니, 현종 경술년(1670, 현종11)에 공에게 호조 참의를 추증하고 마을에 정문(旌門)을 세워 '충신지문(忠臣之門)'이라고 하였다. 숙종 병자년(1696, 숙종22)에 군수 조무훈

151 인성군(仁城君) : 이공(李珙, 1588~1628)으로, 호는 백인당(百忍堂)이다. 선조의 일곱째 아들이며, 어머니는 정빈(靜嬪) 민씨(閔氏)이다. 1623년(인조1) 인조반정 이후 인조는 숙부의 예로써 대우하였으나, 이듬해 이괄(李适)의 난 때에 혐의를 받고 간성(杆城)으로 귀양 갔다가 후에 원주(原州)로 옮겼고, 어머니의 병으로 관대한 처분을 받고 풀려났다. 1628년 유효립(柳孝立) 등이 모반할 때에 왕으로 추대되었다고 하여 다시 진도(珍島)에 유배되었는데 자살을 강요받고 죽었다. 1637년에 인조의 명으로 관작을 회복하였다. 시호는 효민(孝愍)이다.

152 경자년 : 원문에 '庚子'로 되어 있는데, 백수회(白受繪)의 생몰년 사이에 든 경자년은 1600년(선조33)으로, 본문의 내용과 연도가 맞지 않는바 원문에 착오가 있는 듯하다.

(曺武勛)이 양산군의 성(城) 동쪽에 충렬사(忠烈祠)를 세웠는데, 정유년(1717)에 공의 고택 옆으로 이건하고 '송담(松潭)'이라는 사액(賜額)을 내렸다.

공은 풍도(風度)가 아름다워서 수염과 눈썹이 시원스러웠고 가슴이 확 트였다. 평소에는 온순하고 공손하여 스스로 품격이 높음을 자부하지 않았으나 지기(志氣)가 굳세어서 옳고 그름을 분별함에는 못을 끊고 쇠를 자르는 것처럼 단호하였다. 이역에서 절개를 온전히 지켜서 백번 죽어도 후회하지 않은 것은 소무(蘇武)[153]와 같았고, 혼탁한 조정에서 몸을 깨끗이 하여 강상(綱常)을 붙든 것은 동양(董養)[154]과 같았고, 글을 올려 할 말을 다해서 기휘(忌諱)를 범한 것은 진동(陳東)·구양철(歐陽澈)[155]과 같았으니, 이는 공의 세 가지 큰 절개이다. 이 중에

153 소무(蘇武) : 한(漢)나라 때의 충신으로, 무제(武帝) 때 흉노(匈奴)에 사신으로 갔다가 19년 동안을 억류되어 온갖 곤욕을 치렀다. 그러나 끝까지 절개를 굽히지 않고 한(漢)에서 가져간 대나무 부절(符節)이 다 닳도록 버티다가 소제(昭帝)가 즉위하여 흉노와 화친(和親)한 뒤에 비로소 노인이 된 몸으로 돌아왔다. 《漢書 卷54 蘇武傳》

154 동양(董養) : 진(晉)나라 때의 절사(節士)로, 자는 중도(仲道)이다. 태시(泰始) 초년에 낙양(洛陽)에 와서 벼슬하지 않고 있다가 양 태후(楊太后)가 폐위되어 금용성(金墉城)에 유폐되자 태학(太學)의 마루에 올라가 탄식하고 나서 〈무화론(無化論)〉을 지어 비난하였다. 그 뒤 세상이 어지러워지자 처와 함께 촉(蜀) 땅으로 들어가 종신토록 자취를 숨겼다. 《晉書 卷94 董養列傳》

155 진동(陳東)·구양철(歐陽澈) : 송(宋)나라 때의 사람들로, 모두 간신을 탄핵하였다가 죽임을 당하였다. 진동은 흠종(欽宗) 때에 태학생으로서 글을 올려 채경(蔡京)·동관(童貫)·왕보(王黼)·이언(李彦)·양사성(梁師成)·주면(朱勔) 여섯 사람을 육적(六賊)이라고 지목하고 그들을 주살하여 천하에 사죄(謝罪)하기를 청하였다가, 뒤에 황잠선(黃潛善)의 참소에 의해 저자에서 참형(斬刑)을 당하였다. 《宋史 卷455 陳東列傳》 구양철은 고종(高宗) 때에 포의(布衣)로서 시폐(時弊)를 논하는 글을 올렸

하나만 해당되더라도 수립함이 우뚝한 것이니, 더구나 세 가지를 겸비한 자는 어떠하겠는가.

공은 외진 땅에서 생장하여 사우(師友) 간에 절시(切偲)[156]하는 유익함이 없었는데도 그 성취한 바가 이와 같았으니, 어찌 학문이 없이 그러했겠는가. 아아, 철석(鐵石)과 같은 깊은 충정을 지키고 송백(松柏)과 같은 바른 지조를 닦아서 추운 계절 속에서 곧은 마음을 보이고 사나운 바람 속에서 굳센 절개를 드러내어 끓는 가마솥에 나아가고 시퍼런 칼날을 밟으면서도 돌아보지 않았던 것은 모두 목적한 바가 없이 행한 것이니,[157] 참으로 충심이 추상(秋霜)처럼 맹렬하고 정신이 백일(白日)을 꿰뚫는다. 작설(綽楔)로 영화롭게 하고 조두(俎豆)로 제사를 받드는 것이 어찌 당연하지 않겠는가. 옛날에 주 부자(朱夫子 주희(朱熹))는 충절을 세운 산승(山僧)과 호위병에 대해서도 표장(表章)을 해 주었는데, 더구나 시종 태산(泰山)보다도 중한 절개를 세운 공과 같은 경우에는 어떠하겠는가. 마침내 이를 써서 비석에 새기게 한다.

다가 진동과 함께 죽임을 당하였다. 《宋史 卷455 歐陽澈列傳》

156 절시(切偲) : 절절시시(切切偲偲)의 준말로, 붕우 간에 간절하고 자상하게 권면하는 것이다. 자로(子路)가 어떠해야 선비라고 할 수 있는지를 묻자, 공자(孔子)가 답하기를, "간절하고 자상하게 권면하며 화락하면 선비라고 할 수 있다. 붕우 간에는 간절하고 자상하게 권면하고, 형제간에는 화락해야 한다.〔切切偲偲, 怡怡如也, 可謂士矣. 朋友切切偲偲, 兄弟怡怡.〕"라고 하였다. 《論語 子路》

157 목적한……것이니 : '목적한 바가 없이 행한다'는 것은 송(宋)나라 때의 학자 장식(張栻)의 말에 보이는데, "목적한 바가 없이 행하는 것은 의(義)이고, 목적한 바가 있어 행하는 것은 이(利)이다.〔無所爲而爲之者, 義也; 有所爲而爲之者, 利也.〕"라고 하였다. 《近思錄集註 卷7》

정통사 묘정비

正統祠廟庭碑

'정통(正統)'이라는 이름은 어디에 근본을 두는가? 《춘추(春秋)》에 근본을 둔다. 그러므로 전(傳)에 이르기를, "《춘추(春秋)》는 정(正)에 처하는 것을 중대하게 여긴다.〔春秋大居正〕"라고 하였고 또 말하기를, "왕자(王者)는 일통(一統)을 중대하게 여긴다.〔王者大一統〕"라고 하였으니[158] 이것이 '정통'이라는 이름이 유래한 바이다.

정통은 군신(君臣)의 등급을 분별하고 화이(華夷)의 구분을 엄격히 하는 것인데, 사문(斯文)에도 또한 '거정(居正)'과 '대통(大統)'이 있다. 공자(孔子)는 여러 성인(聖人)을 집대성(集大成)하였고 주자(朱子)는 여러 현인(賢人)을 집대성하였고 우암(尤菴) 송자(宋子 송시열(宋時烈))는 여러 유자(儒者)를 집대성하였으니 집대성한 것이 정

158 전(傳)에……하였으니 : '전'은 《춘추공양전(春秋公羊傳)》을 이른다. 《춘추공양전》 은공(隱公) 3년 조에서 송(宋)나라 선공(宣公)이 아들 여이(與夷) 대신에 아우 목공(穆公)에게 왕위를 물려준 것을 비판하여 말하기를, "군자는 정(正)에 처하는 것을 중대하게 여긴다. 송(宋)나라의 화는 선공이 만들어 낸 것이다.〔君子大居正. 宋之禍, 宣公爲之也.〕"라고 하였다. '송(宋)나라의 화'란, 목공이 형인 선공에게 은혜를 갚기 위해 다시 조카인 여이에게 왕위를 물려주고 자신의 아들은 나라 밖으로 쫓아냈는데 뒤에 쫓겨난 아들 풍(馮)이 여이를 죽이고 왕위에 오른 일을 말한다. 또 은공 원년 조에서 '춘왕정월(春王正月)'이라고 한 것을 해석하여 말하기를, "무엇 때문에 '왕정월'이라고 하였는가. 일통(一統)을 중대하게 여기기 때문이다.〔何言乎王正月? 大一統也.〕"라고 하였다. '일통'은 천하의 제후가 모두 주(周)나라 천자를 중심으로 통일된 것을 이른다.

통이 되는 것이다.

개천군(价川郡)에 '정통'이라는 이름의 산이 있다. 처사 현봉겸(玄鳳謙)이 우암과 수암(遂菴 권상하(權尙夏)) 두 선생의 화상(畫像)을 가숙(家塾)에 봉안하였는데, 그의 아들 현재묵(玄在默)과 현재덕(玄在德)이 정통산 아래에 사당을 창건하여 우암을 주벽(主壁)으로 삼고 수암을 배향하였다. 삼산(三山) 이 문경공(李文敬公) 태중(台重)이 사당의 이름을 '정통'이라고 하고 손수 글을 써서 찬(贊)하였으며, 상와(常窩) 이 효정공(李孝貞公) 민보(敏輔)가 또 글을 지어 표장하였다. 시종 백 년이 다 되어서야 사당의 모습이 이루어져서 재실(齋室)과 부엌과 욕실이 모두 갖추어졌으니 엄연히 하나의 학교가 되었다. 현봉겸의 종증손(從曾孫)인 현응수(玄膺洙)와 현근수(玄近洙)가 같은 고을의 선비들과 묘정(廟庭)에 비석을 세울 것을 도모하여 나에게 비문을 지어 줄 것을 청하였다. 이에 나는 의리상 감히 사양할 수가 없어서 붓을 잡고 다음과 같이 적는다.

우암 선생은 휘가 시열(時烈), 자가 영보(英甫)로, 은진(恩津) 사람이니, 정미년(1607, 선조40)에 태어났다. 영릉(寧陵 효종)이 예우를 극진히 하여 초빙하니 벼슬이 좌의정에 이르러 치사하였다. 명릉(明陵 숙종) 기사년(1689, 숙종15)에 후명(後命)을 받았는데, 갑술년(1694)에 성상이 크게 뉘우쳐 선생의 관작을 회복하고 또 '문정(文正)'이라는 시호를 내렸다. 원릉(元陵 영조) 정축년(1757, 영조33)에 공자(孔子)의 사당에 배향하게 하였다. 건릉(健陵 정조) 무술년(1778, 정조2)에 효종(孝宗)의 묘정에 배향하게 하고 명하여 영릉의 곁에 대로사(大老祠)[159]를 세워서 한몸 같은 군신을 함께 제사하는 의리[160]를 부쳤다. 선생은 효묘(孝廟 효종)의 지우(知遇)를 받을 적에 천하의 대경(大經)

을 자임하였는데, 중도에 활을 끌어안고 울게 되어[161] 할 수 있는 일이 없게 되자 물러나 화양(華陽)의 산중에서 은둔하였다. 그러나 오히려 세교(世教)에 마음이 간절하여 천리를 밝히고 인심을 바로잡는 것을 자신의 책임으로 여겨서 선성(先聖)의 도(道)를 열어 주고 이단의 설을 배척하여 우리 좌해(左海) 한 지역이 군신과 부자의 인륜을 알아서 이적(夷狄)과 금수(禽獸)가 됨을 면하게 하였으니, 이는 바로 선생의 은혜이다. 그 공업과 교화가 성대한 것이 맹자(孟子)와 주자 이후로 오직 한 분이다.

수암 권 선생(權先生)은 휘가 상하(尙夏), 자가 치도(致道)로, 안동(安東) 사람이니, 신사년(1641, 인조19)에 태어났다. 유일(遺逸)로 천거되어 또한 좌의정에 제수되었으나 나아가 벼슬하지 않았다. 신축년(1721, 경종1)에 별세하였는데, 곧바로 사화(士禍)[162]를 당하여 그 화

159 대로사(大老祠) : '대로(大老)'는 송시열(宋時烈)을 지칭하는 것으로, 1785년(정조9)에 완공되어 사액(賜額)이 내려졌다. 효종의 능인 영릉(寧陵)이 있는 경기도 여주(驪州)에 위치한다.

160 한몸……의리 : 본래 촉한(蜀漢)의 군주인 유비(劉備)를 향사하는 곳 근처에 그의 신하인 제갈량(諸葛亮)의 사당을 세워 함께 제사했던 것을 두고 이르는 말로, 두보(杜甫)의 〈영회고적(詠懷古迹)〉 시에 "무후의 사당이 장구히 인근에 있으니, 한몸 같은 군신인지라 제사도 함께 올리네.〔武侯祠屋長隣近, 一體君臣祭祀同.〕"라고 한 것에서 비롯된 말이다.

161 활을……되어 : '활을 끌어안고 운다'는 것은 임금의 죽음을 슬퍼함을 이른다. 황제(黃帝)가 형산(荊山) 아래에서 솥을 주조하여 완성되자, 하늘에서 용이 내려와 황제를 태우고 올라갔는데, 신하들과 궁인들 중에 따라 올라간 자가 70여 명이었다. 이때 용의 몸통을 직접 잡지 못한 신하들이 용의 수염을 붙잡았더니 수염이 뽑혀 떨어지면서 황제의 활도 함께 떨어졌다. 그러자 백성들이 그 활과 수염을 끌어안고 울부짖었다고 한다.《史記 卷28 封禪書, 卷12 孝武本紀》

(禍)가 천양(泉壤)에 미쳤다. 영종(英宗 영조) 을사년(1725, 영조1)에 관작이 회복되고 '문순(文純)'이라는 시호가 내렸다. 처음에 우암이 임종할 적에 수암에게 뒷일을 부탁하며 말씀하기를,

"학문은 마땅히 주자를 종주로 삼아야 하고, 사업은 마땅히 효종의 뜻과 사업을 계승해야 한다."

라고 하였다. 그리고 '직(直)' 자의 가르침[163]으로 거듭하였다. 수암은 스승의 가르침을 전습하여 정학(正學)을 창명하였다. 명(明)나라가 옥사(屋社)[164]한 해와 같은 해인 갑신년(1704, 숙종30)에 화양동(華陽

162 사화(士禍) : 경종 즉위 초인 신축년(1721, 경종1)과 임인년(1722)에 세제 책봉과 대리청정을 둘러싸고 일어났던 신임사화(辛壬士禍)를 이른다. 1720년에 숙종이 승하하고 경종이 33세의 나이로 즉위하였는데, 후사가 없고 병이 많았다. 이에 노론(老論)의 주도하에 연잉군(延礽君)이 세제로 책봉되자, 노론은 한 걸음 더 나아가 세제의 대리청정을 강행하고자 하였다. 이에 소론(少論)인 사직 김일경(金一鏡) 등이 노론의 주장을 경종에 대한 불충이라고 몰아 소(疏)를 올리자, 경종이 노론 사대신(四大臣)을 파직시켜 유배 보냈으며, 이외에도 많은 노론의 인물들을 삭직시키고 소론을 등용하였다. 1722년 3월에 목호룡(睦虎龍)이 노론 측이 세자 시절의 경종을 시해하려 했다고 고변하자, 소론은 이를 기회로 옥사를 일으켜 유배된 노론의 사대신을 사사(賜死)하게 하고, 대다수의 노론을 제거하였다. 권상하(權尙夏) 역시 노론에 속하였으므로 사후에 함께 화를 입어 1723년에 관작이 추탈되었다.

163 직(直) 자의 가르침 : 송시열(宋時烈)이 임종할 적에 권상하(權尙夏)에게 말하기를, "천지가 만물을 낳는 법칙과 성인이 만사에 응하는 법칙은 직(直)일 뿐이다. 공자와 맹자 이후로 전수해 온 것이 오직 이 '직(直)' 자일 뿐이니, 주자가 임종할 때에 문인에게 일러 준 것도 또한 이것을 벗어나지 않는다.〔天地之所以生萬物、聖人之所以應萬事, 直而已. 孔孟以來相傳, 惟是一直字, 而朱子臨終所以告門人者, 亦不外此矣.〕"라고 하였다. 《宋子大全 附錄 卷11 年譜10》

164 옥사(屋社) : 사(社)에 지붕을 덮는다는 뜻으로, 나라가 망한 것을 뜻한다. 《예기(禮記)》〈교특생(郊特牲)〉에 "천자의 대사(大社)에 지붕을 덮지 않아 서리·이슬·바

洞)에 만동묘(萬東廟)를 세우고 신종(神宗)과 의종(毅宗) 두 황제를 제사하였으니 이는 우암의 유지(遺志)를 따른 것이었다. 중화를 부흥시키려던 계책이 결국 이 사당에서 제향하는 것으로 돌아가고 말았으니 아아, 비통하다. 정유년(1717)에 온양(溫陽)의 행궁(行宮)에서 입대하였을 적에 성상에게 이 의리를 들어서 그 뜻을 계술할 것을 권면하였는데, 그 말씀이 정녕하고 간곡하여 성상을 감동시켜 손을 잡고 머물기를 권하도록 만들었으니 사림이 군신 간의 만남이 늦은 것을 안타까워하였다.

우암이 세상에 나간 것은 때가 내수외양(內修外攘)[165]할 수 있었기 때문이었고, 수암이 세상에 나가지 않은 것은 때가 내수외양할 수 없었기 때문이었다. 이것이 이른바 "때에 따라 중(中)에 처한다."[166]라는 것이니 그 법이 똑같은 것이다. 우암의 언행은 온 나라 안에 알려졌으므로 조두(俎豆)의 제향이 여러 군읍(郡邑)에 이어졌으나 유독 관서(關西)에만 없었으니 이것이 정통사가 만들어진 이유이다. 두 선생이

람·비를 직접 맞게 하는 것은 천지의 기운이 서로 통하게 하기 위한 것이다. 이 때문에 망한 나라의 사직에는 지붕을 만들어 하늘의 양기를 받지 못하게 한다.〔天子大社, 必受霜露風雨, 以達天地之氣也. 是故喪國之社屋之, 不受天陽也.〕"라고 한 데에서 온 말이다.

165 내수외양(內修外攘) : 안으로는 국정(國政)을 닦고 밖으로는 외적을 물리침을 말한다.

166 때에……처한다 : 이 말은 《중용장구(中庸章句)》 제2장의 주희(朱熹)의 주(註)에 보인다. 《중용장구》 제2장에 "군자가 중용을 함은 군자이면서 때에 맞게 하기 때문이다.〔君子之中庸也, 君子而時中.〕"라고 하였는데, 그 주(註)에 "군자가 중용을 하는 까닭은 군자의 덕이 있고 또 능히 때에 따라 중(中)에 처하기 때문이다.〔君子之所以爲中庸者, 以其有君子之德, 而又能隨時以處中也.〕"라고 하였다.

도(道)를 전하고 정통을 이은 것은 백세(百世)가 지나도록 의혹됨이 없을 것이다. 추향(趨向)을 계도하는 것은 특히 서쪽 지방보다 급한 곳이 없으니 어찌 개천의 정통사만 그러하겠는가. 그러나 마치 오늘을 기다린 것처럼 하늘이 아껴 두고 땅이 숨겨 두었던 것이 어찌 우연이겠는가. 여부(廬阜)와 무원(婺源)은 이정(二程 정호(程顥)·정이(程頤))의 발자취가 닿은 곳이 아닌데도 높이고 제사한 것은 도덕과 풍렬이 진실로 후학의 모범이 되기 때문이니 어찌 지역에 관계되겠는가. 송 선생과 권 선생 두 분을 들어서 특별히 정통사에 제사한 것은 바로 때에 알맞게 조처한 것이다. 반드시 《춘추》의 대의(大義)를 강학해야 비로소 이 이름이 실정에 들어맞는다는 것을 알 수 있을 것이니 통기(統紀)가 통일되고 정도(正道)가 밝아져서 선비들이 추향할 바를 알게 될 것이다.

원모당 김공 유허비 병오년(1846, 헌종12)

遠慕堂金公遺墟碑 丙午

태인(泰仁)의 치소에서 서쪽으로 30리 지점에 우뚝하게 여러 봉우리들 사이로 솟아난 산이 있으니 바로 칠보산(七寶山)인데, 또 북동쪽으로 수십 리를 가서 옛 현(縣)인 남전평(藍田坪)에 이르러 이 산맥이 다한다. 이곳에 깨끗한 기운이 서린 것이 마치 정기가 모여 있는 듯하니, 바로 고(故) 처사 김공(金公) 휘 후진(後進)이 태어나 자라고 죽어 장례한 곳이다. 고을의 선비들이 사당에 제사하고 이름을 남천사(藍川祠)라고 하였고, 후손들이 경이재(景肄齋)를 세워 공의 유훈(遺訓)을 강하였으며, 또 공이 살던 곳에 비를 세웠다. 아아, 살아서는 사람들이 공경하고 죽어서는 사람들이 그리워하여 그 지역에서 제향을 받으니, 진실로 어진 마음과 어진 명망이 사람들에게 깊이 각인되어 금석(金石)처럼 변하지 않고 사서(四序)처럼 어긋나지 않는 것이 아니라면 어떻게 이것을 이루겠는가.

공은 자가 비승(丕承)이고 관향은 강진(康津)의 도강(道康)이니 그 선대는 신라(新羅)에서 나왔다. 본조에 들어와서 휘 회련(懷鍊)이 한성부윤(漢城府尹)으로서 개국공신에 녹훈되었다. 그 후로 대대로 태인에 거주하여 호남(湖南)의 명문가가 되었다.

공은 젊은 나이에 학문에 뜻을 두어 이일재(李一齋 이항(李恒)) 선생을 스승으로 섬겼다. 은거하여 경서(經書)를 연구하고 염락(濂洛)[167]의

167 염락(濂洛) : '염(濂)'은 주돈이(周敦頤)가 거처하던 곳이고 '낙(洛)'은 정호(程

여러 책을 두루 통달하였으며 제현들의 화상찬(畫像贊)과 장지(狀誌)를 모아 한 책으로 만들어서 아침저녁으로 보며 감상하였다. 만년에 《주역(周易)》을 읽는 것을 좋아해서 수(數)를 궁구하여 기미를 알았다. 역적 정여립(鄭汝立)이 혼사를 맺기를 요구하자 공은 굳게 사양하였고 정여립이 유상대(流觴臺)에 이르러 공을 초청하자 공은 또 병을 핑계로 사양하고 가지 않았다.

용사(龍蛇)의 전란[168]에 연평(延平) 이공 귀(李公貴)가 장성(長城)에서 의병을 일으켰는데, 공이 종질 김대립(金大立)과 함께 남문(南門)에서 동맹하였으니 그 사적을 기록한 것이 비(碑)에 남아있다. 공은 북쪽을 바라보고 통곡하며 말하기를,

"군부(君父)가 몽진(蒙塵)하였는데 어찌 편안히 있을 수 있겠는가."

라고 하였다. 계사년(1593, 선조26)에 가동(家僮) 백여 명을 이끌고 용만(龍灣)에 가서 왕을 알현하였으며, 장자 김지백(金知白)과 종족 및 향당 사람들과 함께 의병과 곡식을 모으고 또 스스로 곡식을 내어서 바닷길을 따라 행조(行朝)에 바치고 고제봉(高霽峯 고경명(高敬命)) 등 여러 의병장에게 나누어 공급하였으니 이것이 또한 수백 포였다. 이어서 제창하여 말하기를,

"천병(天兵)이 우리를 위하여 노천에서 시퍼런 칼날을 무릅쓰며 죽을 지경에 이르면서도 손발이 얼어 터짐을 면치 못하고 있으니, 우리

顥)와 정이(程頤)가 거처하던 곳인데, 곧 이들이 했던 학문인 성리학을 의미한다.

168 용사(龍蛇)의 전란 : 임진년(1592, 선조25)과 계사년(1593)에 걸쳐 일어났던 임진왜란을 가리킨다. '임진(壬辰)'의 '진(辰)'은 용(龍)을 뜻하고 '계사(癸巳)'의 '사(巳)'는 뱀[蛇]을 뜻하므로 이렇게 이르는 것이다.

사민(士民)들이 부인과 자식을 끌어안은 채 편안히 앉아서 월(越)나라 사람이 진(秦)나라 사람이 야윈 것을 보듯이 해서야[169] 되겠는가."

라고 하였다. 그리고 저장해 둔 옷감을 모두 내어 수천 근을 가져다가 공급해 주었다. 그러자 천병이 기뻐하여 춤을 추며 말하기를,

"우리들이 얼어 죽지 않게 된 것은 김공의 힘이다."

라고 하였다. 특별히 군자감 직장에 제수되었으나 사양하고 나아가지 않았다.

공은 지극한 효성을 타고나서 어버이를 봉양할 적에 뜻과 물품을 모두 정성스럽게 받들었고, 여묘(廬墓)하면서 죽을 먹기를 6년 동안 하고 손수 묘소에 소나무와 가래나무를 심으니 온 고을 사람들이 이를 사랑하고 아꼈다. 상기(喪期)를 마친 뒤에 당(堂)에 '원모(遠慕)'라는 편액을 걸어서 끝없는 효심을 부쳤다. 보계(譜系)를 정리하고 세족(世族)을 거두어서 근본을 잊지 않게 하기를 이천(伊川)의 가르침대로 한결같이 따랐다.[170] 매번 흉년을 만나면 곡식을 내어 궁핍한 자들을 구제하여서 자루를 가지고 가서 집집마다 구휼해 주고 가마솥에 불을 때어 사람마다 입에 풀칠하게 해 주니, 고을 사람들이 공이 구휼하고

169 월(越)나라……해서야 : '월(越)나라 사람이 진(秦)나라 사람이 야윈 것을 보듯이 한다'는 것은 남의 일에 전혀 관심이 없음을 비유하여 말한 것이다. 월(越)나라는 중국의 동남에 위치하고 진(秦)나라는 서북에 위치하여 거리가 매우 멀어서 서로 정(情)이 소원하므로 이렇게 이르는 것이다.

170 보계(譜系)를……따랐다 : 이천(伊川)은 송(宋)나라 학자 정이(程頤)로, 말하기를, "천하의 인심을 다스리기 위해서는 종족을 거두고 풍속을 후하게 하여 사람들로 하여금 근본을 잊지 않게 해야 하는데, 그러기 위해서는 모름지기 보계를 밝히고 세족을 거두며 종자에 관한 법을 세워야 한다.〔管攝天下人心, 收宗族, 厚風俗, 使人不忘本, 須是明譜系, 收世族, 立宗子法.〕"라고 하였다. 《近思錄 卷9》

죽을 끓여 준 곳에 '부전(釜田)'이라는 이름을 붙였다. 곤궁한 백성들 중에 스스로 노비로 팔려 가는 경우가 많았는데, 공이 그 값을 주고 그 문서를 태우면서 말하기를,

"네가 죽는 것을 슬퍼하여 살려 주었으니 또 어찌 이로 인하여 노복으로 삼겠는가."

라고 하였다. 공이 별세한 지 수십 년 뒤에 또 큰 흉년을 만났는데 그 사람들 중에 스스로 와서 복역하기를 청한 자가 백여 명이나 되었으나 두 아들이 공의 유지에 따라 물러가게 하였다.

공은 태창(泰昌) 경신년(1620, 광해군12) 12월 3일에 졸하였으니 태어난 해인 경자년(1540, 중종35)으로부터 81세가 되던 해이다. 공은 효성이 순수하여 종신토록 사모하는 마음을 다하였고 충심이 독실하여 부지런히 일하는 정성을 드러내었다. 곡식을 배로 운반하여 행조에 바치고 옷감을 수송하여 천병을 입혔다. 의리를 제창하여 의병을 모았으나 그 공로를 자부하지 않았고, 관직을 사양하여 은거하였으나 그 지키는 바를 자랑하지 않았다. 또 선조에 대해 추본(推本)하고 반시(反始)하여 그 은혜가 백성들에게까지 미치게 하니 행하고 말한 바가 진실로 법이 될 만하였다. 이것은 모두 목적한 바가 없이 행한 것이었다.[171] 이는 타고난 자질이 훌륭한 데에서 기인한 것이지만 학문한 공 또한 속일 수가 없으니, 만약 선후로 아버지와 스승의 가르침이 없었다면

171 목적한……것이었다 : '목적한 바가 없이 행한다'는 것은 송(宋)나라 때의 학자 장식(張栻)의 말에 보이는데, "목적한 바가 없이 행하는 것은 의(義)이고, 목적한 바가 있어 행하는 것은 이(利)이다.〔無所爲而爲之者, 義也; 有所爲而爲之者, 利也.〕"라고 하였다. 《近思錄集註 卷7》

또한 어떻게 여기에 이를 수 있었겠는가. 의열(義烈) 홍공 명형(洪公命亨)이 공의 묘명(墓銘)을 짓고 이재(頤齋) 황공 윤석(黃公胤錫)이 공의 행장을 지어서 공의 숨은 공덕을 드러내어 배우는 자들이 살펴보고 믿을 수 있게 하였으니, 아, 훌륭하다.

공의 후손 김형후(金炯厚)가 공의 유허에 자취가 없어져 징험할 수 없게 될까 염려하여 종인(宗人)들을 이끌어 비(碑)를 세워서 사실을 기록하고자 하였다. 이에 그 아우 김병후(金昞厚)와 족손(族孫) 김인흠(金麟欽)을 보내어 나에게 비문을 지어줄 것을 청하니, 두 사람은 나를 종유한 자들이다. 나는 늙고 병들어 죽음이 가까웠다는 이유로 사양하였으나 간청하는 것이 더욱 절실하였다. 이에 마침내 붓을 잡고 글을 써서 하늘이 정한 바가 참으로 견고하고 신명(神明)의 이치가 어긋나지 않음을 증명하는 바이다.

백촌 김 선생 유허비 병오년(1846, 헌종12)

白村金先生遺墟碑 丙午

아아, 이곳은 고(故) 충신 대총재(大冢宰 이조 판서) 김 선생(金先生) 휘 문기(文起)의 유허이다. 옥천군(沃川郡)의 남쪽 20리 지점에 사단동(社壇洞) 백지리(白池里)가 있으니, 바로 선생의 외구(外舅 장인) 이조 판서 김공 효정(金公孝貞)의 고향인데, 선생이 여기에 머물며 호를 백촌(白村)이라고 하였다. 백촌은 호남(湖南)과 영남(嶺南) 사이에 자리하면서 산수의 승경을 차지하고 있고 또 말처럼 생긴 높다란 바위가 있다. 선생이 일찍이 그 꼭대기에 정자를 마련하여 깨끗한 시내를 굽어보고 달 뜬 산을 감상하며 참된 즐거움을 부쳤다.

선덕(宣德) 병오년(1426, 세종8)에 소과와 대과에 급제하여 한림(翰林)을 거쳐 청현(淸顯)을 역임하고 이조 판서에 이르렀으며 또한 일찍이 관북(關北) 지역을 안찰(按察)하여 국방을 튼튼히 하였다. 세조 병자년(1456, 세조2) 5월에 이르러 성 충문공(成忠文公) 삼문(三問), 박 충정공(朴忠正公) 팽년(彭年), 이 충간공(李忠簡公) 개(塏), 하 충렬공(河忠烈公) 위지(緯地), 유 충경공(柳忠景公) 성원(誠源), 유 충목공(兪忠穆公) 응부(應孚)와 함께 상왕(上王 단종)의 복위를 도모한 일이 발각되어서 육신(六臣)과 함께 화를 당하였고 아들 현감 김현석(金玄錫) 또한 죽임을 당하였으며 손자와 증손이 모두 수노(收孥)[172]되었다.

172 수노(收孥) : 죄인의 가속(家屬)까지 연좌시켜 노비로 삼는 것을 이른다.

영종(英宗 영조) 신해년(1731, 영조7)에 명하여 선생의 관작을 회복하였다. 정종(正宗 정조) 무술년(1778, 정조2)에 좌찬성을 추증하고 '충의(忠毅)'의 시호를 내렸다. 신해년(1791)에 명하여 장릉(莊陵)의 충신단(忠臣壇)에 배향하고 김현석은 조사단(朝士壇)에 배향하였으며 종백(宗伯 예조 판서)을 보내어 치제(致祭)하였다. 사림들은 또 섬계(剡溪)[173]에서 선생을 제향하였다. 상하에서 높이고 보답한 바가 또한 지극하다.

선생은 김해(金海) 사람으로, 초명(初名)은 효기(孝起)이다. 조고는 휘 순(順)이고 선고는 휘 관(觀)이니 모두 대관(大官)을 지냈다. 선비(先妣) 관성 육씨(管城陸氏)는 관찰사 비(埤)의 딸이다. 선생은 빼어난 자질을 타고나서 윤리에 돈독하였다. 상례(喪禮)와 제례(祭禮)를 한결같이 《주문공가례(朱文公家禮)》를 따라서 거상(居喪)할 적에 몸을 훼상하여 거의 목숨을 보전하지 못할 지경이었으나 날마다 성묘하며 애타게 호곡하니 사람들이 그곳을 이름 붙여 '효자동(孝子洞)'이라고 하였다. 체포되었을 적에 제공들은 서로를 끌어서 대었으나 오직 선생은 자복하지 않으니 사람들이 더욱 강직하다고 여겼다.

살아서 그 직분을 다함은 의(義)이고 죽어서 그 바름을 얻음은 영화이다. 친한 무리들과 웃음을 머금으며 함께 선(善)하기를 바란 것은 제공의 뜻이고, '나는 따로 정한 것이 있으니 어찌 말할 필요가 있겠는가.'라고 여긴 것은 선생의 뜻이니, 이를 어찌 달리 보겠는가. 무릇

173 섬계(剡溪) : 경상북도 김천(金泉)에 위치한 섬계서원(剡溪書院)을 이른다. 섬계서원은 1802년(순조2)에 김문기(金文起)의 충절을 기리기 위하여 창건되었으며, 김문기의 아들 김현석(金玄錫)도 함께 배향하였다.

삶이란 사람이 매우 욕망하는 바인데 식구 백 명의 목숨을 버려 가며 기꺼이 만 번을 죽으면서도 후회하지 않은 것은, 군부(君父)는 결코 배반할 수가 없고 명교(名敎)는 결코 저버릴 수가 없고 강상(綱常)은 결코 훼손할 수가 없기 때문이었다. 뜻이 격동함에 도거(刀鋸)와 정확(鼎鑊)의 두려움을 알지 못하였고 삶을 얻는 것이 편안하다고 기필하지 않았다. 지금 선생의 세대로부터 삼백여 년이 지났는데 충성스럽고 강직한 기운이 마치 살아 있는 듯이 늠름하여 일월에 닿고 천지를 진동시키니 마땅히 세 상신(相臣)[174], 여섯 충신[175]과 함께 세대가 멀어질수록 더욱 드러나게 될 것이다. 아아, 훌륭하다.

선생의 전택은 모두 국가에 몰수되었으나 오직 정자와 누대의 옛터만큼은 우뚝하게 남아 있으니 고을의 선비들이 비를 세워 이를 기념하였다. 이에 오히려 선생의 유풍과 여운이 세상에 떨쳐져서 이를 통해 애도하고 경앙할 수 있음을 보게 되었다. 그런데 선생의 후손을 사칭하는 자가 마치 두정륜(杜正倫)이 성남(城南)을 한 집안이라고 하고[176]

174 세 상신(相臣) : 상신으로서 단종을 보필하다가 수양대군(首陽大君)이 일으킨 계유정난(癸酉靖難)으로 죽임을 당한 영의정 황보인(皇甫仁), 좌의정 김종서(金宗瑞), 우의정 정분(鄭苯) 세 사람을 가리킨다. 이들은 1791년(정조15)에 단종의 능인 장릉(莊陵)의 충신단(忠臣壇)에 배향되었다.

175 여섯 충신 : 이른바 '사육신(死六臣)'으로, 1456년(세조2)에 단종의 복위를 꾀하다가 처형된 여섯 명의 충신인 이개(李塏), 하위지(河緯地), 유성원(柳誠源), 성삼문(成三問), 유응부(兪應孚), 박팽년(朴彭年)을 이른다.

176 두정륜(杜正倫)이……하고 : 두정륜은 당(唐)나라 사람으로, 성남(城南) 두고(杜固) 지역에 사는 대성(大姓)인 두씨(杜氏)들에게 동보(同譜)하기를 청하였다가 거절당하였다. 이에 원망을 품고서 집정(執政)한 뒤에 두고 지역을 파서 수로(水路)를 만들게 하였는데 냇물이 10일 동안 핏빛으로 변하더니 그 뒤부터 두고의 두씨들이 떨치

곽숭도(郭崇韜)가 분양(汾陽)의 묘에서 통곡한 것[177]과 같이 해서 적통을 빼앗기를 도모하여 거짓말을 하고 간계를 부리다가 끝내 계획대로 할 수 없게 되자 비(碑)를 자르는 일까지 자행하였다. 선생의 남은 후손들이 차마 황폐한 채로 내버려 두지 못하여 다시 비(碑)를 세울 것을 도모해서 나에게 비문을 지어 줄 것을 부탁하였다. 이에 내가 일어나서 다음과 같이 말한다.

우리나라의 병자년은 바로 명(明)나라의 임오년과 같다.[178] 선생은 방효유(方孝孺),[179] 철현(鐵鉉)[180] 등의 제현과 세대를 초월하여 행적이

지 못하게 되었다.《古今事文類聚 後集 卷1 人倫部 不許通譜》

177 곽숭도(郭崇韜)가……것 : 곽숭도는 오대(五代) 후당(後唐) 때의 사람이다. 분양(汾陽)은 당(唐)나라 때의 명장(名將)으로, 분양군왕(汾陽郡王)에 봉해진 곽자의(郭子儀)를 가리킨다. 곽숭도가 추밀사(樞密使)가 되어 용사(用事)할 때에 재상 두노혁(豆盧革) 등이 모두 그에게 아부하여 그의 성이 곽씨(郭氏)인 것을 들어서 곽자의의 후손일 것이라고 부추겼는데, 곽숭도는 마침내 그것을 사실로 여겼다. 곽숭도가 뒤에 촉(蜀)을 정벌하러 갔을 때에 곽자의의 묘를 지나다가 말에서 내려 통곡을 하고 떠나니, 이를 들은 사람들이 웃음거리로 삼았다.《新五代史 卷24 郭崇韜列傳》

178 우리나라의……같다 : '우리나라의 병자년'은 1456년(세조2)으로, 이해에 일부 집현전 학사와 그 출신자들이 중심이 되어서 세조의 왕위 찬탈에 반발하여 단종의 복위를 도모하다가 결국 실패로 끝나 다수가 처형되거나 중형을 받았다. '명(明)나라의 임오년'은 1402년(태종2)으로, 이해에 명(明)나라 3대 황제인 영락제(永樂帝)가 당시에 연왕(燕王)으로 있으면서 반란을 일으켜 조카인 2대 황제 건문제(建文帝)의 황위를 찬탈하였다.

179 방효유(方孝孺) : 1357~1402. 명(明)나라 초기의 학자이자 문신으로, 자는 희직(希直), 호는 손지(遜志)이다. 서실(書室) 이름이 '정학(正學)'이었기 때문에 흔히 방정학으로 불린다. 송렴(宋濂)에게 수학하고, 건문제(建文帝)를 섬겨 시강학사(侍講學士)로서 당대 제일의 학자라는 중망을 누렸으나, 1402년에 연왕(燕王), 곧 영락제(永樂帝)가 무력으로 황위를 찬탈한 뒤 등극 조서를 작성할 것을 명하자, 이를 거부하다가

똑같으니 어찌 자취가 매몰되어 일컬어지지 않음을 근심하겠는가. 또 선생이 나라를 위해 목숨을 바쳐서 마치 자기 집에 돌아가듯이 편안하게 죽음에 나아간 것은 천리(天理)의 당연한 바이니 어찌 사후의 이름에 상관함이 있겠는가. 그렇다면 구구한 삼척(三尺)의 비(碑)가 또한 선생과 무슨 상관이 있겠는가. 이는 억대의 뒤에도 충신이 살았던 곳임을 알게 하려는 것이다. 선생이 일찍이 절해(絶海)에 유배될 적에 방한시(放鷳詩)를 지었는데 그 내용이 비장하니 이는 단묘(端廟 단종)가 지은 〈자규사(子規詞)〉[181]의 갱가(賡歌)[182]가 될 것이다. 아아, 애통하다. 이를 써서 돌려주어 비(碑)의 뒷면에 새기게 하는 바이다.

집안 전체가 죽임을 당하였다.

180 철현(鐵鉉) : 1366～1402. 명(明)나라 초기의 명장으로, 자는 정석(鼎席)이다. 건문제(建文帝) 초기에 산동 참정(山東參政)을 지냈다. 연왕(燕王), 곧 영락제(永樂帝)가 반란을 일으키자 제남(濟南)을 수비하면서 누차 반란군을 무찌르고 병부 상서(兵部尙書)에 올랐는데, 뒤에 반란군에게 붙잡혀 굴복하지 않다가 처형되었다.

181 자규사(子規詞) : 단종이 노산군(魯山君)으로 강봉되어 영월(寧越)로 유배될 때에 자신의 신세를 두견새에 비유하여 읊은 칠언율시(七言律詩)이다.

182 갱가(賡歌) : '갱(賡)'은 잇는다는 뜻으로, 순(舜)임금과 고요(皐陶)가 군신 간에 화답하여 노래를 이어 불렀던 데에서 창화가(唱和歌)를 의미한다. 《書經 虞書 益稷》

초관당 강공 유허비 정미년(1847, 헌종13)

楚冠堂康公遺墟碑 丁未

회령부(會寧府)의 치소(治所) 동쪽 60리 지점의 풍산사(豐山社) 도곤(都昆) 지역은 바로 명(明)나라 유민(遺民)인 초관당(楚冠堂) 강공 세작(康公世爵)이 살던 곳이다.

공은 회남(淮南) 사람이니, 대대로 장수가 되어서 삼대가 병란에 죽었다. 만력(萬曆) 46년(1618, 광해군10)에 건주(建州)의 오랑캐가 창궐하자 명(明)나라 황제가 여러 장수들에게 출정하도록 명하니 도독 유정(劉綎)이 우모령(牛毛嶺)으로 향하였다. 처음에 공의 아버지인 휘 강국태(康國泰)가 일에 연좌되어 요동(遼東)에 귀양 가 있다가 무용(武勇)으로 도역(徒役)에서 기용되어 비장(裨將)이 되어서 유정의 군대에 소속되었다. 이때 공은 나이가 18세였는데 아버지를 좇아 군중(軍中)으로 따라가자 아버지가 누차 꾸짖으며 돌아가게 하니 공이 장막 밖에 몰래 숨어서 오랑캐 땅으로 깊이 들어왔다. 그러자 아버지가 등을 어루만지며 말하기를,

"여기가 어떤 곳인데 네가 나를 따라왔느냐."

라고 하였다.

천병(天兵 명나라 군대)이 우모령을 지나다가 오랑캐에게 도륙당하여 공의 아버지도 유정을 따라 전사하니, 공은 아버지의 시신을 찾아내어 산중에 묻었다. 이 전투에 우리나라도 군대를 보내어 공격을 도왔는데 공이 우리나라의 진영으로 왔다가 사로잡혀서 거의 죽음을 면하지 못할 뻔하였다. 그러다가 또 탈출하여 요성(遼城)에 머물렀다. 경략(經

略) 웅정필(熊廷弼)이 공을 휘하로 데려와서 아버지의 원수를 갚을 것을 권하였다. 얼마 뒤에 오랑캐가 연달아 개원(開原)과 심양(瀋陽)을 함락시키니 공이 말에 뛰어올라 성(城)에서 떨어져서 요양(遼陽)으로 달아났는데 요양이 또 함락되었다. 공은 낮에는 몸을 숨기고 밤에는 길을 떠나며 우물과 참호에 빠져 거의 죽을 뻔하다가 봉황성(鳳凰城)에 이르러 광녕(廣寧) 사람 유광한(劉光漢)과 함께 흩어진 병졸들을 모아 성을 지켰다. 그러다가 유광한은 전사하고 공도 중한 상처를 입고 사로잡혔는데 또 죽지 않았다. 이때 성안의 사람 중에 공을 장하게 여기지 않는 자가 없어서 혹자는 공에게 딸을 출가시키기를 원하기도 하였으나 공은 아버지가 별세하고 아직 장례도 지내지 못했다고 하여 사양하였다.

공은 요동과 요서(遼西)가 함락되어 남쪽으로 돌아갈 길이 끊겼으니 동쪽의 조선으로 가면 그래도 오랑캐처럼 변발하고 좌임(左衽)하는 것을 면할 수 있을 것이라고 생각하였다. 이에 사람이 없는 땅을 지나 조수(鳥獸)처럼 숨어서 압록강(鴨綠江)을 건너 만포진(滿浦鎭)에 이르러 관서(關西) 지역을 두루 돌아다녔다. 이윽고 북쪽으로 회령에 이르러 이곳에 거주하면서 몸소 농사를 지어 자급자족하고 남는 것을 가지고 어려운 사람들을 구제하였다. 또 향리 사람들과 잘 지내고 약속을 잘 지키니 사람들이 공과 함께 교유하기를 좋아하였다.

공은 신장이 7척이 못 되었으나 눈빛이 빛났고 권법을 익혀서 민첩함이 보통사람보다 뛰어났다. 또 성품이 강개하여 큰 절조가 있었다. 오랑캐가 신기(神器 제위(帝位))를 도둑질하여 천하의 일이 어쩔 수 없게 된 것을 보고는 스스로 먼 변방에서 방랑하여 무지한 백성들과 함께 어울렸다. 그러나 사람들은 공이 상심하는 모습을 보지 못하였다. 술

마시기를 좋아하여 남을 따라 마시며 취하였는데, 평소에 말하기를,

"남에게 바라는 바가 없으나 술은 근심을 잊게 하므로 사양하지 않는다."

라고 하였다. 수령들이 공의 명성을 듣고 초청하면 공은 그들의 현부(賢否)를 알아보고서 뜻에 맞지 않는 자이면 초청하더라도 가지 않았다. 혹여 쌀과 재물을 주면 그 물건을 가지고 돌아가려고 하지 않고 즉시 남김없이 다 흩어 주었다. 거주하는 지역이 오랑캐의 땅과 접하였는데 우리나라가 오랑캐와 교역하여 오랑캐의 물건이 민간에 두루 퍼져 있었다. 그러나 공은 의리상 하늘을 함께 이고 있을 수 없다고 하여 조금이라도 이를 몸에 가까이하지 않았다. 집이 두만강(豆滿江)가에 있었는데 강의 북쪽은 바로 오랑캐 땅이었다. 오랑캐 땅에는 모초(茅草)가 많아서 우리나라 백성들이 항상 이를 베어다가 지붕을 해 이었는데 공은 홀로 볏짚으로 지붕을 해 이었다. 애통해하고 서글퍼하는 뜻이 평생토록 변치 않는 것이 이와 같았다.

공은 일찍이 집안의 세대와 화란을 겪은 전말을 차례로 서술하여 아들에게 남겨 주며 말하기를,

"나는 아버지가 별세하였는데 뼈를 제대로 수습하지 못하였고 나라가 망하였는데 원수를 갚지 못하였다. 그런데도 능히 죽지 못하고 다른 나라에 의탁해 살아가면서 하인들 사이에서 잡일을 하고 있다. 이는 살아서는 치욕스러운 사람이 되고 죽어서는 부끄러운 귀신이 되는 것이다. 내가 죽으면 반드시 박장(薄葬)을 하여 나로 하여금 죄를 짊어진 채로 선인(先人)을 뵙게 해야 할 것이니 이것이 너희들이 나를 효도하도록 도와주는 길이다."

라고 하였다. 이어서 분가하지 말고 재물을 달리하지 말도록 당부하니

자손들이 그 가르침대로 함께 거주하였다. 이를 통해 공의 지절과 행실을 볼 수 있다.

공은 향년 84세에 회령의 도곤 지역에서 졸하니 이때 명(明)나라가 망하여 제사를 받지 못한 지가 이미 23년이 되었다. 손자 강성훈(康成勳)의 추은(推恩)으로 참의에 추증되었다. 조정에서는 공이 천조(天朝 명나라)를 위해 절개를 온전히 했다고 하여 그 자손들을 크게 예우해서 대보단(大報壇)[183]의 제향에 참여하게 하고 충량과(忠良科)[184]에 응시하는 것을 허락하였다. 또 사과(司果)와 사용(司勇)의 녹봉을 주었고 대정(大政)을 행할 적에 번번이 녹용(錄用)하였으며 겨울과 여름에 옷감을 하사하여 해마다 이를 준례로 삼았다. 또 복호(復戶)[185] 27결을 획급(劃給)하여 공의 제사를 받들게 하였다. 열성조에서 표창하고 높인 것이 참으로 성대하다.

공의 후손 강한주(康漢柱)와 강붕정(康鵬禎)이 여러 종인(宗人)들을 이끌어 유허에 비(碑)를 세울 적에 나에게 그 비문을 지어 줄 것을 부탁하였다. 나는 칭송하건대, 공은 그 풍절이 응당 집안의 효자와 나라의 충신이 되거늘 한을 품은 채 별세하여 늠름하게 생기를 머금고

183 대보단(大報壇) : 임진왜란(壬辰倭亂) 때에 원군을 보낸 명(明)나라 신종(神宗)의 은혜를 기리기 위해 1704년(숙종30)에 창덕궁(昌德宮) 안에 설치한 제단으로, 1749년(영조25)에는 명나라 태조(太祖)와 의종(毅宗)까지 합사(合祀)하였다.

184 충량과(忠良科) : 1764년(영조40)에 처음으로 시행된 정시(庭試)의 일종으로서, 병자호란(丙子胡亂) 때 청(淸)나라에 항거하다가 순절한 이들의 충절을 기리고 아울러 그 후손들을 위로할 목적으로 처음 실시하였는데, 임진왜란(壬辰倭亂) 이후 귀화한 명(明)나라 사람의 후예들까지 치를 수 있게 하였다.

185 복호(復戶) : 충신, 효자, 열녀가 난 집의 호역(戶役)을 면제해 주는 것을 말한다.

있으니 거의 두 절개를 함께 넓히고 두 이치를 함께 지극히 한 자일 것이다. 아아, 지금 오랑캐의 운이 다하려고 해서 천하에 전쟁이 있게 되면 군사를 일으켜서 치욕을 씻는 것이 반드시 우리나라에 있을 것이고 창을 잡고 선봉이 되는 자는 반드시 공의 후손일 것이다. 이는 바로 영릉(寧陵 효종)의 유지(遺志)로서, 열성조에서 그대로 계승한 것이니, 강씨(康氏)들은 힘쓸지어다. 이를 써서 돌려주어 비석에 새기게 하는 바이다.

김산 노촌 이 선생 유허비

金山老村李先生遺墟碑

영남(嶺南) 김산군(金山郡)의 남쪽 15리 지점의 하로촌(賀老村)은 바로 노촌(老村) 이 선생(李先生)이 살던 유허이다. 선생은 이곳에서 태어나서 이곳에서 별세하였고 또 이곳에서 제향을 받고 있다. 이는 죽거나 이사해도 향리를 떠나지 않는 의리[186]로서, 한 문공(韓文公 한유(韓愈))이 말한 '향선생(鄕先生)이 별세하면 그 마을의 사(社)에서 제사한다'는 것이다.

선생은 휘가 약동(約東)이고 자가 춘보(春甫)이다. 정통(正統) 신유년(1441, 세종23)에 진사시에 합격하고 경태(景泰) 신미년(1451, 문종1)에 증광 문과에 급제하여 청현(淸顯)의 관직을 두루 역임하였으며, 다섯 번 군읍의 수령이 되고 세 번 병영(兵營)을 맡았다. 또 천추사(千秋使)로서 명(明)나라에 다녀왔고 마지막에는 이조 참판으로서 지중추부사에 올라 치사(致仕)하였다. 홍치(弘治) 계축년(1493, 성종24) 6월 13일에 승화(乘化)[187]하니 향년이 78세였다.

186 죽거나……의리 : '죽거나 이사해도 향리를 떠나지 않는다'는 것은 《맹자(孟子)》 〈등문공 상(滕文公上)〉에 보이는 말로, "죽거나 이사해도 향리를 벗어나는 일이 없다. 향전(鄕田)에 정(井)을 함께한 자들이 나가고 들어올 때 서로 짝하고, 지키고 망볼 때 서로 도우며, 질병이 있을 때 서로 붙들어 주고 잡아 준다면 백성들이 친목하게 될 것이다.〔死徙無出鄕. 鄕田同井, 出入相友, 守望相助, 疾病相扶持, 則百姓親睦.〕"라고 하였다.

187 승화(乘化) : 자연의 변화를 그대로 따른다는 말로, 죽음을 뜻한다. 도잠(陶潛)의 〈귀거래사(歸去來辭)〉 끝 구절에, "그저 자연의 변화를 따라 돌아갈 것이니, 천명을

선생은 일찍 깨우쳐 학문을 쌓아서 경전에 널리 통달하여 조정에서 벼슬할 적에 충성스럽고 강직한 간언과 바로잡아 구제하는 계책을 다하였다. 탐라(耽羅)에서 돌아올 적에 오직 채찍 하나만을 지니고 있었는데, 이윽고 말하기를,

"이것도 이 섬의 물건이다."

라고 하고는 관청의 누대에 걸어 놓고 나왔다. 세월이 오래되자 채찍이 낡아졌는데, 고을 사람들이 그 자취를 그림으로 그려서 사모하는 마음을 부쳤다. 배를 타고 떠나올 적에 태풍을 만나 거의 위태롭게 되었는데 막빈(幕賓)이 몰래 가져 온 갑옷 하나를 찾아내어 바다에 던지니 파도가 안정되어 무사히 건너올 수 있었다. 고을 사람들이 이곳에 이름을 붙여 '투갑연(投甲淵)'이라고 하고 생사당을 세워 제사하였다. 이는 선생의 사소한 행실이지만 또한 평소에 수양한 바를 살펴볼 수 있다.

선생은 타고난 자품이 관후하고 잡아 지키는 지조가 확고하여 재산을 증식하지 않고 화려함을 좋아하지 않으니 사람들이 감히 비난하는 말을 하지 못하였다. 관청에 부임할 적에는 강직하고 바르며 깨끗하고 신중하여 관절(關節 뇌물)이 통하지 않았고, 나이를 이유로 치사(致仕)를 청하여 고향에서 한가로이 노닐며 그 출처(出處)를 끝마쳤다. 그러므로 이름과 실제가 순수하여 동시대의 여러 현자들에게 존모와 칭찬을 받으니, "옥 호리병의 깨끗한 얼음이다.〔玉壺淸氷〕"라고 하기도 하고 "옥 나무의 맑은 향기이다.〔玉樹淸芬〕"라고 하기도 하고 "마음은 물

즐길 뿐 다시 무엇을 의심하겠는가.〔聊乘化以歸盡, 樂夫天命復奚疑?〕"라고 한 데에서 온 말이다.

속의 달과 같고 절개는 송죽과 같다.〔心如水月 節若松筠〕"라고 하기도 하였다. 점필재(佔畢齋) 김공(金公)은 문무(文武)의 재덕(才德)을 겸비하고 시례(詩禮)로써 군율을 삼는다고 허여하며 낭묘(廊廟)의 재상의 책무를 돌리기까지 하였으니[188] 선생의 아름다운 명망이 어떠한가.

지금 선생의 세대로부터 삼백여 년이 지나서 유풍과 여운이 세대와 함께 점점 아득해졌다. 선생의 청렴함과 곧은 절개를 칭송할 적에는 울림(鬱林)이 돌을 싣고 온 것[189]에 견줄 뿐이고 선생이 염퇴(恬退)한 것을 칭송할 적에는 감호(鑑湖)가 벼슬을 그만둔 것[190]에 견줄 뿐이니, 명성과 공적이 찬란하고 성대하여 우뚝하게 국조의 충신이 된 것이 모두 학문에 근본을 둔 것임을 아는 자가 드물다. 선생은 김강호(金江湖)[191] 선생을 스승으로 섬기고 김점필(金佔畢 김종직(金宗直)), 조매계

188 점필재(佔畢齋)……하였으니 : 점필재 김공(金公)은 김종직(金宗直, 1431~1492)으로, 자는 계온(季昷), 호는 점필재, 본관은 선산(善山)이다. 이 내용은 김종직이 이약동(李約東)의 시에 차운하여 지은 〈차이절도사부진운(次李節度使赴鎭韻)〉 시에 보인다. 《佔畢齋集 卷12 次李節度使赴鎭韻》

189 울림(鬱林)이……것 : 울림은 삼국 시대 오(吳)나라 사람인 육적(陸績)을 가리킨다. 육적은 당(唐)나라 때의 문인인 육구몽(陸龜蒙)의 선조로서 일찍이 울림 태수(鬱林太守)가 되었는데, 임기를 마치고 돌아올 때에 행장이 너무 단출하여 배가 가벼워서 바다로 나가지 못하자 배에 돌을 실어 무겁게 만든 뒤에야 출발할 수 있었다. 이에 사람들이 그 청렴함을 칭송하여 싣고 온 돌을 울림석(鬱林石)이라고 하고 대대로 보존하였다. 《新唐書 卷196 陸龜蒙列傳》

190 감호(鑑湖)가……것 : 감호는 당(唐)나라 때의 시인인 하지장(賀知章)을 가리킨다. 감호는 중국 소흥현(紹興縣)에 있는 호수 이름으로, 경호(鏡湖)로도 불린다. 하지장이 당 현종(唐玄宗) 때에 병이 들어 벼슬을 그만두고 귀향하겠다고 청하자 현종이 조서를 내려 이를 허락하고 감호와 섬천(剡川) 일대의 땅을 하사하였다. 《新唐書 卷196 賀知章列傳》

(曺梅溪 조위(曺偉))와 교유하여 도의(道義)와 덕업(德業)으로써 포은(圃隱 정몽주(鄭夢周))과 야은(冶隱 길재(吉再))의 유서(遺緖)를 계승하여 행실과 문장이 유림의 영수가 되었다. 사양하고 받음과 벼슬에 나아가고 은둔함이 각각 정도(正道)에 맞은 것은 선생에게 있어서 대덕(大德) 중의 천류(川流)[192]가 된다. 무릇 다른 사람의 선함을 칭찬할 적에 반드시 그 부형(父兄)과 사우(師友)에 근본을 두는 것은 후함이 지극한 것이다.[193] 선생이 도(道)에 나아가고 덕(德)을 이룬 것이 이처럼 드높으니 연원(淵源)에서 물든 바가 또한 성대하지 않은가.

선생이 별세하자 성상이 애도하여 예관을 보내어 치제(致祭)하고

191 김강호(金江湖) : 김숙자(金叔滋, 1389~1456)로, 자는 자배(子培), 호는 강호·강호산인(江湖散人), 본관은 선산(善山)이다. 점필재(佔畢齋) 김종직(金宗直)의 부친으로, 야은(冶隱) 길재(吉再)에게 수학하였다. 1414년(태종14)에 생원시에 합격하고, 1419년(세종1)에 식년 문과에 병과로 급제하였다. 고령 현감(高靈縣監), 개령 현감(開寧縣監), 성균관 사예 등을 지냈는데, 1456년(세조2)에 사직하고 처가가 있는 밀양(密陽)으로 내려가서 이해에 죽었다. 길재의 학문을 아들 김종직에게 잇게 하였으며, 선산의 낙봉서원(洛峯書院)에 제향되었다. 시호는 문강(文康)이다.

192 대덕(大德) 중의 천류(川流) : 큰 덕(德) 가운데 자잘한 덕(德)임을 뜻한다. 《중용장구(中庸章句)》 제30장에 "만물이 함께 길러져 서로 해치지 않으며, 도(道)가 함께 행하여 서로 위배되지 않는다. 작은 덕(德)은 냇물의 흐름이요, 큰 덕(德)은 조화를 도타이 하니, 이것이 천지가 위대함이 되는 까닭이다.〔萬物竝育而不相害, 道竝行而不相悖. 小德川流, 大德敦化, 此天地之所以爲大也.〕"라고 하였다.

193 무릇……것이다 : 이는 본래 송(宋)나라 학자 소식(蘇軾)의 말로, 《논어(論語)》〈공야장(公冶長)〉에 공자(孔子)가 제자인 자천(子賤)을 평가하면서 "군자답다 이 사람이여! 노나라에 군자가 없었다면 이 사람이 어디에서 이러한 덕을 취하였겠는가.〔君子哉, 若人! 魯無君子者, 斯焉取斯?〕"라고 하였는데, 《집주(集註)》에서 이를 해설하면서 소식의 이 말을 인용하였다.

'평정(平靖)'이라는 시호를 하사하였으며, 청백리에 녹선하여 후손들을 대대로 녹용(錄用)하였다. 또 한 고을의 선비들이 경렴서원(景濂書院)에 선생의 영령을 봉안하였다. 이에 상하에서 높이 보답한 전례가 또한 갖추어졌다.

선생의 내외 자손은 번성하여 이루 다 손꼽을 수가 없으며 이름나고 훌륭한 인물들이 배출되어 우리나라의 명문가가 되었다. 하늘이 보답을 내린 것이 아마도 여기에 있는 듯하다. 옛말에 이르기를,

"때를 만나 덕을 쌓으면 자신이 복을 받는다."

라고 하였고, 또 이르기를,

"덕이 있는 자는 반드시 그 영화를 누려서 그 자손에게까지 미친다."

라고 하였으니, 이 말이 참으로 옳다. 경기(京畿)와 영남(嶺南)에 흩어져 사는 후손들이 혹여 선생의 유허가 오래되어 터를 찾지 못하게 될까 염려해서 비(碑)를 세워 표시하였다. 이 일을 주관한 자는 바로 이명준(李明峻)과 이종화(李琮和)이다. 옛날 정백자(程伯子 정호(程顥))의 〈안락정명(顏樂亭銘)〉[194]에 이르기를,

"우물을 차마 버려 둘 수가 없고, 땅을 차마 황폐하게 내버려 둘 수가 없네. 아아, 올바른 학문을 어찌 잊을 수 있겠는가.〔水不忍廢 地不忍荒 嗚呼正學 其何可忘〕"

라고 하였으니, 나도 선생에 대하여 이렇게 말하는 바이다.

194 안락정명(安樂亭銘) : 안락정은 곡부현(曲阜縣)의 안연(顏淵)의 사당 앞에 있는 정자로, 옛날에 버려진 우물이 있던 것을 송(宋)나라 교서 태수(膠西太守) 공주한(孔周翰)이 다시 우물을 파고 정자를 지어 '안락정'이라고 이름을 지은 것이다. 정호(程顥)가 안연을 기려 명(銘)을 지었다.《山堂肆考 卷172 亭 亭近顏廟》

황명 도사로서 동국 원병에 충원된 중군 시공 유허비
皇明都司充東援中軍施公遺墟碑

성주(星州)의 치소(治所)에서 동쪽으로 30리 지점의 대동방(大洞坊) 군성산(君聖山)은 바로 황명(皇明)의 도사(都司)로서 동국(東國 우리나라)을 구원하는 병력에 충원된 중군(中軍) 절강(浙江) 시공 문용(施公文用)의 유허이다.

처음 만력(萬曆) 임진년(1592, 선조25)에 왜구(倭寇)가 쳐들어오자 대가(大駕)가 서쪽 변방으로 파천하여 명(明)나라 조정에 원병을 청하였는데, 이에 대하여 명(明)나라 조정의 의론이 통일되지 못하였다. 이때 병부 시랑(兵部侍郎) 시공 윤제(施公允濟)가 관반 부사(館伴副使)로서 병부 상서(兵部尙書) 석공 성(石公星)을 힘껏 도와 천자에게 아뢰도록 하여 병력을 내어 구원하게 하였다. 정유년(1597)에는 또 아들 문용을 보내어 행영 중군(行營中軍)이 되게 해서 도독(都督) 마공 귀(麻公貴)의 군중에 속하게 하였다. 공은 여러 해 동안 종군하면서 화살과 포석(砲石)을 무릅쓰며 적진에 나아가 용맹을 자랑해서 수차례 빼어난 공을 세웠다. 명(明)나라 군대가 이기고 돌아갈 적에 공은 병이 있어 돌아가지 못하였는데, 평소에 말하기를,

"동국(東國)은 오래도록 무사할 것이다."

라고 하더니 마침내 성주의 남쪽 법산방(法山坊)에 터를 잡아 거주하였다.

숭정(崇禎) 병자년(1636, 인조14)에 건주(建州)의 오랑캐가 동쪽으로 우리나라를 침략해 오니 천하의 일이 차마 말할 수 없는 점이 있었

다. 공은 마침내 군성산 속에서 은둔하여 그 골짜기를 '대명동(大明洞)'이라고 이름을 붙이고 모초(茅草)를 엮어 단을 쌓아서 매월 초하루와 보름마다 조복(朝服) 차림으로 분향하여 북쪽을 향해 사배(四拜)하였다. 또 절강의 산수를 벽 위에 그려 놓고 아침저녁으로 바라보았다. 이를 통해 군주와 어버이에 대한 그리움을 하루라도 마음속에서 잊지 못했음을 알 수 있다. 일찍이 《춘추(春秋)》와 사서(四書)를 읽으며 말하기를,

"이 의리에 밝으면 어디에 간들 중화(中華)가 아니겠는가."

라고 하였다. 어떤 이가 전진(戰陣)에 관한 일을 묻자 대답하기를,

"나라를 떠난 사람이 알 바가 아니다."

라고 하고 이어서 울음을 삼키며 스스로 가누지 못하였다. 그러나 일찍이 《병학기정(兵學奇正)》을 저술하여 흉중에 온축한 것을 펼쳐 내었고, 또 상위(象緯),[195] 의학(醫學), 복서(卜筮)의 학문에 밝아서 《감여지남(堪輿指南)》 및 의학과 복서에 관한 책을 지었는데, 산일되어 전하지 못하니 애석하다.

공은 융경(隆慶) 임신년(1572) 5월 5일에 태어나서 숭정(崇禎) 계미년(1643)에 별세하니 향년이 72세였다. 이듬해 갑신년(1644)에 열황제(烈皇帝 명 의종(明毅宗))가 사직을 위하여 순국하니 명(明)나라의 국통이 마침내 끊어졌다. 선묘(宣廟 선조)는 일찍이 공이 이국을 떠돌며 돌아가지 못하는 것을 안타깝게 여겼고 또 공적이 기록할 만하다고 재차 게시하여 돈독한 뜻을 다하였으며 또 중추부의 녹(祿)을 종신토

195 상위(象緯) : 상수(象數)와 참위(讖緯), 혹은 성상(星象)의 경위(經緯)를 이른다.

록 받게 하였다. 영묘(英廟 영조)는 높이고 보답함이 아직도 미진함이 있다고 생각해서 명하여 병조 참판을 추증하고 겸함(兼銜)을 준례대로 내렸다. 정묘(正廟 정조)는 특별히 본도(本道)에 명하여 유지(遺址)를 표장하게 하였고, 황단(皇壇 대보단(大報壇))에 친향(親享)하는 날에 명(明)나라 사람의 후손들에게 신조(宸藻 임금의 시문(詩文))를 하사하였는데, 공의 손자인 시유영(施有榮)이 또한 여기에 참여하였고 이어서 녹용(錄用)의 명을 받았다. 열성조에서 포창하고 가상히 여긴 것이 또한 지극하다.

공은 거주하던 군성산의 옛 집을 명(明)나라 파총(把摠) 서학(徐鶴)에게 주었다. 서학은 역시 중국 사람으로, 공과 진퇴를 함께하여 위태롭고 어려운 때에 힘을 바쳐서 진실로 천리마의 꼬리에 붙어서 간 자이니[196] 또한 뛰어난 선비이다. 공이 별세하자 이 고을에 거주하는 후손들이 매월 초하루와 보름에 절하는 것이 예(禮)에 근거가 없다고 하여 대보단(大報壇)의 의례를 따라서 세 황제[197]의 휘일(諱日)에 단에 올라 망배(望拜)를 행하니, 이는 또한 공의 뜻을 따른 것이다.

임진년(1832, 순조32)에 공의 7대손 시치박(施致博)이 공이 우리나

196 천리마의……자이니 : 천리마의 꼬리에 붙어서 갔다는 것은 덕이 높은 이의 후광을 입어 함께 이름을 알리게 됨을 뜻한다. 이는 본래 공자(孔子)의 제자 안연(顔淵)을 두고 한 말로, 사마천(司馬遷)의 〈백이열전(伯夷列傳)〉에 "백이·숙제가 비록 훌륭하기는 하였으나 공자의 말씀을 통해 그 이름이 더욱 드러났고, 안연이 비록 학문에 독실하였으나 천리마의 꼬리에 붙어서 그 행실이 더욱 알려졌다.〔伯夷、叔齊雖賢, 得夫子而名益彰; 顔淵雖篤學, 附驥尾而行益顯.〕"라고 하였다. 《史記 卷61 伯夷列傳》

197 세 황제 : 대보단(大報壇)에서 제향하는 명(明)나라의 세 황제인 태조(太祖), 신종(神宗), 의종(毅宗)을 가리킨다.

라로 출정을 온 해를 기념하여 집안사람들을 이끌고 대명단(大明壇)을 중수하였다. 갑오년(1834)에는 유허에 재실을 짓고 '풍천(風泉)'[198]이라는 편액을 걸었으며 또 장차 비(碑)를 세우려고 하였으나 이루지 못하였다. 이에 그의 아들 시정석(施珽錫)이 집안사람들을 이끌어 선친의 뜻을 이루고자 또 장차 비(碑)를 세우려고 하면서 나에게 비문을 지어 줄 것을 부탁하였다. 나는 일찍이 공의 충의(忠義)와 풍절(風節)을 흠모해 왔다. 또 공이 중국으로 돌아가지 않은 것은 이천(伊川)의 피발(被髮)[199]에서 조짐을 본 것이니 자손들이 이 덕분에 좌임(左衽)을 면하게 된 것이다. 옛날에 월(越)나라가 장차 오(吳)나라를 멸망시키려고 할 적에 오 대부(伍大夫)가 제(齊)나라에 사신으로 가서 그 아들을 부탁하였고,[200] 금(金)나라가 장차 송(宋)나라를 멸망시키려고 할

198 풍천(風泉) : 《시경(詩經)》의 편명인 〈비풍(匪風)〉과 〈하천(下泉)〉을 합칭한 말로, 두 시는 모두 주(周)나라 왕실이 쇠망한 것을 근심하고 탄식하는 내용을 담고 있다. 여기에서 비롯하여 나라가 쇠미하거나 망한 것에 대한 슬픈 감회를 뜻하게 되었다.

199 이천(伊川)의 피발(被髮) : 피발은 머리를 풀어 헤치는 것이다. 주(周)나라 대부인 신유(辛有)가 이천(伊川)을 지날 적에 머리를 풀어 헤치고 들판에서 제사 지내는 사람을 보고는 백 년이 못 되어 그곳이 오랑캐의 땅이 될 것을 예견하였는데, 그 뒤에 과연 진(秦)나라와 진(晉)나라가 육혼(陸渾)의 오랑캐 부족을 이천으로 이주시켰다. 《春秋左氏傳 僖公 22年》

200 월(越)나라가……부탁하였고 : 오 대부(伍大夫)는 춘추 시대 초(楚)나라 사람 오자서(伍子胥)를 말한다. 오자서는 초(楚)나라의 평왕(平王)이 그의 아버지와 형을 살해하자 오(吳)나라로 도망가서 오왕(吳王) 합려(闔廬)를 도와 초(楚)나라를 정벌하여 부형의 원수를 갚았고, 합려의 뒤를 이어 부차(夫差)가 즉위하자 월(越)나라를 정벌하여 크게 격파하였다. 그러나 부차가 월왕(越王) 구천(句踐)의 강화 요청을 받아들이는 등 점점 오자서의 말에 귀를 기울이지 않자, 오(吳)나라가 장차 망할 것이라고 판단하여 제(齊)나라에 사신으로 갔을 때에 자신의 아들을 제(齊)나라 사람 포목(鮑

적에 소요부(邵堯夫)가 그 아들을 촉(蜀)지방에 거주하게 하여 가족들을 보전하게 하였다.[201] 지금 공이 한 일은 오 대부, 소요부 두 현인과 세대를 초월하여 일치한다. 만약 미리 알 수 있는 성(誠)[202]이 있어서 상(象)을 관찰하고 점괘를 완미하는 묘리를 다한 자가 아니라면 또한 어떻게 여기에 이를 수 있겠는가. 그 본말을 대략 서술하여 비(碑)의 뒷면에 새기게 하노니 백세 뒤에도 이분이 대명처사(大明處士)라는 것을 알 수 있을 것이다.

牧)에게 맡겼다. 그런데 오자서와 사이가 좋지 않았던 태재(太宰) 백비(伯嚭)가 이 일을 내세워 부차에게 모함을 하여 오자서는 결국 자결하라는 명을 받고 자결하게 되었고, 9년 후에 오(吳)나라는 월(越)나라의 공격으로 결국 패망하였다.《史記 卷66 伍子胥列傳》

201 금(金)나라가……하였다 : 소요부(邵堯夫)는 송(宋)나라 때의 학자 소옹(邵雍)으로, 자는 요부, 시호는 강절(康節)이다. 소옹의 아들은 소백온(邵伯溫)으로, 소옹이 일찍이 소백온에게 "세상이 장차 혼란하게 될 것이다. 촉(蜀) 땅이 안전하니 화란을 피해 거주할 만하다."라고 하였는데, 송 휘종(宋徽宗) 말엽에 금(金)나라 군대가 송나라를 침공해 오자 소백온이 가솔들을 이끌고 촉(蜀) 땅으로 건너가서 화난을 면할 수 있었다.《宋史 卷433 邵伯溫列傳》

202 미리……성(誠) : '미리 알 수 있는 성〔前知之誠〕'은《중용장구(中庸章句)》제24장의 말을 원용하여 말한 것으로, "지성(至誠)의 도(道)는 일이 닥쳐오기 전에 미리 알 수 있다. 국가가 장차 일어나려면 반드시 상서로운 조짐이 있으며, 국가가 장차 망하려면 반드시 요괴스러운 일이 있으며, 시초점과 거북점에 나타나며, 사체(四體)에 동(動)한다. 그리하여 화(禍)와 복(福)이 장차 이름에 좋을 것을 반드시 먼저 알며, 좋지 못할 것을 반드시 먼저 안다. 그러므로 지성(至誠)은 신(神)과 같은 것이다.〔至誠之道, 可以前知. 國家將興, 必有禎祥; 國家將亡, 必有妖孽, 見乎蓍龜, 動乎四體, 禍福將至, 善必先知之, 不善必先知之. 故至誠如神.〕"라고 하였다.

지은이 **홍직필(洪直弼)**
1776년(영조52) 6월 13일 신시(申時)에 한성의 주자동(鑄字洞)에서 태어나 1852년(철종3) 7월 17일 유시(酉時)에 노호(鷺湖)의 노의정사(蘆漪精舍)에서 향년 77세로 세상을 떠났다. 초명은 긍필(兢弼), 자는 백응(伯應)·백림(伯臨), 호는 매산(梅山), 본관은 남양(南陽)이며, 시호는 문경(文敬)이다. 평생 출사하지 않고 학문 강학에 힘써 근재(近齋) 박윤원(朴胤源) 문하에서 그 학맥을 계승하고 이를 후대에 전한 노론(老論) 낙론(洛論)의 핵심 사상가이자 문인 교육자이다. 학문은 박윤원 외에도 노주(老洲) 오희상(吳熙常)의 영향을 많이 받았으며 문하의 제자로 전재(全齋) 임헌회(任憲晦), 중암(重菴) 김평묵(金平默) 등이 있다.

옮긴이
신상후(申相厚)
1981년 서울에서 태어났다. 이화여자대학교 철학과를 졸업하고 동 대학원 철학과에서 석사학위와 박사학위를 취득하였다. 한국고전번역원 부설 고전번역교육원의 연수과정과 전문과정을 마쳤다. 성신여자대학교 고전연구소 연구원을 지냈고, 현재 이화여자대학교 철학과 강사로 재직하고 있다. 번역서로는 《주역정의》(공역), 《도곡집》(공역)이 있으며, 논문으로는 〈주희의 미발 지각론 연구〉, 〈조선조 낙학의 미발심론 연구〉, 〈왕필『주역』해석의 특징에 관한 연구〉, 〈강정일당의 공부론과 그 철학적 토대〉 등이 있다.

김성은(金成恩)
1986년 서울에서 태어났다. 연세대학교 국어국문학과를 졸업하고 동 대학원 국어국문학과에서 석사학위를 취득하고 박사과정을 수료하였다. 한국고전번역원 부설 고전번역교육원의 연수과정과 전문과정을 마쳤다. 현재 성신여자대학교 고전연구소 연구원으로 재직하고 있다.

이정은(李貞恩)
1983년 경기도 포천에서 태어났다. 성신여자대학교 한문교육과를 졸업하고 동 대학원 한문학과 석사학위를 취득하였다. 한국고전번역원 부설 고전번역교육원의 연수과정과 전문과정을 마쳤다. 현재 성신여자대학교 고전연구소 선임연구원으로 재직하고 있다. 번역서로는 《도곡집》(공역)이 있다.

※ 각 권별 옮긴이는 권32 신상후, 권33 김성은, 권34 이정은이다.

권역별거점연구소협동번역사업 연구진

연구책임자 신영주(성신여자대학교 한문교육과 교수)
공동연구원 김여주(성신여자대학교 한문교육과 교수)
김용재(성신여자대학교 한문교육과 교수)
류준경(성신여자대학교 한문교육과 교수)
이종덕(한국고전번역원 부설 고전번역교육원 강사)
책임연구원 성백효
연 구 원 김창효 김형석
연석환 사경화
신상후 이영준
이정은 김성은
박희정
윤 문 윤은숙

매산집 12

홍직필 지음 | 신상후 · 김성은 · 이정은 옮김
2019년 12월 31일 초판 1쇄 발행
편집 · 발행 학자원
등록 2011.4.6 제2011-14호
주소 (05355) 서울시 강동구 천호대로 1121
전화 02-6403-1000 | 팩스 02-6338-1001 | 이메일 hakjaone@daum.net

값 30,000원
ISBN 979-11-6247-155-5 94810
979-11-87806-00-4 (세트)